Globale Wissensdiffusion in der Politik sozialer Sicherung

Europäische Hochschulschriften

European University Studies

Publications Universitaires Européennes

Reihe XXII **Soziologie**

Series XXII Sociology

Série XXII Sociologie

Band/Volume **461**

Tao Liu

Globale Wissensdiffusion in der Politik sozialer Sicherung

Die Einführung einer gesetzlichen Unfallversicherung in der Volksrepublik China

PL ACADEMIC RESEARCH

Bibliografische Information der Deutschen Nationalbibliothek
Die Deutsche Nationalbibliothek verzeichnet diese Publikation in der Deutschen Nationalbibliografie; detaillierte bibliografische Daten sind im Internet über http://dnb.d-nb.de abrufbar.

Zugl.: Bielefeld, Univ., Diss., 2010

D 361
ISSN 0721-3379
ISBN 978-3-631-65899-4 (Print)
E-ISBN 978-3-653-05271-8 (E-Book)
DOI 10.3726/978-3-653-05271-8

PL Academic Research ist ein Imprint der Peter Lang GmbH.
Peter Lang – Frankfurt am Main · Bern · Bruxelles · New York · Oxford · Warszawa · Wien

Diese Publikation wurde begutachtet.

www.peterlang.com

Inhaltsverzeichnis

Tabellen- und Abbildungsverzeichnis

Weltgesellschaftliche Kommunikationen

Arbeitsunfallversicherung in China

Resümee

Abkürzungen

AUV	Arbeitsunfallversicherung
AUVVO	Arbeitsunfallversicherungs-Verordnung
BG	Berufsgenossenschaft
BKVO	Berufskrankheiten-Verordnung
BMAS	Bundesministerium für Arbeit und Soziales
CESCR	Committee on Economic, Social and Cultural Rights
DGUV	Deutsche Gesetzliche Unfallversicherung
ECOSOC	Economic and Social Council
EU	Europäische Union
FVAB	Fachausschuss für die Versicherung gegen Arbeitsunfälle und Berufskrankheiten
GG	Grundgesetz für die Bundesrepublik Deutschland
HVBG	Hauptverband der Berufsgenossenschaften
IAO	Internationale Arbeitsorganisation
ILO	International Labour Organization
IMF	International Monetary Fund
IWF	Internationaler Währungsfond
ICESCR	International Covenant on Economic, Social and Cultural Rights
IPWSKR	Internationaler Pakt über wirtschaftliche, soziale und kulturelle Rechte
ISIS	Institute for Social Insurance Studies
ISSA	International Social Security Association
IVSS	Internationale Vereinigung für Soziale Sicherheit
KPCh	Kommunistische Partei Chinas
MOHRSS	Ministry of Human Resources and Social Security
MOLSS	Ministry of Labour and Social Security
OECD	Organization for Economic Cooperation and Development
SAWS	State Administration of Work Safety
SGB VII	Sozialgesetzbuch VII
SSW	Social Security Worldwide

UVNG	Unfallversicherungs-Neuregelungsgesetz
WHO	World Health Organization
WTO	World Trade Organization

Danksagung

Zu verdanken habe ich das Forschungsprojekt in ganz besonderem Maße Herrn Prof. Lutz Leisering. Als mein Doktorvater hat er meine Dissertation über vier Jahre intensiv und kontinuierlich betreut. Von unseren inhaltlichen Diskussionen konnte ich ungemein profitieren. Darüber hinaus leiteten mir seine am Anfang der Promotion ausgesprochenen Ratschläge immer den rechten Weg. So erinnere ich mich genau an ein gemeinsames Gespräch in seinem Büro auf U3, in dem er mir versicherte, dass jeder Doktorand leichte Phasen und Tiefpunkt erleben wird und eine Promotion stets großes Durchhaltevermögen voraussetzt. Diese Worte motivierten mich ständig, auch wenn ich mich in einer schwierigen Phase befand.

Meinem sehr geschätzten und mittlerweile verstorbenen Zweitgutachter – Herrn Professor Gunnar Stollberg – danke ich besonders für die engagierten Diskussionen und die wertvollen Verbesserungsvorschläge, die meiner Dissertation sehr zugute kamen.

Meine Dissertation entstand im Rahmen eines Stipendiums im Graduiertenkolleg „Weltgesellschaft – Die Herstellung und Repräsentation von Globalität“ an der Fakultät für Soziologie der Universität Bielefeld. Für die finanzielle Unterstützung, die mir ermöglichte mich über drei Jahre konzentriert mit meiner Dissertation beschäftigen zu können, bin ich der Deutschen Forschungsgemeinschaft (DFG) zu Dank verpflichtet. Die Kollegiatinnen und Kollegiaten des Graduiertenkollegs sorgten für ein angenehmes und motivierendes Arbeitsklima. Dafür bin ich auch sehr dankbar.

Meinem geschätzten, viel zu früh verstorbenen Kollegen Christian Marschallek sei vielmals für die wertvollen Ratschläge zum Inhalt gedankt. Ina Herbst und Stephanie Immich möchte ich ganz ausdrücklich für die in das Korrekturlesen investierte Zeit danken.

Mein Dank gilt auch meinen weiteren deutschen und chinesischen Kollegen und Freunden. Ohne ihre Hilfe bei der Kontaktaufnahme für meine Feldforschung in China und in Europa wäre diese Arbeit nicht möglich gewesen.

Vom ganzen Herzen bedanke ich mich bei meiner Frau Ying Li. In den letzten Jahren stand sie mir bedingungslos zur Seite.

Meinen Eltern, die mich während meines Studiums in Deutschland immer vorbehaltlos unterstützten, widme ich diese Arbeit als Zeichen des besonderen Danks!

Bielefeld, im November 2014

Vorwort

Im Jahre 2014 endete die dritte und letzte Phase eines Kooperationsprojekts zwischen China und Deutschland im Bereich der gesetzlichen Arbeitsunfallversicherung. Seit 2004 hatte die chinesische Regierung eine bilaterale Zusammenarbeit gesucht, um mit deutschem Knowhow eine gesetzliche Versicherung für Arbeitsunfälle in China aufzubauen. Im Ergebnis wurde das deutsche System der gesetzlichen Unfallversicherung in Grundzügen auf China übertragen – ein bemerkenswerter Transfer eines Sicherungssystems, das in der Gründungsphase des deutschen Sozialstaats in den 1880er Jahren entstanden war, in einen ganz anderen sozialen und kulturellen Kontext.

Ich hatte die Chance, den Prozess des Aufbaus eines gesetzlichen Unfallversicherungssystems in China in seiner entscheidenden Phase seit 2007 in Feldforschungen zu begleiten und zu analysieren. Dabei zeigt sich, dass dieser Diffusionsprozess in einem speziellen Politikbereich auf grundlegendere soziokulturelle Beziehungen in einer globalen Welt verweist, die ich in diesem Buch in Anlehnung an John W. Meyer als „Weltkultur" und „Weltgesellschaft" konzeptualisiere.

In diesem Buch versuche ich zu zeigen, dass sich ein derartiger länderspezifischer Wissens- und Modelltransfer nur vor einem weltgesellschaftlichen Vergleichshorizont nachvollziehen lässt. Weltgesellschaftliche Akteure wie die Internationale Arbeitsorganisation (ILO), die Internationale Vereinigung für Soziale Sicherheit (ISSA) und die Europäische Union (EU) haben entscheidende Legitimitätsgrundlagen für das deutsche Modell der gesetzlichen Unfallversicherung bereitgestellt. Zugleich fanden allgemeine weltkulturelle Prinzipien wie der Menschenrechtsdiskurs, der weder im Konfuzianismus noch im Sino-Kommunismus verwurzelt ist, in China Eingang. Vor diesem Hintergrund entwickelte sich in China ein menschenrechtsfundiertes Drei-Sektoren-Modell der Unfallversicherung, bei dem die Menschenwürde im Vordergrund steht und monetären Kompensationsleistungen gegenüber Prävention und Rehabilitation nachrangig sind. Werte und Rationalitäten der Weltgesellschaft haben somit die Entstehung und die Gestalt der gesetzlichen Unfallversicherung in China wesentlich beeinflusst.

Typisch für weltgesellschaftliche Prozesse sind nach John W. Meyer „Entkopplungen" der institutionellen Realität von ideellen Grundlagen.

Obwohl sich der Versichertenkreis der gesetzlichen Unfallversicherung von Jahr zu Jahr erweitert, ist beispielsweise nur gut ein Fünftel der Wanderarbeiter abgedeckt.[1] Auch ist bekannt, dass viele Unternehmer nur einen Teil ihrer Belegschaften versichern. Trotzdem ist die Einführung der Arbeitsunfallversicherung in China ein bedeutender Einschnitt in der Geschichte der chinesischen Sozialpolitik und zugleich ein Zeichen der Globalisierung von Wissen in der heutigen Weltgesellschaft.

1 S. die nachfolgende Forschungsstudie von Sun and Liu (2014): Injured but not entitled to legal insurance compensation – Ornamental institutions and migrant workers' informal channels in China. In: Social Policy & Administration, Article published first online: 22 APR 2014.

Kapitel 1 Einleitung

In der heutigen globalisierten Welt ist ein Trend zur Entgrenzung von Wissen zu beobachten. Obwohl Wissenschaftler nach wie vor meist in nationalen Staaten verortet sind, lösen sich die Grenzen für das Wissen selbst immer mehr auf. So kann man z.B. schwer zwischen französischem, deutschem und chinesischem Wissen unterscheiden. Das Wissen überschreitet die nationalstaatliche Einschränkung und verlangt nach seiner globalen Gültigkeit. Die nationale Entwicklung ist daher heute weniger „national", als vielmehr „global" geprägt. Im Lauf der verdichteten weltumspannenden Kommunikationen ist der Trend sichtbar, dass Wissen weltweit transferiert wird und die Nationalstaaten zunehmend in ein globales Strukturmuster eingebettet sind.

In Bezug auf die globale Wissensdiffusion stellt sich jedoch immer wieder eine wichtige Frage: Sind auch derart mächtige Nationalstaaten wie die USA und China beeinflussbar (vgl. Finnemore 1996a und b)? Wenn ja, bleibt logisch zu erklären, aus welchen Gründen diese mächtigen Akteure ihre hegemoniale Macht abgeben und sich einem globalen institutionellen Strukturmuster unterordnen wollen. Wird ein Land wie China, dessen eigenwillige Vorgehensweise häufig mit globalen Normen kollidiert, ebenfalls in eine globale Institution eingebunden sein? Bei der Beantwortung dieser Frage ist zu berücksichtigen, dass sich in China ein modernes Rechtsbewusstsein für das Individuum aufgrund der chinesischen Tradition des Konfuzianismus und des Sinokommunismus nicht entwickeln konnte. Für Wissenschaftler ist es daher lehrreich zu verfolgen, ob sich ein dynamisches Land im rapiden Wandel wie die VR China ebenfalls an eine globale Normeninstitution angleicht.

Ich strebe in meiner Arbeit eine Fallstudie zur Arbeitsunfallversicherung in China an, um zu überprüfen, ob die globale Wissensdiffusion einen Einfluss auf die nationale Entwicklung ausübt und ob die unfallversicherungsbezogenen Normen und *rationalized models* auch nach China hineinragen. Diese Forschung wird theoretisch in die These der globalen Sozialpolitik (Deacon 1997) und die „world-polity"-Theorie (Meyer 1980; Boli 1997) eingebettet.

Doch warum wird das Forschungsfeld der Arbeitsunfallversicherung (AUV) ausgewählt, um die globale Wissensdiffusion zu überprüfen? Die

Relevanz der AUV kann wie folgt begründet werden: Als Nahtstelle zwischen Arbeitsschutz und Sozialversicherung ist die Arbeitsunfallversicherung eine der wichtigsten institutionellen Arrangements in der modernen Gesellschaft, sie kompensiert die Risiken von Arbeitsverletzungen, Arbeitsunfällen und Berufskrankheiten, die ursächlich mit der Erwerbstätigkeit zusammenhängen. In der vormodernen Zeit mussten die Opfer von Arbeitsunfällen meist aus dem Beschäftigungsverhältnis und sogar aus dem Arbeitsmarkt ausscheiden, da sie sich wegen der durch den Arbeitsunfall verursachten Erwerbsminderung keinem Arbeitsmarkt mehr anschließen konnten. Die Arbeitsgefahren, die mit der Industrialisierung sowie mit dem Einsatz neuer Techniken wie der Dampfmaschine rasant zunahmen, belasteten den Produktionsprozess schwer und galten als dringend zu lösendes soziales Problem in der Phase des Frühkapitalismus (Wickenhagen 1980). In den meisten Ländern, in denen das Sozialversicherungssystem bereits früh eingerichtet wurde, gilt die Arbeitsunfallversicherung als das erste Politikfeld, das durch eine Sozialgesetzgebung gesetzlich verankert und institutionalisiert wird[1].

Die moderne Gesellschaft ist eine Risikogesellschaft, in der die verschiedenen Bevölkerungsgruppen unterschiedlichen Risiken ausgesetzt sind (Beck 1986; Rüb 2003). Die Gefahr von Arbeitsunfällen und Berufskrankheiten sind allerdings Risiken, die bei den unterschiedlichen Erwerbsgruppen auch unterschiedlich verteilt sind. Primär konzentrieren sie sich auf die untersten Einkommensschichten. Das moderne sozialversicherungsartige Unfallversicherungssystem ist eine Form der wohlfahrtsstaatlichen Intervention, die sich der Risikoungleichheit entgegensetzt. Die Inklusion der Arbeitsinvaliden in die wirtschaftliche, politische, kulturelle und soziale Entwicklung wird dadurch gefördert. Auch wenn unterschiedliche Erwerbsgruppen mit unterschiedlichen Risiken umgehen müssen, soll soziale Ausgrenzung der verunfallten Arbeitnehmer durch

1 In Deutschland als erstem Einführungsland der modernen Sozialversicherung wurde zwar aus technischen Gründen das Gesetz zur Krankenversicherung ein Jahr vor dem Unfallversicherungs-Gesetz verabschiedet, die Unfallversicherung galt jedoch konzeptuell als die Ur-Sozialversicherung, die vor der Krankenversicherung durch das Reichsparlament bearbeitet wurde (Schmidt 2007; Zacher und Köhler 1981).

eine staatliche Intervention abgemildert werden. Das bedeutet, dass Arbeitnehmer, die Arbeitsunfälle und Berufskrankheiten erlitten haben, durch kompensatorische Geld- und Sachleistungen wieder in das berufliche und gesellschaftliche Leben integriert werden können und so ihr Zugang zu gesellschaftlichen Teilbereichen weiterhin gewährleistet bleibt.

Obwohl sich die Arbeitsunfallversicherung in der Praxis vieler Länder als ein institutionelles Politikfeld mit zentraler Bedeutung herausstellt, bleibt sie in der wohlfahrtsstaatlichen Forschung (sowie generell in der sozialpolitischen Forschung) im Vergleich zur Alterssicherung und Gesundheitspolitik ein relativ peripheres Feld. Auch in der alltäglichen Mediendiskussion entgeht die Arbeitsunfallversicherung der Aufmerksamkeit des Publikums. Die bestehende, primär juristische wissenschaftliche Literatur bearbeitet die Arbeitsunfallversicherung eher auf der operationalen Ebene und erforscht beispielsweise, wie rational die Beitragssätze festgesetzt werden sollen (HVBG 1996), wie die Träger der Arbeitsunfallversicherung – die Berufsgenossenschaften – reformiert werden sollen (Heldmann 2006), wie Arbeitsunfälle durch bessere institutionelle Anreizmechanismen verhütet werden können (Wang 2006) und wie die verunfallten Arbeitnehmer durch eigenständige Rehabilitationsinstitutionen besser rehabilitiert werden (HVBG 1996, 1999, 2002). Bei der Deskription der juristischen Erkenntnisse wird jedoch häufig ignoriert, dass die Arbeitsunfallversicherung als ein Subsystem des Wohlfahrtssektors nicht nur die politischen Maßnahmen und die rechtlichen Verordnungen betrifft, sondern sie in eine normativ-kulturelle und politisch-institutionelle Ordnung eingebettet ist. Es fehlt insbesondere an einer umfassenden sozialwissenschaftlichen Analyse, um zu erklären, in welchen wirtschaftlichen und sozialen Gegebenheiten und in welchen politischen Konstellationen die Arbeitsunfallversicherung eingeführt wird. Die deskriptive Darstellung des technischen Aspektes der Arbeitsunfallversicherung führt oft dazu, dass der Zusammenhang zwischen der gesellschaftlichen Struktur und der Entwicklung der Arbeitsunfallversicherung wenig verfolgt wird.

Eine andere Forschungslücke liegt darin, dass die Beschreibung der Arbeitsunfallversicherung lediglich aus nationaler Perspektive erfolgt (methodologischer Nationalismus), während die Beschleunigung des Prozesses der Globalisierung sowie die zunehmende Einflussnahme der globalen Kommunikation auf nationale Arbeitsunfallversicherungssysteme ausgeblendet wird. Die einzigen Forschungsmethoden, die zum Teil als „international“ eingestuft werden können, sind der internationale Vergleich sowie die deskriptive Erläuterung der Arbeitsunfallversicherung in verschiedenen Nationalstaaten (vgl. Adler 2000; Schmid 2002). Diese Forschungen unterschätzen aber, dass unabhängig von der nationalen Entwicklungslogik und über die einfache Auflistung verschiedener nationaler Systeme hinaus eine globale Wirklichkeitsebene bereits emergiert, in der (gewisse) internationale Organisationen das globale institutionalisierte Wissen zur Arbeitsunfallversicherung produzieren und die nationale Entwicklung bereits tief beeinflussen. Außerdem fehlt es fast aller Literatur zur Arbeitsunfallversicherung an einer theoretischen Fundierung. Der mangelnde theoretische Rahmen führt oft dazu, dass in Bezug auf die Arbeitsunfallversicherung überwiegend nur juristisch-technisches Wissen erläutert wird oder in normativer Absicht Reformvorschläge zur aktuellen Arbeitsunfallversicherung dargestellt werden. Aus den untertheoretisierten Forschungen zur Arbeitsunfallversicherung folgt, dass von den zahlreichen deskriptiven Erläuterungen keine generalisierenden konzeptuell-analytischen Wissensbestände abstrahiert werden können.

Dieses Dissertationsprojekt reagiert also auf drei Forschungsdesiderate: (1) Das System der Arbeitsunfallversicherung, das vor dem Hintergrund der historischen Erfahrungen der Industrienationen als eine der wichtigsten institutionellen Säulen der Sozialversicherung angesehen wird, aber in sozialwissenschaftlicher Forschung sehr selten Forschungsgegenstand ist, wird hier auf der Basis der empirischen Forschung in China analysiert. Die zentrale Forschungsfrage lautet wie folgt: Wie und inwiefern stellt die Entwicklung der AUV in China den Aufbau einer wohlfahrtsstaatlichen Institution dar?

(2) Das Forschungsthema „Arbeitsunfallversicherung in China“ gilt als ein Forschungsbereich der globalen Sozialpolitik, der die Globalisierung der Sozialpolitik und die Sozialpolitisierung der globalen Politik postuliert. Dieses Projekt beschreibt die nationale Entwicklung nicht nur aus der internen Entwicklungslogik, sondern nimmt auch externe Faktoren als entscheidend wichtigen Erklärungsansatz an. Die Frage lautet, inwiefern ein eigenständiges globales Strukturmuster für die AUV entsteht. (3) Diese Arbeit versucht, den Einfluss globaler Faktoren, insbesondere weltkultureller Diffusionsprozesse und internationaler Policy-Transfers

auf die Genese einer Unfallversicherung in China aufzuzeigen. Damit soll der Einfluss interner chinesischer Faktoren nicht negiert werden. Im Prozess der Wissensdiffusion in dem Bereich der Versicherungssysteme spielen die internationalen Organisationen ILO (International Labor Organization), ISSA (International Social Security Association) sowie der nationalstaatliche Wissenstransfer zwischen China und Deutschland eine zentrale Rolle. Was insbesondere einer Erklärung bedarf, ist die Frage, ob ein Land wie China, das in der vergangenen Geschichte eine autozentrierte Entwicklung vollzogen hat, sich überhaupt von globalen Akteuren beeinflussen lässt. Ein Land wie Malawi wird vermutlich leicht von globalen Organisationen gesteuert, aber ein relativ „starkes" Land wie China kann sich theoretisch gegen das externe Modell wehren. In diesem Sinn ist China ein Härtetest für die These der globalen Wissensdiffusion. Dieses Projekt stellt darüber hinaus einen ersten Versuch dar, zur Erklärung der Arbeitsunfallversicherung eine entsprechende theoretische Fundierung anzubieten.

Dieses Forschungsprojekt basiert auf eigener empirischer Forschung; diese inkludiert Interviews mit führenden chinesischen Experten und Beamten, Interviews mit Fachexperten internationaler und nationaler Organisationen wie der ILO, DGUV und ISSA sowie die Dokumentenrecherche zur Arbeitsunfallversicherung in China.

In Kapitel 2 wird das hier dargestellte Forschungsprojekt in einen theoretischen Rahmen eingebettet, indem zunächst die These der globalen Sozialpolitik (Deacon 1997, 2005; Yeates 2002, 2004) erläutert wird. Daraufhin wird die Diffusionstheorie mit Hervorhebung der world-polity Theorie (Meyer 1980, 2005; Boli 1987, 1997) analytisch dargestellt, und anschließend wird die Wohlfahrtsstaatstheorie (Kaufmann 1997; Marshall 1964[1950]) behandelt. Kapitel 3 widmet sich der Methode und Methodologie der Forschung anhand einer Relativierung des methodischen Nationalismus, der bis in die 1980er Jahre üblicherweise in der Erforschung der Sozialpolitik zum Einsatz kam. In Kapitel 4 wird im Anschluss an die Darstellung der world-polity Theorie und anhand der Daten der internationalen gouvernementalen und nicht-gouvernementalen Organisationen intensiv erörtert, ob auf der globalen institutionellen Ebene ein eigenständiges globales Strukturmuster zur Arbeitsunfallversicherung emergiert, das die weltgesellschaftlichen Normen, *rationalized models* und Konsenswissen beinhaltet. Kapitel 5 behandelt die Systeme der Arbeitsunfallversicherung in verschiedenen Industrienationen. Ferner erfolgt eine analytische Darstellung sämtlicher institutioneller Merkmale der Arbeitsunfallversicherung in Deutschland, den USA und den Niederlanden.

Kapitel 6 widmet sich der Deskription des Arbeitsunfallversicherungssystems im kommunistischen China. Im darauf folgenden Kapitel 7 wird die Arbeitsunfallversicherung in der postkommunistischen Ära dargelegt. In Kapitel 8 werden die Forschungsergebnisse zum Wandel der chinesischen Arbeitsunfallversicherung unter der Einflussnahme der globalen Wissensdiffusion, die auf Interviews, Dokumentenanalyse und visueller Beobachtung von Tagungen beruhen, umfassend dargestellt und analysiert. Darüber hinaus wird analysiert, wie die Interaktion zwischen den globalen und nationalen Akteuren sowie die Vernetzung der politisch-institutionellen Akteure die Unfallversicherung in China prägen, inwiefern das chinesische Gesetz der Unfallversicherung und die internationalen Konventionen konvergieren, inwiefern sich die Ratifizierung der internationalen Dokumente auf die nationale Gesetzgebung auswirkt und welche Probleme der Entkopplung zwischen formellem Gesetzesbeschluss und Umsetzungspraxis auftreten. Im letzten Kapitel werden die Forschungsergebnisse zusammengefasst. Daran anschließend erfolgt die analytische Darlegung des wissenschaftlichen Beitrags des Projekts zur Theoriebereicherung.

Kapitel 2 Theoretische Grundlage und Bezugsrahmen

In diesem Kapitel wird die theoretische Grundlage meines Forschungsprojekts erläutert. Kapitel 2.1 widmet sich der These der globalen Sozialpolitik, die eine Globalisierung der Sozialpolitik und Sozialpolitisierung der globalen Politik postuliert (Deacon). Die AUV ist heutzutage nicht lediglich ein nationales Politikfeld, sondern ein Teilbereich der globalen Sozialpolitik. Ein Anschluss der AUV an den Erklärungsansatz der globalen Sozialpolitik erscheint aufgrund dessen sinnvoll. Da die Forschung der globalen Sozialpolitik generell untertheoretisiert ist, fungiert Kapitel 2.2 („Theorie der Wissensdiffusion") als ein Versuch, die Forschung der globalen Sozialpolitik theoretisch zu fundieren. In Kapitel 2.2 wird erstens die politologische Diffusionstheorie dargelegt, anschließend wird die These der Diffusion der Sozialpolitik erläutert. Als Schwerpunkt wird die world-polity Theorie (Meyer, Boli) wissenschaftlich erörtert. Im Anschluss an diese Theorie wird eruiert, ob auf der globalen institutionellen Ebene ein eigenständiges globales Strukturmuster für die AUV emergiert und ob in China eine strukturelle Isomorphie bestätigt wird. Kapitel 2.3 setzt sich mit der Theorie des Wohlfahrtsstaates auseinander, da die AUV nicht nur politische und institutionelle Maßnahmen darstellt, sondern ebenfalls in eine politisch-normative Systemordnung eingebettet ist. In diesem Fall wird ebenfalls die Forschungsfrage gestellt, ob die Entwicklung der AUV die wohlfahrtsstaatlichen Institutionen in China stärkt. In Kapitel 2.4 wird die Verknüpfung und Verbindung verschiedener Theorien erörtert.

2.1 Die These der globalen Sozialpolitik

Jenseits nationalstaatlicher Grenzen besteht kein Weltwohlfahrtsstaat (Leisering 2007), der eine ökumenische Wohlfahrtsverantwortung für alle Bürger auf der Erde übernimmt. Die nationale Sozialpolitik sowie das in nationalen Staaten eingeräumte individuelle Sozialrecht sind immer mit dem Bürgerstatus der Nationalstaaten verbunden. Wie ist in diesem Fall eine globale Sozialpolitik möglich? Wie ist überhaupt begreifbar, dass die Arbeitsunfallversicherung, ein genuin nationales Feld, globalisiert sowie ein Teil der globalen Sozialpolitik wird? Dieses Unterkapitel widmet sich der These der Entgrenzung der primär auf dem nationalstaatlichen Hoheitsgebiet verankerten Sozialpolitik.

Erstens erfolgt eine Erörterung der negativen Auswirkungen der wirtschaftlichen Globalisierung. Die Sozialpolitik ist dann „global", wenn sie nicht nur als eine nationalstaatliche soziale Frage wahrzunehmen ist, denn die nationale Sozialpolitik wird zunehmend unter einem globalen Horizont der sozialen Probleme betrachtet. Wenn das Kapital weltweit fließt, trifft diese Strömung alle nationalen Staaten ungeachtet ihrer geographischen Verortung und ihrer wirtschaftlichen Stellung in der Welt.

Zweitens werden der Ansatz „Globalisierung der Sozialpolitik" und der Ansatz „Sozialpolitisierung der globalen Politik" dargelegt (Deacon 2000). Die globale Sozialpolitik geht nicht nur der negativen Auswirkung der ökonomischen Globalisierung nach, sondern auch dem positiven Ausgestaltungsprozess. Immer mehr globale organisationale Akteure agieren im Rahmen der internationalen Sozialpolitik, indem sie versuchen, „globale", also universal gültige, nicht partikularistische Diskurse zu prägen. Immer mehr Agenden, die auf der globalen institutionellen Ebene reflektiert werden, tragen „sozialen", „sozialpolitischen" und „sozialökologischen" Charakter. Diese Sensibilisierung der „sozialen" Fragen fördert die Emergenz und Stärkung eines globalen sozialen Bewusstseins. Die Sozialversicherung sowie der Arbeitsschutz bleiben nicht nur die Themen in Deutschland, in Guinea, in China, sondern sie gelten auch als primäre Aufgaben bei internationalen Organisationen wie UNO, ILO, Weltbank, FAO usw.

Drittens bringt eine Globalisierung nicht nur Gefahren, sondern auch Chancen mit sich. In dieser Hinsicht stellen sich die folgenden Fragen: Schafft die Globalisierung günstige Rahmenbedingungen für die Diffusion sozialpolitischer Ideen? Entstehen die neuen Wohlfahrtsstaaten in den nicht-westlichen Staaten? Die Arbeitsunfallversicherung wird ebenfalls von diesem globalen Diffusionsprozess stark geprägt, weil die AUV längst nicht nur die institutionellen Maßnahmen darstellt, sondern auch eine institutionell-normative Ordnung. Durch die theoretisch-generalisierende Betrachtungsweise wird analytisch darauf eingegangen, weswegen ein ursprünglich nationales soziales Feld aus einer globalen Perspektive wahrgenommen wird.

2.1.1 Die „Globalisierung der Sozialpolitik“ und die „Sozialpolitisierung der globalen Politik“: Akteure und Agendasetting

Die Entwicklung auf der globalen Ebene in den 1990er Jahren bricht den neoliberalen Mythos und lässt die Weltöffentlichkeit darüber reflektieren, welcher Zusammenhang zwischen Ökonomie und Gesellschaft besteht und ob das wirtschaftliche Wachstum alle sozialen Probleme und Ungleichheiten spontan bewältigen kann (Sen 2002). Unter diesen Rahmenbedingungen bildet sich allmählich weltweit ein soziales Bewusstsein heraus, das kontinuierlich ansteigt. Die durch ökonomische Globalisierung induzierte globale Ungleichheit wird nun durch die Begleiterscheinungen - politische und soziale Globalisierung - revidiert. Deacon stellt die These auf, dass die globale Politikagenda kontinuierlich sozialisiert und die Sozialpolitik globalisiert wird. Die Sozialpolitisierung der globalen Politik bedeutet, dass soziale Themen zunehmend in die Topagenda der globalen Institutionen aufgenommen werden. Zum Beispiel werden in dem wichtigsten wirtschaftlichen Forum, der „Davos Konferenz“, längst nicht mehr ausschließlich wirtschaftliche Themen erörtert. Vielmehr werden auch Themen wie die globale Erderwärmung und die digitale Kluft zwischen Nord und Süd besprochen. Auch auf dem G8-Gipfel, dem Treffen von Vertretern der acht mächtigsten Staaten der Erde, werden soziale und ökologische Themen zunehmend wahrgenommen und erörtert. Dieses globale soziale Bewusstsein kommt nicht zuletzt vor dem Hintergrund der Bemühungen vielseitiger Akteure wie internationaler und nationaler Nichtregierungsorganisationen, Gewerkschaften und globaler bürgerschaftlicher Bewegungen zustande (Deacon 2000; s. auch Kohlmorgen 2000, Nagel 2001).

Die in Genf verortete Internationale Arbeitsorganisation, mit der Abkürzung „ILO“ für die englische Bezeichnung *International Labour Organization*, ist z.B. die älteste internationale Organisation, die für umfangreiche soziale und sozialpolitisierte Themen rund um den Globus plädiert. Als ein Fürsprecher für die globale Sozialpolitik kooperiert die ILO gemeinsam mit anderen globalen sozialen Institutionen, wie der Internationalen Vereinigung für soziale Sicherheit (*International Social Security Association*; ISSA), um bestimmte sozialpolitische Themen und

Diskurse weltweit zu fördern[2]. So sollen die Abschaffung der Kinderarbeit, die Einführung von Arbeitsrechten und das Durchsetzen menschenwürdiger Arbeit als globale Aufgabe wahrgenommen werden. Darüber hinaus greift die ILO seit den 1970er Jahren zunehmend in den Transformationsprozess der Übergangswirtschaften ein, um entgegengesetzt zur neoliberalen Globalisierung die nationale Sozialpolitik zu fördern.

Darüber hinaus stellt Deacon weiterhin die Frage, ob eine sozialdemokratische Globalisierung neben einer neoliberalen Globalisierung möglich sei (ebd. 2000). Er kommt zu dem Schluss, dass die globalen Diskursmacher für die globale Sozialpolitik ein von beiden abweichendes Modell, nämlich eine weder neoliberale, noch sozialdemokratische, sondern eine sozialverantwortliche Globalisierung befürworten. Sowohl ILO und UNO als auch internationale Finanzinstitutionen und Kreditgeber wie die Weltbank und IMF (*International Monetary Fund*) stellen jeweils ein soziales sowie sozialpolitisches Konzept vor. Der globale Trend, dass Sozialpolitik die nationalstaatlichen Grenzen überschreitet, zunehmend globalisiert wird und gleichzeitig die globale Topagenda immer mehr vom Marktfundamentalismus abweicht und sozialpolitisiert wird, ist immer deutlicher zu erkennen. In dem neuen Modell sozialverantwortlicher Globalisierung werden insbesondere von den globalen Eliten bestimmte sozialpolitische Themen hervorgehoben: Armutsbekämpfung, Abschaffung der Sklavenarbeit, Epidemieprävention usw. In der globalisierten Welt sollen bestimmte Arbeitsnormen und Sozialstandards unabhängig vom Status der Nationalstaaten über einen universellen Geltungsanspruch verfügen, wie die Abschaffung der Kinderarbeit, das Recht der Arbeitnehmer auf Koalition usw. (Deacon 2000)[3]. Im Lauf der Sozialpolitisierung der globalen Themen sowie der Genese eines globalen sozialpolitischen Bewusstseins aus einer kosmopolitischen Perspektive wandeln sich auch die globalen Finanzinstitutionen in Anbetracht der sozioökonomischen Diskurse und Ideologien. Die soziale Flankierung der Weltbank und der IMF wird verstärkt und zahlreiche Themen wie die Minderung der globalen Armut und

2 Die ISSA ist eine internationale Organisation, die 1927 gegründet wurde, sie befürwortet weltweit die Ausdehnung von sozialer Sicherheit und einer Sozialversicherung.

3 Über Globalisierung der Sozialpolitik vgl. Deacon 2003, 2005.

die Förderung des Humankapitals in deren Arbeitskonstellation werden priorisiert.

In der Forschung über die Globalisierung der Sozialpolitik wird die Rolle der so genannten *International Governmental* und *Non-Governmental Organizations* hervorgehoben. Die internationalen Regierungsorganisationen, die zwischenstaatlichen Institutionen sowie die supranationalen Gemeinschaften üben zunehmend Einfluss auf die nationale Sozialpolitik aus. Wie oben erläutert ist die ILO ein zentraler Akteur der Förderung des Arbeitnehmerrechts (*labour rights*). Sie hat viele arbeitsbezogene Rechte international geltend gemacht und sie durch Übereinkommen und Konventionen weltweit gefördert. Die ILO hat insgesamt 184 Übereinkommen verabschiedet, die fast alle arbeitsrechtlichen sowie sozialpolitischen Bereiche wie z.B. das Verbot von Kinderarbeit, die Arbeitssicherheit, die Sozialversicherung, die Vereinigungsfreiheit usw. umfassen. Sie hat darüber hinaus durch acht zentrale Übereinkommen Kernarbeitsnormen festgelegt, wie das Übereinkommen 105 über die Abschaffung der Zwangsarbeit, das Übereinkommen 100 über die Gleichheit des Entgeltes und das Übereinkommen 138 über das Mindestalter (ILO 1993). Die ILO bietet den Vertragsstaaten außerdem umfassende technische Hilfe und Beratung an, um die in verschiedenen Übereinkommen festgeschriebenen Rechte zu verwirklichen. China hat bisher bereits 25 Übereinkommen der ILO ratifiziert und arbeitet eng mit der ILO beim Aufbau des Sozialversicherungssystems zusammen[4].

Andere wichtige IGOs sind die Unter- und Sonderorganisationen der UNO wie die Weltbank und der IMF. Die beiden Organisationen veröffentlichen jährlich die so genannten *Human-Development-Data*, die viele soziale Indikatoren einschließen. Sie verfügen über technische, finanzielle und fachpersonelle Ressourcen, um ihr Wissen und ihre Ideen auf die nationalen Staaten zu transferieren. Zu diesem Zweck haben die Weltbank und der IMF mit Expertise Reformmodelle für bestimmte Politikfelder konstruiert und versuchen, die eigenen favorisierten Modelle weltweit zu diffundieren. Ein prominentes Beispiel hierfür stellt das Drei-Säulen-Modell der Rentenreform dar, das 1994 von der Weltbank entwickelt wurde und den

4 Zu den von China ratifizierten ILO-Übereinkommen s. die Webseite vom ILO-Büro in Beijing http://www.ilo.org/public/english/region/asro/beijing/inchina.htm.

globalen Diskurs der Alterssicherungsreform nachhaltig prägt. Das Modell der Weltbank beeinflusst die Reform der Rentensysteme in vielen Ländern, einschließlich der Entwicklungsländer, der Schwellenländer und der Industrieländer stark (World Bank 1994).

Die OECD (Organisation für wirtschaftliche Zusammenarbeit und Entwicklung, mit der englischen Bezeichnung *Organization for Economic Cooperation and Development*) ist eine Vereinigung von Industrienationen und neu industrialisierten Regionen, die auch eine wirtschaftsliberale Grundposition vertritt. Die sozialpolitische Zielsetzung der OECD ist jedoch primär der wirtschaftlichen Integration untergeordnet (Armingeon und Beyeler 2004). Ein weiterer relevanter Akteur ist die WTO (Welthandelsorganisation, mit der englischen Bezeichnung *World Trade Organization*), die in internationalen Handelsabkommen und in der Wirtschaftskooperation soziale Klauseln festzulegen versucht und damit einen minimalen Arbeits- und Sozialstandard im zwischenstaatlichen Handel verankern möchte. Kritik an der WTO kommt überwiegend aus den südlichen Ländern wie der G77 Ländergruppe[5]. Nach Stellungnahme der Gruppe der 77 wird der Schutz der Sozialrechte von den reichen Ländern instrumentalisiert, um eine handelsprotektionistische Politik gegen die Entwicklungsländer einzuführen. So können sich die Industrienationen leicht auf die Sozialklausel der WTO berufen, um Wirtschaftssanktionen zu verhängen. Obwohl die WTO eine globale Sozialpolitik nach eigenem Modell fördern möchte, kommt der Plan, die Sozialklausel zu fördern, aufgrund mangelnder Legitimität der WTO im sozialpolitischen Bereich nur schleppend voran.

Im Bereich der globalen Gesundheitspolitik spielt die WHO (Weltgesundheitsorganisation, mit der englischen Bezeichnung *World Health Organization*) eine wichtige Rolle. Sie berät nationale Regierungen zur Thematik der Hygiene- und Gesundheitspolitik sowie beim Aufbau eines Krankenversicherungssystems. Im Fall globaler Krisen wie der Epidemie

5 Die Gruppe 77 ist eine Staatengemeinschaft, die 1964 in der UNO-Versammlung über Entwicklung und Handel gegründet wurde. Die Zielsetzung der Organisation lag darin, den Zusammenschluss und die Kooperation der südlichen Länder zu verstärken, die Entstehung der neuen weltwirtschaftlichen Ordnung zu fördern und die Industrialisierung der Entwicklungsländer zu beschleunigen. Vgl. die Webseite der G77 http://www.G77.org/.

SARS veröffentlicht die WHO Daten zur Krisensituation in jedem Land und verfügt über die diskursive Macht, durch Reiseverbotshinweise ein Land faktisch abzusperren[6].

Zur Erörterung der Funktionsmechanismen unterschiedlicher internationaler Organisationen werden ebenfalls verschiedene Erklärungsansätze entwickelt. Die rationalistische Theorie postuliert beispielsweise, dass jeder nationale Staat ein rationaler und eigennütziger Akteur ist, und die Entscheidungs- und Funktionsmechanismen der internationalen Gremien vom staatlichen Interesse beeinflusst und geformt werden. Nach dem neorealistischen Ansatz wird darüber hinaus die Rolle der mächtigen Staaten in einer hegemonialen Stellung hervorgehoben. Die internationalen Organisationen stellen in diesem Ansatz lediglich ein Instrument der hegemonialen nationalstaatlichen Akteure zur Verwirklichung des utilitaristischen Eigeninteresses dar. Die neoliberale Schule zur Organisationsfunktion erkennt zwar die Emergenz eines internationalen Regelwerkes an, das die Transaktionskosten reduziert und die internationale Kooperation begünstigt. Sie dementiert jedoch generell eine unabhängige Rolle und Funktion der internationalen Organisationen. Eine Autonomie der internationalen zwischenstaatlichen Organisationen jenseits des nationalen Interesses ist nach der rationalistischen Theorie undenkbar (Keohane 1988)

In einer expliziten Abgrenzung zu der rationalistischen Theorie postuliert die konstruktivistische Theorie, dass die Entscheidungen und institutionellen Mechanismen der internationalen Organisationen eher von normativen Sinndeutungen und einem Kernglauben getrieben werden. Nicht das Interesse, sondern die Werte, Normen und kognitiven Muster (*rationalized social models*) prägen die internationalen Organisationen. Sie fungieren als eigenständige organisatorische Akteure unabhängig vom nationalen Interesse. Die konstruktivistische Theorie kann als Erklärung dienen, warum Themenbereiche, die eher von den internationalen Organisationen getrieben werden, wie Menschenrechte, Umweltschutz, globaler Klimawandel und die globale Armutsfrage weltweit dominieren. Die internationalen Normen können, sobald sie emergieren und durch internationale Konventionen völkerrechtlich verankert sind, von den Nationalstaaten nicht einfach ignoriert

6 Zur kritischen Diskussion der globalen Gesundheitspolitik s. auch Yeates 2002.

werden. Sie wirken sich direkt auf die Handlungen der nationalen Staaten aus, schränken sie ein und legitimieren sie gleichzeitig (Katzenstein 1998)[7].

Mit einer Kopplung der konstruktivistischen Theorie an die Systemtheorie wird die Funktion der Organisationen noch stärker theoretisch fundiert. Mittles der Systemtheorie wird davon ausgegangen, dass die formale Organisation allgemein ein autopoietisches System ist, das sich durch die Entscheidung über Entscheidungen (Entscheidungsprämisse) verselbständigt hat. In Abgrenzung zur Umwelt bildet sich daher eine formalisierte Erwartungsstruktur heraus. In einer modernen formalen Organisation wird gerade realisiert, dass die Zwecke und Motive einer Organisation von den Motiven und Zwecken der an sie gebundenen partizipierenden Personen (Mitglieder) abgekoppelt sind. Das bedeutet, dass ein bestimmtes strukturelles Modell der Invarianz organisationsspezifischer Erwartung gegenüber den Personen sowie ihren Motivationen und Interessen gebildet wird. Auch in zeitlicher, sachlicher und sozialer Dimension wird eine eigenständige Organisationsstruktur beobachtet. Die Organisation hat durch die „unpersonalisierte" Erwartungsstruktur einen hohen Grad an Autonomie und Eigenständigkeit und ist von personalisierten und eigennützigen Interessen abgekoppelt. Die internationalen Organisationen wie die Weltbank und der IMF können nicht vereinfachend als Instrument der Durchsetzung der hegemonialen Willen wahrgenommen werden, weil sie durch organisationsinterne Entscheidungen über die unentscheidbaren Ereignisse sowie durch eine Unsicherheitsabsorption eine eigenständige Entscheidungs- und Erwartungsstruktur aufgebaut haben. Wichtig ist es zu betrachten, inwiefern die internationalen Organisationen ein eigenständiges System darstellen sowie sich in sachlicher, sozialer und zeitlicher Hinsicht verselbständigt und eine eigenständige Diskursstruktur zu bestimmten sachlichen Bereichen aufgebaut haben (Luhmann 2006).

Die Verselbstständigung der internationalen Organisationen findet auch in einer funktional differenzierten Weltgesellschaft statt. Die Systemtheorie geht davon aus, dass die meisten Organisationen sich an den Funktionen bestimmter Funktionssysteme orientieren (wie die Bank für das Wirtschaftssystem, das Gericht für das Rechtssystem und das Parlament für das politische

---

7 vgl. Schimmelfennig 1994; Ruggie 1998.

System), während in manchen Fällen die Organisationen die strukturelle Kopplung verschiedener Funktionssysteme darstellen (z.B. die Universität als institutionelle Vermittlung zwischen Erziehung und Wissenschaft). Auch auf der globalen Ebene kann die Frage gestellt werden, ob sich verschiedene internationale Organisationen an bestimmten Funktionssystemen orientieren (wie die UNESCO an der Erziehung, die ILO am Arbeitsrecht, die WTO an der Wirtschaft, die WHO an der Gesundheit). Stellen bestimmte internationale Organisationen die strukturelle Kopplung bestimmter Funktionssysteme dar (wie die UNO als Vermittlungsinstanz der globalen Politik, Wirtschaft, Rechtsordnung, Erziehung und Wissenschaft usw.)? Zur Erforschung der Arbeitsunfallversicherung auf der globalen Ebene stellt sich ebenfalls die Frage, ob funktional spezifische internationale Organisationen für den Schutz gegen Arbeitsunfälle und Berufskrankheiten emergieren, und ob dadurch ein globales Strukturmuster entsteht.

Da die internationalen Organisationen im Hinblick auf eine globale Sozialpolitik und eine weltweite Wissensdiffusion eine ausschlaggebende Bedeutung haben, wird diese Frage in Kapitel 2.2 mit der „world-polity"-Theorie verknüpft. Die einschlägigen Diskussionen werden in dem theoretischen Rahmen der neoinstitutionalistischen Organisationstheorie vertieft.

2.1.2 Verschiedene Forschungsbereiche der globalen Sozialpolitik

Da das hier vorgestellte Forschungsprojekt zur Entwicklung der Arbeitsunfallversicherung in China gleichzeitig der Erforschung der globalen Sozialpolitik zuzuordnen ist, erscheint es an dieser Stelle unerlässlich, unterschiedliche Forschungsbereiche der globalen Sozialpolitik zu skizzieren. Die aktuelle Diskussion über die globale Sozialpolitik bezieht sich auf verschiedene Ebenen. Zum einen wird thematisiert, dass ein globaler Sozialstandard oder eine allgemeingültige Sozialklausel durch die WTO festgelegt werden sollten, so dass das durch die Vernachlässigung der sozialen Menschenrechte entstandene Sozialdumping vermieden werden kann. Problematisch dabei ist, dass die Meinungsdiskrepanz zwischen dem Norden und dem Süden die Einführung einer sozialen Klausel erschwert. Ferner wird die Position vertreten, dass eine globale Umverteilung zwischen den Ländern des Nordens und des Südens durchgeführt werden sollte. Die Entwicklungshilfe sowie der Schuldenerlass des Nordens gegenüber dem Süden konstituiert eine nicht-institutionalisierte Form des globalen Finanztransfers. Die Diskussion über den neuen Marshallplan, nach dem die in den reichen Nationen erhobenen Abgaben zum Teil in die armen Nationen transferiert werden, ist eine mögliche Form der globalen Umverteilung. Drittens wird darauf eingegangen, ob in den rasant beschleunigenden globalen Finanztransaktionen Geschäftssteuern erhoben werden können. Die sogenannte Tobinsteuer ist ein Lösungskonzept, das beinhaltet, dass 0,05 bis 1% der erwirtschafteten Profite der globalen Finanztransaktion als Abgabe erhoben werden. Schwierig dabei ist festzustellen, wer oder welche Institution dazu legitimiert ist, diese Form der Steuer zu erheben. Viertens bezieht sich die Diskussion über die globale Sozialpolitik darauf, dass mit der Vertiefung des Globalisierungsprozesses das sozialpolitische bzw. wohlfahrtsstaatliche Wissen der Industrienationen, internationalen Organisationen und Nichtregierungsorganisationen auf Übergangsgesellschaften (z.B. GUS-Staaten, Osteuropa und Russland) transferiert wird (Hauff 1982; Ramia 2003)[8]. Darüber hinaus stellen Leisering, Buhr und Traiser-Diop (2006) die These auf, dass Sozialhilfe und sozialhilfeartige Grundsicherungssysteme auch im Laufe der Globalisierung in den armen Entwicklungsländern eingerichtet werden und somit wichtige Instrumente zur Milderung der Armut bilden können (Leisering u.a. 2006, s. auch Leisering 2009).

In Bezug auf die Erforschung der globalen Sozialpolitik wird das Thema der Entstehung neuer Wohlfahrtsstaaten zunehmend von Sozialwissenschaftlern beachtet. Esping-Andersen (1996) stellt beispielsweise die Frage, ob sich in den neuen industrialisierten Ländern ein Entwicklungsmodell ohne Wohlfahrtsstaat herauskristallisiert, oder ob in diesen Ländern gewisse Varianten aus den Wohlfahrtsstaatsmodellen westlicher Industrienationen eingeführt werden können. Zu dieser Diskussion über die Emergenz neuer Wohlfahrtsstaaten in Südostasien bzw. Ostasien gibt es zwei unterschiedliche Positionen, die im Folgenden skizziert werden:

Esping-Andersen vertritt den Standpunkt, dass die sozialpolitische Entwicklung in den ostasiatischen Ländern der wirtschaftlichen Entwicklung untergeordnet ist und im Vergleich zum ökonomischen Erfolg zurückbleibt. Das ostasiatische Wohlfahrtsregime sei eher durch eine

---

8 vgl. Yeates 2002; Strang/Chang 1993; Deacon 1995a, 1995b, 1997, 2000; Deacon u.a. 1998; Walzer 1995.

produktivitätsbestimmte Sozialpolitik sowie durch konfuzianische familialistische Vorsorgeformen und eine hohe Sozialinvestitionsrate für Ausbildung gekennzeichnet (Esping-Andersen 1996).[9]

Hort und Kuhnle (2000) vertreten hingegen eine andere Ansicht. Sie bemerken, dass sich in den ostasiatischen bzw. südostasiatischen Ländern (inklusive der „Tigerstaaten“) in der Ära des Wirtschaftswunders (1985–1995) eine schnellere sozialpolitische Expansion vollzogen habe als in den westeuropäischen Ländern. Hort und Kuhnle haben die Entwicklung verschiedener Versicherungsbereiche analysiert, nämlich die der Arbeitsunfallversicherung, Krankenversicherung, Rentenversicherung und Arbeitslosenversicherung. Sie fanden heraus, dass die meisten Länder dieser Region während des wirtschaftlichen Aufschwungs eine neue Richtung in der Gesetzgebung für die oben genannten Sozialversicherungen einschlugen. In dieser Zeit wurden in vielen Ländern dieser Region auch wichtige Reformen zugunsten der sozialpolitischen Entwicklung durchgeführt. Die These, dass die ostasiatischen bzw. südostasiatischen Länder Sozialdumping als wichtiges Mittel benutzen, um komparative Vorteile zu erzielen, wird nach der Auffassung von Hort und Kuhnle empirisch nicht bestätigt. Im Gegenteil errichteten viele südostasiatische Länder gemäß ihrem relativen Entwicklungsniveau sogar früher als die europäischen Länder ein Sozialversicherungssystem. Hort und Kuhnle kommen weiterhin zu dem Schluss, dass die sozialpolitische Entwicklung in den südostasiatischen Ländern trotz der asiatischen Finanzkrise 1997 nicht gebremst, sondern weiter gefördert wird. Die Demokratisierung in Thailand, Korea und Taiwan sei ebenfalls ein wichtiger Erklärungsansatz für den Vollzug einer sozialpolitischen Expansion in diesen Ländern. Insgesamt zeigen Hort und Kuhnle auf, dass die wirtschaftliche Expansion der südostasiatischen Länder nicht durch einen Abbau der staatlichen Sozialpolitik begleitet wird, sondern – überraschenderweise – durch einen entsprechenden Aufbau. Der Modernisierungspfad in dieser Region unterscheide sich nicht von dem in Europa und Amerika; im Laufe der Modernisierung wurden

9 Ähnliche Meinungen vertreten Gough und Holliday. Holliday stellt die These über einen produktivistischen Wohlfahrtsstaat in Ostasien auf, in dem die Wirtschaftsentwicklung und die Produktivitätssteigerung gegenüber der Entwicklung der Sozialsicherung Vorrang haben (Holliday 2000; vgl. Gough 2004).

wohlfahrtsstaatliche Institutionen aufgebaut (Hort und Kuhnle 2000; zur Diskussion der Entstehung neuer Wohlfahrtsstaaten in Ostasien mit besonderem Fokus auf der VR China vgl. Leisering 2002a, 2002b).

Deacon eruiert die sozialpolitische Entwicklung in verschiedenen Weltregionen und fokussiert die Frage, ob verschiedene supranationale Gemeinschaften wie die SADC (*Southern African Development Community*), der MERCOSUR (*Mercado Común del Sur*) und die ASEAN (*Association of South East Asian Nations*) die Sozialpolitik in den entsprechenden Mitgliedstaaten reglementieren und ein gemeinsames sozialpolitisches Ziel anstreben. Es zeigt sich, dass in der ASEAN eine regionale Sozialpolitik am wenigsten entwickelt ist. Im MERCOSUR wird der Aufbau eines regionalen Sozialfonds thematisiert. Darüber hinaus wurde eine regionale Deklaration zum Arbeitsstandard und zur Sozialsicherheit verabschiedet. In der SADC gibt es zwar gewisse Überlegungen zu einer Koordination der regionalen Gesundheits- und Ausbildungspolitik, aber eine länderübergreifende und regionale Sozialpolitik bleibt weiterhin unterentwickelt (Deacon 2001). Im vorliegenden Projekt wird exploriert, ob sich weltregionale Mechanismen herausgebildet haben, um die AUV auf der supranationalen Ebene zu koordinieren und somit einen Wissenstransfer zwischen Mitgliedsstaaten zu fördern.

Eine relativ stark ausgeprägte regionale Sozialpolitik existiert hingegen in der EU. 1957 wurden die Römischen Verträge von den Mitgliedstaaten der Europäischen Gemeinschaft für Kohle und Stahl, einem Vorläufer der Europäischen Gemeinschaft verabschiedet. Gemäß diesen Verträgen sollte ein Antiarmutsprogramm auf der regionalen Ebene koordiniert werden. In den 1990er Jahren verlegt sich der Schwerpunkt des sozialpolitischen Diskurses vom Armutsproblem auf die soziale Exklusion und Inklusion. Der soziale Schutz wird seitdem als eine gemeinsame Zielsetzung in der EG interpretiert (Woodward und Kohli 2001)[10]. Im Lauf der wirtschaftlichen Integration in der EU wird der Aufbau einer gemeinsamen europäischen Sozialpolitik gefördert. Die Europäische Sozialcharta, in der die Ausbildungspolitik, Jugendpolitik, Alterspolitik, Migrationspolitik, der soziale Schutz und die Sozialversicherung festgeschrieben werden, wurde vom Europarat initiiert und 1961 von der Mehrheit der Mitgliedsstaaten

---

10 Zur weltregionalen europäischen Sozialpolitik vgl. auch Schimmelfennig 1998; Radaelli 2000; Pfaffenberger 1996.

beschlossen. Der europäische Gerichtshof wurde im Jahr 1952 gegründet und immer mehr EU-Bürger reichen Klage gegen den Nationalstaat ein. Diese Verrechtlichung der sozialpolitischen Agenda auf der EU-Ebene weist darauf hin, dass die regionale Regulierung der sozialpolitischen Bereiche umfassend gefördert wird.

Bisher wurde die These zu einer globalen Sozialpolitik vor dem Hintergrund verschiedener Perspektiven erläutert. Eine Darstellung der Prozesse, durch die genau untersucht wird, wie das internalisierte sozialpolitische Wissen von einer Weltregion in andere transferiert wird, steht jedoch noch aus. Im Folgenden wird daher die Frage fokussiert, mit welchem Erklärungsansatz die Wissensdiffusion erläutert werden kann.

2.2 Theorie der Wissensdiffusion

Da dieses Forschungsprojekt von einer These der exogenen Wissensdiffusion auf die nationale sozialpolitische Entwicklung ausgeht, ist es sinnvoll, die Theorie der Wissensdiffusion analytisch zu beleuchten. Kapitel 2.2.1 widmet sich deshalb der politologischen Wissensdiffusionstheorie, die verschiedene Ansätze zur Wissensdiffusion kombiniert. In Kapitel 2.2.2 wird dargelegt, dass die Diffusion der Sozialpolitik als ein eigenständiges, eigendynamisches Forschungsgebiet postuliert wird. Kapitel 2.2.3 setzt sich schwerpunktmäßig mit der sozialwissenschaftlichen Wissensdiffusionstheorie – der „world-polity"-Theorie – auseinander. Die Verbindung der politikwissenschaftlichen und sozialwissenschaftlichen Diffusionstheorie wird ebenfalls erörtert.

2.2.1 Verschiedene Ansätze zur Erklärung der Diffusion von Innovationen

Die allgemeine Diffusionstheorie erklärt, wie Institutionen, administrative Arrangements, Politik, Wissen und Ideen von einem Land oder einer Institution auf andere transferiert werden (Dolowitz und Marsh 2000; Kern 2000). Seit den 1960er Jahren erforscht Everett Rogers die Diffusion von Innovationen. Von ihm wird Diffusion als eine Kommunikationsform definiert, durch die Innovationen mittels gewisser Kanäle zwischen den Mitgliedern der gesellschaftlichen Systeme transferiert werden. Er hebt in seiner Diffusionsforschung insbesondere die relevante Rolle des Meinungsführers (*opinion leader*) hervor, da die Meinungsführer in einem gesellschaftlichen System die Personen sind, die neue Informationen und neues Wissen häufig am schnellsten rezipieren und somit auch schnell an Nachläufer weitergeben können (Rogers 1962). Ähnlich zu der Definition von Rogers wird Diffusion von Freeman (1999) als jede Art der sukzessiven Adoption von Politikinnovationen definiert.

Haas führt den Begriff der epistemischen Gemeinschaft (*epistemic community*) in die Diffusionsforschung ein, um den Prozess der Verbreitung von Politik und Ideen zu erklären. Unter dieser Konzeption bestehen epistemische Gemeinschaften aus Experten und Professionellen, die über gemeinsame Werte und Normen verfügen und die gleiche Problemsicht teilen. Die epistemischen Gemeinschaften handeln in manchen Problembereichen (wie z.B. in Bezug auf den Umweltschutz) kollektiv und effizient, um gewisse Problemlösungsmodelle zu verbreiten (Haas 1990).[11] Zur weiteren Entwicklung der politologischen Diffusionstheorie wird argumentiert, dass wissens- und politikorientiertes Lernen häufig innerhalb einer Befürworterkoalition (*advocacy coalition*) stattfindet. Die Mitglieder einer Befürworterkoalition bestehen häufig aus Experten, Journalisten, Politikanalysten sowie Beamten, die in vielen Fällen über gemeinsame Positionen, Ideale und Interessen verfügen. Die Befürworterkoalition ist demnach eine solide Gemeinschaft, die aufgrund des gemeinsamen normativen und ontologischen Axioms und des gemeinsamen Interesses innovative Ideen und externes Wissen kopiert und übernimmt (Sabatier 1991, 1999. s. auch Berry und Berry 1999).[12]

Andere Wissenschaftler wie Bennett und Howlett legen großen Wert auf die Wissensdiffusion durch internationale Netzwerke. Sie heben insbesondere das Konsenswissen hervor, das sich aufgrund der Förderung durch Experten, Professionelle und Eliten herausbildet. Wissen ist nur dann Konsenswissen, wenn es nach den allgemeingültigen epistemologischen Prinzipen durch die Fachexperten analysiert, arrangiert und strukturiert wird. Das

11 Weitere Diskussionen zur epistemischen Gemeinschaft vgl. Haas 1992, 1995.

12 Andere Typen von Lernen vollziehen sich z.B. in Form von *lesson-drawing*, indem bestimmte Lehren aus den versagten Modellen gezogen werden und diese negativen Erfahrungen gezielt von Adressaten vermieden werden (Robertson 1991; Rose 1993).

durch die internationalen Netzwerke und die internationalen Organisationen (wie WHO, Weltbank etc.) erzeugte Konsenswissen führt häufig zu einer allgemeinen Akzeptanz dieses Wissens in den einzelnen Nationalstaaten und lokalen Einrichtungen, was den Wissenstransfer vielseitig begünstigen kann (Bennett und Howlett 1992). Solch eine Wissensförderung in den internationalen Netzwerken trägt außerdem zur Entstehung einer internationalen politischen Kultur und eines globalen Diskurses bei (Deacon 1999). Evers und Kaiser thematisieren die Genese einer transnationalen Wissenskultur und einer globalen Wissensarchitektur durch die Entwicklungszusammenarbeit der Industrienationen in den Entwicklungsländern. Sie decken eine Tendenz der Homogenisierung von Wissen auf globaler Ebene auf, nach der sich die Diskurse und Themen in der Entwicklungszusammenarbeit immer mehr in internationalen Abkommen und Konventionen manifestieren und dadurch zu globalen Diskursen und Themen werden (Evers und Kaiser 2003).

Politologische Diffusionsansätze betonen insbesondere die wichtige Rolle der internationalen organisatorischen Akteure und der transnationalen nichtstaatlichen Akteure bei der Wissensdiffusion (Tews 2001)[13]. Eine wichtige Frage hierbei lautet, warum seit dem Ende des Zweiten Weltkrieges der Wissenstransfer von den internationalen Organisationen auf die nationalstaatlichen Akteure inkrementell beschleunigt wird. Das *top-down*-Diffusionsmodell, das eine Diffusion von den hochautoritären internationalen Organisationen (wie die UNO und ihren Fachorganisationen) auf Nationalstaaten beschreibt, kann verschiedene Formen annehmen: Erstens kann das externe Modell oktroyiert werden, das heißt, Modell und politikorientiertes Wissen werden gewaltsam auf einen Nationalstaat übertragen. Die Übernahme des Modells der Demokratie und der Marktwirtschaft durch Japan und Deutschland unter der amerikanischen Besatzung seit dem Ende des Zweiten Weltkrieges ist ein anschauliches Beispiel. Das Auferlegen von Modellen funktioniert jedoch nicht immer, wie z.B. im Fall des Irak, wo gegen das von außen aufgezwungene Modell durch die einheimische Bevölkerung opponiert wird.

Zweitens werden das externe Modell sowie das Wissen unter dem Druck der internationalen Gemeinschaft auf die Nationalstaaten transferiert.

13 vgl. Dolowitz und Marsh 1996; Jörgens und Jänicke 2000.

Zum Beispiel verhängen die westlichen Staaten und die internationalen Regierungsorganisationen Sanktionen gegen das burmesische militärische Regime, um die Verfassungsdemokratie und die Rechtsstaatlichkeit in Burma wiederherzustellen. Der internationale Druck ist nicht nur durch „harte Sanktionen“ gekennzeichnet, sondern auch durch das (sanfte) Festlegen von Voraussetzungen. Zum Beispiel werden den Entwicklungsländern und Transformationsländern in Osteuropa und Lateinamerika nur dann Kredite gewährt, wenn gewisse Vorkonditionen von der Weltbank und dem IWF erfüllt werden, wie Abbau von Bürokratie, Verkürzung der öffentlichen Ausgaben usw. (Deacon 1997).

Agency-zentrierte Ansätze akzentuieren die Rolle der internationalen Regierungsorganisationen, Nichtregierungsorganisationen oder der internationalen epistemischen Gemeinschaften wie der Wirtschafts- und Expertenverbände als Wissensträger im Diffusionsprozess. Nicht zu vernachlässigen ist jedoch, dass auch die zwischenstaatliche Diffusion dem Wissenstransfer förderlich ist. Manche Forschungsstudien zeigen, dass geographische Nähe eine wichtige Determinante für die zwischenstaatliche Diffusion bildet (Lutz 1987). Andere Forschungsstudien zeigen, dass die Interaktionshäufigkeit mit „Vorreitern“ die nationalstaatliche Diffusion beschleunigt (Gray 1973). Manche Forscher wie Heritier (1995) und Jänicke (2000) haben zudem herausgefunden, dass die einzelnen Nationalstaaten über unterschiedliches Einflusspotential verfügen und Nachahmungsverhalten immer zwischen Vorreitern und Nachzüglern stattfindet. Vorreiter sind dabei die Staaten, die am frühesten eine innovative Politik initiiert haben und deren Modell in der Länderhierarchie besser bewertet wird als andere Modelle. Nachzüglerstaaten sind die Staaten, die eher spät Innovationen einführen.

In dem hier beschriebenen Forschungsprojekt wird die inter-nationale Wissensdiffusion zwischen China und Deutschland in der Form eines bilateralen Kooperationsprojekts eruiert. Im Anschluss an die Wissensdiffusionstheorie wird erörtert, aus welchen Gründen ein Wissenstransfer zwischen einem europäischen und asiatischen Land stattfindet.[14]

---

14 S. die Analyse im Kapitel 8.4.

2.2.2 Diffusion der Sozialpolitik

Obwohl im Bereich der Sozialpolitik früher überwiegend methodologischer Nationalismus angewendet wurde, beschäftigen sich manche Wissenschaftler schon seit den 1970er Jahren bahnbrechend mit der sozialpolitischen Diffusion. Eine Erkenntnis dieser frühen Forschung war, dass sich die Verbreitung sozialer Sicherung weltweit in mehreren Diffusionsphasen vollzog. In der ersten Diffusionswelle führten die west- und nordeuropäischen Länder Sozialversicherungssysteme ein, während in der zweiten Diffusionsphase in den angelsächsischen Ländern Sozialversicherungssysteme aufgebaut wurden. In der dritten Diffusionswelle wurde in vielen kolonialisierten Ländern unter dem Einfluss der kontinentaleuropäischen und der angelsächsischen Rechtstradition eine Sozialgesetzgebung beschlossen, mehrere lateinamerikanische und afrikanische Länder führten Sozialversicherungen ein. In der vierten Diffusionsphase beschlossen die restlichen asiatischen, arabischen und afrikanischen Länder Sozialgesetze (Collier und Messick 1975). Diese wohlfahrtsstaatliche Entwicklung in der Form der Wissensdiffusion zeugt von einer kontinentalinternen bzw. interkontinentalen Verbreitung der sozialpolitischen Ideen und Systemelemente. Die Länder innerhalb einer Weltregion beobachten sich gegenseitig und replizieren die neuen bestehenden Systeme und Gesetzgebungen, so dass sich ein neu eingeführtes System in einer „ansteckenden Stimmung“, die durch eine erhöhte Bereitschaft zum Lernen gekennzeichnet ist, zwischen Nationalstaaten schnell verbreitet.

Andere Wissenschaftler zeigen durch ihre Empirie, dass die Sozial-Dumping These relativiert und in bestimmten Fällen widerlegt wird (Alber 2000). Im Hinblick auf die Sozialpolitik in der Weltregion ASEAN, deren Mitglieder-Länder aufgrund des kontinuierlichen wirtschaftlichen Aufstieges des Missbrauchs von Arbeitsrechten verdächtigt werden, konnte festgestellt werden, dass gerade in dieser Region die Sozialversicherungssysteme nach dem Entwicklungsniveau noch „früher“ als in westeuropäischen Ländern eingeführt wurden. Selbst die zeitlichen Sequenzen für die Einführung verschiedener Sozialversicherungsfelder sind identisch mit den westlichen Industrienationen, indem die Arbeitsunfall-, Kranken-, Renten-, und Arbeitslosenversicherung eine nach der anderen implementiert wurden. Selbst die asiatische Finanzkrise 1997/98 verzögerte den kontinuierlichen Aufbau- und Erweiterungsprozess nicht. Den Wissenschaftlern fällt besonders auf, dass die meisten Länder die Sozialpolitik gerade in Zeiten einer schweren Krise auf- und ausgebaut haben (Hort und Kuhle 2000). Die Demokratisierung sowie die damit verbundene Erweiterung der wohlfahrtsstaatlichen Arrangements in Taiwan und Südkorea zeugen von einer konvergenten Entwicklung im Bereich der Politik und Sozialpolitik. Der inkrementelle Aufbau der Rentenversicherung und moderner Sozialhilfeeinrichtungen, die auf den universellen Bürgerrechten sowie Sozialrechten beruhen, verdeutlicht wiederum, dass der neue südkoreanische Wohlfahrtstaat sogar einen „sozialdemokratischen" Charakter trägt (vgl. Kim 2006). Diese ungewöhnlich „verfrühte" Entwicklung der Sozialpolitik in Südostasien, die unter einem niedrigen Urbanisierungs- und Industrialisierungsverhältnis stattfand, relativiert den methodologischen Nationalismus stark und stützt die Auswirkung der Wissensdiffusion auf die Expansion der wohlfahrtsstaatlichen Arrangements.

Aufgrund der oben genannten Thesen gilt die sozialpolitische Diffusion als ein eigenständiges Forschungsgebiet, das über Eigendynamik und Autonomie verfügt und sich von anderen Politikfeldern differenzieren lässt (vgl. Leisering 2005). Dies bedeutet jedoch keinesfalls, dass sich verschiedene Erklärungsansätze gegenseitig ausgrenzen und ausschließen. Im Gegenteil profitiert die Forschung über die Diffusion der Sozialpolitik von verschiedenen politologischen und allgemein-soziologischen Theorien. Aufgrund verschiedener Theorierichtungen kann allerdings ein eigenständiges Forschungskonzept für die sozialpolitische Diffusion entworfen werden, in dem ein Fokus auf der eigendynamische Entwicklung der sozialpolitischen Diffusion liegt. Im Folgenden wird versucht, die sozialwissenschaftliche „world-polity" Theorie der Stanfordschule zu beleuchten.

2.2.3 Die „world-polity" Theorie zur Erklärung der Wissensdiffusion

Im politologischen Diffusionsansatz wird vorausgesetzt, dass Ideen nur transferiert werden, wenn sie zwischen Akteuren (Wissenssender und Wissensempfänger) kommuniziert werden. Die Kommunikation zwischen den verschiedenen Bundesstaaten eines Landes, die Kommunikation zwischen Ländern oder die interpersonelle Kommunikation auf verschiedenen Ebenen sind entscheidend für die Wissensdiffusion. Im Vergleich zu diesem politologischen Diffusionsansatz wird im soziologischen Diffusionsansatz die

Wirkungskraft der Normen, der Weltkultur, der internationalen Sozialisierung, der Internalisierung der Normen und der Legitimation hervorgehoben. Die Wissensdiffusion erfolgt nicht nur über *Face-to-Face*-Kommunikation, sondern auch über die Internalisierung der bereits bestehenden globalen und weltkulturellen Normen, die eine weitere umfassende Legitimationsgrundlage für die Nationalstaaten, die Verwaltungsbürokratien, die NGOS und das Individuum schaffen.

Die Wissenschaftler der amerikanischen Stanfordschule vertreten den „world-polity"- Ansatz, der auch als „Theorie des Neoinstitutionalismus" bezeichnet wird. Der führende Wissenschaftler dieser Theorierichtung ist John Meyer, der die Durchdringung der Welt durch westliche Ideen, Wissensbestände, Prinzipien und Normen mit Hilfe des Ansatzes des phänomenologischen Makroinstitutionalismus analysiert. Mit diesem Ansatz wird davon ausgegangen, dass die modernen Akteure (wie etwa Nationalstaaten, Organisationen und Individuen) von einer allgemeingültigen Kultur geformt und beeinflusst werden, die auf der globalen institutionellen Ebene konstruiert wird. Diese Weltkultur entspringt dennoch der okzidentalen Rationalisierung (Weber und Sombart), die ihre Ursprünge in der westlichen Gesellschaft hat. Die westliche Gesellschaft wird seit der Industrialisierung als ein Produkt der Rationalisierung wahrgenommen, das sich auf eine Umstrukturierung der individuellen Handlungen zugunsten des kollektiven Mittels und Zweckes ausrichtet. Die Rationalisierung ist ein Prozess der Säkularisierung sowie der Entzauberung der Religion, bei dem die sakramentalen und religiös-transzendenten Sinndeutungen durch rationale Handlungen und Kalkulationen abgelöst werden.[15]

Moderne institutionalistische Mechanismen wie die staatlichen Verwaltungsbürokratien, die Rechtsordnung, die Garantie der Eigentumsrechte sowie die Schaffung eines berechenbaren und kalkulierbaren Wirtschaftssystems durch eine moderne Buchführung fördern den Prozess der Rationalisierung. Unter dem Terminus „world-polity" von John Meyer werden primär die kulturellen Elemente verstanden, die vor allem durch die okzidentale Rationalisierung gekennzeichnet sind. Darüber hinaus werden unter „world-polity" weitere kulturelle Orientierungsmuster wie der Universalismus, der

15 vgl. die These „Die protestantische Ethik und der Geist des Kapitalismus" von Weber 1934.

Individualismus und der sozioökonomische Fortschrittsglauben erfasst, die ebenfalls der okzidentalen Zivilisation entspringen (Meyer 2005: 36)[16].

In Abgrenzung zu der ökonomischen und politischen Globalisierung kann die „world-polity" Theorie als kulturelle Globalisierung begriffen werden, die durch zahlreiche empirische Forschungen die These stützt, dass sich westliche kulturelle Normen im Lauf der Globalisierung weltweit ausbreitet haben. Von den zentralen weltkulturellen Normen wird insbesondere die Relevanz des Individualismus durch eine kontinuierliche Aufwertung des Individuums im Lauf der sozioökonomischen Rationalisierung hervorgehoben (ebd.: 58). Diese weltkulturellen Normen gelten als unhinterfragbare Normen, die für die Handlungen der nationalen und organisatorischen Akteure eine legitimatorische Bezugsgrundlage liefern. Aus diesem Grund vertritt Meyer die Position, dass die Rationalisierung zwar einen Prozess der Säkularisierung darstellt. Die Kernnormen der Weltkultur (wie Rationalismus, Individualismus und universalistische Gerechtigkeits- und Fairnessnormen) sind jedoch nicht weniger „religiös" als „Jehova" und „Gott" in der vormodernen Zeit.

Ausgehend von der „world-polity" Theorie werden die sozialen Akteure als agenthafte Akteure konstruiert. Meyer typologisiert die Akteure als Agent für das Selbst, für andere oder für Einheiten ohne Akteurstatus sowie für moralische Prinzipien. Der soziale Akteur ist vor allem ein Agent für das Selbst (wie der Fall des Individuums, der Nationalstaaten), der nach der Realisierung des eigenständigen und eigennützigen Interesses strebt. Ein Akteur kann ebenfalls leicht von der Agentschaft für das Selbst auf die Agentschaft für andere übergehen, die sich für die Interessen anderer Akteure (z.B. für andere Individuen und organisationale Akteure) einsetzt. Sinnvoll ist die Abgrenzung der Akteure, die die Agentschaft für höhere kulturelle Prinzipien einsetzen; sie repräsentieren abstrakte Prinzipien und moralische Normen und können sich deutlich mehr Ansehen, Reputation und Legitimität verschaffen, als die Akteure, die lediglich Interesse anstreben. Daher ist Meyer der Auffassung, dass die Wissenschaftler und Rechtstheoretiker unabhängig von ihrem praktischen Interesse gewisse

16 vgl. Meyer und Boli 1975, Katzenstein 1996.

Theoriemodelle aufbauen, dementsprechend bringt man Ihnen damit viel Achtung entgegen, weil sie in ihrer Haltung des „reinen Anderen" handeln (Meyer 2005: 64–65). Die zentralen Akteure im Wissensdiffusionsprozess sind nach diesem Ansatz internationale und transnationale Organisationen sowie supranationale Staatengemeinschaften usw., die auf moralische und natürliche Gesetze verweisen. Durch diese Organisationen und Verbände werden die standardisierten und vereinheitlichten Ideen, Theorien und Maßstäbe sowie standardisiertes Wissen erzeugt, welche sich weltweit verbreiten. Unter dem Einfluss globaler Kultur und globaler Modelle entstehen allgemein akzeptierte normative Ideen (wie z.B. der sozioökonomische Fortschrittsglaube, Individualismus, Universalismus), die zu strukturähnlichen Entwicklungen in fast allen gesellschaftlichen Bereichen wie Wirtschaft, Politik, Rechtswissenschaft, Bildung, Umweltschutz und Sozialpolitik in fast allen Ländern der Erde führen (Boli und Thomas 1997; Meyer 1980).

Meyer kommt zu dem Ergebnis, dass eine isomorphe Entwicklung und ein isomorpher Wandel unabhängig von der Heterogenität der lokalen Traditionen und der sozioökonomischen Gegebenheiten in vielen verschiedenen Ländern stattfinden (Meyer 2005). Die Isomorphie fordert die Theorierichtungen heraus, die eher auf der Makroebene (wie die Weltsystemtheorie) oder auf der Mikroebene (wie die kulturalistisch-relativistische Theorie) Ungleichheit und Divergenz postulieren. Zum Beispiel wird hinsichtlich der Hochschulausbildung von Frauen im Rahmen der Weltsystemtheorie eine ungleichartige Entwicklung zwischen Zentrum und Peripherie postuliert. Nach der Kulturtheorie wird dagegen eine Zunahme der Frauenausbildung in der nichtwestlichen Gesellschaft angezweifelt. Anhand der empirischen Grundlage wird jedoch beobachtet, dass die Ausbildungsquote der Frauen in fast allen Nationen unabhängig von ihrer relativen Stellung in der Weltwirtschaft und unabhängig von der lokalen Kultur seit dem Ende des Zweiten Weltkrieges ansteigt (Meyer und Boli 1975, 1997; Strang und Meyer 1993). Ein isomorpher Wandel wird insbesondere dadurch gekennzeichnet, dass fast alle Nationalstaaten ihre Regulationsbereiche seit dem Ende des Zweiten Weltkrieges erweitert und eine Sozialreform durchgeführt haben. Die „world-polity" Theorie erklärt dabei vor allem, warum die Nationalstaaten (zumindest auf der formalen Ebene) einander so ähnlich sind: In fast allen 200 Ländern der Erde wurde ein Gesundheits-, Umwelt-, Arbeits- und

Sozialministerium aufgebaut und in fast allen Nationalstaaten wurde der Schutz der Menschenrechte in die Verfassung aufgenommen (Boli 1987; Meyer u.a. 1997).[17]

Die Angleichungstendenz aller Nationalstaaten beruht nicht einfach auf einer idealistischen Perspektive. Die neoinstitutionalistischen Theoretiker weisen darüber hinaus auch auf die Erscheinungen der Entkopplung (*De-coupling*) hin, die eine Diskrepanz zwischen der formalen Anerkennung der weltkulturellen Prinzipien und der realen Implementierung der verkündeten Zielsetzungen beschreibt (Meyer 2005: 99). Da die verfügbaren Ressourcen in den Entwicklungsländern generell begrenzt sind und die Verwaltungsbürokratien häufig nur auf formaler Ebene vorhanden sind, können diese Länder auf einfache Art und Weise Gesetze erlassen, Übereinkommen ratifizieren und die weltkulturellen Normen formal anerkennen. Die Verzögerung der Realisierung der weltkulturellen Prinzipien kann jedoch nicht mit Zynismus gleichgesetzt werden. Die formale Anerkennung der Weltkultur hat nicht nur eine symbolische Bedeutung, sondern bewirkt zudem, dass sich der Staat um Verbesserung bemüht und dass ein progressiver Prozess nicht rückgängig gemacht werden kann. Darüber hinaus muss expliziert werden, dass die Weltkultur nicht nur das Zentrum des Nationalstaats beeinflusst. Häufig vernetzen sich die weltgesellschaftlichen Akteure mit den Akteuren auf der Graswurzelebene (wie Nichtregierungsorganisationen und Bürgerinitiativen), und üben gemeinsam Druck auf die nationale Regierung aus, die Weltkultur einzuhalten (ebd.).

Die „world-polity" Theorie wird in mehrerlei Hinsicht kritisiert. Vor allem wird ihrer Forschungsmethode vorgeworfen, dass sie ausschließlich aus der Vogelperspektive (auf einer makrophänomenlogischen Ebene) die gesellschaftlichen Tatbestände erfasst und postuliert, dass alle Nationalstaaten strukturell ähnlich sind. Aufgrund der quantitativen Forschungsmethoden und der damit induzierten statistischen Zusammenhänge zwischen verschiedenen Variablen sprechen die neoinstitutionalistischen Theoretiker von einem isomorphen Wandel der Welt. Gleichzeitig werden der lokale kulturelle Hintergrund und die damit verbundenen lokalen Konflikte und Inkonsistenzen ausgeblendet. Die entscheidende Frage ist, wie das Wissen

17 Zur Konvergenztheorie in der Globalisierung vgl. Drezner 2001.

transferiert wird. Selbst wenn weltgesellschaftliches Wissen durch die weltgesellschaftlichen organisatorischen Akteure konstruiert wird und über eine hohe Legitimität verfügt, bedeutet dies noch nicht, dass dieses Wissen automatisch in einem nationalen Kontext erscheint und die nationalstaatliche Grenze durchdringen wird. Ideen transferieren sich nicht von selbst, sie müssen stattdessen von Akteuren übertragen werden.

Manche Wissenschaftler beobachten diese Forschungslücke und versuchen bereits, sich der Lokalität zuzuwenden und durch Feldforschungen im lokalen Kontext zu eruieren, wie die weltkulturellen Prinzipien lokal gedeutet und rezipiert werden[18]. Durch die Erforschung der Diffusion und der Durchsetzung der Frauenrechte in Deutschland, der Schweiz, Syrien und Marokko versuchen beispielsweise Heintz und andere Wissenschaftler, in einem nationalen Kontext durch die Konstruktion der Deutungsmuster der nationalen Eliten die Rezeption der Weltkultur zu analysieren (Heintz 2006). Allerdings macht der Einsatz von Fallstudien mit qualitativen Forschungsmethoden nur eine kleine Minderheit der neoinstitutionalistischen Forschungen aus.

Hierzulande kann die soziologische Diffusionsforschung im Anschluss an die „world-polity" Theorie um eine politologische Diffusionstheorie ergänzt

18 Der von dem britischen Soziologen Robertson eingeführte Begriff „Glokalisierung" ist ein Neologismus, der aus den Begriffen „Globalisierung" und „Lokalisierung" zusammengesetzt ist. Dieser Begriff vereint die beiden scheinbar gegensätzlichen Wirklichkeitsebenen und nimmt Globalisierung und Lokalisierung als einander ergänzende Prozesse wahr. Daher bezeichnet Glokalisierung die lokalen Erscheinungsformen der weltumspannenden globalen Kommunikation (Robertson 1998). Laut Robertson repräsentiert zum Beispiel die weltweite Verbreitung der Shakespeare-Literatur einen Prozess der globalen Kommunikation. Gleichzeitig werden die Shakespeare-Stücke in fast jedem Land angesichts der lokalen Tradition unterschiedlich interpretiert und inszeniert. Mit diesem Beispiel möchte Robertson zeigen, dass zwei Erscheinungsebenen gleichzeitig existieren (ebd.: 213). Nach seiner Beobachtung verkörpert die Glokalisierung bestimmte lokale Ausprägung der allgemeinen Erscheinungsform. Die Homogenisierung und die Heterogenisierung bilden im Lauf der Glokalisierung nicht mehr einen Gegensatz. Sie stellen zwei Seiten einer Medaille dar und repräsentieren eher die Einheit der Gegensätze (ebd.). Die lokale Kommunikation ist somit der globalen Kommunikation nicht entgegengesetzt, im Gegenteil ist sie der konstitutive Bestandteil der Globalisierung.

werden. Der akteurzentrierte Ansatz in der politologischen Diffusionstheorie kann zur Erweiterung der „world-polity“ Theorie beitragen, indem die Akteurskonstellation im globalen und nationalen Kontext expliziert werden kann (Leisering 2005: 76). Mit einem Sender-Empfänger-Modell kann man ebenfalls erklären, wie das Wissen von Akteuren transferiert wird. Im globalen Kontext können die Fragen gestellt werden, welche internationalen gouvernementalen und non-gouvernementalen Organisationen die zentralen Wissenssender sind und wie das Wissen der internationalen Wissensgemeinschaft konstruiert wird. Im nationalen Kontext stellen sich ebenfalls die Fragen, welche Akteure die zentralen Akteure sind, welche Akteure sich vor allem über das neue Wissen von Externalität informieren und dieses dann rezipieren. Dabei spielen die wissenschaftlichen und politischen Eliten eine entscheidende Rolle (ebd.).

Darüber hinaus muss durch Fallstudien im nationalen Kontext eruiert werden, wie die übernommenen Ideen intern gedeutet, erörtert und interpretiert werden, welche konkurrierenden Diskurse bestehen, und inwiefern die weltkulturellen Prinzipien internalisiert werden. Ausgehend von Leiserings Vorschlag ist zu erkennen, dass die Wissensdiffusion dann gelingt, wenn die weltkulturellen Prinzipien durch Gesetzgebung verankert sind und die Eliten sie internalisiert haben. Die Wissensdiffusion ist ferner nur dann wirksam, wenn auf der lokal-administrativen Ebene *compliance* stattfindet und die Bürger die Diffusion als selbstverständlich wahrnehmen (Leisering 2005: 85). Eine erfolgreiche Wissensdiffusion hat bestimmte institutionelle Voraussetzungen, nämlich zum einen, dass der Nationalstaat ein rationaler Akteur ist, der um eine rationale sozioökonomische Entwicklung bemüht ist und zum anderen, dass gleichzeitig Lernbereitschaft auf Seiten der Elitenakteure besteht. Darüber hinaus bildet die institutionelle Kapazität eine weitere wichtige Voraussetzung der erfolgreichen Wissensdiffusion, wobei die Fähigkeit der Nationalstaaten zur Wissensübernahme überprüft wird. Zudem ist ein Trend sichtbar, dass die Wissensdiffusion in einem unbesetzten Politikfeld (wie der Behindertenpolitik) viel leichter ist als in manch einem umkämpften Politikfeld (wie der Rentenversicherung) (Leisering 2005: 85–86).

Mit der Verknüpfung der soziologischen und politologischen Diffusionstheorie kann die neoinstitutionalistische Theorie bereichert werden, indem eine empirische Fallstudie in einem nationalen Kontext durchgeführt wird. Da in der neoinstitutionalistischen Theorie die Organisationen über eine zentrale Stellung verfügen und sich häufig als Träger und Sender der weltkulturellen Normen darstellen, ist an dieser Stelle sinnvoll, die neoinstitutionalistische Organisationstheorie als Erweiterung der neoinstitutionalistischen Gesellschaftstheorie zu erläutern.

2.2.3.1 Neoninstitutionalistische Organisationstheorie

Von der klassischen Organisationstheorie wird a priori postuliert, dass die Organisation und das Individuum die zentralen Akteure der modernen Gesellschaft sind. Und genau wie das Individuum sind die Organisationen die rationalen Akteure, die eigennützige und rationale Zielsetzungen festlegen, um organisationsinterne Interessen zu maximieren. Damit bleiben die Organisationen die unabhängigen Variablen der gesellschaftlichen Entwicklung, die nach bestimmten Zugangsregeln Mitgliedschaft und Nichtmitgliedschaft unterscheiden. Durch eine vertikale Verwaltungsstruktur treffen Organisationen die notwendigen Entscheidungen effizient, um festgelegte Zwecke umzusetzen. Der Bürokratieansatz von Weber geht davon aus, dass die Bürokratisierung gleichzeitig den Prozess der Rationalisierung repräsentiert, da die politische Verwaltungsbürokratie Zweckmäßigkeit und Sachlichkeit vereint. Sämtliche institutionellen Entscheidungen sind von der persönlichen Willkür abgekoppelt und erfolgen nach bestimmten vorgegebenen satzungsmäßigen Regeln. Die Leistungsfähigkeit sowie die Effizienz der politischen Institutionen werden durch sachliche Aufgabenverteilung und -erfüllung verstärkt.

Die Soziologen der neoinstitutionalistischen Schule nach Meyer/Rowan relativieren die Webersche Rationalisierungstheorie zu modernen Organisationen. Sie vertreten die Auffassung, dass sich die modernen Organisationen zwar als formal-rationale Strukturen herausbilden, die nicht nur danach streben, die organisationsinternen Interessen zufriedenzustellen und ihre Handlungs- und Entscheidungsprozesse eigennützig zu gestalten, sondern in vielen Fällen gezwungen sind, den gesellschaftlichen normativen Erwartungen zu genügen (Meyer und Rowan 1977, 1981). Das bedeutet, dass nicht die klassische Rationalitätsargumentation, sondern die von der gesellschaftlichen allgemeinen Erwartung deduzierten universellen Normen die organisationsinternen Handlungen und Entscheidungen bestimmen. Hier werden die internistischen und externistischen Ansätze entsprechend der Funktionen der Organisationen differenziert.

Bei internistischen Ansätzen wird versucht, die Strukturen der Organisationen aus den Organisationen heraus zu erklären. Externistische Ansätze, zu welchen die neoinstitutionalistische Theorie gehört, versuchen, die Strukturen der Organisationen ausgehend von organisationsexternen Faktoren zu erläutern. Die Außenbestimmtheit erklärt ausschließlich, dass die Organisationen nur in ihren sozialen Umwelten existieren können und dauerhaft dem Zwang ausgesetzt sind, sich ihrer Umwelt anzupassen.

Meyer/Rowan stehen einerseits dem Bürokratisierungsansatz von Weber skeptisch gegenüber, andererseits verweisen sie aber auch auf seine Legitimitätsthese und stellen die Frage, worauf die Legitimität der Handlungen und der Entscheidungen der Organisationen beruht. Außerdem bezeichnen sie die Normen, an denen sich die Organisationen orientieren, als „Rationalitätsmythen", die normative Erwartungen, Regeln und Rituale einschließen und die Zielsetzungen sowie Zwecke der Organisationen bestimmen.

Infolge dessen, dass die modernen Organisationen zunehmend den Rationalitätsmythen und dem normativen Druck ausgesetzt sind, entsteht die institutionelle Homogenität der Organisationen, die gleichartige formale Strukturen aufweisen. Der institutionelle Konformitätsdruck zwingt die Organisationen zur Isomorphie zwischen Organisationen und ihren Umwelten. Die modernen Organisationen stehen daher dauerhaft unter dem Zwang, sich der externen Umwelt anzugleichen (Meyer und Rowan 1977).

DiMaggio und Powell setzen sich mit dem Thema der institutionellen Isomorphie und der Kollektividentität in den Organisationsfeldern auseinander. Sie unterscheiden drei Typen institutioneller Isomorphie, nämlich den erzwungenen Isomorphismus (*coercive isomorphism*), den mimetischen Isomorphismus (*mimetic isomorphism*) und den normativen Isomorphismus (*normative isomorphism*). Von erzwungenem Isomorphismus kann gesprochen werden, wenn Organisationsfelder und Organisationsstrukturen aufgrund von formellem und informellem Druck konvergieren. Gesetze, Verordnungen und Vorschriften, die den gesellschaftlichen Überzeugungen und Erwartungen entsprechen, sind die typischen Instrumente, die mit dem erzwungenen Isomorphismus in Verbindung gebracht werden können. Sie setzen die Organisationen dem Zwang aus, den Normen der äußeren Umwelten zu genügen. Unternehmen eignen sich beispielsweise die Grundsätze der erneuerbaren Energien an, um bestimmten Umweltvorgaben zu entsprechen (DiMaggio und Powell 1991/1983).

Mimetischer Isomorphismus liegt vor, wenn sich Organisationen aufgrund eines Nachahmungsprozesses einander annähern. Sie beobachten sich gegenseitig, lernen voneinander und imitieren sich. Sobald in der gesellschaftlichen Umwelt Unsicherheit und Ungewissheit bestehen, treiben diese Kräfte die Organisationen dazu, diejenigen anderen Organisationen zu imitieren, die generell als legitime und erfolgreiche Organisationen angesehen werden. Es kommt dabei häufig vor, dass die modellhaften Organisationen unintendiert bestimmte Organisationsmodelle verbreiten. Exemplarisch kann hier das rationale Verwaltungsmodell technologischer Innovationen angeführt werden; die erfolgreichen Modelle der Pionierorganisationen werden hier schnell von anderen imitiert.

Beim normativen Isomorphismus handelt es sich um die Professionalisierung, die einerseits eine formale Bildung und einheitliche Qualifikation beinhaltet, wie sie beispielsweise durch Hochschuleinrichtungen (Universitäten) bereitgestellt werden. Professionalisierung impliziert andererseits die Bildung der beruflichen Netzwerke und Wirtschaftsverbände, die bestimmte Regeln und institutionelles Verhalten durch kollektive Bemühungen verbreiten. Das Prestige und die Ressourcen der modernen Organisationen sind stark davon abhängig, dass sie die Fachexperten aus anderen Unternehmen rekrutieren und damit freie Personalauswahl und Mobilität fördern. Dadurch emergieren institutionell-konvergente Unternehmen in Bezug auf die formalen Strukturen (DiMaggio und Powell 1983)[19].

Wie oben bereits dargelegt wird, plädieren Meyer und Rowan (1977) ebenfalls für die These der Isomorphie zwischen Organisationen und ihrer Umwelt. Sie betonen aber auch, dass die Organisationen den Legitimitätsmythen genügen. Ein isomorpher Wandel habe sich unter einem starken Konformitätsdruck vollzogen. Meyer und Rowan differenzieren zwei Typen von Organisationen. Organisationen des ersten Typs orientieren sich selten

---

19 vgl. Katzenstein; Keohane und Krasner 1998.

an internen Gültigkeits- und Effizienzkriterien, sondern gleichen sich den Ritualen, Zeremonien und institutionellen Regeln der Umwelt an. Organisationen des zweiten Typs handeln eher nach organisationsinternen Effizienzkriterien und gestalten ihre Entscheidungsstrukturen autonom. Auch bei dem zweiten Typ der autonom funktionierenden Akteure ist nicht ausgeschlossen, dass die Organisationen trotz der Eigenständigkeit gleichzeitig dem normativen Druck aus ihren Umwelten entsprechen, um dem Problem der Legitimität gerecht zu werden. Daher wird die These der sozialkonstruktivistischen Schule vertreten, dass die Organisationen in radikaler Form nicht mehr als rationale und autonome Akteure gelten, sondern sie lediglich Ausdruck der institutionalisierten Normen der Umwelt sind, die letztendlich zur strukturähnlichen Entwicklung (Isomorphie) der Organisationen führen (Meyer und Rowan 1977).[20]

Auf der Basis dieser Ausgangsthese der Entsprechung der institutionellen Mythen durch die Organisationen wird darüber hinaus darauf hingewiesen, dass in der modernen Gesellschaft die Umwelt kontinuierlich die neuen rationalen Tätigkeitsfelder, wie z.B. wirtschaftliche Rationalisierung, Erziehung, Wissenschaft, Pflege der Kultur, Umweltschutz, Tierschutz, Klimaschutz usw. definiert. Um diesen neu zu definierenden Problemen gerecht zu werden, entstehen immer mehr neue Organisationen. Letztendlich werden nicht einfach Organisationen von Akteuren gegründet, sondern die Umwelt sorgt für das Entstehen neuer Organisationen. Das bedeutet, die Rationalitätsmythen, die die Rituale, Zeremonien und Normen beinhalten und in die Gesellschaft durchdringen, decken neue Problembereiche auf. Sie grenzen zudem immer neue Rationalitätsfelder ab, die dann nur durch neue funktional spezialisierte Organisationen aufgefangen werden können. Aus diesen durch Rationalitätsmythen definierten neuen Feldern und neuen Problembereichen entstehen Bedarfe an neue Organisationen, die sich mit solchen rationalisierten Feldern auseinandersetzen müssen (Meyer und Rowan 1977).

In einer politischen Anarchie auf internationaler Ebene existiert keine Weltregierung, die aus einer übergeordneten Position die Welt bestimmt. In der *global governance* übernehmen eher die organisatorischen Akteure

20 vgl. Tacke 2008; Finnemore und Sikkink 1998.

jenseits der Nationalstaaten die Aufgabe der Koordination und Vermittlung ungleichartiger nationaler Interessen (Reder 2006). Insbesondere seit dem Zweiten Weltkrieg ist sichtbar, dass in der Weltgesellschaft die Anzahl der internationalen Organisationen, die immer mehr neue rationale Tätigkeitsfelder konstruiert haben, massiv zunimmt. Die Globalisierung involviert die Welt in eine Gesellschaft unter einer (singulären) vergleichenden Perspektive, die verschiedene Systeme wie die Weltökonomie, Weltökologie, Weltgesundheit, Weltpolitik, Welterziehung usw. beinhaltet (Meyer, Gili, Hwang 2006). Heutzutage kann leicht Zugang zu Daten der verschiedenen rationalen Tätigkeitsfelder erlangt werden. Dies ist beispielsweise möglich bei der ökonomischen Statistik in der Weltgesellschaft, die durch Weltbank, IMF und OECD bereitgestellt wird, der Statistik zur Erziehung und wissenschaftlichen Konkurrenzfähigkeit, die weltweit von der UNESCO produziert wird, bei Daten zur Gesundheit in der Weltgesellschaft, die von der WHO veröffentlicht werden, oder bei Daten zur globalen Umwelt, die auf den Webseiten zahlreicher Umweltorganisationen der UNO zur Verfügung gestellt werden (Meyer, Gili, Hwang 2006).

Ausgehend von der neoinstitutionalistischen Organisationstheorie wird hier die Forschungsfrage gestellt, ob ein rationales Tätigkeitsfeld in der Weltgesellschaft konstruiert wird – das der Arbeitsunfallversicherung. Wenn dem so ist, wird darüber hinaus fokussiert, wer und welche Organisationen an der sozialen Konstruktion dieses Feldes beteiligt waren. Sorgt die Umwelt seit Kriegsende für die Entstehung von neuen Organisationen oder zumindest von neuen Gremien, die weltweit die Arbeitnehmerinteressen wahrnehmen? Werden eigenständige Fachausschüsse und technische Komitees ins Leben gerufen, die sich mit der eigenständigen Komplexität der Arbeitsunfallversicherung auseinandersetzen? Versuchen diese eigenständigen Institutionen zur Umsetzung einer globalen Arbeitsunfallversicherung transzendenten Rationalitätsmythen zu entsprechen, die in der Umwelt bereits existieren? Um die neoinstitutionalistische Organisationstheorie zu überprüfen, ist es unerlässlich zu eruieren, ob die Arbeitsunfallversicherung letztendlich nur auf technischen Aspekten der operationalen Ebene basiert, oder ob sie auf höherer metaphysischer Ebene durch die weltgesellschaftlichen Rituale, Zeremonien und Normen legitimiert ist. Anders formuliert: Handelt es sich hinsichtlich der Arbeitsunfallversicherung primär um Instrumentrationalität oder eher um Wertrationalität, indem sie bestimmten normativen „Mythen" gerecht wird? In Kapitel 4 werden diese Forschungsfragen beantwortet.

2.3 Theorien des Wohlfahrtsstaates

Die Arbeitsunfallversicherung ist ein Politikfeld der Sozialversicherung, aber sie bezieht sich jedoch nicht nur auf die politischen Maßnahmen und Richtlinien, sondern ist in ein institutionelles Ordnungskonzept eingebunden, das ein fester Bestandteil der wohlfahrtsstaatlichen Arrangements bleibt. Die Einbettung der AUV in das wohlfahrtsstaatliche Ordnungskonzept ist der Grund dafür, dass hier die Theorie des Wohlfahrtsstaates generalisierend analytisch dargelegt wird. In diesem Kapitel werden die Kernmerkmale des Wohlfahrtsstaates bearbeitet, nämlich die Übernahme der Wohlfahrtsverantwortung für nationale Bürger durch den Staat, die Einräumung individueller sozialer Rechte, die Emergenz des Sozial- oder Wohlfahrtssektors sowie die Konstitution der sozialen Frage. Außerdem wird die AUV in diesem theoretischen Rahmen analysiert.

2.3.1 Die Begrifflichkeit, die Funktion und die Abgrenzung

Eine exakte empirisch begründete Definition des Wohlfahrtsstaates ist schwierig zu erbringen. Eine Möglichkeit ist sicherlich, den Wohlfahrtsstaat mit Hilfe von deskriptiven und quantitativen Kriterien zu definieren. Das deskriptive Kriterium beschreibt den Wohlfahrtsstaat als einen Staatentyp, der verschiedene Wohlfahrtsprogramme wie Sozialversicherung, Sozialhilfe, Familienpolitik, Jugendpolitik und andere fürsorgeartige und wohlfahrtsartige Leistungen bereitstellt. Diese Programmatik des Wohlfahrtsstaates kann natürlich nicht bestritten werden, da in einem Wohlfahrtsstaat gewisse Kernwohlfahrtsleistungen unabdingbar sind. Diese Begriffsbestimmung ist jedoch stark vereinfacht und daher ungenügend, um den Wohlfahrtsstaat von nicht-Wohlfahrtsstaaten abzugrenzen. Heutzutage existieren fast in allen Nationalstaaten der Welt gewisse Wohlfahrtsprogramme und -leistungen. Wie können so beispielsweise die Niederlande und Kenia unterschieden werden, wenn in beiden Staaten mehr und weniger sozialdienstliche Programme aufgebaut werden (vgl. Kaube 2003)?

Anhand quantitativer Kriterien kann der Wohlfahrtsstaat deutlicher abgegrenzt werden. Diese Kriterien schließen z.B. die Sozialleistungsquote ein, die den Anteil der ausgegebenen staatlichen Sozialleistungen an dem erwirtschafteten Bruttosozialprodukt eines Nationalstaates in einem gegebenen Jahr misst. Wenn die Sozialleistungsquote in einem Land z.B. unter 10% liegt, kann der Staat sicherlich schwer als Wohlfahrtsstaat definiert werden. Ein anderes wichtiges quantitatives Kriterium ist der Deckungsgrad der nationalen Sozialpolitik. Damit wird gemessen, inwiefern und in welchem Umfang die Wohnbevölkerungen unterschiedlicher Länder von der nationalen Sozialpolitik erfasst sind. Wenn das Rentenversicherungssystem in einem Land 80% und in einem anderen Land nur 20% der bewohnenden Bevölkerung abdeckt, verdeutlicht dieser elementare Unterschied den Umstand, dass das Land mit dem niedrigeren Deckungsgrad schwer als Wohlfahrtsstaat einzustufen ist.

Ein Defizit der quantitativen Kriterien liegt darin, dass eine akkurate Grenze kaum zu ziehen ist. Die Festlegung einer Sozialleistungsquote von minimal 10% als Grenze für die Einstufung als Wohlfahrtsstaat würde beispielsweise zu problematischen Differenzierungen führen, wenn die Leistungsquote in einem Land A 9,9% und in einem Land B 10,1% betrüge. Der Deckungsgrad der Sozialversicherungsprogramme als Kriterium für das Bestehen eines Wohlfahrtsstaates ist ebenfalls problematisch, da eine leichte Schwankung über und unter einem bestimmten Prozentsatz den Status eines Nationalstaates als Wohlfahrtsstaat unmittelbar beeinflusst. Ein anderes Defizit der quantitativen Kriterien liegt darin, dass nicht näher erläutert wird, wie und von welchen Akteuren die Wohlfahrtsleistungen produziert werden.

Analytisch-generalisierend kann die Wohlfahrtsstaatlichkeit aus verschiedenen Perspektiven definiert und eingegrenzt werden.[21] Zum ersten hängt der Wohlfahrtsstaat von der Selbstwahrnehmung und Selbstbeschreibung eines Staates ab. Der Wohlfahrtsstaat ist ein Staatstyp, der die gesetzliche, formale und die ausdrückliche Verantwortung übernimmt, um grundlegende Bedürfnisse und Interessen seiner gesellschaftlichen Mitglieder zu gewährleisten (Kaufmann 1997)[22]. Diese staatliche Verantwortung

21 vgl. Lessenich 2003.
22 vgl. Kaufmann 2002, 2005.

äußert sich konkret in verschiedenen Bereichen und Politikfeldern, wie in der Sozialversicherung und Grundsicherung sowie in den Fürsorgeleistungen und Vorsorgeleistungen. Die Staatsverantwortung für das Wohlergehen der Bürger wird vom Staat selbst als staatliche Zielsetzung und Staatsaufgabe definiert. Eine derartige Formulierung findet sich beispielsweise auch im Grundgesetz der Bundesrepublik: Die Bundesrepublik Deutschland ist ein demokratischer und sozialer Bundesstaat (vgl. Grundgesetz für die BRD, Art. 20); Die verfassungsmäßige Ordnung in den Ländern muss den Grundsätzen des republikanischen, demokratischen und sozialen Rechtsstaates im Sinne dieses Grundgesetzes entsprechen (GG, Art. 28). Die verfassungsmäßige Ausformulierung im deutschen Grundgesetz verdeutlicht, dass die Sozialstaatlichkeit als ein unentbehrlicher Grundstein des deutschen Grundgesetzes deklariert ist. Aufgrund dessen behauptet Kaufmann (ebd.), dass der Sozialstaatenstatus als Staatsziel der Bundesrepublik interpretiert wird. Das bedeutet ebenfalls, dass sich der Staat selbst als Sozialstaat wahrnimmt und die Realisierung der sozialstaatlichen Programmatik anstrebt. Diese Staatszielsetzung bildet einen wichtigen Indikator für die Definition eines Staates als Wohlfahrtsstaat. Wenn wohlfahrtsstaatliche Normen und Zielsetzungen hingegen explizit abgelehnt werden, wie z.B. in den USA, kann schwer vom Vorhandensein eines Wohlfahrtsstaates in diesem Fall ausgegangen werden, selbst wenn die Sozialleistungsquote in den USA die 10%-Marke übersteigt und sich die Sozialversicherung auf mehr als die Hälfte der nordamerikanischen Bevölkerung ausdehnt.

Das zweite Kriterium für die Wohlfahrtsstaatlichkeit liegt darin, dass soziale Fragen definiert und konstruiert werden. Im Lauf der Modernisierung werden immer neue soziale Themen aufgegriffen, immer mehr soziale Probleme neu entdeckt und neu definiert, wobei der Staat inkrementell seine Kompetenz zur Regulierung der gesellschaftlichen Subsysteme erweitert. Vor allem in der Geschichte wurde die Arbeiterfrage sozial konstruiert, indem der Aufbau des Arbeitsschutzsystems und der AUV die Arbeitskräfte vor vorzeitigem Verschleiß durch arbeitsbedingte Unfälle und Erkrankungen schützt sowie das Humankapital für die gesamte Volkswirtschaft pflegt. Nachfolgend werden immer mehr soziale Bereiche, die ursprünglich den Familien und Sippen überlassen sind, als soziale Frage definiert. Die daraus entstehenden Risiken können nur auf der Ebene der Gesellschaft kollektiviert und sozialisiert werden. Die modernen wohlfahrtsstaatlichen

Eingriffe in die individuelle Belange zielen gerade darauf, die sozial Schwachen zu schützen, die soziale Sicherheit für die erwerbstätige Bevölkerung bereitzustellen und menschenwürdige Wohlfahrtsbelange für die „noch nicht" sowie „nicht mehr" Erwerbsfähigen zu garantieren. Die staatlichen Aufgaben wie „Schutz", „Sicherheit" und „Garantie" sind tief mit den sozialen Fragen der modernen Gesellschaft verbunden, in der immer mehr neue Risiken als „gesellschaftliche" Risiken definiert sowie re-definiert werden.

Die moderne Gesellschaft ist außerdem eine Risikogesellschaft, weil die schnell voranschreitende Industrialisierung und die damit verbundenen Umweltbelastungen und ökologischen Probleme die Menschen immer mehr Risiken aussetzen. Die Risiken beziehen sich allerdings nicht nur auf naturbedingte Risiken, sondern auch auf soziale Risiken, die durch moderne Institutionen selbst produziert sind. Beispielsweise führen der Fluss des globalen Kapitals, die asymmetrische Machtstruktur zwischen Kapital und Gewerkschaft und der globale Finanzkapitalismus eine gesellschaftliche Risikostruktur jenseits der naturbedingten Risiken herbei. Die Risiken sind in einer Klassengesellschaft darüber hinaus klassen- und schichtenspezifisch, weil die Reichtümer sich in den oberen Schichten sammeln, während sich die Risiken vorrangig auf die unteren Schichten verteilen (Beck 1986). Die Ungleichheit der Risikoverteilung repräsentiert die ungleiche Machtstruktur der Gesellschaft. Welche Bevölkerungsgruppe ist letztlich den Risiken von Berufskrankheiten, gefährlichen Arbeitsbedingungen und Berufsunfällen stärker ausgesetzt? Bankmanager, Verwaltungspersonal und Büroangestellte sind meist weniger stark betroffen als die Industriearbeiter, die in bestimmten hochgefährlichen Branchen wie dem Bergbau, der Baubranche usw. beschäftigt sind. Vergiftungs-, Verstrahlungs- sowie Belastungsrisiken, die als typische Unfallrisiken in einer modernen Gesellschaft gelten, verteilen sich somit asymmetrisch auf verschiedene Bevölkerungsgruppen. Im Lauf der Globalisierung verlagern sich diese berufsbezogenen Risiken zudem von Industrienationen auf Entwicklungsländer, die Arbeitnehmer der südlichen Länder sind zunehmend häufiger den Risiken von Industrieunfällen ausgesetzt als die Industriearbeiter in den Zentrumsländern (vgl. Beck 1986).

Der Aufbau der wohlfahrtsstaatlichen Institution zielt insbesondere darauf, die geschichtsspezifischen Risiken sowie die dahinter versteckte

Machtungleichheit abzumildern und die relative Machtposition der sozial Schwachen zu stärken. Die moderne soziale Unfallversicherung verfügt ebenfalls über die gesellschaftliche Funktion, die Risiken (insbesondere) für die Industriearbeiter abzumildern, ihre Wohlfahrtsbelange (Gesundheit, materielle Sicherheit) zu schützen und ihre relative Position in der Gesellschaft zu stärken.

Das dritte Kriterium zur Definition des Wohlfahrtsstaates sind die sozialen Rechte. T. H. Marshall (1964, [zuerst 1950]) verknüpft die wohlfahrtsstaatliche Entwicklung insbesondere mit der Einräumung individueller sozialer Rechte. Er weist darauf hin, dass im 18. Jahrhundert die zivilen Rechte wie Redefreiheit, Glaubensfreiheit, Meinungsfreiheit, Koalitionsfreiheit und das Eigentumsrecht gesetzlich verankert wurden. Die Verankerung der zivilen Rechte gewährleistet Marshalls Ansicht nach das Interesse der bürgerlichen Klasse und hängt mit der Entwicklung des Frühkapitalismus und dem Aufstieg der Bourgeoisie zusammen. Aber diese Entwicklung sei nur die erste Stufe der Realisierung des vollständigen Bürgerstatus (*citizenship*) der Volksmassen, die ein zivilisiertes Leben wie ein „Gentleman" erlangen können (Marshall 1964, [zuerst 1950]).

Im 19. Jahrhundert wurden die politischen Partizipationsrechte wie das aktive und passive Wahlrecht juristisch garantiert, so dass die Mehrheit der Bevölkerung das Staatsoberhaupt demokratisch wählen kann. Nach Marshall wird die uneingeschränkte Kraft des Marktes und der Bourgeoisie dadurch unterbunden, und die graduelle Entwicklung des Staatsbürgerstatus avanciert auf eine immer höhere Stufe (ebd.). Im 20. Jahrhundert wurden daraufhin die sozialen Rechte gesetzlich verankert. Laut Marshall symbolisiert die Festschreibung der sozialen Rechte den Höhepunkt der Entwicklung des Bürgerstatus. Mit der Einräumung der sozialen Rechte wird realisiert, dass ein menschenwürdiges Lebensexistenzminimum für die arme Schicht rechtlich gewährleistet wird und die normalen Bürger durch die wohlfahrtsstaatlichen Arrangements ermächtigt werden, eigene individuelle soziale Rechte sowie zivile und politische Rechte umfassend umzusetzen. Mit der Implementierung der politischen und sozialen Rechte werden die Marktkräfte weiterhin im Zaum gehalten und auf einen bestimmten (wirtschaftlichen) Bereich eingeschränkt, sodass der Terminus „Kapitalismus" allein nicht dazu in der Lage ist, die Nachkriegsgesellschaft zu beschreiben. Marshall bezeichnet die westeuropäische Gesellschaft nach dem Zweiten Weltkrieg daher als „Bindestrichgesellschaft", genauer als demokratisch-kapitalistischen-Wohlfahrtsstaat. „Bindestrichgesellschaft" bedeutet hier jedoch nicht, dass die Termini synonym verwendet und als homogene gesellschaftlich-strukturelle Elemente kombiniert werden. Der Begriff bedeutet im Gegenteil, dass gegensätzliche strukturelle Elemente und Systeme komplementär zusammengeführt werden und somit ein neuer sozialer Vertrag zwischen Staat und Gesellschaft entsteht. Der Marktliberalismus, die Massendemokratie und der Wohlfahrtsstaat, die nicht unbedingt einstimmig sind, koexistieren in der Nachkriegsgesellschaft (Marshall 1964 [zuerst 1950])[23].

Diese Entwicklung des Bürgerstatus mit der Einführung der dreiteiligen Menschenrechte stimmt mit der Behauptung von Lorenz von Stein in der zweiten Hälfte des 19. Jahrhunderts überein, dass der Sozialismus nicht durch die proletarische Revolution, sondern durch die Veränderung des Verhältnisses zwischen Staat und Gesellschaft realisiert werden konnte (Stein 1972). Die Realisierung des Sozialismus innerhalb des Kapitalismus ist möglich, wenn das Volk über das Volksbestimmungsrecht (Demokratie) und das Wohlfahrtsrecht verfügt. Empirisch wird beobachtet, dass die Verankerung und Umsetzung der sozialen Rechte gleichzeitig die wohlfahrtsstaatliche Expansion fördern. Die friedliche Realisierung des Sozialismus nach Lorenz von Stein und die „Bindestrichgesellschaft" nach Marshall werden anhand der Systemtheorie von Niklas Luhmann als Inklusion der Bevölkerung in die ausdifferenzierten gesellschaftlichen Teilsysteme begriffen. In der Transformation der stratifikatorischen Gesellschaft zur primär funktional differenzierten Gesellschaft können verschiedene Bevölkerungsschichten Zugang zu Teilsystemen der Gesellschaft erlangen. Die Realisierung der sozialen Rechte und der wohlfahrtsstaatliche Aufbau ermöglichen es, dass sich jeder einzelne Bürger der Kommunikation der gesellschaftlichen Teilsysteme anschließen kann (Luhmann 1981).

Soziale Rechte stellen sicher, dass die vom Staat bereitgestellten Sozialleistungen in einem Wohlfahrtsstaat nicht mehr als staatliche Almosen zu betrachten sind. Mit der Einräumung individueller Rechtsansprüche auf staatliche Wohlfahrtsleistungen muss der nationale Staat die sozialen Wohlfahrtsrechte juristisch festschreiben und durch programmierte Leistungen

23 vgl. Barry 1990; Conrad 2003.

umsetzen. Die sozialen Rechte sind nicht mehr kollektive Rechte, die nur allgemein auf ein kollektives „Volk" ausgerichtet oder nur als „leeres Versprechen" angesehen sind, sie sind auf die Wohlfahrtsbelange eines Jeden zugeschnitten, sind justiziabel und einklagbar. In mehreren Ländern, wie z.B. Deutschland, Frankreich und Israel, werden separate Gerichtszweige, wie Sozialgerichte und Arbeitsgerichte gegründet, um die Streitigkeiten im sozialrechtlichen und arbeitsrechtlichen Bereich zu schlichten. Wenn die sozialrechtlichen Rechtsansprüche von Arbeitgebern und staatlichen Behörden verweigert werden, kann jede einzelne Partei Rechtsmittel bei den Gerichten einlegen, so dass die eigenen Rechte gesetzlich durchgesetzt werden können. Durch dieses Merkmal der individuellen Rechtsansprüche lässt sich der Wohlfahrtsstaat von den kommunistischen und sozialistischen Ländern unterscheiden, die zwar grundsätzlich die Volkswohlfahrt hervorheben, aber gleichzeitig die individuellen Rechtsansprüche und rechtsstaatlichen Prinzipien vernachlässigen oder ihnen widersprechen.

Kaufmann und Marshall betrachten also die staatlich festgeschriebene Zielsetzung und die rechtlich verankerten individuellen Rechte als zentrale Charakteristika der Wohlfahrtsstaaten. Kaufmann (2003a) stellt darüber hinaus einen Zusammenhang zwischen der weltweiten Formulierung der Idee sozialer Menschenrechte in den 1940er Jahren (seit 1941) und der Entstehung des Wohlfahrtsstaates, der im engeren Sinne ein Phänomen der Nachkriegszeit ist, her. Er zeigt anhand einer Serie völkerrechtlicher Dokumente über Menschenrechte (z.B. „Charta der Vereinten Nationen" 1945 und „Allgemeine Erklärung der Menschenrechte" 1948), dass sich nach dem Zweiten Weltkrieg, trotz ursprünglich und auch später divergierender Interpretationen sozialer Rechte durch sozialistische, liberale und lateinamerikanische Akteure, ein allgemeingültiger globaler Diskurs über soziale Menschenrechte und soziale Grundrechte herausgebildet hat.[24]

Die sozialen Menschenrechte gliedern sich in folgende Rechtsbereiche: arbeitsbezogene Rechte (z.B. Recht auf Arbeit, Recht auf angemessene Entlohnung, Recht auf Erholung und Freizeit usw.), Recht auf beruflichen Zusammenschluss, Recht auf soziale Sicherheit und sozialen Schutz sowie Recht auf Bildung („Allgemeine Erklärung der Menschenrechte" 1948, in

24 Zum Kampf der Interpretationen der Menschenrechte zwischen dem Westen, dem Sowjetblock und den Entwicklungsländern vgl. Donnelly 1985.

Kaufmann 2003a: 30). Die Durchsetzung sozialer Menschenrechte hängt mit den staatlichen Eingriffen und Leistungen zusammen und wird deswegen stets vom wohlfahrtsstaatlichen Aufbau begleitet.

Analog zum Ansatz von T.H. Marshall und Kaufmann wird von Habermas ein ähnlicher vierstufiger Verrechtlichungsprozess in der westeuropäischen Modernisierungsgeschichte konstruiert, nämlich der bürgerliche Staat, der Rechtsstaat, der demokratische Rechtsstaat und der soziale und demokratische Rechtsstaat (Habermas 1981b: 524–525). In der ersten Phase des bürgerlichen Staats wird vor allem die Privatrechtsordnung garantiert, die auf die Garantie individueller Freiheit und der Eigentumssicherheit sowie die formale Gleichheit aller juristischen Personen abzielt. In der zweiten Phase des Rechtsstaates wird die öffentliche Gewalt der Staatsobrigkeit durch Verfassung und Gesetze unterbunden, indem den Bürgern das öffentlich-subjektive Recht eingeräumt wird und sie gegen den Staatssouverän einklagen können. In der dritten Phase des demokratischen Rechtsstaats wird die konstitutionalisierte Staatsmacht demokratisiert, und der Bürger ist nicht nur ein ziviler, sondern auch ein politischer Bürger, dem das politische Partizipationsrecht (passives und aktives Recht) eingeräumt wird. In der letzten Phase des sozialen und demokratischen Rechtsstaats findet ein Prozess sozialstaatlicher Verbürgung statt, indem soziale Bereiche verrechtlicht werden und ein individuelles Recht auf die Leistungen der staatlichen Sozialpolitik verankert wird (Habermas 1981b). Grundsätzlich stimmen die vierstufigen Verrechtlichungsprozesse von Habermas mit dem Ansatz der dreiteiligen Menschenrechte von Marshall überein[25].

Die gesellschaftlich gewandelte Semantik und Sinndeutung symbolisieren einen tiefgründigen strukturellen Wandlungsprozess in der Nachkriegsordnung in der kapitalistischen Gesellschaft. Eine pauschal aus dem ökonomisierten Ansatz induzierte Beobachtungsperspektive wie Kapitalismus wird zunehmend durch moderate und weiche Termini wie „das Modell sozialer Markwirtschaft“, „den Sozialstaat“ (eher in den kontinentaleuropäischen Ländern) und „den „Wohlfahrtsstaat“ (eher in den skandinavischen Ländern) abgelöst. Dieser Wandel kann keinesfalls mit Zynismus gleichgesetzt

25 Zum Zusammenhang und Verhältnis zwischen sozialen Rechten und Wohlfahrtsstaatlichkeit vgl. auch Friedman 1981, Ganßmann 1993. Zum Schutz sozialer Menschenrechte in einem globalen Kontext vgl. Hepple 2002.

werden. Er expliziert im Gegenteil, dass die bipolare Beschreibungsweise der gesellschaftlichen Realität in einer hoch komplexen und funktional differenzierten Gesellschaft nicht mehr genügt. Die Selbstdeutung und Fremddeutung der west- und nordeuropäischen Gesellschaft als Wohlfahrtsstaatlichkeit stellt eine Machtverschiebung zugunsten der Mehrheitsbevölkerungen in dieser Gesellschaft dar, indem ihnen durch Verankerung der sozialen Rechte ein Zugang zu den Kommunikationen verschiedener gesellschaftlicher Funktionsbereiche gesichert wird. Hierzulande kann eine theoretische Verknüpfung durch Bereicherung der wohlfahrtsstaatlichen Theorie im Anschluss an die Systemtheorie (insbesondere im Anschluss an Luhmanns „Inklusionsbegriff") hergestellt werden (vgl. Luhmann 1981; Stichweh 2005).

Daher wird Exklusion im Gegensatz zu Inklusion als Ausschluss von der gesellschaftlichen Kommunikation interpretiert. Dem gegenüber bedeutet Inklusion eine Realisierung des gleichen Zugangs zu den funktionalen Systemen, aus der sich die gleichen Teilhabechancen ergeben. Die Teilhabechancen führen aber keinesfalls zu gleichen Resultaten. Jeder kann beispielsweise die Schule besuchen, bekommt aber nicht zwingend den gleichen Abschluss. Jeder kann sich mit wissenschaftlicher Forschung beschäftigen, kann aber nicht die gleiche Qualität der Erkenntnisse garantieren. Die wohlfahrtsstaatlichen Eingriffe in die sozialen Bereiche sowie die Verankerung der sozialen Rechte können funktionalistisch begründet werden, denn sie sichern die Gleichheit der Teilhabechance und die Anschlussfähigkeit an die Kommunikation funktional differenzierter Systeme (vgl. Luhmann, Stichweh 2005). Die institutionellen staatlichen Eingriffe in Form der modernen Sozialpolitik verhindern gerade die Exklusion, die dadurch gekennzeichnet ist, dass den armen Bevölkerungsteilen zwar Rechte zugestanden werden, wie das Recht zur Schule zu gehen, grundlegende Lebensmittel einzukaufen, im Krankheitsfall zum Arzt zu gehen sowie bei Rechtsstreitigkeiten Rechtsanwälte zu konsultieren. Auf der realen Ebene werden die armen Bevölkerungsteile jedoch aufgrund von Einschränkungen durch mangelnde Ressourcen und materielle Armut aus jeglicher Kommunikation in verschiedenen Funktionssystemen ausgeschlossen.[26] Dieses

26 vgl. Huf 1998; Zacher 2005.

Spannungsverhältnis zwischen einer formalen Garantie der Gleichheit der Teilnahmechancen an gesellschaftlichen Teilsystemen und der faktischen Exklusion wird durch den modernen Wohlfahrtsstaat abgemildert. Der Schutz der Wohlfahrtsbelange jedes Mitgliedes der Gesellschaft und die Garantie eines menschenwürdigen Lebens tragen unter nationaler Hoheit ausschlaggebend zur Realisierung einer funktionalen Differenzierung bei. Der Wohlfahrtsstaat und die damit verbundenen sozialen Rechte stellen daher die institutionelle Garantie der funktional differenzierten Gesellschaft dar. Diese Garantie realisiert vor allem das Recht eines jeden, sich unabhängig von der eigenen materiellen Existenz an die Kommunikationen aller gesellschaftlichen Teilsysteme anschließen zu können, und verringert damit deutlich die Machtdiskrepanz zwischen den Eliten und der Mehrheitsbevölkerung.

Die Einräumung individueller sozialer Rechte hängt mit den „drei kapitalistischen" Wohlfahrtsregimes von Esping-Andersen zusammen (1990). Er geht von der These des sozialen Bürgerrechts aus und entwirft ein wichtiges Kriterium zur Definition des Wohlfahrtsstaates, nämlich die Dekommodifizierung. Damit wird das soziale Recht der Bürger unabhängig von den jeweiligen Marktmechanismen gewährleistet. Die Dekommodifizierung determiniert unmittelbar, inwiefern der Bezug auf Wohlfahrtsleistungen von einer marktförmigen Verteilung entkoppelt und die Marktabhängigkeit der Arbeitnehmer und Sozialleistungsempfänger abgemildert ist. Esping-Andersen setzt mehrere Indikatoren ein, um den Dekommodifizierungsgrad zu messen, wie z.B. private Pensionen (der Prozentsatz der Privatpensionen an allen Pensionsleistungen), private Gesundheitsausgaben (der Prozentsatz der privaten Gesundheitsausgaben an allen Gesundheitsausgaben), bedürftigkeitsabhängige Sozialleistungen (gemessen in Prozent der gesamten Sozialausgaben). Der Ausprägung der einzelnen Indikatoren entsprechend werden verschiedenen erforschten Ländern Punkte zugewiesen und anschließend addiert. Mit den errechneten Punkten kann ein Vergleich dahingehend angestellt werden, welche Ländergruppe über einen hohen Grad an Dekommodifizierung und welche Länder über einen niedrigen Grad an Dekommodifizierung verfügen. Das Ergebnis illustriert, dass die skandinavischen Länder am stärksten dekommodifiziert sind, während die angelsächsischen Länder am wenigsten dekommodifiziert sind (Esping-Andersen 1990). Im Anschluss an die Inklusionssemantik ist außerdem analytisch zu erörtern, dass gerade die wohlfahrtsstaatlichen Eingriffe ins Marktgeschehen es den Bürgern ermöglicht haben, unabhängig von ihrer Stellung im Markt und ihrem Markteinkommen Zugang zu jeglichen Funktionssystemen (Ausbildung, Gesundheit, Politik, Rechtssystem) zu erlangen.

Ist ein Land ein Wohlfahrtsstaat, so bedeutet dies natürlich nicht, dass die Wohlfahrtsleistungen ausschließlich vom Staat produziert werden. In vielen Fällen handelt es sich um gesetzlich gerahmte, staatlich regulierte und von Körperschaften des öffentlichen Rechts bereitgestellte Wohlfahrtsleistungen. Kaufmann beleuchtet die Emergenz eines *Wohlfahrtssektors*, der sich in einem demokratischen Kapitalismus deutlich von dem staatlich verfassten politischen System und dem marktwirtschaftlich orientierten Wirtschaftssystem unterscheidet und eine eigene Professionalität entwickelt (Kaufmann 1997: 23–24)[27]. Die Herausbildung des Wohlfahrtssektors bildet daher das vierte Kriterium der modernen Wohlfahrtsstaatlichkeit. Kaufmann vertritt die Auffassung, dass der Sozial- und Wohlfahrtssektor nicht identisch mit dem dritten Sektor ist, der eher als Weder-Staat-Noch-Markt-Sektor und als Dienstleistungssektor definiert wird. Der Wohlfahrtssektor bezieht sich kaum auf eine homogene Zentralität, sondern vielmehr auf eine fragmentierte und nicht-homogenisierte Ansammlung unterschiedlicher Dienstleistungen, die durch heterogene und manchmal dezentralisierte Akteure, wie z.B. Markt, Familien, gesellschaftliche Verbände, Kirche und andere Wohlfahrtsorganisationen bereitgestellt werden (Kaufmann 1997: 23). Die sozialstaatliche Verantwortung und Aufgabe wird dadurch gekennzeichnet, dass der Staat eher eine Funktion der Finanzierung, Regulierung und Steuerung übernimmt und die variantenreichen Dienstleistungssysteme durch zahlreiche verschiedenartige Anbieter in einen staatlich-gesetzlichen Rahmen hineinführt. Daher stellt der Wohlfahrtsstaat eine institutionelle Vermittlung und Verknüpfung zwischen dem demokratischen politischen System, dem marktwirtschaftlichen Wirtschaftssystem und einem eigenständigen Wohlfahrtssektor mit eigener Professionalität dar (Kaufmann 2002).

Obwohl der Wohlfahrtssektor seine eigenen Funktionsbereiche verselbständigt, bildet sich aus der systemtheoretischen Perspektive kein selbständiges gesellschaftliches Teilsystem heraus. Vielmehr handelt es

---

27 vgl. Kaufmann 2002, 2003.

sich um eine institutionelle und strukturelle Kopplung von verschiedenen Funktionssystemen zwischen Politik, Wirtschaft und von den beiden Systemen abgegrenzten anderen gesellschaftlichen Funktionssystemen wie Familie, Gesundheit, Ausbildung, soziale Netzwerke sowie soziale Bewegung. Die staatliche Regulierung gesellschaftlicher Subsysteme sowie die institutionelle Vermittlung verschiedener Funktionsbereiche durch den Wohlfahrtsstaat repräsentieren den Kern der modernen Sozialpolitik, die Hegel ursprünglich als Vermittlung zwischen marktwirtschaftlicher Privatsphäre und rechtsstaatlicher Öffentlichkeit bezeichnet (Kaufmann 2002: 25, vgl. Hegel 2005). Die modernen sozialpolitischen wohlfahrtsstaatlichen Eingriffe in die Marktwirtschaft haben ihre Funktionen kontinuierlich erweitert, indem die Sozialpolitik als Regulierung und Steuerung der gesellschaftlichen Teilsysteme durch das staatlich-politische System nachvollzogen werden kann (vgl. Ullrich 2005: 17).

Die modernen wohlfahrtsstaatlichen Leistungen unterscheiden sich von einmaligen Almosen von Feudalstaaten dahingehend, dass die institutionellen sozialen Leistungen permanent und ununterbrochen in einem staatlich-rechtlichen Rahmen bereitgestellt werden. Sie sind ebenfalls von philanthropischen Wohlfahrtsleistungen durch Kirchen und andere gemeinnützige Einrichtungen abzugrenzen. Die wohlfahrtsstaatlichen Leistungen werden gesetzlich verankert, juristisch geregelt und institutionalisiert. Mit dem Kriterium der Institutionalisierung lassen sich die modernen wohlfahrtsstaatlichen Leistungen von den nicht institutionellen vorübergehenden Leistungen unterscheiden. Letztere waren aus rechtlicher Sicht nicht dauerhaft beanspruchbar und in vielen Fällen lediglich als einmalige, kurzfristige und vorläufige Leistungen angeboten. Zudem wurden die Sozialleistungsempfänger durch den Empfang der Leistungen im Frühkapitalismus meist stigmatisiert, in manchen Fällen wurde es sogar üblich, den Bürgern im Falle eines Leistungsbezugs politische Rechte zu entziehen, wie es beispielsweise in der Armengesetzgebung in Großbritannien im 17. Jahrhundert und später vorgesehen war.

Zusammenfassend kann festgehalten werden, dass sich der Wohlfahrtsstaat durch die oben genannten Kriterien als eigenständiges Ordnungskonzept von anderen Staatstypen wie dem Kapitalismus und Kommunismus unterscheiden lässt. Letztlich entsteht ein eigenständiges institutionelles Arrangement, das sich deutlich von der lediglich auf Konkurrenz und

Marktmechanismen basierenden Kapitalismusgesellschaft und der auf Staatsmonopol und Verstaatlichung basierenden Kommunismusgesellschaft abhebt (vgl. Kaufmann 2003b).

Schaubild I: Die institutionellen Merkmale der Wohlfahrtsstaatlichkeit

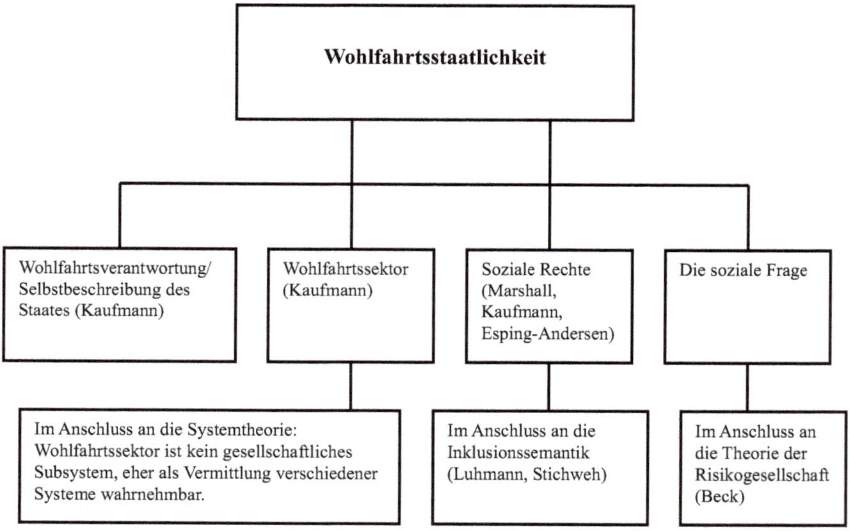

Eigene Darstellung

Diese vier Kriterien zur Begriffsbestimmung des Wohlfahrtsstaates sollen jedoch keinesfalls bedeuten, dass in anderen Staatstypen keine Wohlfahrtsleistungen existieren. Ganz im Gegenteil bestehen Wohlfahrtsleistungen in jeder Form der menschlichen Gesellschaft. Sogar in der Kapitalismusgesellschaft und Kommunismusgesellschaft finden institutionalisierte staatliche Eingriffe in soziale und individuelle Bereiche statt. In kommunistischen Ländern werden Staatsprogramme für Sozialpolitik aufgebaut, aber keine individuellen Rechtsansprüche garantiert[28]. Eine Rechtsgarantie besteht nur im Rahmen abstrakt formulierter kollektiver Rechtskonzepte wie „Volkswohlfahrt“

28 vgl. Kaufmann 2003b „Varianten des Wohlfahrtsstaats: Der deutsche Sozialstaat im internationalen Vergleich“. Der Autor beschreibt exemplarisch das sowjetische Ordnungskonzept und analysiert anhand der Staatstradition sowie der Vermittlung zwischen Staat und Gesellschaft die sowjetische Sozialpolitik.

oder „Recht des Volkes“. Ein individualistisches Sozialrecht ist in kommunistischen Regimes nicht zu erkennen. Eine Einstufung eines Individuums als Volksfeind zieht in kommunistischen Gesellschaften sofort Bürgerstatus- und Rechtsentzug nach sich. Die Bereitstellung der zentralstaatlich gefassten Dienstleistungen im Kommunismus setzte eine zentralstaatlich gesteuerte und geplante Ökonomie voraus, die auch als Planwirtschaft bezeichnet wurde. Im Gegensatz zu der modernen funktionalisierten Gesellschaft bestand im Kommunismus ein übergeordnetes politisches Zentrum, das die anderen gesellschaftlichen Funktionsbereiche dirigierte und Handlungen anordnete. Das Zentralkomitee der Partei organisierte und dirigierte sämtliche ökonomische Aktivitäten und dämpfte die gesellschaftlich-autonome Initiative. Die Totalisierung der Organisationsweise durch ein staatlich-politisches System stellte faktisch einen Versuch der Minderung der Komplexität der Gesellschaft dar. Die Wohlfahrtsdienstleistungen wurden völlig verstaatlicht und darüber hinaus durch die kommunistische Ideologie legitimiert, die keine rechtsbasierten Leistungen verankerte, sondern ein Loyalitätsverhältnis des Urban-Proletariats zu der Parteizentrale herzustellen versuchte. Darüber hinaus existieren in manchen kommunistischen Ländern wie z.B. China keine einheitlichen, sondern gespaltene Bürgerrechte: Die städtischen und die ländlichen Einwohner verfügen jeweils über unterschiedliche Rechtsansprüche. Je nach Geburtsort existieren völlig unterschiedliche Sozialwohlfahrtsrechte, welche unterschiedliche staatliche Sozialleistungen zur Folge haben. In extremen Fällen haben beispielsweise die Bauern keinerlei Sozialversicherung, während die städtischen Einwohner großzügige Wohlfahrtsleistungen beziehen (vgl. Leisering, Gong und Hussain 2001).

Die Diskrepanz zwischen Wohlfahrtsstaat und Kommunismus verdeutlicht, dass der Wohlfahrtsstaat auf Rechtsstaatsprinzipien und dem Schutz der Menschenrechte beruht. Ein sozialistischer Staat wie Kuba ist hingegen kein Wohlfahrtsstaat, obwohl in diesem Land umfangreiche Sozialleistungen bereitgestellt werden und sich die Lebenserwartung rasant erhöht. Auch das maoistische China, in dem eine Massenausbildung gefördert und Gesundheitsvorsorge sowohl in den Städten als auch auf dem Land aufgebaut wurde, war ebenfalls kein Wohlfahrtsstaat[29]. Beide, sowohl Kuba

29 Sen (2002) deutet darauf hin, dass in der Mao-Zeit durch die massive Investition in Bildungspolitik und Gesundheitspolitik das Humankapital gefördert

als auch das maoistische China, beruhen weder auf rechtsstaatlichen Prinzipien noch garantieren sie den Schutz individueller Menschenrechte (vgl. Kaufmann 2003a, b).

Warum jedoch werden kapitalistische Länder wie die USA, in denen Wohlfahrtsprogramme bereitgestellt und individuelle Rechte anerkannt werden, nicht als Wohlfahrtsstaaten eingestuft? Der Grund liegt zum einen darin, dass die Wohlfahrtsstaatlichkeit oder Sozialstaatlichkeit nicht als Staatszielsetzung in diesen Ländern geäußert werden und diese Länder sich selbst nie als Wohlfahrtsstaaten wahrgenommen haben. Zum zweiten werden die individuellen (zivilen und politischen) Rechte zwar gesetzlich gewährleistet, aber nicht die sozialen Rechte. Die USA haben den Sozialpakt der UNO bislang noch nicht ratifiziert und blockieren die Diffusion der sozialen Rechte weltweit. Zum dritten sind die Wohlfahrtsleistungen in der Kapitalismusgesellschaft hoch kommodifiziert, weil Leistungsbezug stark von Marktmechanismen abhängig ist und der Warencharakter der Arbeitnehmer am wenigsten gemindert wird. Durch diese Merkmale lässt sich zeigen, dass das Modell des Kapitalismus ebenfalls von dem des Wohlfahrtsstaates abweicht (Kaufmann 2003b).

In dem hier vorgestellten Forschungsprojekt werden in Verknüpfung mit der Theorie des Wohlfahrtsstaates die folgenden Bezugsthemen fokussiert: Kann aus der Entwicklung eines „kleinen" sozialpolitischen Feldes, der Arbeitsunfallversicherung, eine Schlussthese abstrahiert werden, dass sich in China bereits eine moderne wohlfahrtsstaatliche Institution formiert? Mit den oben angewandten Kriterien wird dieses Dissertationsprojekt den Fragen nachgehen, ob die Unfallversicherung in China in ein institutionelles Ordnungskonzept eingebettet ist, ob in dem Bereich der Unfallversicherung ein Sozialsektor entsteht, ob die Wohlfahrtsverantwortung vom

---

wurde, und dass wiederum seit der Reformpolitik dynamisch von der Marktwirtschaft Gebrauch gemacht wird. Dies bildet den Erklärungsfaktor, warum China gegenüber Indien in der Take-off-Phase Vorsprung ausgebaut hat. Nichtsdestoweniger analysiert Sen, dass der mangelnde Rechtsschutz und das Demokratiedefizit in der Mao-Zeit wichtige Gründe für die Hungersnot im Jahr 1961 bilden, während eine Hungersnot in solchem Ausmaß im demokratischen Indien seit der Unabhängigkeit Indiens nie eingetreten ist (Sen 2002).

Staat (durch die Verfassung) explizit formuliert wird, ob soziale Rechte - in diesem Bereich als ein individueller Rechtsanspruch auf die Arbeitsunfallversicherung - juristisch abgleitet werden können, und ob aus Arbeitsunfällen und Berufskrankheiten von den politisch-institutionellen Akteuren ein soziales Problem konstruiert wird.

Im Folgenden wird die aktuelle Diskussion zum Wohlfahrtsstaat mit der klassischen soziologischen Theorie zur Rationalisierung der politischen Verwaltung verknüpft. Dadurch wird das Verständnis des modernen Wohlfahrtsstaates tiefgründig auf einer abstrakten Ebene erweitert.

2.3.2 Die Theorie des Wohlfahrtsstaates nach Weber und Parsons: Eine Verknüpfung klassischer und gegenwärtiger Soziologie zum Wohlfahrtstaat

Der klassische Soziologe Max Weber vertritt die Auffassung, dass der Schutz der Schwachen durch die Mächtigen in einem patrimonialen Herrschaftsverhältnis immer ein personalisiertes Schutzverhältnis repräsentiert. Unter den typischen Patron-Klient-Beziehungen stellt der mächtige Schutzherr bestimmte Leistungen und Schutzverhältnisse bereit. Als Austausch versprechen die Schützlinge ihre Loyalität und Dienstleistungspflicht und verinnerlichen diese Gegenleistungen als Loyalitätspflicht gegenüber ihrem Lehnsherrn. Sämtliche Schutzleistungen einschließlich Nahrungssicherheit und Einkommenssicherheit sind von der persönlichen Gunst und Präferenz des Schutzherren abhängig, beliebige Machtausübung und subjektiv-persönliche Entscheidungen bestimmen den Umfangskreis des Leistungsbezuges sowie die Leistungshöhe. Dieses personalisierte Verhältnis schlägt sich in zahlreichen vorbürokratischen Patron-Klient-Beziehungen nieder, wie z.B. im Patronageverhältnis zwischen den Feudalherren und den Bauern bzw. den Leibeigenen. Generell waren die Bauern im feudalistischen Lehnswesen persönlich abhängig von den Grundherren und Adligen. Als eine Rückversicherung sicherten die Landesbesitzer die materielle Sicherheit der Bauern. In anderen Formen der patrimonialen Herrschaft werden ähnliche Patronageverhältnisse beobachtet, aber das grundlegende asymmetrische Austauschverhältnis verkörpert immer dieselbe Struktur der vormodernen Herrschaft. Der Vasall ist zu bestimmten Dienstleistungen, wie z.B. zur Abgabe landwirtschaftlicher Produkte oder zu militärischem Dienst, verpflichtet, während die Patronen aus persönlichen und moralischen Gründen ihre Schutzpflicht gegenüber ihren Untertanen übernehmen (Weber 1964)[30].

Im Gegenteil zu den vorbürokratischen Patron-Klient-Beziehungen ist Webers Ansicht nach die moderne Bürokratisierung mit staatlicher Verwaltung rational, weil sie auf der Amtstreuepflicht des professionalisierten Beamtentums mit fachlicher Kenntnis beruht. Die Beamtenschaft strebt jenseits der feudalistischen und patrimonialen Verhältnisse technisch-rationale, berechenbare und politisch-sachliche Zwecke an. Im Rahmen der rationalisierten modernen Verwaltungsbürokratie tritt ein sachlicher, unpersönlicher Zweck in den Vordergrund, der sich deutlich von der vormodernen Personalisierung der Patron-Klient-Beziehung abgrenzen lässt (Weber 1964: 705ff.). Das heißt, der Schutz der Bürger sowie die Bereitstellung der Wohlfahrtsleistungen sind unpersonalisiert und die zivilen, politischen sowie sozialen Rechte der Bürger sind durch unpersonalisierte Gesetze geschützt. Nicht mehr die persönliche Gunst und Vorliebe der Patronen, nicht die partikularistischen Schutzverhältnisse und die Loyalitätspflichten zwischen Lehnsherren und Diener, sondern die unpersönlichen, institutionellen, allgemeinen Regeln bestimmen den Leistungsbezug, die Leistungskondition, die Leistungsvoraussetzung sowie die Leistungshöhe.

Aufgrund historischer Erfahrungen des patriarchalischen Polizeistaates bildet sich die Skepsis und kritische Haltung Webers gegenüber dem Wohlfahrtsstaat. Seiner Ansicht nach gilt der Wohlfahrtsstaat als die Geltendmachung der sozialen Ansprüche der unterprivilegierten Klassen. Der Wohlfahrtsstaat sei lediglich ein Versuch der Befriedigung und Beruhigung des Klasseninteresses durch die Herrscher-Eliten; er wird deswegen von Weber als der patrimoniale Wohlfahrtsstaat bezeichnet, der sich grundsätzlich nicht von der vormodernen Patron-Klient-Beziehung abgrenzen lässt. Seine skeptische Haltung zum Wohlfahrtsstaat schlägt sich in einigen Bezeichnungen nieder, z.B. der Gleichsetzung des Wohlfahrtstaates mit der Weiterentwicklung der patriarchalen politischen Herrschaft, sowie die Bezeichnung des Wohlfahrtsstaates als die Legende des Patrimonialismus (ebd.: 652).

30 vgl. Moon 1988.

Tatsächlich sind die Patron-Klient-Beziehungen heutzutage in den südeuropäischen und lateinamerikanischen Ländern noch sehr weit verbreitet, denn dort spielen die persönlichen netzwerkförmigen Verbindungen immer noch eine wichtige Rolle und lösen häufig formale Organisationen und formale institutionelle Regelungen ab. Die Durchdringung des menschlichen Beziehungsnetzwerks in die formale Organisation und Verwaltungsbürokratie führt oft zu Austauschleistungen und Loyalitätspflichten in der modernen parteipolitischen Struktur. Bestimmte Parteien fördern bestimmte Interessensgruppen als Parteianhänger mit öffentlichen Ressourcen und zu Lasten des allgemeinen öffentlichen Interesses. Als Gegenleistung müssen die politisch geförderten Gruppen ihren Patronen eine Wahlunterstützung gewähren. Diese Patron-Klient-Beziehungen in der parteipolitischen Struktur erodieren die Regelinstitutionen und den Prozess der Rationalisierung in diesen Regionen. Sie führen in nicht seltenen Fällen zu Korruption, Vetternwirtschat und Günstlingswirtschaft. Da Weber die wohlfahrtsstaatliche Urform im Bismarckschen Deutschland und in Frankreich unter Napoleon III fokussiert, weist er sicherlich zu Recht auf die Affinität der wohlfahrtsstaatlichen Urform zu den vorbürokratischen Patron-Klient-Beziehungen hin. Er bezeichnet den Wohlfahrtsstaat als eine patrimoniale und patriarchalische Herrschaftsform, die jenseits der modernen Verwaltungsbürokratie nicht nach unpersönlichen und anonymen Regeln funktioniert, sondern eher nach den vormodernen persönlichen, familiären Beziehungen oder nach den Patronageverhältnissen. Weber selber verbrachte seine Lebenszeit jedoch hauptsächlich zwischen dem deutschen Kaiserreich von Wilhelm II. und der Weimarer Republik und konnte daher die wohlfahrtsstaatliche Entwicklung nach dem Zweiten Weltkrieg nicht verfolgen (Moon 1988).

Im Anschluss an die These der Rationalisierung von Weber wird empirisch-analytisch beobachtet, dass sich der moderne Wohlfahrtsstaat nach dem Zweiten Weltkrieg in einem Kontext der modernen Bürokratie und Verwaltung entwickelt hat. Bestimmte nationale Ministerien für Arbeitswohlfahrt und für allgemeine Wohlfahrt der Bürger werden eingerichtet (vgl. Wohlfahrtssektor von Kaufmann). Diese Ministerien sind mit Beamten mit Fachschulung und arbeitsteiliger Fachspezialisierung besetzt, die für bestimmte vorstrukturierte rationale politische Zwecke verantwortlich sind. Die wohlfahrtsstaatlichen Leistungen werden von den Bürgern beansprucht, nicht weil ein Austauschverhältnis zwischen den Schirmherren und Beherrschten aufgebaut wird, sondern weil die Bürger über unpersonalisierte soziale Rechte verfügen. Die wohlfahrtstaatliche Institution repräsentiert nun nicht mehr ein Austauschverhältnis und richtet sich nicht nach der Begünstigung einer Person, sondern setzt auf unpersönliche und anonyme Regeln.

An dieser Stelle ist eine theoretische Verknüpfung der Weberschen Rationalisierung politischer Verwaltung mit den *pattern variables* von Parsons aufschlussreich. Diese Variablen typologisieren fünf dichotome Handlungsalternativen, die das Individuum in einem konkreten Handlungskontext auswählen muss, um die Situation zu definieren (Parsons 1964). Die Gegensatzpaare der Handlungssituationen sind Affektivität und affektive Neutralität, Diffusität und Spezifität, Partikularismus und Universalismus, Zuschreibung und Leistung sowie die Selbstorientierung und Gemeinschaftsorientierung. Unter *Affektivität* werden affektiv gefärbte, gefühlsbetonte und persönliche Beziehungen verstanden. Im Gegenteil dazu bezieht sich *affektive Neutralität* auf sachliche, unpersönliche und gefühlsschwache Beziehungen; sämtliche Entscheidungen gehen immer von regelhaften und langfristigen Erwartungshorizonten aus. *Diffusität* bezeichnet die Handlungen, die auf eine ganze Person zugeschnitten sind, und im Gegensatz dazu bezieht sich Spezifität nur auf Teilsegmente und Teilaspekte einer Person. *Partikularismus* und *Universalismus* fokussieren sich darauf, ob sich Handlungen auf allgemein und universell gültige normative Prinzipien, oder lediglich auf spezielle Regeln für bestimmte Bevölkerungsgruppen ausrichten. Mit *Zuschreibung* sind die vorgegebenen und zugeschriebenen Eigenschaften gemeint, während andere Handlungsalternativen durch die erworbenen *Leistungen* des Individuums definiert werden. Die *Selbstorientierung* und die *Kollektivorientierung* determinieren letztendlich, ob die Handlungen nur dem Interesse der einzelnen Personen (Eigennutz) oder der Gemeinschaft (Gemeinnutz) zugute kommen (Parsons 1964).

Mit den Pattern Variables von Parsons lassen sich die Handlungsorientierungen im familiären und öffentlich-rechtlichen Bereich unterscheiden. Der familiäre Bereich ist stark durch eine partikularistische Wertorientierung geprägt. Die Handlungen sind stark an Affektivität, Neigung, Gefühl sowie an ein spezifisches Orientierungsschema angekoppelt, das Individuum ist vollständig in eine Familienstruktur einbezogen (Diffusität), und die familiären Leistungen kommen nur dem Interesse der Angehörigen zugute.

Der öffentlich-rechtliche Bereich ist hingegen stark durch eine universalistische Wertorientierung geprägt, die Handlungsorientierung basiert auf sachlichen, institutionellen, affektivneutralen und unpersönlichen Entscheidungen, die ausschließlich universalistischen Normen gerecht werden. Diese universellen Leistungen betreffen zudem nur Teilsegmente einer Person, nicht alle Aspekte eines Individuums (Spezifität). Anhand dieser Typologisierung können annäherungsweise die vormodernen und vorbürokratischen patrimonialen bzw. patriarchalischen Herrschaftsformen von dem auf einer modernen Bürokratie und Verwaltung basierenden Wohlfahrtsstaat unterschieden werden.

Tabelle I: Differenzierung zwischen der patrimonialen bzw. patriarchalischen Herrschaftsform und dem rechtsbasierten Wohlfahrtsstaat

Typen des Regimes/ Handlungsalternative	**patrimoniale und patriarchalische Herrschaftsform**	**rechtsbasierter Wohlfahrtsstaat**
Affektivität/Affektive Neutralität	Die Schutzleistungen richten sich nach Neigung, Affekt, Vorliebe und Gnade der Herrscher.	Die Leistungen richten sich nach unpersönlichen und affektlosen Rechtsregeln.
Diffusität/Spezifität	Die Entscheidungen der Schutzherren treffen alle persönlichen Bereiche der Begünstigten.	Die Entscheidungen der staatlich-rechtlichen Instanzen treffen nur Teilsegmente des Individuums.
Partikularismus/ Universalismus	Die Handlungen orientieren sich an spezifischen Regeln.	Die Handlungen orientieren sich an universellen Normen.
Leistung/Zuschreibung	Die beschützten Klienten müssen etwas als Gegenleistungen anbieten, um bestimmte Schutzleistungen zu erhalten.	Die Leistungsempfänger sind als Bürger mit bürgerlichen und sozialen Rechten behaftet.
Selbstorientierung/ Gemeinschaftsorientierung	Die Handlungen kommen dem Interesse der patriarchalischen Herrscher zugute.	Die Handlungen kommen dem Interesse der Gemeinschaft (Gesellschaft und Nation) zugute.

Eigene Darstellung nach Weber 1964, Parsons 1964 und Moon 1988

Im Vergleich zu den durch die Patron-Klienten-Beziehungen erbrachten Wohlfahrtsleistungen in vorbürokratischer Zeit sowie zur patrimonialen und patriarchalischen Herrschaftsform hat der moderne Wohlfahrtsstaat einen eigenständigen Charakter entwickelt, der in Tabelle I oben veranschaulicht wird. Die wohlfahrtsstaatlichen Instanzen sowie ihre Handlungen sind vor allem affektivneutral. Nicht mehr die Begünstigung, der Affekt sowie die willkürlich gefühlsbetonte Entscheidung beeinflussen die Leistungsgewährung, sondern die rationalistischen Vorschriften und Gesetze in einer administrativen Bürokratie bestimmen den Leistungsbezug. Statt persönlicher Ab- und Zuneigung oder persönlicher Willkür schaffen unpersönliche Vorschriften und Regelungen in der Verwaltungsbürokratie eine langfristige und stabile Erwartungsstruktur. In Bezug auf das Gegensatzpaar „Spezifität und Diffusität“ berühren die wohlfahrtsstaatlichen Arrangements nur Teilbereiche und Teilsegmente einer Person; zwischen dem Wohlfahrtsstaat und dem Individuum entsteht keinerlei persönliches Abhängigkeitsverhältnis. Die organisatorischen Handlungen der staatlichen Instanz orientieren sich an universalistischen Normen, wie Gleichheit, Solidarität und Menschenwürde. Eine Ausrichtung auf eine bestimmte Berufsgruppe oder bestimmte Klienten besteht nicht, sondern alle Gesellschaftsmitglieder unter einem administrativen Hoheitsgebiet werden gleich behandelt. Die Inanspruchnahme der wohlfahrtsstaatlichen Leistungen ist von einer bestimmten Gehorsamspflicht der Untertanen gegenüber den Herrschern entkoppelt. Sie erfolgt anhand der zugeschriebenen Eigenschaft des Bürgers und ist mit den bürgerrechtlichen und sozialrechtlichen Prinzipien tief verbunden. Daher kommen die wohlfahrtsstaatlichen Leistungen dem Gemeininteresse zugute. Sie fördern außerdem den gemeinsamen Nutzen, unter andere durch die Pflege des für die Volkswirtschaft nützlichen Humankapitals.

Im Gegensatz dazu basieren die Handlungen in der patrimonialen und patriarchalischen Herrschaftsform auf affektiven und persönlichen Entscheidungen. Zwischen den Patronen und Klienten entsteht ein persönliches Abhängigkeitsverhältnis. Die Schutzleistungen der Schutzherren orientieren sich an partikularistischen Werten, die nur bestimmten Klienten zu Lasten der öffentlichen Wohlfahrt zugutekommen. Zudem sind sie stark konditioniert; die Leistungsempfänger müssen ihre Loyalitätspflicht gegenüber ihren Leistungsgebern durch eine entsprechende Wahlunterstützung erfüllen. Daher vermehren die partikularistischen Leistungen nur das Interesse der Leistungsgeber, nicht aber das allgemeine öffentliche Interesse.

Die Rationalisierung der politischen Verwaltungsbürokratie erfolgt vor allem durch eine Umstellung der politischen administrativen Staatsapparate unter dem Gesetz (*rule by law*), indem sie der patriarchalischen Willkür und den persönlichen Privilegien entzogen werden. Damit ist die langfristige Übersichtlichkeit der politischen Entscheidungen in eine stabile verfassungsmäßige Erwartungsstruktur eingebettet. Regieren durch Gesetz ermöglicht Rechtssicherheit, wodurch irrationale Verwaltungen und irrationale Störungen in der patrimonialen und patriarchalischen Herrschaftsform beseitigt werden. Außerdem dämpft die Garantie subjektiver Rechten die Fürsten- und Beamtenwillkür; sie ermöglicht damit rationale Handlungen nach unpersönlichen und institutionellen Regelungen (vgl. Weber 1964: 624 ff.). Durch die Einräumung subjektiver Rechtsansprüche und die damit verbundene Rationalisierung der staatlichen Bürokratie unterscheidet sich der moderne rationale Wohlfahrtsstaat unter dem Gesetz vom klassischen „Wohlfahrtsstaat“, der lediglich auf den Austauschbeziehungen zwischen Herrschern und Beherrschten und bestimmten utilitaristischen Zwecken der Eliteklasse beruht. Der moderne Wohlfahrtsstaat verkörpert selbst die rechtsstaatlichen Prinzipien, die dreiteilige Menschenrechtspflichten wie Schutz, Förderung und Realisierung der sozialen Rechte beinhalten.

In diesem Forschungsprojekt wird einerseits eruiert, ob die Entwicklung der Arbeitsunfallversicherung in China lediglich unter der Befehlsgewalt der politischen Administration erfolgt und damit nur bestimmten Berufsgruppen im Gegenzug für politische Loyalität zugutekommt. Andererseits muss die Frage gestellt werden, ob jenseits der partikularistischen Normen in einer patriarchalischen Herrschaftsstruktur unpersönliche rationale und institutionelle Regeln gebildet werden, die in Form kodifizierter Gesetze auftreten und dann durch eine eigenständige politische Verwaltungsbürokratie mit eigenständiger Fachschulung ausgeführt werden. Die zentrale Frage bleibt allerdings, ob im Bereich der Arbeitsunfallversicherung ein spezielles Gesetz verabschiedet wird und die individuellen Rechtsansprüche im Gesetz verankert werden. Zu diesem Zweck könnte eine sozialwissenschaftliche Analyse unternommen werden, mit dem Ziel zu ergründen, ob die politischen Willkürentscheidungen durch ein affektivneutrales, universalistisches Gesetz abgelöst werden.

2.3.3 Die Interventionsformen des Wohlfahrtsstaates

Die wohlfahrtsstaatlichen Leistungen lassen sich in verschiedene Leistungskataloge klassifizieren (wie z.B. in der Form der Typologisierung in soziale Fürsorge, Sozialversicherung und Kompensationsleistungen). Allerdings basiert diese Typologisierung primär auf einer deskriptiven Darstellung, weniger auf einer theoretisierten analytischen Perspektive. Auf der Basis der politischen Interventionstheorie versucht Kaufmann, auf einer theoretisch-generalisierenden Ebene anhand der Verknüpfung von staatlichen Mitteln und beabsichtigten Auswirkungen die staatlichen Interventionsformen der modernen Sozialpolitik systematisch zu differenzieren. Dieser Beitrag von Kaufmann kann zu einer Theoretisierung des Wohlfahrtstaates und der Sozialpolitik beitragen. Er vertritt die Position, dass in der modernen Sozialpolitik rechtliche, ökonomische, ökologische und pädagogische Interventionsformen unterschieden werden können (Kaufmann 2005).

Die *rechtliche Intervention* richtet sich darauf, durch Einräumung von Beschwerde-, Beteiligungs- und Inanspruchnahmerechten den Rechtsstatus und die Rechtsstellung der sozial Schwachen zu verstärken und deren Teilnahme am ökonomischen, gesellschaftlichen und kulturellen Leben zu ermöglichen. Sie wirkt sich ausschließlich auf die Veränderung des Rechtsstatus der sozialen Schwachen durch Schutz von Rechtsverhältnissen aus. Dass das Individualrecht juristisch garantiert und der Rechtsstatus des Individuums daher deutlich aufgewertet wird, ist im Sozialstaat von besonders großer Bedeutung (Kaufmann 2005: 90). Eine Voraussetzung für eine wirksame rechtliche Intervention ist die Verbreitung der rechtsbezogenen Ideen und die Entstehung eines Rechtsbewusstseins. Als ein Kriterium zur Beurteilung des Rechtsbewusstseins gilt, inwiefern die rechtlichen Inhalte auch von juristischen Laien (außerhalb der professionellen Jurisprudenz) rezipiert werden. Dieses Kriterium gilt insbesondere für die Anspruchsinhaber sowie für das Personal von Verwaltungen und Sozialdiensten, die nicht systematisch juristisch geschult sind. Ein öffentliches Rechtsbewusstsein ist häufig an die Dichte und den Umfang der Rechtskommunikation in einem bestimmten sozialen Kontext gekoppelt (ebd.).

Mit *ökonomischer Intervention* ist gemeint, dass durch Steuern und öffentliche Abgaben das individuelle ökonomische Verhältnis durch die

Erhöhung der verfügbaren monetären Einkommen revidiert wird. Sie wirkt sich auf die Veränderung der Struktur der Haushaltseinkommen aus, und die damit einhergehenden Leistungen bestehen aus Geld- und Sachleistungen. Mit den „Geldleistungen" werden die individuellen Einkommensverhältnisse durch Sozialhilfe, Entgeltfortzahlung, Renten usw. modifiziert, während durch „Sachleistungen" tatsächlich soziale Dienstleistungen wie Pflege und Betreuung bereitgestellt werden (Kaufmann 2005: 93). Es wird davon ausgegangen, dass im Lauf der Erweiterung der staatlichen Eingriffe in soziale Verhältnisse die Anspruchskriterien stark differenziert werden und die Inanspruchnahme von Leistungen zunehmend von der Interaktion zwischen den Anspruchsinhaber und der zuständigen Verwaltungsadministration abhängt (Kaufmann 2005: 95).

Durch die *ökologische Intervention* werden die sozialen Umgebungsbedingungen und die Wohnverhältnisse der sozial Schwachen verbessert. Eine Förderung des Wohnungsbaus, der Stadtplanung und der sozialumweltlichen Infrastruktur findet statt. Sie wirkt sich insbesondere auf die Verteilung der Teilnahmefähigkeit der Sozialraumnutzung aus, indem der Staat in die Raumplanung und die Fachplanung (wie Krankenhausbedarfsplanung, Altenplanung und Jugendhilfeplanung) investiert (Kaufmann 1995: 99). Ein besonderes Merkmal der ökologischen Intervention ist, dass viele heterogene zentrale und dezentrale Akteure in den sozio-ökologischen Bereichen synergetisch intervenieren. Aus diesem Grund ist eine ökologische Intervention nur dann wirksam, wenn eine Verflechtung und Kooperation zwischen staatlich-administrativen und intermediären gesellschaftlichen Akteuren stattfindet. Dabei spielen zahlreiche Akteure wie die zentralstaatliche Administration, das Schul- und Hochschulwesen, die Kindergärten, der soziale Wohnungsbau, die Krankenhäuser und die Beratungsstellen eine wichtige Rolle (ebd.).

Die *pädagogische Intervention* verfolgt den Zweck, durch die Bereitstellung von Ausbildung und Wissensberatung die Handlungsfähigkeit und die Teilnahmefähigkeit individueller Personen zu erhöhen. Sie wirkt sich auf die Vermittlung sozio-kultureller Kompetenzen und die Beeinflussung von Lernprozessen aus. Aufgrund der staatlichen Intervention in Grundausbildung und Berufsausbildung wird die erziehende, beratende, informative und rehabilitative Zielsetzung erreicht und die individuelle Handlungsfähigkeit gesteigert (Kaufmann 2005: 101).

Allerdings muss darauf hingewiesen werden, dass einzelne sozialpolitische Maßnahmen möglicherweise mehrere Interventionsbereiche umfassen, wie z.B. die Veränderung des Rechtsrahmens für Rentenanspruch und Rentenhöhe, die gleichzeitig die rechtliche und ökonomische Interventionsform betrifft. Ein statisches Verständnis der Interventionsform verengt leicht die umfassenden Perspektiven und führt dazu, die Komplexität der Interventionsformen zu übersehen. In diesem Forschungsprojekt wird theoretisch reflektiert, welche Interventionsformen (rechtliche, ökonomische, ökologische und pädagogische) im Bereich der Unfallversicherung vorkommen und wie sie synergetisch kombiniert werden.

2.3.4 Erklärungsansätze für die wohlfahrtsstaatliche Expansion

Wie kommt Wohlfahrtsstaatlichkeit zustande? Warum werden in den west- und nordeuropäischen Staaten wohlfahrtsstaatliche Programme aufgebaut bzw. institutionalisiert? Weswegen haben die meisten Nationalstaaten nach dem Zweiten Weltkrieg ihre Regulationsbereiche erweitert? Es gibt mehrere Ansätze, um zu erläutern, warum moderne Sozialpolitik entsteht und wohlfahrtsstaatliche Systeme ins Leben gerufen werden. Zu unterscheiden ist dabei zwischen endogenen und exogenen Erklärungsmustern. Die endogenen Erklärungsansätze versuchen, die Kausalität für die wohlfahrtstaatliche Entwicklung aus internen und nationalstaatlichen Perspektiven zu beleuchten. Im Rahmen des endogenen Erklärungsmodells lassen sich wiederum verschiedene Erklärungsansätze unterscheiden, nämlich der sozioökonomische Ansatz, der politisch-institutionelle Ansatz, der kulturalistische Ansatz und der Idiosynkrasie-Ansatz. Diese Ansätze sollen im Folgenden erläutert werden.

Der *sozioökonomische Ansatz*, der auch als funktionalistischer Ansatz und Modernisierungsansatz bezeichnet wird, behauptet, dass die Modernisierung, insbesondere die Industrialisierung und Urbanisierung, eine moderne Sozialpolitik und wohlfahrtstaatliche Eingriffe in den Marktprozess notwendig macht (Wilensky 1975). Die Abwanderung von Bauern in die Städte und die Entstehung der riesigen Arbeitsreserve in der modernen Industrie zerstören die engen Bindungen der großen Familien und die damit verbundenen Sozialfürsorgeleistungen. Die Armut in den Slums der städtischen Industriegebiete und die Polarisierung der gesellschaftlichen

Schichten machen die staatlichen Eingriffe in den Markt zwingend nötig. Mit der Steigerung des Modernisierungsniveaus, insbesondere mit der Erhöhung der Produktivität und des Pro-Kopf-Einkommens eines Nationalstaates steigen auch die Sozialausgaben. Es kommt vermehrt zu Interventionen durch den Wohlfahrtsstaat, weil die zur Verfügung gestellten Ressourcen (gemessen am Bruttosozialprodukt) eine Voraussetzung für Sozialleistungen bilden (Flora et al. 1977).

Die Kritik an dem sozioökonomischen Ansatz liegt darin, dass der Ansatz zu simpel und linear ausformuliert ist. Zum Beispiel haben die USA und Japan im Vergleich zu westeuropäischen Ländern eine niedrige Sozialleistungsquote, obwohl ihr Pro-Kopf-Bruttoeinkommen höher ist als das mancher westeuropäischer Länder. Hort und Kuhnle (2000) vertreten deshalb die Position, dass die südostasiatischen bzw. ostasiatischen Länder im Vergleich zu den westeuropäischen Ländern moderne Sozialversicherungssysteme sogar mit einem niedrigen Modernisierungsniveau aufgebaut haben.

Der *politisch-institutionelle Ansatz*, der auch als konflikttheoretischer Ansatz bezeichnet wird, zeigt die Zusammenhänge zwischen den politischen Konstellationsverhältnissen und dem wohlfahrtsstaatlichen Aufbau (Pierson1996)[31]. Dieser Ansatz repräsentiert die Auffassung, dass der wohlfahrtsstaatliche Aufbau ein Produkt der politischen Mobilisierung ist. Politische Akteure - wie Klassen, Parteien, Gewerkschaften – und deren Mobilisierung prägen nach diesem Ansatz die wohlfahrtsstaatliche Entwicklung. Folgende Thesen werden aufgestellt:

(1) Die These der Sozialdemokratie weist darauf hin, dass die Stärke der sozialdemokratischen Parteien den Aufbau und Ausbau des Wohlfahrtsstaates fördert (Korpi 1978)[32]. Zu kritisieren ist an dieser These, dass die Sozialdemokratie-These lediglich ein schwedischer Fall ist. (2) Mit der These der christlichen Demokratie wird argumentiert, dass die Partei der Christdemokraten den wohlfahrtsstaatlichen Aufbau begünstigt (vgl. van Kersbergen 1995). Dieser These wird jedoch vorgeworfen, dass die Christdemokraten eher eine wichtige Rolle beim Aufbau der deutschen

31 vgl. Offe 1991, 1997.
32 vgl. Korpi 1980, 1990.

Sozialstaatlichkeit spielen. (3) Die These der Gewerkschaften stellt fest, dass die Stärke der Gewerkschaften den wohlfahrtsstaatlichen Aufbau positiv beeinflusst (Korpi 1978), weil die Arbeitnehmer durch die organisierten Gewerkschaften Druck auf die Arbeitgeber und die Regierung ausüben können. (4) Die These der Demokratie erläutert, dass die Verankerung der politischen Partizipationsrechte die moderne Sozialpolitik begünstigt. Eine Gegenthese lautet, dass die moderne Sozialpolitik gerade nicht in einer Demokratie, wie z.B. in den USA, sondern in einem autoritären Regime (wie in der Zeit von Bismarck) entstand. Wegen des Legitimationsdefizits werden autoritäre Regimes eher dazu gezwungen, durch den Aufbau einer Sozialversicherung soziale Konflikte zu entschärfen. (5) Die These der Klassenmobilisierung plädiert dafür, dass nicht eine Klasse oder eine Partei, sondern eine Klassenkoalition oder Parteikoalition die sozialpolitische Entwicklung in einem Nationalstaat ausschlaggebend determiniert (Esping-Andersen 1990).

Unter dem *kulturalistischen Ansatz* ist zu verstehen, dass die Kultur und Religion eines Landes den allgemeinen Wohlfahrtsgedanken prägen und eine sozialpolitische Reform begünstigen oder hemmen kann (Rieger 2003; Rieger und Leibfried 2002)[33]. Kaufmann vertritt die Position, dass der moderne Wohlfahrtsstaat und die christliche und humanistische Überzeugung eng aneinander gekoppelt sind und eine staatliche Umverteilung in großem Umfang ohne kulturelle Hintergründe und Legitimationsgrundlagen schwer zu realisieren ist. Zum Beispiel lässt sich das vergleichsweise zahlenmäßig geringe Sozialversicherungsniveau in den USA nicht von der allgemeinen amerikanischen Kultur trennen, die mit der Prädestinationslehre und dem sozialen Darwinismus die armen Schichten zum Teil stereotypisiert und stigmatisiert.

Leibfried und Rieger (2002) vertreten die Ansicht, dass beispielsweise der Konfuzianismus generell die Sozialfürsorgeleistungen innerhalb einer blutsverwandtschaftlichen Sippe gefördert, aber gleichzeitig die Entstehung moderner Staatsbürger und Bürgerrechte verhindert hat. Unter dem Einfluss der konfuzianischen Lehre sind den Menschen familienübergreifende und umfassende wohlfahrtsstaatliche Leistungen fremd. Schmidt (2000)

33 vgl. Nullmeier 2003; Rimlinger 1971.

ist der Ansicht, dass der auf dem Kastensystem basierende Hinduismus jegliche soziale Mobilität stark eingeschränkt und die Entstehung von Solidaritätsgedanken erschwert hat. Die Apathie der Reichen gegenüber den Armen und das Schicksalsfügen der armen Schichten basieren auf der hinduistischen Religionslehre, laut der die Armut als eine Strafe für Missetaten in der Vorexistenz interpretiert wird und das Abfinden mit der Armut und der eigenen Position zu einem besseren Status in der nächsten Existenz führt. Unter dem Einfluss der hinduistischen Religion wird daher der Aufbau der modernen Sozialpolitik eher verhindert als gefördert (ebd.).

Die Kritik am kulturalistischen Ansatz liegt darin, dass er versucht, die soziale Entwicklung sehr dogmatisch und vereinfacht zu erklären. Mit diesem Ansatz ist nicht zu erklären, weswegen manche Länder völlig verschiedene sozialpolitische Pfade eingeschlagen haben, obwohl sie aus dem gleichen kulturellen Kreis stammen. So unterscheidet sich die Entwicklung der Sozialpolitik in China elementar von Japan, Korea und Taiwan, obwohl diese Staaten alle konfuzianisch geprägt sind. Auch die sozialpolitische Entwicklung in Malaysia weicht von der in Indonesien, Pakistan und Saudi Arabien ab, obwohl sie alle islamisch geprägt sind. Der kulturalistische Ansatz allein kann also die Entwicklung nicht erläutern. Erst wenn er mit anderen Erklärungsansätzen kombiniert wird, kann er den realen Wandel erklären.

Kaufmann (2003b) vertritt den *Idiosynkrasie-Ansatz* und argumentiert, dass die Eigenständigkeit und der Eigencharakter der Wohlfahrtsinstitutionen jedes Landes zu unterschiedlichen Entwicklungspfaden führen. Die wohlfahrtsstaatliche Entwicklung sei immer von einer Pfadabhängigkeit geprägt; das bedeutet, dass jede vergangene politische Entscheidung die späteren Entwicklungen nachhaltig prägen kann. Die Klassifizierung der Wohlfahrtsregimes in liberale, konservative und sozialdemokratische Typen ist jedoch nach diesem Ansatz nicht sinnvoll. Die sozialpolitische Entwicklung jedes Landes ist immer durch eigenständige nationalstaatliche Konstellationsverhältnisse und eine eigene geschichtliche Entwicklung zu erklären. In Bezug auf diesen Ansatz muss man die Staatstradition, die Vermittlung zwischen Staat und Gesellschaft, die Machtverteilung zwischen zentraler und lokaler Regierung jedes Landes analysieren und damit den idiosynkratischen Charakter jedes Landes herausfinden (Kaufmann 2003b).

Die endogenen Erklärungsansätze gehen von einer nationalstaatlichen Perspektive aus, um die ökonomische, politische und kulturelle Dynamik eines Landes und deren Einfluss auf die wohlfahrtsstaatliche Entwicklung zu analysieren (vgl. Zapf 1994). Diese endogene methodologische Vorgehensweise ist in der Zeit der global ökonomischen und politischen Verflechtung jedoch nicht mehr hinreichend, um die Ausdehnung der nationalen Sozialpolitik zu begründen. Beispielsweise ist so schwer zu erklären, warum sich gewisse Sozialversicherungsprogramme seit dem Ende des Kalten Krieges auf fast alle Nationalstaaten ausgedehnt haben. Es ist mit Hilfe dieses Ansatzes ebenfalls schwer zu begründen, warum das von der Weltbank aufgestellte Drei-Säulen-Modell für die Rentenreform weltweit diffundiert ist und die nationalen Grenzen durchbricht. Der Ansatz kann auch nicht erklären, warum sich die Kinderarbeit seit den 1990er Jahren in fast allen Ländern einschließlich der ärmsten Entwicklungsländer drastisch reduziert hat. Eine globale Entwicklungstendenz zeigt, dass die Sozialpolitik nicht nur von internen Faktoren geprägt ist, sondern zunehmend von globalen Akteuren beeinflusst wird.

In diesem Promotionsprojekt werden die endogenen Erklärungsansätze zwar nicht negiert, im Gegenteil wird analytisch dargelegt, dass die Motivation zum Aufbau einer modernen Unfallversicherung in China ursprünglich durch interne Probleme angetrieben wurde. In der schnellen Industrialisierungsphase explodierte die Zahl der Arbeitsunfälle, und durch die zunehmende mediale Transparenz sind die Behörden einem nicht unbeträchtlichen öffentlichen Druck ausgesetzt. Aus Furcht vor sozialen Unruhen wird versucht, das internationale wissenschaftliche Know-how über nationale Grenzen hinweg zu importieren. Sobald die chinesischen politisch-institutionellen Akteure jedoch Kontakt mit der Weltgesellschaft hergestellt haben, formt das chinesisch-weltgesellschaftliche Interaktionsmuster die inländische wissenschaftliche Diskussion und die politisch-institutionellen Entscheidungen. Die Identität nationaler und subnationaler Akteure wird durch die Akteure auf der globalen institutionellen Ebene geformt und gestärkt. In diesem Fall zeigt diese Forschungsarbeit zwar ein Plädoyer für einen integrierten Erklärungsansatz; in einer Zeit der steigenden Einflussnahme der Weltgesellschaft bleibt der endogene Erklärungsansatz jedoch zweitrangig. Der Ansatz der globalen Sozialpolitik/Wissensdiffusion ist dagegen ausschlaggebend.

Im Folgenden wird versucht, die verschiedenen Erklärungsansätze und Theorien in Bezug auf dieses Forschungsprojekt zu verknüpfen sowie zu integrieren.

2.4 Die Verknüpfung verschiedener Theorierichtungen zur Erklärung der Arbeitsunfallversicherung in China

In diesem Dissertationsprojekt wird die Entwicklung der Arbeitsunfallversicherung in China erforscht. Der Schwerpunkt der Forschung liegt darauf zu eruieren, ob die Entwicklung der Arbeitsunfallversicherung in China durch Wissensdiffusion und -übertragung beeinflusst wird. Daher werden verschiedene Theorierichtungen und theoretische Ansätze verknüpft, um das Forschungsdesign zu gestalten und die Forschungsfrage zu präzisieren. Im Anschluss an die Wohlfahrtsstaatstheorie wird hier die Forschungsfrage gestellt, ob die Arbeitsunfallversicherung als ein staatlich-rechtlich gerahmter Teilbereich des Sozialsektors in China gelten kann (vgl. Kaufmanns Konzept „Wohlfahrtssektor", Kaufmann 1997, 2003a, b, 2005) und inwiefern die Arbeitsunfallversicherung als ein Teilbereich der Sozialversicherung verrechtlicht wird (Marshall 1964). Außerdem wird gefragt, inwiefern das Arbeitsunfallversicherungssystem sowie die Sozialgesetzgebung in China vorgesehen haben, die Exklusion der durch Unfälle und Berufskrankheiten geschädigten Arbeitnehmer zu vermeiden und deren Anschluss an alle gesellschaftlichen Teilbereiche zu ermöglichen (vgl. Luhmann 1981; Stichweh 2005; Ruf 1998). Darüber hinaus erfolgt analog zu Kaufmanns Ansatz „Interventionsformen" eine Analyse, welche Interventionsformen die Arbeitsunfallversicherung beinhaltet (Kaufmann 2005). Zwischen der Wohlfahrtsstaatstheorie und dem theoretischen Ansatz der globalen Sozialpolitik (Deacon 1997; Leisering 2005) wird ein Zusammenhangsverhältnis aufgebaut (S. Schaubild II unten „1. Erweiterung"), indem die eher auf den Nationalstaat beschränkte Wohlfahrtsstaatssemantik sowie das methodologisch-nationalstaatliche Erklärungsmuster um einige Determinanten jenseits nationalstaatlicher Grenzen ergänzt werden. Dies führt zu den weiteren Forschungsfragen, wie und inwiefern ein nationales sozialpolitisches Feld (die chinesische Arbeitsunfallversicherung) durch externe Faktoren zu erklären ist, und wie in einer zunehmend globalisierten Welt ein genuin nationales Feld von internationale Akteuren geformt wird.

Schaubild II: Die Verknüpfung verschiedener Theorierichtungen für das Forschungsdesign

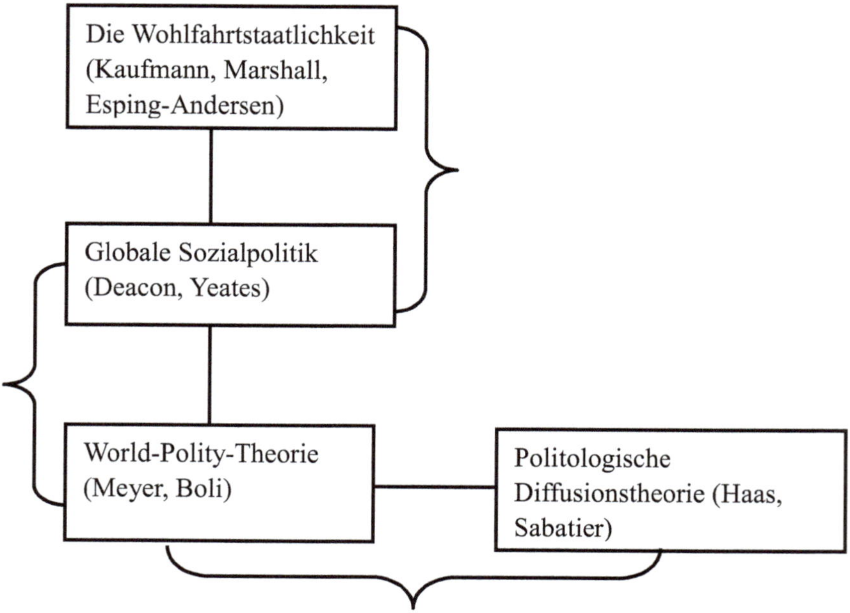

Eigene Darstellung

Der Forschungsbereich der globalen Sozialpolitik ist nach wie vor noch relativ untertheoretisiert. Dieser Mangel wird durch eine allgemeine soziologische Theorie – die „world-polity" Theorie – überbrückt, nach der analytisch erörtert wird, ob auf der weltgesellschaftlichen Ebene ein eigenständiges globales Strukturmuster für die Arbeitsunfallversicherung emergiert, das jenseits der nationalen Grenze in Abkopplung von nationalstaatlichen Interessen funktioniert sowie in Anlehnung an weltkulturelle Normen die nationale Entwicklung legitimiert (Meyer 1997, 2005; Boli 1987; Strang und Chang 1993). Die soziologische Wissensdiffusionstheorie wird allerdings um die politologische Diffusionstheorie erweitert, daher wird noch schärfer differenziert, wer die zentralen Senderakteure sind, wer die Rezipienten sind, wie das Wissen in einem Kommunikationsfeld übertragen wird und wie und in welcher Form die Ideen transferiert werden (Leisering 2005; als ein prominentes Beispiel s. Leisering,

Buhr und Traiser-Diop 2006). Diese Verknüpfung des Ansatzes der globalen Sozialpolitik und der „world-polity" Theorie sowie die weitere Verknüpfung der soziologischen und politologischen Diffusionstheorie schaffen einen theoretischen Rahmen für dieses Forschungsprojekt. Die Arbeitsunfallversicherungsreform wird in Anlehnung an diese Theorien analytisch untersucht. Diese Theoretisierung trägt dazu bei, die Entwicklung der Arbeitsunfallversicherung in China nicht rein deskriptiv, sondern eher auf einer höheren abstrahierenden und generalisierenden Ebene analytisch zu beleuchten und dadurch die Semantik und die gesellschaftliche Struktur aufzuzeigen.

Kapitel 3 Forschungsmethoden

Diese Arbeit erforscht die wohlfahrtstaatliche Entwicklung im Anschluss an die Diffusionstheorie. Für die Analyse der internen wirtschaftlichen Struktur und der politischen Kräfteverhältnisse eines Staates wird üblicherweise der funktionalistische Ansatz in Anspruch genommen. Da in dem vorliegenden Dissertationsprojekt die Entwicklung der Arbeitsunfallversicherung hauptsächlich aus der exogenen (weltgesellschaftlichen) Perspektive eruiert wird, ist jedoch ein politisch-konstruktivistisches Erklärungsmodell erforderlich, um erläutern zu können, wie die chinesischen Eliten das Wissen der Weltgesellschaft wahrnehmen, wie sie verschiedene Semantiken aus der Weltgesellschaft interpretieren und strukturieren, welche Deutungsmuster es im Kreis der inländischen Eliten gibt, wie sie die weltgesellschaftlichen Ideen selektiv erlernen und dann in die inländische politische Diskussion einbeziehen. Bei der Analyse der Wissensdiffusion wird ebenfalls Aufmerksamkeit darauf gerichtet, wie die Ideen und Semantiken der internationalen epistemischen Gemeinschaft an den chinesischen Elitenkreis transferiert werden.

Der konstruktivistische Ansatz lässt sich klar von dem funktionalistischen Ansatz abgrenzen. Er geht davon aus, dass das politische Problem gesellschaftlich konstruiert und von verschiedenen Akteuren unterschiedlich gedeutet wird (Berger/Luckmann 1984). Eine politische Veränderung oder eine Reform erfolgen nur dann, wenn ein politischer Diskurs anderen konkurrierenden Diskursen überlegen ist und diese dominiert. Träger der verschiedenen politischen Diskurse sind Wissensgemeinden, die Wissenschaftler, Universitätsprofessoren, Beamte, Politiker und Gelehrte in Forschungsinstitutionen und Expertenkommissionen einschließen.

Dem konstruktivistischen Ansatz entsprechend bedient sich die vorliegende Untersuchung verschiedener Forschungsmethoden. Eingesetzt werden Experteninterviews und eine Dokumentenrecherche. Zusätzlich wird noch die Forschungsmethode der teilnehmenden Beobachtung in einem bestimmten Interaktionsfeld angewandt.

(1) Experteninterviews

Zunächst musste für das Forschungsprojekt explizit eingegrenzt werden, welche Personenkreise zur Wissensgemeinschaft der Arbeitsunfallversicherung gehören, die über asymmetrisches Wissen und eine besondere autoritäre Stellung in dieser Sphäre verfügen (vgl. Hitzler 1994; Abels/Behrens 1998). Die Klassifikation von Laien und Experten wird erst aufgestellt, nachdem im Rahmen der Feldforschung durch die Recherche der Literatur zur Arbeitsunfallversicherung zwischen den relevanten und irrelevanten Informanten unterschieden werden konnte. In den Interviews wurden außerdem von den interviewten Experten nach dem Schneeballsystem weitere Experten vorgestellt und empfohlen, die ihrerseits als zentrale Schlüsselfiguren angesehen werden. Eine Klassifizierung der Eliten anhand deren Stellung und Funktionen in der Gesellschaft ergibt sich wie folgt:

1. Ministeriale Beamte, die wiederum in verschiedene administrative Ebenen wie zentralstaatliche und provinzial-lokale Beamte zu differenzieren sind;
2. Wissenschaftler, die in den Universitäten, Forschungsinstitutionen, Zeitschriftenverlagen beschäftigt sind;
3. Experten, die gleichzeitig in der politischen und akademischen Sphäre agieren. Sie haben zwar eine offizielle Anstellung in chinesischen Universitäten, können aber große Einflussnahme auf politische Entscheidungen ausüben.

Es ist gelungen, die Beamten der Unfallversicherungsabteilung des Arbeitsministeriums Chinas (MOLSS, seit 03.2008 umbenannt in MOHRSS)[34] zu interviewen. Auch mit den lokalen Unfallversicherungsbeamten der Provinzen Hunan, Anhui und Heilongjiang wurden Interviews durchgeführt. Neben den Kreisen der Beamten sind Wissenschaftler und Gelehrte, die sich hauptsächlich in Forschungsinstitutionen (wie z.B. im Institute for Social Insurance Studies) und Universitäten (z.B. in der Volksuniversität in

34 Im März 2008 wurden das Ministerium für Arbeit und soziale Sicherung (MOLSS, Ministry of Labour and Social Security, *laodong he shehui baozhangbu*) und das Ministerium für Personalangelegenheiten zum Ministerium für Personalverwaltung und soziale Sicherung vereint (MOHRSS, Ministry of Human Resources and Social Security, *renli ziyuan he shehui baozhangbu*).

Beijing) mit der Erforschung der Arbeitsunfallversicherung auseinandersetzen, wichtige Informanten für das Forschungsprojekt.

Darüber hinaus ist es gelungen, die Unfallschutzexperten von der ILO, der ISSA sowie dem gesetzlichen Unfallversicherungsträger in Deutschland – DGUV zu interviewen. Mit Hilfe dieser Interviews wird versucht, die Emergenz eines Weltvergleichshorizonts für die Arbeitsunfallversicherung im weltgesellschaftlichen Sinne zu konstruieren.

Die Experteninterviews erfolgen mit vorbereiteten Forschungsfragen (Interviews mit Leitfaden). Anders als im Fall von narrativen Interviews sollen die Informanten die gestellten Fragen beantworten und nicht beliebig und frei Informationen angeben.

(2) Dokumentenanalyse

Die Dokumentenanalyse erfolgt zugleich anhand einer Datenerhebungs- und -analysetechnik. Im Rahmen der Datenerhebung wurden verschiedene schriftliche Materialien beschafft, um soziologische Informationen zu gewinnen. Mit der Erhebungsmethode der Dokumentenrecherche und der Dokumentenanalyse kann der Forscher einen Entstehungsprozess gewisser sozialer oder politischer Ereignisse konstruieren, so dass der Hintergrund und die Entwicklungsvorgänge eines zu analysierenden Ereignisses expliziert werden können. Diese Form der Datenanalyse kann als dokumentenorientierte Prozessanalyse aufgefasst werden (vgl. Nohl 2006; Kelle 2007; Filck 2005).

Für dieses Dissertationsprojekt spielt die Dokumentenanalyse eine wichtige Rolle. Die untersuchten Dokumente schließen gesetzliche Dokumente ein, d.h. Bestimmungen, Regelungen, Verordnungen und Gesetze zur Arbeitsunfallversicherung in China, Regierungsdokumente zur Entwicklung der Arbeitsunfallversicherung in China, wissenschaftliche Literatur einschließlich Monographien, Sammelbänden und Aufsätzen, sowie Medienberichte in Form von Zeitungsberichten und Magazinaufsätzen. Die Analyse der gesetzlichen, politischen und medialen Dokumente zur Arbeitsunfallversicherung ermöglicht es, die Entwicklung der Einführung der neuen Politik und des Erlasses des Gesetzes zur Arbeitsunfallversicherung als einen politischen Prozess zu rekonstruieren.

Die Dokumentenanalyse trägt auch dazu bei, dass historisch wichtige Ereignisse wie die Entwicklung der Arbeitsunfallversicherung in den

1990er Jahren in China „wieder entdeckt“ und näher untersucht werden können. Durch die Beschaffenheit des historischen Archivs ist es darüber hinaus möglich, einen Vergleich zwischen den verschiedenen rechtlichen Dokumenten verschiedener Entwicklungsphasen anzustellen. Durch dieses komparatistische Vorgehen kann herausgefunden werden, welche neuen Akteure hinzukommen und wie sie Einfluss auf die politischen Entscheidungen ausüben können. Ferner zeigt sich durch den Vergleich, welche neuen Semantiken von den Eliten übernommen werden und in den Medien die alten substituieren, sowie welche neuen gesetzlichen Veränderungen vorgenommen werden.

Durch die Analyse der schriftlichen Materialien wird die Fortentwicklung des chinesischen Arbeitsunfallversicherungssystems genau beleuchtet und der Prozess der Wissensdiffusion rekonstruiert. Diese empirischen Daten zeigen, dass jegliche Entwicklung nicht plötzlich stattfindet, sondern eher in einem graduellen Prozess voranschreitet.

(3) Teilnehmende Beobachtung

Die teilnehmende Beobachtung ist eine wichtige Erhebungsmethode, mit der Forscher durch ihre Anwesenheit im Forschungsfeld und Partizipation am Verlauf des Ereignisses Informationen beschaffen können. Bei dieser Forschungsmethode kann zwischen „verdeckter“ und „offener Beobachtung“ unterschieden werden. Unter dem Begriff der verdeckten Beobachtung ist zu verstehen, dass der Forscher eine Rolle im Feld übernimmt, wobei er sich jedoch nicht als Forscher zu erkennen gibt. Bei der offenen Beobachtung deckt der Forscher seine eigene Stellung als Forscher im Feld auf; gleichzeitig partizipiert er an der Interaktion im Feld (vgl. Flick 2005; Mayring 1999).

In der vorliegenden Studie findet die offene teilnehmende Beobachtung Verwendung. Im September 2007 fand eine Teilnahme an einem Austauschprogramm zur Arbeitsunfallversicherung zwischen der EU und China und anschließend an einem Kooperationsprogramm zwischen China und Deutschland statt. Einerseits bestand eine Beschäftigung als Dolmetscher für die chinesischen Beamten aus der Arbeitsunfallversicherungsabteilung des Arbeitsministeriums, andererseits konnte der Wissensaustausch zwischen den chinesischen und deutschen Wissenseliten partizipierend beobachtet werden. Mit Hilfe der partizipatorischen Beobachtung ist es gelungen, gleichsam durch „ethnographische“ Augen die Wissensdiffusion in einem Interaktionsfeld intentionell zu verfolgen und zu beleuchten, wie gewisse Ideen und Semantiken über die gegenseitige Kommunikationen transferiert werden.

(4) Andere Forschungsmethoden

Die vorliegende Studie konzentriert sich überwiegend auf die Ebenen der chinesischen Eliten und Politik, um herauszufinden, wie die globalen Semantiken von den chinesischen Eliten nachvollzogen werden, wie sie deren Politik- und Gesetzesänderungen beeinflussen und wie sich die Arbeitsunfallversicherung auf der Makroebene entwickelt. In einigen Fällen stellt sich deshalb auch der Einsatz von quantitativen Forschungsmethoden als notwendig heraus. Die quantitativen Daten beinhalten beispielsweise den Deckungsgrad der Arbeitsunfallversicherung, die Anzahl der versicherten Personen sowie die insgesamt akkumulierten Arbeitsunfallversicherungsfonds. Mit diesen Daten kann ein gesamter Entwicklungstrend aufgezeigt werden. Außerdem wird näher betrachtet, welche Probleme im chinesischen Arbeitsunfallversicherungssystem vorhanden sind und welche Diskrepanz zwischen den offiziellen Gesetzen und deren Implementierung existiert.[35]

Durch die Kombination verschiedener Forschungsmethoden sowie durch die methodische Triangulation[36] ist es möglich, die Änderung der Wahrnehmung des Problems der Arbeitsunfallversicherung durch die chinesischen Eliten zu erläutern. Zudem kann die Einführung der neuen Semantiken und deren Interpretation durch die chinesischen Experten beleuchtet und der Zusammenhang zwischen globaler Semantik und nationalem Wandel analysiert werden. Die verschiedenen Erhebungstechniken ergänzen sich und tragen zur expliziten Analyse der gesellschaftlichen Probleme bei. Die quantitativen Forschungsmethoden spielen während der

35 Vgl. die „Entkopplung“ bei dem „world-polity-Ansatz“ (Meyer 2005). Mit dem Begriff beschreibt Meyer die Diskrepanz zwischen Ratifizierung der Dokumente und deren Umsetzungspraxis.

36 Zur Verknüpfung qualitativer und quantitativer Forschungsmethoden vgl. Kelle 2007 „Die Integration qualitativer und quantitativer Methoden in der empirischen Sozialforschung: theoretische Grundlagen und methodologische Konzepte“.

Untersuchung eine komplementäre Rolle und sollen zur Verdeutlichung der Entwicklungsdynamik eines gesetzlich verankerten Systems führen. Die Methodenvielfalt erweist sich als gewinnbringend und sinnvoll, um die chinesische gesellschaftliche Entwicklung im Bereich der Arbeitsunfallversicherung gut nachvollziehen zu können.

Kapitel 4 Arbeitsunfallversicherung: Teil der emergenten Weltkultur?

In diesem Kapitel wird näher erforscht, ob sich auf weltgesellschaftlicher Ebene ein globaler Konsens bzw. eine Weltkultur zur Arbeitsunfallversicherung herauskristallisiert, ob die Thematik der Arbeitsunfallversicherung Referenz zur Weltgesellschaft hat und in welchem Ausmaß diese Thematik von den internationalen Regierungs- und Nichtregierungsorganisationen geprägt ist. Darüber hinaus soll in diesem Kapitel beantwortet werden, ob ein globaler Vergleichshorizont zum Arbeitsunfallversicherungssystem entsteht. Somit könnten verschiedene Modelle der Arbeitsunfallversicherung weltweit komparatistisch analysiert werden.

4.1 Die *global politics* der Unfallversicherung: Verflechtung internationaler und nationaler Akteure

Die Arbeitsunfallversicherung liegt im Schnittfeld zweier zentraler Gebiete der Sozialpolitik: Arbeitsschutz und Sozialversicherung. Als ein politischer Bereich der sozialen Sicherheit und der Sozialversicherung wird das Recht auf Arbeitsunfallversicherung durch die UN-Menschenrechtsdokumente wie die „Allgemeine Erklärung der Menschenrechte" (1948) und den „Internationalen Pakt über wirtschaftliche, soziale und kulturelle Rechte" (1966) als globales soziales Recht anerkannt. Durch den allgemeinen Menschenrechtsdiskurs wird der Arbeitsunfallversicherung eine hohe weltgesellschaftliche Bedeutung beigemessen und die weltweite Diffusion der Arbeitsunfallversicherung erleichtert.

Die UN-Dokumente verfügen über eine symbolische Bedeutung, allerdings ist die UNO nicht direkt für die Diffusion der Unfallversicherung zuständig. Eine andere internationale Organisation, die 1919 gegründet wurde und seit 1946 Sonderorganisation der UNO ist, nämlich die International Labour Organization (ILO) trägt maßgeblich zur Emergenz des Arbeitsschutzdiskurses und seiner globalen Diffusion bei. Als eine funktional spezialisierte internationale Organisation für Arbeitsschutz und Arbeitsrechte hat die ILO von ihrer Gründung an die Kernideen zum Arbeitsschutz festgelegt und die Zielsetzung der ILO-Tätigkeit durch die

ILO-Verfassung proklamiert (IAA 1977). Die ILO hat bis heute insgesamt 189 Übereinkommen zum Arbeitsschutz verabschiedet, davon beziehen sich 19 Übereinkommen unmittelbar auf die Arbeitsunfallversicherung, die Bekämpfung der Berufskrankheiten und die Unfallprävention. Eine andere internationale Organisation, nämlich die International Social Security Association (ISSA), die eine Organisation der nationalen Verwaltungsträger der Sozialversicherungen ist und funktionsspezifisch der ILO nahe steht, zielt von ihrer Gründung im Jahr 1927 an auf die weltweite Diffusion sozialer Sicherheit ab. Im Bereich der Arbeitsunfallversicherung organisiert die ISSA zahlreiche internationale Symposien zur Berufssicherheit und Berufsgesundheit, in denen das Thema der Arbeitsunfallversicherung intensiv bearbeitet wird. Die ISSA bietet den nationalen Staaten auch technische Hilfe sowie Beratung an und fördert den internationalen Wissensaustausch im Bereich der Unfallversicherung. Darüber hinaus berichtet die ISSA über den Aufbau und die Reform der Unfallversicherungssysteme in allen Nationalstaaten durch eigene Publikationen wie z.B. „International Social Security Review" und veröffentlicht die Daten zur Arbeitsunfallversicherung in eigenen Berichten. Dass Daten zur Unfallversicherung weltweit zur Verfügung stehen, trägt dazu bei, dass ein Weltvergleichshorizont in diesem Bereich geschaffen wird und ein allgemeiner Trend von der ISSA und anderen Wissenschaftlern konstruiert werden kann.

Nicht nur die globalen organisatorischen Akteure, sondern auch die weltregionalen Akteure wie die EU tragen zum Wissenstransfer bei. Auf der EU-Ebene wird das Recht auf Arbeitsunfallversicherung in der EU-Sozialcharta als soziales Recht proklamiert. Die EU hat seit 1992 ein Netzwerk – „Das Europäische Forum Unfallversicherung" - aufgebaut und damit einen intereuropäischen Wissenstransfer gefördert (Sokoll 1992). Die EU-Mitgliedsstaaten treffen sich regelmäßig, um die Unfallversicherung in den Transformationsländern in Osteuropa zu fördern und eine Wissensdiffusion auf der EU-Ebene zu begünstigen. Die EU versucht ebenfalls, einen Konsens auf der supranationalen Ebene zu bilden. Innerhalb der EU spielt der deutsche Unfallversicherungsträger, die Deutsche Gesetzliche Unfallversicherung (DGUV) eine wichtige Rolle. Die DGUV organisiert mit Trägern der Unfallversicherung anderer EU-Länder reguläre Zusammenkünfte. Deutschland gilt als erste Einführungsnation und die deutsche Unfallversicherung als gut funktionierend. Diese Wahrnehmung trägt dazu bei, dass das deutsche Modell von mehreren Ländern gelernt und übernommen wird (Sokoll 2003).

Eine These ist, dass im Bereich der Arbeitsunfallversicherung eine ungewöhnliche Verflechtung globaler Akteure, bemerkenswerterweise unter Einbezug eines Nationalstaats (Deutschlands) die globale Arena der globalen Sozialpolitik aufspannt. Diese globale Verflechtung ist erstens durch interorganisationale Beziehungen geprägt. Die ILO, die ISSA, die EU sowie der Nationalstaat (Deutschland) vernetzen sich, organisieren gemeinsam globale Konferenzen, Tagungen und Workshops, und tragen so dazu bei, ein globales Problem – Arbeitsunfälle - zu konstruieren.[37] Die Arbeitsunfallversicherung gilt zunehmend als eine internationale Aufgabe, die durch weltweiten Wissenstransfer unter einem gleichen Beobachtungshorizont sensibilisiert wird (Greiner, Sokoll und Aulmann 1998).

Zweitens wird die globale Verflechtung durch sich *überschneidende Policy-Orientierungen* gekennzeichnet: Die internatonalen und supranationalen Akteure pflegen gemeinsam die globalen Semantiken im Bereich der Unfallversicherung wie „Arbeitsschutz“, „Sicherheitsproduktion“ und „Rehabilitation mit Nachhaltigkeit“. Sie schildern ebenfalls gemeinsam ein Strukturmuster der modernen Unfallversicherung, das die verschiedenen Institutionen kombiniert (S. Kapitel 4.5). Die internationale Kooperation zwischen ILO, ISSA, EU und Deutschland kann dadurch erklärt werden, dass sich die sozialpolitische Zielsetzung und die Werteorientierungen dieser Akteure einander annähern. So favorisiert beispielsweise die ILO das korporatistische Sozialmodell, das ebenfalls von kontinentaleuropäischen Ländern vertreten wird (vgl. Deacon 1997). Zwischen ISSA und ILO besteht im Lauf der Geschichte die Tradition der Kooperation. Für die Diffusion der sozialen Sicherheit und des Arbeitsschutzes engagieren sich die beiden Organisationen aktiv, weil

---

37 Zum Beispiel organisierten ILO, ISSA, DGUV und WHO gemeinsam im Januar 2009 in Dresden eine globale Konferenz zum Thema der Sicherheit und Gesundheit am Arbeitsplatz, in der die Prävention als Arbeitsschutzinstitution innerhalb der Unfallversicherung erörtert wurde.

diese sozialpolitischen Werte wie „Sicherheit“ und „Schutz“ mit den eigenen Aufgaben und Zielsetzungen beider Institutionen übereinstimmen (Michel 1977; Guinand 1988).

Drittens ist die globale Verflechtung durch *arbeitsteilige Aktivitäten* in Bezug auf unterschiedliche Aspekte der Unfallversicherung geprägt. In dem internationalen organisatorischen Rahmen lässt sich beobachten, dass sich verschiedene weltgesellschaftliche Akteure wie ILO, ISSA, UNO, sowie supranationaler und nationaler Akteur wie die EU und Deutschland an die Diskursbildung zur Arbeitsunfallversicherung anschließen (S. Schaubild III). Die globalen und nationalen Akteure verteilen ihre Funktionen dadurch, dass das UN-Gremium (einschließlich der UNO und der ILO) eher eine prinzipielle Zielsetzung verabschiedet und weltkulturelle Normen verkündet, während die ILO und ISSA einen globalen Vergleichshorizont schaffen und ein globales Rahmenkonzept diffundieren (Modellversuche). Das deutsche Unfallversicherungssystem stellt in der realen Implementierungsebene ein operationales Modell dar, das zwar dem globalen Rahmenskonzept entspricht, aber konkrete Erfahrungen und operationale Anregungen bereitstellt. Auch auf weltregionaler Ebene entsteht ein Netzwerk zum Wissenstransfer der Unfallversicherung (in der EU).

Schaubild III: Globale Akteursverflechtung in der Arbeitsunfallversicherung

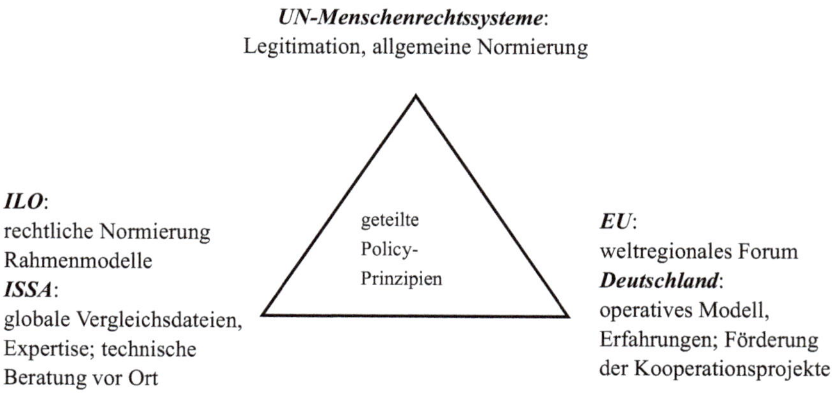

Eigene Darstellung

Das deutsche Modell der Unfallversicherung nimmt Einfluss auf den Aufbau und die Reform der Unfallversicherung in verschiedenen Weltregionen. In diesem Forschungsprojekt wird der inter-nationale Wissenstransfer zwischen Deutschland und China unter einer weltgesellschaftlichen Perspektive analysiert. Von den deutschen Erfahrungen profitieren auch die transformierten osteuropäischen Länder. Während sich die Sozialreformer in Ungarn und Polen auf das deutsche Vorbild ausrichten, möchten manche baltischen Länder wie Litauen und Lettland exakt nach dem deutschen Modell ihre eigene Unfallversicherung aufbauen (Clever 1997: 52–53).

In den im Rahmen dieses Forschungsprojekts durchgeführten Interviews mit den Fachexperten aus dem nationalen, supranationalen und globalen Kontext werden auch stets deren Meinungen zu der Frage erhoben, welche internationalen Akteure ihrer Ansicht nach die internationalen Diskurse zur Arbeitsunfallversicherung besonders geprägt haben. Die dominierende Antwort auf diese Frage war, dass die ILO, ISSA, EU sowie der nationale Akteur der DGUV aus Deutschland eine zentrale Rolle spielen. Ein Interviewpartner der DGUV nennt die ILO als eine wichtige globale Institution, die einen globalen Diskurs zum Arbeitsschutz vorantreibt. Deswegen sei die ILO sehr wichtig für die Diffusion der Ideen der Prävention. Dann erklärt er:

> Also ganz ehrlich, so richtig für die Kernpunkte einer Unfallversicherung, nehme ich das erstrebenswerte „Drei-Säulen-Modell“, wenn überhaupt, dann von der internationalen Vereinigung für soziale Sicherheit, die IVSS, geprägt. Ich zögere ein bisschen, das zu sagen, denn letztlich sind die, die den Diskurs dort treiben, wir. Der IVSS wird geleitet von Herrn Breuer. Deswegen zögere ich so ein bisschen, weil ich mir wünschen würde, dass wir das nicht sind, also ich würde mir wünschen, dass es auch andere gibt, die versuchen, den globalen Diskurs zur Unfallversicherung gesättigt durch empirische Erfahrungen zu betreiben. Aber leider sind es immer weltweit sehr wenige Akteure, die überhaupt diesen Diskurs verfolgen, die ihn betreiben, dazu gehört an der vordersten Front, muss man sagen, Deutschland. Ich sage leider, ich würde mir wünschen, wir hätten Partner oder andere, die da ähnlich engagiert wären.
> Interview Nr. 23

Trotz der vorsichtigen und bescheidenen Formulierung des Interviewpartners der DGUV wird überall von internationalen Organisationen und supranationalen Foren oder Netzwerken, in deren Rahmen die

Unfallversicherung als globale Agenda ausgestaltet wird, deutlich festgestellt, dass die DGUV als nationaler Akteur einen ungewöhnlich starken Einfluss auf die globalen und supranationalen Institutionen ausübt. Weltweit gibt es nur in einer einzigen globalen Organisation ein eigenständiges technisches Komitee für die Unfallversicherung, nämlich den Fachausschuss der Versicherung gegen Arbeitsunfälle und Berufskrankheiten (FVAB) der ISSA, der vom Geschäftsführer der DGUV, Joachim Breuer, geleitet wird. Im europäischen Unfallversicherungsforum sind deutsche Fachexperten ebenfalls stark vertreten, auch innerhalb der ILO engagieren sich mehrere deutsche Fachexperten für den Arbeitsschutz. Ähnlich wie im Bereich der globalen Alterssicherung, in dem ebenfalls ein nationales Modell – das Chile-Modell – indirekt einen globalen Diskurs prägt, wirkt sich auch im Bereich der globalen Unfallversicherung ein einflussreicher nationaler Akteur prägend aus, nämlich die DGUV, die sowohl globale und supranationale als auch andere nationale Akteure stark beeinflusst.

Weswegen hat das Modell der deutschen Unfallversicherung jedoch solch eine weltgesellschaftliche Bedeutung und prägt weltgesellschaftliche Diskurse? Der Hauptgeschäftsführer der DGUV sowie der Vorsitzende des technischen Fachausschusses der Versicherung gegen Arbeitsunfälle und Berufskrankheiten erklärt dies wie folgt:

> Es gibt viele Länder, die in den letzten 20 Jahren Kernelemente aus dem deutschen System aufgegriffen haben. Ich finde das insofern bemerkenswert, weil die Kernelemente über 100 Jahren alt sind. Wo gibt es noch ein Modell, was noch so funktioniert wie vor über 100 Jahren.
> Interview Nr. 24

Hinsichtlich der globalen Unfallpolitik ist besonders zu beachten, dass die globalen Finanzinstitutionen wie Weltbank und IMF wenig in den Diskurs der globalen Unfallversicherung intervenieren. Bei der globalen Alterssicherungspolitik lässt sich beobachten, dass die ILO bis in die 1970er Jahre den globalen Diskurs der Alterssicherung dominierte, jedoch nachher aufgrund der Intervention der Weltbank ihren Einfluss und ihre Diskursmacht deutlich einbüßte, während die Weltbank ihr Einflusspotential seit den 1990er Jahren erheblich ausbauen konnte. Der Rückzug der ILO aus diesem Bereich steht dem Machtzugewinn der Weltbank entgegen (Orenstein 2005, 2008). Eine starke Diskurskonkurrenz findet im Bereich der globalen Alterssicherungspolitik statt, indem die ILO einerseits, die Weltbank und der IMF andererseits verschiedene Reformmodelle befürworten (Ervik 2005). Im Bereich der globalen Gesundheitspolitik sind die Einflüsse der globalen Finanzinstitutionen vergleichsweise moderat, während funktional spezielle Organisationen der Gesundheitspolitik wie die WHO und andere UN-Agenturen kontinuierlich Einfluss auf die globale Gesundheitspolitik nehmen (Koivusalo und Ollila 2008).

Im Vergleich zu anderen Politikfeldern verfügen die traditionell arbeitsschützenden Organisationen ILO und ISSA (seit den 1990er Jahren auch die EU) im Bereich der globalen Unfallpolitik über ein starkes Einflusspotential, während es an expliziten Gegenpositionen durch die globalen Finanzinstitutionen fehlt. Die Weltbank und der IMF versuchen kaum, sich hier zu positionieren und gegen die Machtstellung der ILO vorzugehen oder zumindest die relativ „starken" Konsenspositionen der Multiakteure zu relativieren. Der leitende Mitarbeiter des Spitzenverbandes der DGUV, der gleichzeitig der Vorsitzende im ständigen Fachausschuss der Versicherung gegen Arbeitsunfälle und Berufskrankheiten der ISSA ist, nimmt ebenfalls wahr, dass es an einem Weltbankansatz in der globalen Unfallversicherung fehlt:

> Die Weltbank und der Internationale Währungsfonds folgen schon immer noch der Grundphilosophie, Privatisierung ist besser als öffentlich-rechtlich. Immer noch. Aber was stimmt ist, die Weltbank hat die Unfallversicherung nicht im Fokus, sondern sie zielt mehr auf Altersicherung und auf Gesundheitssicherung, da sieht man schon, dass Unfallversicherung ein besonderes Risiko ist, was nicht immer in die gleiche Argumentation zu dem Anderen passt, das ist der Hintergrund. Also, wenn Sie dort fragen würden: „Soll man Unfallversicherung nicht auch privat machen?" Würde ein Vertreter der Weltbank „Ja" sagen, aber man hat uns nicht im Fokus.
> Interview Nr. 24

Ein Fachexperte der DGUV, der für die internationale Sozialpolitik und für die internationale Kooperation zuständig ist, formuliert wie folgt:

> Es gibt sozusagen keinen globalen Push hin zu einer Privatisierung, dann gibt es auch keine ideologische Führerschaft in diese Richtung.
> Interview Nr. 23

Die beiden Interviewpartner der ISSA und DGUV weisen darauf hin, dass der Privatisierungsansatz weltweit wenig vertreten wird. Der Grund dafür ist nicht, dass die Weltbank eine andere Position vertritt oder sich ihre Philosophie geändert hätte, sondern einfach weil die Weltbank die Unfallversicherung nicht im Fokus hat. Die geringe Fokussierung der globalen Finanzinstitutionen auf die Unfallversicherung ist ein wichtiger Grund dafür, dass es generell keine globalen Push-Akteure gibt, die die Unfallversicherung in Richtung einer kapitalgedeckten privaten Unfallversicherung führen. Das Fernhalten der globalen Finanzinstitutionen von der globalen Unfallversicherung wird auch von den ILO-Experten selbst wahrgenommen und beobachtet. Ein Experte für soziale Sicherheit im ILO-Büro Pekings erläutert seine Beobachtung der unterschiedlichen Interventionsbereitschaft der Weltbank und der IMF:

> Generell gesagt interessieren sich die Weltbank und IMF für das Thema des Fondsmarkts und der demographischen Alterung. Sie schenken der Akkumulation der Kapitalfonds und der Entwicklung des Kapitalmarkts mehr Aufmerksamkeit. Selbstverständlich ist die Alterssicherung mit riesigen Kapitalfonds der Schwerpunkt der Weltbank geworden. Die Arbeitsunfallversicherung ist hingegen ein kleiner Sozialversicherungszweig mit einem niedrigen Beitragssatz und relativ wenigen Kapitalfonds. Deswegen wird sie von der Weltbank und dem IMF nicht richtig geschätzt.
> Interview Nr. 18

Aus dem historischen Diskurswandel im globalen Wissensmarkt zur Alterssicherung wird ersichtlich, dass ein neuer globaler Akteur sich nur dann im Bereich der alten Akteure positionieren kann, wenn er ein neues globales Problem konstruiert (z.B. die graue Welle weltweit), anschließend auf die mangelnde Haltbarkeit des alten Systems hindeutet (Relativierung der Nachhaltigkeit der umlagefinanzierten Sozialrente), und letztendlich einen interpretativen Schluss zieht (die Notwendigkeit einer ergänzenden Säule der kapitalgedeckten Rente, vgl. Orenstein 2008). Im Bereich der globalen Unfallpolitik funktioniert ein ähnliches Argumentationsmodell mit demographischer und fiskalischer Herausforderung nicht, weil der durchschnittliche Beitragsatz der Unfallversicherung in vielen Industrienationen relativ stabil und sogar kontinuierlich gesunken ist. Zwischen demographischem Wandel und dem Problem des Arbeitsunfalls gibt es keine direkte kausale Beziehung. Im Gegenteil ist die Zahl der Arbeitsunfälle durch bessere Unfallschutzinstitutionen in den meisten Industrienationen kontinuierlich gesunken. Das aktuelle soziale

Unfallsystem wird in den meisten Ländern nicht als ein Problem konstruiert, hingegen entstehen die Probleme immer da, wo keine moderne soziale Unfallversicherung eingerichtet wird. Im Vergleich zu der globalen Alters- und Gesundheitspolitik steht keine aktuelle Krise für die Unfallpolitik bevor. Da kein neues Problem entsteht oder sozial konstruiert wird, kann der neue Akteur auch schwer darin intervenieren. Alles in allem führt diese Entwicklung dazu, dass die Unfallpolitik immer noch die „Einflusszone" der traditionellen Akteure wie der ILO und ISSA bleibt. Da die globalen Finanzinstitutionen relativ wenig in die globale Unfallpolitik eingreifen, kann auf der globalen Ebene beobachtet werden, dass ein Konsens von den normkonvergenten globalen Organisationen und Nationalstaaten konstruiert wird. Dies beeinflusst auch die innerstaatliche Akteurskonstellation und die Deutung der Unfallpolitik in China.

Im Folgenden wird konkret geschildert, wie verschiedene Akteure in Bezug auf verschiedene Aspekte zur Emergenz der globalen Diskurse im Bereich der Unfallversicherung beigetragen haben.

4.2 Die Arbeitsunfälle als ein globales soziales Problem: eine historische Perspektive

Die Arbeitsunfallversicherung wird hauptsächlich von den folgenden internationalen Organisationen geprägt: UNO, ILO sowie ISSA. Außerdem übt die supranationale Einheit EU ebenfalls Einfluss auf die Entwicklung der Arbeitsunfallversicherung auf dem globalen Wissensmarkt aus.

Die zentrale internationale Regierungsorganisation, der es gelungen ist, das Thema der Arbeitsunfallversicherung in die internationalen Konventionen einzubeziehen, ist die ILO. Im ersten Satz der Präambel der ILO-Verfassung wird deklariert, dass der Weltfrieden auf Dauer nur auf sozialer Gerechtigkeit aufgebaut werden kann. Seit dem Ende des Ersten Weltkrieges versucht die ILO die soziale Sicherheit und Sozialversicherung als internationales Thema voranzutreiben. Nach einer ILO-Studie wird außerdem anerkannt, dass Deutschland als Pionierstaat der Sozialversicherung Einflüsse auf die Ausdehnung der Sozialversicherung in weiteren Industrienationen ausübt. Auch der Inhalt der ILO-Übereinkommen zur

Sozialversicherung wird von Deutschland beeinflusst (Haase 1996; ILO 1984)[38].

Die meisten Industrienationen haben chronologisch zuerst (im Bezug auf das gesamte Spektrum Sozialversicherung) das Gesetz für Arbeitsunfallversicherung verabschiedet. Die ILO konnte zeigen, dass die Arbeitsunfallversicherung eine starke Wirkungskraft hat und nur in einem kurzen Zeitraum eine allseitige Anerkennung von den meisten Industrienationen gewinnt (ILO 1984). Am Ende des 19. Jahrhunderts und am Anfang des 20. Jahrhunderts wurde das Thema der Arbeitshygiene und der Verhütung gegen Betriebsunfälle und Berufskrankheiten von der ehemaligen internationalen Gemeinschaft entdeckt. Die Arbeitshygiene wandelte sich allmählich zu einer internationalen Frage. In jener Zeit setzten sich die Arbeitnehmer hauptsächlich Gefahren wie Phosphor, Bleiweiß, Bleivergiftungen und Quecksilbervergiftungen aus. Beispielsweise war die Bleivergiftung eine gefährliche Erkrankung unter den Arbeitern in Streichholzfabriken. Wollarbeiter waren dagegen von Milzbrand bedroht und die Arbeitnehmer in Chemiefabriken litten unter zu hohen Phosphordosen in der Atemluft (ILO 1937).

Im Jahre 1889 schlug die Regierung der Schweiz vor, eine internationale Arbeitskonferenz einzuberufen. Dieser Vorschlag wurde von der ehemaligen deutschen Regierung angenommen. 1890 wurde so zum ersten Mal eine internationale Konferenz zur Arbeitsfrage in Berlin abgehalten, an der 14 europäische Staaten teilnahmen. In der Konferenz wurden auch Themen wie der Schutz der weiblichen Erwerbstätigen, Schutz der Kinderarbeiter, Arbeitsruhetage usw. diskutiert. 1900 fand eine weitere Konferenz zum internationalen Arbeitsschutz in Paris statt, auf der die internationale Vereinigung für gesetzlichen Arbeitsschutz gegründet wurde. Der Hauptsitz der Vereinigung befand sich in Basel. 1902 wurde eine Mitgliederversammlung in Köln von der internationalen Vereinigung für gesetzlichen Arbeitsschutz organisiert. Zwei Fragen zur Arbeit, die von internationalem Interesse waren, wurden diskutiert: das Verbot von Nachtarbeit für Frauen und das Verbot von Phosphor in Zündholzfabriken. 1906 fand die internationale Arbeitskonferenz in Bern statt, während ein

38 vgl. Fehlinger 1931.

Übereinkommen zum Verbot der Verwendung von Bleiweiß in Streichholzfabriken beschlossen wurde (ILO 1937).

Kurz nach dem Ersten Weltkrieg fand 1919 wiederum in Bern eine internationale Gewerkschaftskonferenz statt, auf der die internationale Arbeitsorganisation (ILO) gegründet wurde. In der Verfassung der ILO wurde die weltweite Geltung des Arbeitsschutzes und der Arbeitsfrage verlangt (IAA 1931). Der Arbeitsschutz stimmte gemäß der ILO Verfassung mit dem Geist des Völkerbundes überein, dass der Weltfrieden und eine Welteintracht nur auf sozialer Gerechtigkeit aufgebaut werden könnten. Ohne Arbeitsschutz wäre das Ziel des harmonischen Weltfriedens undenkbar, weil die Nichteinführung menschenwürdiger Arbeitsbedingungen in einem Land auch die Verbesserung der Arbeitsbedingungen in anderen Ländern hemmte. Aus diesem Grund war der Arbeitsschutz nicht mehr ein rein nationales Thema, sondern ein grenzübergreifendes Thema, das nach weltweiter Anerkennung strebte (ibid.).

Die ILO wandte sich daraufhin den Problemen der Arbeitsunfälle und der Berufskrankheiten zu und beförderte diese Problematik zur internationalen Arbeitsfrage. In den 1920er Jahren wurden mehrere Übereinkommen beschlossen, um die Verwendung von gesundheitsgefährdenden Stoffen zu regeln. In den ILO-Übereinkommen wurde ebenfalls normiert, welche Krankheiten als Berufskrankheiten eingestuft und wie Berufsunfälle durch vorbeugende Maßnahmen verhütet werden können.

Die ILO richtete außerdem einen Fachausschuss zur Verhütung von Betriebsunfällen und Berufskrankheiten ein und setzte Fachexperten ein, um dieses Thema zu untersuchen. Anhand deren Expertise und Erforschung wird eine Statistik zur Thematik der Arbeitsunfälle und der Berufskrankheiten erstellt. Durch intensive Datenanalyse erstellte die ILO Listen zu Berufskrankheiten, die in die Übereinkommen 1925 und 1934 aufgenommen wurden.

Die ILO bekräftigte darüber hinaus in der ersten Hälfte des 20. Jahrhunderts die Relevanz der Sozialversicherung. Die Sozialversicherung sei ein wichtiges strukturelles Arrangement zur Gewährleistung des menschenwürdigen Lebens der individuellen Arbeitnehmer (ILO 1937).

Ein in frühen Publikationen der ILO besonders beachteter Bereich der Politik war die Arbeitsunfallversicherung, der ihrer Meinung nach eine außerordentliche Bedeutung zur Garantie der persönlichen Sicherheit beigemessen werden sollte. Die ILO bemühte sich, die freiwillige individuelle Versicherung und die Sozialversicherung zu unterscheiden. Die Sozialversicherung ist eine Form der Versicherung, die gesetzlich vorgeschrieben und obligatorisch ist, so dass sich das Individuum einer Beteiligung daran nicht entziehen kann. Die ILO vertrat in den 1930er Jahren bereits früh die Position, dass die Sozialversicherung die freiwillige Versicherung ersetzen und in allen Ländern eingeführt werden sollte (ILO 1937).

Die Sozialversicherung beschränkte sich in jener Zeit jedoch lediglich auf die Bereiche der Arbeitsunfälle und Krankheiten der ILO-Dokumente und zielte darauf ab, die durch Arbeitsunfälle, Berufskrankheiten und Krankenstand entstehenden Schäden zu kompensieren und den Betroffenen Entschädigungsleistungen zu gewähren. Die ILO organisierte bereits 1925 eine internationale Tagung, auf der Arbeitsunfälle das zentrale Thema darstellten. In den 1920er und 1930er Jahren blieb die Arbeitsunfallversicherung für die ILO an der Spitze der Agenda, während die Rentenversicherung in dieser Zeit noch eine marginale Rolle spielte (ebd.).

An dieser Stelle sollen chronologisch die wichtigsten Übereinkommen, die von der ILO beschlossen wurden, kurz skizziert werden (vgl. Abbildung 1. Die ILO Übereinkommen zur Arbeitsunfallversicherung). 1921 verabschiedete die ILO das erste Übereinkommen zur Arbeitsunfallversicherung, nämlich das Übereinkommen 12 zur „Entschädigung bei Betriebsunfällen (Landwirtschaft)". Hier wurde vorgeschrieben, dass die Unfallversicherung auf die landwirtschaftlichen Lohnarbeiter ausgedehnt werden sollte. Während die ILO in den 1920er Jahren insgesamt 5 Übereinkommen zur Arbeitsunfallversicherung einschließlich der Übereinkommen zu Betriebsunfällen und zu Berufskrankheiten verabschiedete, wurden in den 1930er Jahren weitere 6 Übereinkommen zur Arbeitsunfallversicherung beschlossen. Nach dem Zweiten Weltkrieg erließ die ILO insgesamt 10 zusätzliche Übereinkommen zur Unfallversicherung oder zur allgemeinen sozialen Sicherheit mit Berücksichtigung der Arbeitsunfallversicherung. Unter allen 189 ILO-Übereinkommen handelt es sich insgesamt in 19 Übereinkommen um die Arbeitsunfallversicherung. Dadurch wird die Relevanz des Themas der Unfallversicherung für die ILO deutlich (IAO 1993).

Abbildung I: Die ILO-Übereinkommen zur Arbeitsunfallversicherung

1921 Ü12 Entschädigung bei Betriebsunfällen (Landwirtschaft)
1925 Ü17 Entschädigung bei Betriebsunfällen
1925 Ü18 Berufskrankheiten
1925 Ü19 Gleichbehandlung (Betriebsunfälle)
1929 Ü28 Unfallschutz der Hafenarbeiter
1932 Ü32 Unfallschutz der Hafenarbeiter (abgeänderter Wortlaut)
1933 Ü37 Invaliditätsversicherung (Gewerbe usw.)
1933 Ü38 Invaliditätsversicherung (Landwirtschaft)
1934 Ü42 Berufskrankheiten, abgeändert
1936 Ü55 Verpflichtungen des Reeders bei Krankheit oder Unfall der Schiffsleute
1937 Ü62 Unfallverhütungsvorschriften (Hochbau)
1952 Ü102 Soziale Sicherheit (Mindestnormen)
1960 Ü115 Strahlenschutz
1962 Ü117 Sozialpolitik (grundlegende Ziele und Normen)
1962 Ü118 Gleichbehandlung (Soziale Sicherheit)
1964 Ü121 Leistungen bei Arbeitsunfällen und Berufskrankheiten
1967 Ü128 Leistungen bei Invalidität und Alter und an Hinterbliebene
1970 Ü134 Unfallverhütung (Seeleute)
1982 Ü157 Wahrung der Rechte in der Sozialen Sicherheit
1983 Ü159 Berufliche Rehabilitation und Beschäftigung der Behinderten
1993 Ü174 Verhütung von industriellen Störfällen

Datenquelle: ILO Webseite „ILO-Arbeits- und Sozialstandards"

Im Übereinkommen 17 (1925) „Entschädigung bei Betriebsunfällen" wurden die Versichertenkreise außerdem erweitert. Laut dem Dokument sollen die Arbeiter, Angestellten und Lehrlinge aller Wirtschaftszweige in das gesetzliche Unfallversicherungssystem einbezogen werden. Den Verletzten und Hinterbliebenen sollen Entschädigungsentgelte gewährleistet werden. Bei dauernder Minderung der Erwerbsfähigkeit haben die verletzten Arbeitnehmer Anspruch auf Unfallrenten. In den Übereinkommen 12 „Entschädigung bei Betriebsunfällen (Landwirtschaft)" (1921), 28 „Unfallschutz der Hafenarbeiter" (1929) und 134 „Unfallverhütung (Seeleute)" (1970) wird die Arbeitsunfallversicherung für verschiedene Bevölkerungsgruppen wie landwirtschaftlich Beschäftigte, Seeleute und Hafenarbeiter geregelt.

In der unten angeführten ILO-Empfehlung von 1964 wird zudem der Begriff der Arbeitsunfälle explizit erläutert, wodurch unterschiedliche Interpretationen und willkürliche Definitionen durch verschiedene Akteure vermieden werden sollten.

Abbildung II: R121 Employment Injury Benefits Recommendation, 1964

5. Each member should, under prescribed conditions, treat the following as industrial accidents:
(a) accidents, regardless of their cause, sustained during working hours at or near the place of work or at any place where the worker would not have been except for this employment;
(b) accidents sustained within reasonable periods before and after working hours in connection with transporting, cleaning, preparing, securing, conserving, storing and packing work tools or clothes;
(c) accidents sustained while on the direct way between the place of work and –
   (i) the employee's principal or secondary residence; or
   (ii) the place where the employee usually takes his meals; or
   (iii) the place where he usually receives his remuneration.

Quelle: ILO (1966)

Zunächst werden die zeitliche und örtliche Limitierung für „Arbeitsunfälle“ exakt festgelegt. Es gelten die Verletzungen als Arbeitsunfälle, die während der Arbeitszeit eintreten. Die Unfälle, die auf dem direkten Weg zwischen Arbeitsort und Wohnort geschehen, werden ebenfalls als Arbeitsunfälle angesehen. Dieser Aspekt zeigt die Tendenz, den Schutzbereich der Arbeitsunfallversicherung kontinuierlich zu erweitern. Nicht nur die Unfälle in der Arbeitszeit am Beschäftigungsplatz werden als Arbeitsunfälle im engeren Sinne definiert, sondern auch die Unfälle auf einem arbeitsbezogenen Weg werden in die gesetzliche Unfallversicherung aufgenommen. Nach der Empfehlung der ILO (1964) hat der Schutz der Wegeunfälle einen allgemeingültigen Geltungsanspruch, an dem sich der Nationalstaat orientieren muss.

Außer der zeitlichen und räumlichen Limitierung spielt der Faktor der Ursache für die Unfälle ebenfalls eine wichtige Rolle. Als Arbeitsunfälle galten früher nur die Unfälle, die unmittelbar ursächlich mit der Beschäftigung zusammenhingen. In der Empfehlung der ILO von 1964 gelten auch die Verletzungen als Arbeitsunfälle, die sich die Arbeitnehmer durch Transport-, Reinigungs-, Vorbereitungs-, Sicherungs-, Bewahrungs- und Verpackungsarbeiten zugezogen haben. Das bedeutet, dass die Kausalitätsvoraussetzung für die Abgrenzung von Arbeitsunfällen flexibilisiert wird. Die Arbeit vor und nach der Hauptbeschäftigung wird ebenfalls gesetzlich geschützt. Das Prinzip der Verschuldensunabhängigkeit wird in der ILO-Empfehlung 121 ebenso festgelegt. Der Arbeitgeber haftet für den Arbeitsunfall des Arbeitnehmers ohne Schuldzuweisung, auch wenn die unmittelbare Schuld des Arbeitgebers nicht nachweisbar ist und wenn der Arbeitsunfall aufgrund eigener Fahrlässigkeit entsteht.

Im Übereinkommen 121 „Leistungen bei Arbeitsunfällen und Berufskrankheiten" normiert Artikel 23 im Bezug auf die Rechtsansprüche der versicherten Arbeitnehmer Folgendes: „Paragraph 1: Jedem Antragsteller ist das Recht einzuräumen, ein Rechtsmittel einzulegen, falls die Leistungen abgelehnt oder ihre Art oder ihr Ausmaß strittig sind." Die Formulierung dieses Satzes sichert dem Individuum also zu, rechtliche Mittel einsetzen zu können, wenn die individuellen Rechtsansprüche nicht geachtet und verletzt werden.

In der Entwicklung der Arbeitsunfallversicherung aus historischer Perspektive lässt sich ein Trend beobachten: Die Arbeitsunfallversicherung entsteht ursprünglich in einem nationalen Kontext im 19. Jahrhundert, der dadurch gekennzeichnet ist, dass die Industrialisierung sehr schnell voranschreitet. Im Laufe des 20. Jahrhunderts wird die Thematik der Arbeitsunfallversicherung jedoch allmählich internationalisiert. Sie bleibt kein nationales Thema, sondern wird zu einem globalen Thema, das nach Weltgeltung strebt.

Zusammenfassend kann also festgehalten werden, dass die Arbeitsunfallversicherung durch das ILO-Engagement als ein institutionelles, gesetzliches und auf die breite erwerbstätige Bevölkerung ausgedehntes Sicherungssystem anerkannt wird, das eine Eigenlogik und Eigenkomplexität aufbaut und sich deshalb von den anderen Bereichen der Sozialversicherung wie der Kranken- und Rentenversicherung unterscheidet. Im Folgenden ist nun zu klären, ob die Arbeitsunfallversicherung als ein globales Thema direkten Bezug zu weltkulturellen Normen hat.

4.3 Der Bezug der Arbeitsunfallversicherung zur Weltkultur

Die Arbeitsunfallversicherung wird heute auf der globalen Ebene als grundlegendes soziales Menschenrecht völkerrechtlich deklariert. Die Sozialversicherung einschließlich der Arbeitsunfallversicherung hat also einen direkten Bezug zu den weltkulturellen Normen wie den Menschenrechten und der Menschenwürde. Auch die ILO hob in mehreren Übereinkommen und internen Publikationen hervor, dass ein menschenwürdiges Dasein für die Arbeitnehmer und ihre Familien durch die Sozialversicherung einschließlich der Arbeitsunfallversicherung garantiert wird (ILO 1937). Die Sozialversicherung ermöglicht dem individuellen Arbeitnehmer also, ein menschenwürdiges Leben zu führen. 1944 wurde in der Deklaration von Philadelphia im Zuge der internationalen Arbeitskonferenz, die von der ILO organisiert worden ist, soziale Sicherheit als Menschenrecht deklariert (Riedel 2007). In der internationalen Arbeitskonferenz 2001 wird erneut bekräftigt, dass die Sozialversicherung ein fundamentales Menschenrecht sei und die Garantie der sozialen Menschenrechte zu sozialer Kohäsion, sozialem Frieden und sozialer Integration beitrage (ILO 2001, 2002).[39]

Ein weiterer gewichtiger internationaler Akteur ist die UNO. Auch die UNO hat durch Deklarationen und Konventionen zu den Menschenrechten die Sozialversicherungsrechte erklärt und verankert. Die Vertragsstaaten, die UNO-Übereinkommen ratifiziert haben, sind dazu angehalten, die darin deklarierte Pflicht durch die Ausschöpfung innerstaatlicher Maßnahmen allmählich zu erfüllen. Im Artikel 22 der „Allgemeinen Erklärung der Menschenrechte" der UNO (1948) (siehe Abbildung 3 unten) wird das Recht auf soziale Sicherheit mit dem Anspruch auf Genuss der wirtschaftlichen, sozialen und kulturellen Menschenrechte verbunden, die wiederum von den Konzepten der Menschenwürde und der freien Entwicklung der Persönlichkeit geprägt sind. In Artikel 25 wird darüber hinaus das Recht auf soziale Sicherheit konkretisiert.

39 Zur Einflussnahme der internationalen sozialmenschenrechtlichen Normen auf die nationale Rechtsentwicklung sowie die Internalisierung der internationalen Normen s. auch Risse und Sikkink 1999.

Jeder einzelne Aspekt wie Arbeitslosigkeit, Krankheit, Invalidität, Verwitwung oder Alter wird aufgezählt. In Artikel 9 des Sozialpaktes der UNO, der 1966 erlassen wurde, wurde das Recht auf soziale Sicherheit weiter auf das Recht auf Sozialversicherung ausgedehnt. Das bedeutet, dass die Sozialversicherung einschließlich der Arbeitsunfallversicherung eindeutig in die UN-Menschenrechtsdokumente inkorporiert wurde. In den Reporting Guidelines des Committee on Economic, Social and Cultural Rights (CESCR) wird Artikel 9 des Sozialpaktes weiterhin interpretiert: "Article 9, (27) Indicate whether there is universal social security coverage in the State party. Also indicate which of the following branches of social security are covered: health care, sickness, old age, unemployment, ***employment injury***, family and child support, maternity, disability, and survivors and orphans." (CESCR 2008 http://www2.ohchr.org/english/bodies/cescr/index.htm) (Hervorhebung durch den Autor). Im General Comment No. 19 des CESCR "The right to social security (art. 9)" wird die nationale Aufgabe zur Arbeitsunfallversicherung detailliert erläutert: "II.A.2. Social risks and contingencies (e) ***Employment injury***. (17.) State parties should also ensure the protection of workers who are injured in the course of employment or other productive work. The social security system should cover the costs and loss of earnings from the injury or morbid condition and the loss of support for spouses or dependents suffered as the result of the death of a breadwinner. Adequate benefits should be provided in the form of access to health care and cash benefits to ensure income security. Entitlement to benefits should not be made subject to the length of employment, to the duration of insurance or to the payment of contributions (CESCR 2008 http://daccessdds.un.org/doc/UNDOC/GEN/G08/403/97/PDF/G0840397.pdf?OpenElement). Die Verankerung der Rechte auf eine Arbeitsunfallversicherung in den UN-Menschenrechtsdokumenten verschafft diesem sozialpolitischen Bereich eine hohe Legitimität. Sowohl die UN-Dokumente als auch die ILO-Übereinkommen schreiben vor, dass die Arbeitsunfallversicherung einen Teil der universellen Menschenrechte darstellt, sie aber nicht einfach zu abstrahieren ist, sondern als individuelle und einklagbare Rechte in der inländischen Gesetzgebung verankert werden muss.

Abbildung III: Allgemeine Erklärung der Menschenrechte

> Artikel 22
> Jeder hat als Mitglied der Gesellschaft das Recht auf soziale Sicherheit und Anspruch darauf, durch innerstaatliche Maßnahmen und internationale Zusammenarbeit sowie unter Berücksichtigung der Organisation und der Mittel jedes Staates in den Genuss der für seine Würde und die freie Entwicklung seiner Persönlichkeit unentbehrlichen wirtschaftlichen, sozialen und kulturellen Menschenrechte zu gelangen.
>
> Artikel 25
> 1. Jeder Mensch hat Anspruch auf eine Lebenshaltung, die seine und seiner Familie Gesundheit und Wohlbefinden, einschließlich der Nahrung, Kleidung, Wohnung, ärztliche Betreuung und der notwendigen Leistungen der sozialen Fürsorge, gewährleistet; er hat das Recht auf Sicherheit im Falle von Arbeitslosigkeit, Krankheit, Invalidität, Verwitwung, Alter oder von anderweitigem Verlust seiner Unterhaltsmittel durch unverschuldete Umstände.
>
> Quelle: UNO 1948 „Allgemeine Erklärung der Menschenrechte"
>
> Internationaler Pakt über wirtschaftliche, soziale und kulturelle Menschenrechte (16. Dezember 1966)
>
> Artikel 9
> Die Vertragsstaaten erkennen das Recht eines jeden auf soziale Sicherheit an; diese schließt die Sozialversicherung ein.
>
> Quelle: UNO 1966 „Internationaler Pakt über wirtschaftliche, soziale und kulturelle Rechte"

Durch die Übereinkommen der UNO und der ILO wird die Thematik der Arbeitsunfallversicherung im Feld der Sozialversicherung, die früher zu den klassischen nationalen Bereichen gehörte, internationalisiert (vgl. Kaufmann 2003a). Die Ratifizierung der internationalen Übereinkommen weist symbolisch auf eine Haltung der nationalen Regierungen hin, die mit der formalen Anerkennung der internationalen Pflicht zur Sozialversicherung der eigenen Staatsbürger verbunden ist. Somit wird ein nationalstaatlicher Bereich von der Weltgesellschaft reguliert.

Die formale Anerkennung der internationalen Normen bedeutet zudem, nicht einfach leere Versprechen geben zu können, sondern sie beeinflusst die nationalstaatlichen Regierungen auf einer operationalen Ebene. Es wird Druck auf die jeweiligen Regierungen ausgeübt, um die bestehenden

Situationen tatsächlich zu ändern und die Missstände zu verbessern. Die Ratifizierung bewirkt zumindest, dass die Bestandssituationen nicht rückläufig umgestellt werden können, sondern sich nur progressiv (je nach Lage des Staates schnell oder langsam) entwickeln können. Die inländischen nichtstaatlichen Akteure wie die NGOS und die verschiedenen Netzwerke werden ebenfalls stark dazu ermutigt, sich der weltgesellschaftlichen Semantik anzuschließen, um die Veränderung der nationalen Missstände voranzutreiben oder Druck auf die Regierung auszuüben (Meyer 2005).

In den Interviews mit den führenden Fachexperten internationaler Körperschaften wie der ILO, der ISSA sowie dem Führungspersonal der DGUV wird die Sinnrelevanz der zentralen weltkulturellen Werte wie Individualismus, Universalismus, Rationalismus sowie der Glaube an sozialen Fortschritt häufig erwähnt. Individualismus bezieht sich hierzulande auf den ontologischen Status jedes einzelnen Arbeiters oder jeder einzelnen Arbeiterin, der/die mit einem subjektiven Recht auf Schutz gegen Arbeitsunfälle und Berufskrankheiten ausgestattet ist. Universalismus impliziert, dass alle Beschäftigten in jeglicher Beschäftigungsform vom gleichen gesetzlichen Unfallversicherungssystem abgedeckt werden. Rationalismus bezieht sich darauf, dass die industriellen Risiken nicht mehr vom einzelnen Betrieb erstattet, sondern externalisiert und von überbetrieblichen gesellschaftlichen Trägern übernommen werden. Sozialer Fortschrittsglaube beinhaltet, dass eine moderne, zivilisierte Welt die Arbeitsinvaliden nicht einfach den Marktkräften überlässt und sie im Stich lässt. Institutionen werden im Lauf sozioökonomischer Modernisierung errichtet, um die Wohlfahrtsbelange der Unfallverletzten sowie ihrer Familienangehörigen mit sozialrechtlichen Mitteln zu schützen. Die Frage, ob die Arbeitsunfallversicherung ihrer Meinung nach Bezug zu Werten und Normen wie Universalismus, Individualismus, Rationalismus und Glaube an den sozialen Fortschritt hat, wird bejaht. Der Geschäftsführer der DGUV, der gleichzeitig der Vorsitzende des FVAB der ISSA ist, erklärt, dass die Arbeitsunfallversicherung alle diese Normen (Individualismus, Universalismus, Rationalismus und die Gedanken des sozialen Fortschritts) beinhaltet.

> Also Unfallversicherung ist immer Individualismus, weil es um den Schutz des Wohls des Einzelnen geht. Jeder Einzelne, um den geht es. Es geht nicht nur um ein abstraktes Modell, oder um Kollektive, es geht ja wirklich um den Schutz,

> um die Gesundheit des Einzelnen. Es funktioniert aber nur über einen - ja - Solidargedanken, oder Sie können auch sagen, einen Kollektivgedanken, indem Sie Kollektive bilden, um den Schutz des Einzelnen zu erreichen. Und damit sozialisieren Sie die Risiken, der einzelne Unternehmer kann die gar nicht tragen. Das geht gar nicht.
> Interview Nr. 24

Weiterhin erläutert er die Bedeutung der globalen Standardnormen für eine weltumspannende Kommunikation:

> Natürlich hat das ganz stark etwas auch mit Standardisierung der Normen zu tun, und auch mit globalen Effekten. Auch wenn eine soziale Sicherung, die Unfallversicherung, national ausgerichtet ist. Aber wir sind so stark von globalen Entwicklungen abhängig, das ganz banale Beispiel – ich könnte Hunderte nennen - wenn Sie heute eine Normung für eine Maschine einführen, nationale Normen spielen keine Rolle mehr. [...]
>
> Und wenn eben Schraubenzieher, Maschinenpressen nur noch in einer gewissen Form hergestellt werden, dann beeinflusst das unsere Arbeitprozesse. Und umgekehrt, Globalisierung ist auch ein Teil der nationalen sozialen Sicherheit. Also wir haben von Ihren Begriffen (Anmerkung Autor: der Interviewpartner meint: Universalismus, Individualismus, Rationalismus und den Gedanken des sozialen Fortschritts) alles.
> Interview Nr. 24

Durch die Interviews mit Fachexperten der IOs sowie die Subsumierung der abstrakten moralischen Normen aus den internationalen Konventionen und Übereinkommen wird der „world-polity" Ansatz bestätigt, dass die internationalen Organisationen den Rationalitätsmythen genügen, die aus der okzidentalen Kultur und den damit verbundenen universalistischen Werte und Normen (wie Universalismus, Individualismus, Rationalismus und Glaube an den sozialen Fortschritt) abgleitet werden. Daher repräsentiert die Arbeitsunfallversicherung nicht nur die politisch-instrumentellen Maßnahmen, sondern sie ist in eine kulturelle rationalisierte Institutionsordnung eingebettet. Der Arbeitsunfallversicherung wird damit eine höhere weltgesellschaftliche Bedeutung zugeschrieben, die auf allgemeingültigen moralischen Prinzipien beruht und durch sie legitimiert wird.

4.4 Globaler Vergleichshorizont

Die ISSA ist eine der wichtigsten internationalen Organisationen, die die Diffusion der Sozialversicherung weltweit fördern. Der ISSA, die 1927 gegründet wurde, traten bis zum Jahr 2000 191 Staaten bei. Um den Auftrag der Beseitigung von Arbeitsunfällen und Berufskrankheiten im Rahmen der gesetzlichen Unfallversicherung ausführen zu können, hat die ISSA zwei spezielle Einrichtungen gegründet: den ständigen Fachausschuss für die Versicherung gegen Arbeitsunfälle und Berufskrankheiten und den ständigen Fachausschuss für die Verhütung von Arbeitsunfällen und Berufskrankheiten.

Der ständige Fachausschuss für die Versicherung gegen Arbeitsunfälle und Berufskrankheiten (FVAB) wurde 1959 gegründet und zielt darauf ab, durch verwaltungstechnisches, statistisches und sachliches Expertenwissen sowie durch die Vermittlung von Denkanstößen den Mitgliedsstaaten beim Aufbau von gesetzlichen Arbeitsunfallversicherungen zu helfen. Der Fachausschuss leistet den Mitgliedsstaaten ebenfalls Hilfestellung durch technische Unterstützung, Expertenberatungen sowie Umfragen zur Bestandsaufnahme der Arbeitsunfallversicherung.

Der ständige Fachausschuss zur Verhütung von Arbeitsunfällen und Berufskrankheiten ist ein anderes wichtiges Organ des Unfallversicherungszweigs. Er konzentriert sich darauf, durch die weltweite Diffusion von präventivem Wissen und durch Treffen mit internationalen Sicherheitsexperten einen globalen Präventionsdiskurs zu fördern. Das Ziel hierbei liegt darin, dass Arbeitsunfälle und Berufskrankheiten nicht nur durch Entschädigungsleistungen kompensiert, sondern auch durch vorbereitende, vorsorgliche und präventive Maßnahmen verhütet werden. Durch die Förderung des globalen Wissensaustausches in Form von Diskussionen am runden Tisch und Kolloquien in verschiedenen risikoreichen Branchen wie beispielsweise dem Hoch- und Tiefbau kann ein deutlicher Rückgang von Arbeitsunfällen verzeichnet werden (Die BG 1985).

Die ISSA bietet darüber hinaus Daten über verschiedene Bereiche der Sozialversicherung aller Nationalstaaten an und ermöglicht damit eine komparatistische Beobachtung in der Weltgesellschaft. Insbesondere werden vollständige Daten zur Arbeitsunfallversicherung wie das Jahr der Gesetzgebung, die Kreise der versicherten Personen, die Systemart und das Versicherungsmodell jedes Landes zur Verfügung gestellt. Dadurch wird ein „globaler Vergleichshorizont" geschaffen, vor dem das System der Arbeitsunfallversicherung weltweit anhand gleicher Maßstäbe verglichen werden kann. Man kann anhand dieses weltgesellschaftlichen Maßstabs außerdem die historische und chronologische Entwicklung der Arbeitsunfallversicherung rekonstruieren und beobachten, wann das Thema der Arbeitsunfallversicherung zum ersten Mal erscheint und ab wann das Thema „globaler" wird.

Schaubild IV: Die kumulierte Anzahl der Länder mit Arbeitsunfallversicherungssystem 1884–2000

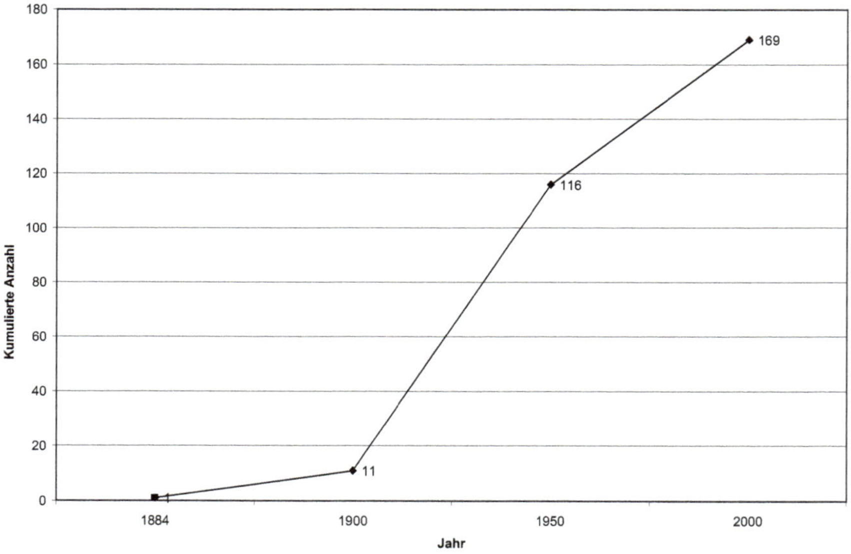

Eigene Darstellung. Datenbasis: ISSA 2008

Im Schaubild IV oben wird die historische Entwicklung der Arbeitsunfallversicherung, anhand der Daten der ISSA rekonstruiert, dargestellt. Als Indikator gilt das Jahr, in dem das erste Gesetz zur Arbeitsunfallversicherung erlassen wurde. Das Diagramm zeigt deutlich, dass in der Geschichte zum ersten Mal im Jahre 1884 ein Gesetz zur Arbeitsunfallversicherung verabschiedet wurde. Deutschland baute mit dem Arbeitsunfallversicherungsgesetz weltweit führend ein institutionalistisches System auf, das die Risiken von Arbeitsverletzungen und Arbeitsunfällen kompensierte. Bis zum Beginn des 20. Jahrhunderts verabschiedeten nur weitere 11 Nationalstaaten Gesetze zur Arbeitsunfallversicherung. Diese Ländergruppe wird typischerweise als „*Early-bird-countries*" bezeichnet, die hauptsächlich west- und nordeuropäische Länder wie Österreich, Frankreich, Großbritannien, Finnland, Norwegen und Dänemark einschließen. Doch auch manche zentraleuropäischen Länder wie Ungarn und die Slowakei gehören zu diesen Pionierstaaten.

Von 1900 bis 1950 lassen sich ein großer Sprung sowie eine qualitative Veränderung der Verbreitung der Arbeitsunfallversicherung beobachten: Die ursprünglich in der Minderheit befindlichen Gruppe von Staaten mit einer gesetzlichen Unfallversicherung weitete sich rasant aus. Mehr als 100 Staaten erließen Gesetze zur Arbeitsunfallversicherung und insgesamt 116 Länder bauten ein Arbeitsunfallversicherungssystem auf. In diesem Zeitraum waren die angelsächsischen Länder wie die USA, Australien, Neuseeland und Kanada die „Newcomer", die nun ein wenig später als die erste Ländergruppe das gesetzliche Unfallversicherungssystem aufbauten. Auch einige afrikanische und lateinamerikanische Länder verabschiedeten zwischen 1925 und 1950 ein Unfallversicherungsgesetz.

Von 1950 bis 2000 machte die Ländergruppe, die ein Unfallversicherungsgesetz erlassen hat, bereits die absolute Mehrheit in der Weltgesellschaft aus. In dieser Zeit schlossen sich weitere 50 Länder dieser Gruppe an. Schließlich verabschiedeten insgesamt 169 Nationalstaaten gesetzliche Regelungen zur Arbeitsunfallversicherung. Auch die verbleibenden afrikanischen, lateinamerikanischen, asiatischen und arabischen Länder haben sich dieser Einführungsgruppe angeschlossen.

Von Beginn des 20. Jahrhunderts bis heute haben sich die Länder, die ein Gesetz zur Arbeitsunfallversicherung verabschiedeten, somit verfünfzehnfacht. Die gesetzliche Arbeitsunfallversicherung ist nicht mehr eine einfache, isolierte gesellschaftliche Erscheinung in einzelnen Ländern, sondern hat, unabhängig von der geographischen Situation oder nationalen Kultur, bereits einen universellen allgemeingültigen Geltungsanspruch. Wenn ein Unternehmer heutzutage in der globalen Welt investiert, wird er deshalb sehr wahrscheinlich schnell herausfinden, dass die Arbeitnehmer in seinem Unternehmen unfallversichert sein müssen, egal wo er investiert, sei es in China, der Ukraine, Russland, Südafrika, Brasilien oder in Kenia. Er kann sich der Arbeitsunfallversicherungsverpflichtung nicht mehr entziehen. Die weltgesellschaftlichen Auswirkungen sind also eindeutig zu erkennen, und das globale Kapital kann nicht so „willkürlich" und „manchester-kapitalistisch" agieren, wie man üblicherweise vereinfachend angenommen hat.

4.5 Idealtypen der Arbeitsunfallversicherung

Ein wichtiges Merkmal für das Vorhandensein der Weltgesellschaft ist die Herausbildung der *rationalized social models*, die eine universelle Gültigkeit weltweit beanspruchen. Die Bildung rationalisierter Modelle entspricht der These von Max Weber über den Idealtyp, bei dem empirische Phänomene nach Selektionsmechanismen trennscharf geordnet werden können. Um die Modelle der Arbeitsunfallversicherung differenzieren zu können, muss man in die Geschichte zurückblicken. Vor der Emergenz der gesetzlichen Unfallversicherung entstand bereits in der Zeit Bismarcks eine gewisse fragmentierte und rudimentäre Urform des Arbeitsschutzes gegen Unfallrisiken, wie z.B. die Arbeitgeber-Haftpflicht zugunsten von verunfallten Arbeitnehmern. Es gab jedoch keine rechtlichen Regelungen und einheitlichen Regulierungen zur Beseitigung der Arbeitsunfallrisiken.

In der Zeit der Genese der frühesten Form der Arbeitsunfallversicherung war folgende Vorgehensweise im Fall von Arbeitsunfällen allgemein üblich: Die Arbeitnehmer mussten beweisen, dass der Arbeitgeber für die Unfälle zur Verantwortung gezogen werden konnte und dass die Unfälle nicht aufgrund ihrer eigenen Fahrlässigkeit herbeigeführt wurden. Da es durch immer komplexer werdende Produktionsprozesse für die Arbeitnehmer auch immer schwieriger wurde, die Schuld der Unternehmer zu belegen, war eine Gewährung von Schadensersatzleistungen durch die Unternehmer in realen Fällen kaum erreichbar. Die wegen der Unfälle verletzten Arbeitnehmer gerieten so normalerweise in Notsituation (Gitter 1996; Ewald 1993)[40].

Mit der allmählichen Evolution der Arbeitsunfallversicherung wurde die Vorgehensweise bei Arbeitsunfällen geändert: Die Ausgleichsleistungen wurden nun von Unternehmern gewährt, auch wenn die Arbeitnehmer die Schuld der Arbeitgeber nicht belegen konnten und die Unfälle aufgrund eigener Fahrlässigkeit der Arbeitnehmer geschahen. Die Begründung dafür lag darin, dass der Arbeitgeber vor der Produktionserbringung bereits die Verschleißrate kalkuliert hatte. Sowohl Maschinerie als auch Arbeitskräfte gehörten zur vorherigen Kostenkalkulation der Arbeitgeber. Wenn eine Maschine unbenutzbar wurde, musste der Unternehmer sie auf

40 vgl. Ewald 1993.

eigene Kosten reparieren. Wenn die Arbeitnehmer während ihrer Erwerbstätigkeit Verletzungen erlitten, sollten sie ebenfalls von den Unternehmern entschädigt werden. So entstand eine Haftpflicht der Arbeitgeber für die durch einen Arbeitsunfall verletzten Arbeitnehmer. Die ursprüngliche Form der Arbeitsunfallversicherung kristallisierte sich heraus, auch wenn sie in dieser Zeit eine unternehmerische Versicherung durch die Arbeitgeber-Haftpflicht blieb (Gitter 1996; Williams 1991; Breuer 2001).

Durch die Gesetze zur Arbeitsunfallversicherung 1884 wurde die privatrechtliche Haftpflicht der Arbeitgeber abgelöst und in eine allgemeine öffentlich-rechtliche Versicherung überführt. Dementsprechend wandelte sich das individuelle unternehmerische Verantwortungssystem zu einem Sozialversicherungssystem (Bäcker, Bispinck u.a. 2000). Die Unternehmer wurden von den zivilrechtlichen Haftungsprinzipien entkoppelt und mussten sich obligatorisch einer unternehmensübergreifenden Sozialversicherung anschließen, indem sie in einer überbetrieblichen öffentlichen Kasse Arbeitgeberbeiträge entrichteten. Die Leistungen zum Schadensausgleich wurden zudem von einem öffentlich-rechtlichen Träger (in Deutschland über branchenspezifische Berufsgenossenschaften) ausgezahlt. Somit entstand das erste Sozialversicherungssystem für Arbeitsunfälle (Bäcker, Bispinck u.a. 2000)[41]. Für die Arbeitsunfälle besteht eine Haftung unabhängig von der Beschuldungszuweisung. Diese Vorgehensweise wird in der internationalen AUV allgemein als „verschuldensunabhängige" Haftung/Absicherung bezeichnet, die zum Konsenswissen hinsichtlich der AUV auf der Weltgesellschaftsebene gehört. Weiteres Konsenswissen sind die Arbeitgeber-Beitragspflicht[42] und die differenzierten Beitragssätze.[43]

Die Arbeitgeberhaftung und die öffentlich-rechtliche Sozialversicherung sind heutzutage zwei Hauptformen des Unfallversicherungssystems.

41 In Kapitel 5 „Arbeitsunfallversicherung in Industriegesellschaften" wird weiterhin das deutsche Unfallversicherungssystem vorgestellt und vertiefend analysiert, s. Kapitel 5.1.

42 Darunter ist zu verstehen, dass die Beiträge der AUV allein vom Arbeitgeber entrichtet werden.

43 Angesichts unterschiedlicher Unfallquote in verschiedenen Berufszweigen werden unterschiedliche Risikogemeinschaften gebildet, innerhalb derer die Beitragssätze variieren.

Außerdem entsteht im Lauf der Entwicklung der Arbeitsunfallversicherung eine neue Versicherungsform, nämlich die private Versicherung. Die private Versicherung beinhaltet, dass die Arbeitnehmer bei privaten Versicherungsfirmen versichert sind und Schadensersatzleistungen oder Entschädigungen von diesen erhalten, wenn ihnen Arbeitsunfälle geschehen.

Mit den Daten der ISSA über die Arbeitsunfallversicherung weltweit wird außerdem ein globaler Vergleichshorizont für internationale komparatistische Untersuchungen des Systems geschaffen. Mit der Emergenz dieser globalen Vergleichsperspektive ist die internationale epistemische Gemeinschaft in der Lage, einen globalen Trend zu beleuchten und globales Konsenswissen zur Arbeitsunfallversicherung zu erstellen. Schaubild V unten verdeutlicht, dass 125 Nationalstaaten über eine Sozialversicherung zur Kompensation der Risiken von Arbeitsunfällen verfügen. Das zeigt, dass das Sozialversicherungsmodell im Bereich der gesetzlichen Unfallversicherung eine absolute Mehrheit bildet und nahezu drei Viertel der Einführungsländer das System verwirklichen. Insgesamt führen nur 27% der Einführungsländer andere Modelle als die Sozialversicherung ein: sie konstituieren somit nur eine Minderheit.

Schaubild V: Modelle der Absicherung gegen Arbeitsunfälle in den Ländern der Welt

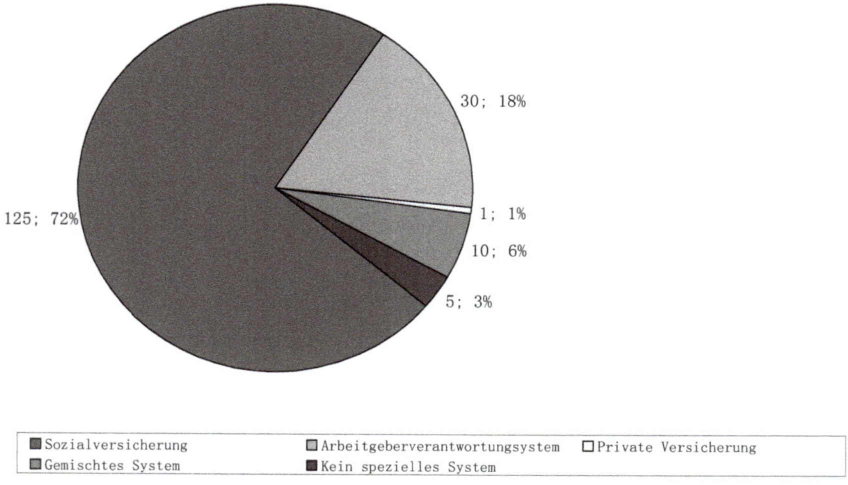

n = 171 (Datenbasis, ISSA 2008)

Unter genauerer Betrachtung der Daten der ISSA zeigt sich, dass in der Weltgesellschaft kein geeignetes Gegenmodell zur Sozialversicherung bereitgestellt werden kann. Auf globaler institutioneller Ebene wird die Arbeitsunfallversicherung durch eine relative homogene und konfliktarme Weltkultur gerahmt. So weist Schaubild V deutlich darauf hin, dass die Ländergruppe, die nicht zur „Sozialversicherungsgruppe" gehört, sehr heterogen ist: Nur 30 Länder (18% der Einführungsländer) praktizieren Arbeitgeberhaftung, weltweit also eine deutlich geringere Anzahl als die Zahl derjenigen Staaten, die das Sozialversicherungsmodell umsetzen. 10 Länder kombinieren verschiedene Elemente wie Sozialversicherung, private Versicherung und Arbeitgeberhaftung und verfügen somit über ein gemischtes System. Es gibt jedoch auch Länder, die über kein spezielles System für die Arbeitsunfallversicherung verfügen. Die Unfallversicherung in diesen Ländern (wie z.B. in Niederlanden) wird anderen Bereichen der Sozialversicherung wie der Kranken- oder Rentenversicherung untergeordnet. Länder mit einer derartigen Praxis machen mit 3% jedoch einen deutlich kleineren Anteil aus. Anders als in der Alterssicherungs- und Gesundheitspolitik bildet die kommerzielle Privatversicherung im Bereich der Arbeitsunfallversicherung nur eine absolute Minderheit, weil Monaco als einziger Nationalstaat der Erde ein reines Privatversicherungsmodell praktiziert (s. auch ISSA 1999).

Gibt es in der Unfallversicherung ein konsensuelles globales Modell wie das Mehr-Säulen-Modell in der Altersicherung? Die erste Antwort lautet „nein". Explizite Semantiken wie „globales Modell" oder „Weltmodell" tauchten in den internationalen und weltregionalen Dokumenten zur Unfallversicherung nicht auf. Auch wird kein nationales Modell der Unfallversicherung von ILO, ISSA und EU direkt als globales und universelles Modell genannt, wie es im Bereich der Alterssicherung seit den 1990er Jahren mit dem „chilenischen Modell" teilweise geschah. Im Folgenden wird jedoch gezeigt, dass die maßgeblichen internationalen Akteure de facto einen Idealtyp konstruieren, auch wenn er nicht so benannt wird.

Anhand der Systemart kann eine Differenzierung des Arbeitsunfallversicherungssystem in Sozialversicherung, private Versicherung und Arbeitgeberhaftung erfolgen. Aus der Perspektive der Leistungen lässt sich die Arbeitsunfallversicherung in Prävention, Entschädigung und Rehabilitation einteilen. Diese Forschungsarbeit plädiert dafür, diese Aufgabetrias in der Arbeitsunfallversicherung als Drei-Sektoren-Modell zu bezeichnen, das drei heterogene Institutionen, nämlich Arbeitsunfallverhütung, Kompensationsmechanismen und Genesungsinstitutionen synergetisch kombiniert. Im ILO-Übereinkommen 121 „Leistungen bei Arbeitsunfällen und Berufskrankheiten" wird vorgeschrieben, dass die Entschädigungsleistungen zur Arbeitsunfallversicherung Verletztengelder, medizinische Betreuung sowie Sterbegelder einschließen (Artikel 9–22 des Übereinkommens 121). Darüber hinaus ist Artikel 26 wie folgt formuliert:

Artikel 26
1. Jedes Mitglied hat unter vorgeschriebenen Bedingungen
   a) Maßnahmen zur Verhütung von Arbeitsunfällen und Berufskrankheiten zu treffen;
   b) Einrichtungen zur beruflichen Wiedereingliederung bereitzustellen, die dazu bestimmt sind, den Verletzten, wo immer es möglich ist, für die Wiederaufnahme seiner früheren Tätigkeit oder, wenn dies nicht möglich ist, für eine andere Erwerbstätigkeit vorzubereiten, die seiner Eignung und seinen Fähigkeiten am besten entspricht;
   c) Maßnahmen zu treffen, um die Vermittlung einer geeigneten Beschäftigung für Verletzte zu erleichtern. (ILO 1966).

Das bedeutet, dass das System der Arbeitsunfallversicherung eine tripartistische Zielsetzung, nämlich Prävention, Entschädigung und Rehabilitation verfolgt. Bevor Arbeitsunfälle und Berufskrankheiten eintreten, werden sie durch vorbeugende Schutzmaßnahmen verhütet. Schadensersatzleistungen werden gewährt, wenn die Arbeitnehmer Verletzungen erleiden. Darauf folgen die Rehabilitationsleistungen, die wiederum drei verschiedene Ebenen betreffen, nämlich die medizinische, berufliche und soziale Rehabilitation. Die medizinische Rehabilitation soll gewährleisten, dass die Gesundheit und die Erwerbsfähigkeit eines Arbeitnehmers durch eine entsprechende medizinische Betreuung wiederhergestellt wird. Die berufliche Rehabilitation stellt die Wiederherstellung der Arbeitsfähigkeit eines Arbeitnehmers durch spezielle Ausbildungsprogramme sicher. Die soziale Rehabilitation ermöglicht es verunfallten Arbeitnehmern durch spezielle soziale Programme, nach dem Arbeitsunfall wieder am kulturellen und sozialen Leben teilnehmen zu können (ILO 1966). In zahlreichen ILO-Dokumenten wie den

Übereinkommen 121 und 159 wird expliziert, dass die gewerbliche Unfallversicherung die drei Zielsetzungen „Prävention, Entschädigung und Rehabilitation“ einschließt und jeder Mitgliedstaat auf diese Ziele achten muss.

Diese drei Schlüsselbegriffe „Prävention“, „Entschädigung“ und „Rehabilitation“ sind synergetisch in das moderne gesetzliche Unfallversicherungssystem integriert und werden als zentrale Aufgaben der Unfallversicherung bezeichnet. In Deutschland übernehmen die Berufsgenossenschaften die Aufgabe des Arbeitsschutzes, die auch der bundesstaatlichen Aufsicht unterliegt. Die BG-Verwaltung stellt Entschädigungsleistungen bereit, wenn Arbeitsunfälle erlitten werden. Die Rehabilitation wird durch Unfallkliniken und Rehabilitationszentren organisiert, die ebenfalls Unterorganisationen der DGUV sind (S. Tabelle II unten).

Tabelle II: Das Drei-Sektoren-Modell („Aufgabentrias“) der Arbeitsunfallversicherung bei ILO und ISSA

Funktion	**Sozialpolitische Interventionsform**	**Institution (Beispiel Deutschland)**
Prävention	Rechtliche Intervention (Unfallversicherungsvorschriften); pädagogische Intervention (Aufklärungsarbeit über Unfallverhütung)	Berufsgenossenschaften/ DGUV; Fachausschüsse, Aufsicht (Kooperation mit Gewerbeaufsicht)
Entschädigung	Ökonomische Intervention (Geldzahlungen)	Berufsgenossenschaften/ DGUV; öffentliche Unfallkassen
Rehabilitation	Ökologische und pädagogische Intervention	Unfall- und Reha-Zentren, Forschungseinrichtungen

Eigene Darstellung (Interventionsformen nach Kaufmann 2005/1982)

Durch die Hilfestellung der ILO und der ISSA wird ein globales Rahmenkonzept trotz der fehlenden Semantik des „globalen Modells“ im Bereich der Arbeitsunfallversicherung für alle Länder entwickelt. Die Arbeitsunfallversicherung ist grundsätzlich eine gesetzliche Sozialversicherung, die über einen Zwangscharakter verfügt. Ihre zentrale Aufgabe lässt sich in drei Ziele unterteilen, nämlich einen institutionellen Mechanismus für Prävention, ein institutionelles Arrangement für die Bereitstellung von Geldleistungen sowie umfassende institutionelle Eingliederungsmaßnahmen. Im Bereich der Prävention findet eine rechtliche Intervention statt, weil die Gesetze und Verordnungen einen rechtlichen Schutz der Arbeitnehmer durch präventive Maßnahmen vorsehen. Eine institutionalisierte ökonomische Intervention sorgt für die Entschädigung, indem der Lebensstandard der verunfallten Arbeitnehmer durch entgeltliche Leistungen abgesichert wird. Im Bereich der Rehabilitation ergibt sich eine ökologische und pädagogische Intervention, die soziale Dienstleistungen bereitstellt und den verletzten Arbeitnehmer vom Zeitpunkt des Unfalls bis zum Zeitpunkt der Wiederherstellung der vorherigen Lebensverhältnisse durch eine körperliche und erziehungsgerechte Genesung umfassend schützt (S. Tabelle II, und vgl. Kaufmann 2005/1982).

Das deutsche Unfallversicherungssystem ist dem idealtypischen Rahmenkonzept der ILO und ISSA sehr nah. Deutschland hat 1884 zum ersten Mal eine gesetzliche Arbeitsunfallversicherung verabschiedet und ist weltweit bekannt für die Bismarcksche Sozialversicherung. Nicht zu ignorieren ist, dass Deutschland als erstes Einführungsland zur Diffusion der Sozialversicherung in anderen europäischen Staaten beiträgt. Die Beschlüsse der ILO in den 1920er Jahren wurden ebenfalls von Deutschland stark beeinflusst (Haase 1996). Das Rahmenkonzept der ILO und der ISSA stimmt in zwei zentralen Aspekten mit dem deutschen Unfallversicherungssystem überein: (1) Das deutsche System der Arbeitsunfallversicherung basiert auf Sozialversicherungsprinzipen im Gegensatz zu einer zivilrechtlichen Haftpflicht oder einer privatwirtschaftlichen Lösung. (2) Im deutschen System wird stark auf die Prävention von Arbeitsunfällen geachtet, die Maßnahmen zur Arbeitsunfallverhütung sind langfristig institutionalisiert. Die Rehabilitation wird ebenfalls durch institutionelle Programme garantiert, somit entspricht das deutsche System dem idealen Konzept der ILO und der ISSA vollständig. Das deutsche System der gesetzlichen Unfallversicherung ist außerdem durch eine hohe historische Kontinuität gekennzeichnet. Bereits in der Zeit Bismarcks wurde die Aufgabentrias der Unfallversicherung in Form von „Prävention, Entschädigung und Rehabilitation“ gesetzlich festgeschrieben.[44]

---

44 Das deutsche Unfallversicherungssystem ist durch eine historische Kontinuität geprägt. Anders als das Rentenversicherungssystem behält die deutsche Unfallversicherung nach mehr als 100-jähriger Entwicklung den Grundzug und die Grundstruktur des ursprünglichen Systems bei. In den §§ 69–71 des

Heute zeigt sich in Deutschland ein Trend dahin, dass sowohl die Quote der Arbeitsunfälle als auch der Beitragssatz für die Unfallversicherung sinken.[45] Während die Alterssicherung und die Gesundheitspolitik im Laufe der Zeit immer mehr als Problem wahrzunehmen ist, besteht für die Arbeitsunfallversicherung aufgrund ihrer zweckmäßigen Gestaltung in der Öffentlichkeit kein Problembewusstsein.

Alles in allem besteht im Bereich der Arbeitsunfallversicherung im engeren semantischen Sinne zwar kein explizites „globales Modell", aber es existiert ein idealtypisches Rahmenkonzept, das von ILO und ISSA entwickelt und von vielen Nationalstaaten (wie z.B. auch Deutschland) gut praktiziert wird.

4.6 Resümee: globaler Konsens zur Arbeitsunfallversicherung

Unabhängig von den nationalen Varianten und der lokalen Umsetzungspraxis des Arbeitsunfallversicherungssystems hat sich ein globaler Konsens zum Umgang mit Arbeitsunfällen herausgebildet. Er ist durch folgende Merkmale gekennzeichnet:

(1) Es gilt das Prinzip des verschuldensunabhängigen Entschädigungsanspruchs: Die Versicherten, die Arbeitsunfälle erlitten haben, werden entschädigt, ohne die Beweislast zu tragen. Eine Nachlässigkeit der Arbeitnehmer wird nicht berücksichtigt.

Unfallversicherungs-Gesetzes 1884 wurden die Unfallverhütung und die Überwachung der Betriebe durch die Berufsgenossenschaften rechtlich geregelt. Die §§ 5–7 des Gesetzes sahen die Kompensations- und Rehabilitationsleistungen vor, somit beinhaltete das Unfallversicherungs-Gesetz 1884 bereits eine embryonale Form des Drei-Sektoren-Modells (Tennstedt und Winter 1995: 637 ff., s.a. RGBl. I, 1884, Nr. 19, S. 69 ff.).

45 vgl. die Webseite des HVBG über die langfristige Entwicklungstendenz der gesetzlichen Arbeitsunfallversicherung in Deutschland. Von 1965 bis 2005 sinkt die Zahl der meldepflichtigen Arbeitsunfälle je 1000 Vollarbeiter von 120 auf gut 20, die neuen Arbeitsunfallrenten je 1000 Vollarbeiter von 3,0 auf 1,0. Der durchschnittliche Beitragssatz der gesetzlichen Unfallversicherung sinkt bis 2004 auf 1,33%, sein Anteil am Gesamt-Sozialversicherungs-Beitragssatz nimmt von 1970 bis 2004 kontinuierlich von 5% auf 3% ab (S. HVBG 2007: „Die gesetzliche Unfallversicherung – Aufgabe, Struktur, Reform", http://tabs.vertikal.net/vortraege-2007/lennard_jacoby.pdf).

(2) Es gilt außerdem das Sozialversicherungsprinzip. Das zivilrechtliche Schadensersatzprinzip, das die unternehmerische Verantwortung für Unfälle und Verletzungen am Arbeitsplatz beinhaltet, wird von einer öffentlich-rechtlichen Versicherung für Arbeitsunfälle abgelöst. Insgesamt praktizieren drei Viertel der Länder, die ein Arbeitsunfallversicherungssystem eingeführt haben, das Sozialversicherungsmodell, das im Vergleich zu anderen Versicherungsmodellen wie der privaten Versicherung und der Arbeitergeber-Haftpflicht dominiert. Tendenziell nimmt die Zahl der Länder, die ein Sozialversicherungssystem aufbauen, kontinuierlich zu. Anders als in anderen Bereichen der Sozialversicherung werden die Beiträge zur Arbeitsunfallversicherung (in voller Höhe) von den Arbeitgebern allein entrichtet.
Anders als in der globalen Rentenversicherung fehlt es in der globalen AUV an einer fachlichen und institutionellen Gegenkraft, die für eine Privatisierung der AUV plädiert. Daher entsteht kein Gegenmodell zur öffentlich-rechtlichen sozialen Unfallversicherung. Die Modelle der Arbeitgeberhaftung und der privaten Versicherung bilden absolute Minderheiten. Der Mangel eines privaten Gegenmodells zur AUV führt eher zu einem vereinigten Konsenswissen auf der Weltgesellschaftsebene darüber, dass die Risiken von Arbeitsunfällen und Berufskrankheiten durch eine soziale Unfallversicherung besser ausgeglichen werden können.
(3) Moderne Arbeitsunfallversicherungssysteme verfolgen eine tripartistische Zielsetzung: Prävention, Entschädigung und Rehabilitation werden kombiniert, wobei die Prävention bevorzugt gefördert wird. Durch diese Aufgabentrias entsteht faktisch ein Drei-Sektoren-Modell, innerhalb dessen je nach Art der Leistung unterschiedliche Institutionen wie der Arbeitsschutz, eine Kompensations- und eine Wiedereingliederungsinstitution differenziert werden können, die sich jedoch in ihren Aufgaben ergänzen. Dieses Drei-Sektoren-Modell unterscheidet sich von dem Drei-Säulen-Modell der globalen Alterssicherung, das seine Komponenten eher nach der Art der Finanzierung unterscheidet und typologisiert (Umlageverfahren vs. Kapitaldeckungsverfahren).
(4) Es existieren branchenorientierte Gefahrentarife: Anders als andere Bereiche der Sozialversicherung ist die Arbeitsunfallversicherung in einer möglichst branchenorientierten Ausrichtung zu gestalten. Das

bedeutet in der Praxis, dass die versicherten Unternehmen möglicherweise in mehrere Gewerbezweige und Gefahrentarife aufgegliedert sind und je nach Gefahrentarif unterschiedliche Beiträge einzahlen müssen.

(5) Allgemein wird das Prinzip des individuellen Rechtsanspruchs beachtet: Aufgrund der sozialpolitischen Verrechtlichung hat der individuelle Bürger den Rechtsanspruch auf Kompensation und Rehabilitation, wenn er eine Arbeitsverletzung erleidet. Das Unfallversicherungsrecht gibt dem Versicherten somit ein einklagbares Recht; der Versicherte kann also sein Recht durch entsprechende Justizverfahren verfolgen und garantieren (vgl. Sokoll 1999; Williams 1991, Haase 1996, Breuer 2001).

Die gewerbliche Unfallversicherung, die primär ein nationales sozialpolitisches Programm bildet, wird im Lauf der historischen Entwicklung tiefgründig von weltkulturellen Normen wie Menschenrechten (Sozialrechten, Arbeitnehmerrechten), Menschenwürde und Individualismus geprägt. Die Arbeitsunfallversicherung gehört selbst zu den fundamentalen Menschenrechten, umfasst jeden Erwerbstätigen und muss durch die nationale Gesetzgebung geschützt werden. Verschiedene internationale Organisationen und Netzwerke haben der gewerblichen Unfallversicherung bereits früh eine wichtige Bedeutung beigemessen und diese Thematik dadurch internationalisiert. In ihrer frühen Entwicklungsphase nehmen die Internationale Vereinigung für gesetzlichen Arbeitsschutz, die Internationale Gewerkschaft und der Völkerbund einen gewissen Einfluss auf die gewerbliche Unfallversicherung. Später gelingt es der ILO, der ISSA und der UNO, die Arbeitsunfallversicherung zu einer global relevanten Thematik zu befördern, so dass sie ein Teil der Weltkultur wird. Im Vergleich zu anderen politischen Bereichen der Sozialversicherung wie der Renten- und Krankenversicherung üben die mächtigen Finanzinstitutionen wie die Weltbank und der IMF auf die gewerbliche Unfallversicherung nur einen geringen Einfluss aus.

Ein wichtiges Merkmal der *global politics* der Arbeitsunfallversicherung liegt darin, dass die globalen Push-Akteure zur Ausgestaltung globaler Diskurse eher in den westeuropäischen Ländern ansässig sind. Meyer postuliert zwar, dass in verschiedenen Einzugsbereichen die weltgesellschaftlichen Modelle aus unterschiedlichen Ländern und Weltregionen subsumiert werden können (wie das vorbildliche Modell der japanischen Arbeitsorganisation oder das Wohlfahrtsstaatsmodell Schwedens). Zudem werden mehrere Kerninstitutionen und Kernmodelle in der Weltgesellschaft dominierend von der amerikanischen Kultur beeinflusst, wie z.B. der sich unter dem Einfluss der puritanisch-calvinistischen Tradition verbreitende Individualismus oder die Modelle der Marktwirtschaft und der Konkurrenzdemokratie, die seit dem Ende des Zweiten Weltkrieges weltweit verbreitet sind.

Als eine Ergänzung der Meyerschen Beobachtung zur Einflussnahme der amerikanischen Kultur auf die weltgesellschaftlichen Werte und Modelle wird im Bereich der globalen Arbeitsunfallversicherung die Forschungsthese vertreten, dass dieser Bereich der Absicherung gegen Arbeitsunfälle und Berufskrankheiten eher einen stark „westeuropäischen" Charakter hat und westeuropäische Länder - insbesondere Deutschland - eine entscheidende Rolle in Hinblick auf die sich formierenden globalen Diskurse spielen. Die globale Arbeitsunfallversicherung entspricht den weltkulturellen Normen. Außerdem formieren sich in diesem Bereich *rationalized models* und Konsenswissen, aber dieses Politikfeld wird kaum von den USA oder von der angelsächsischen Kultur geprägt. Daher entsteht ein weltgesellschaftliches Feld ohne nennenswerte Beteiligung der USA; sämtliche Diskurse werden von den internationalen Organisationen, die eher in Genf, Brüssel und Bonn sitzen, global vorangetrieben und gefördert. Obwohl die UNO durch den Sozialpakt ebenfalls ein internationales Rahmenwerk für die internationale Sozialpolitik schafft, pflegen und prägen eher die ILO, ISSA und die EU die weltgesellschaftlichen Semantiken für die globale Unfallversicherung (Idealtyp, Welttrend und Konsenswissen) und schaffen damit einen Weltvergleichshorizont. Im Bereich der globalen Arbeitsunfallversicherung dominiert eine Vernetzung der Fachprofessionellen zwischen verschiedenen weltgesellschaftlichen und weltregionalen Orten (wie Genf, Sankt Augustin, Bonn und Brüssel). Häufig begegnen sich die kontinentaleuropäischen Unfallversicherungsexperten in den oben genannten Städten, während Experten aus dem angelsächsischen Kulturkreis fehlen. Unter allen diesen internationalen und supranationalen Institutionen sind die deutschen Fachexperten der nationalen Unfallversicherungsinstitution, der DGUV, ungewöhnlich stark vertreten. Wenn sich die Prägungskraft eines nationalen Staates auf die Formierung eines rationalisierten globalen Politikfeldes, nämlich der Arbeitsunfallversicherung, als „bestätigt“ erweist, dann ist dies eher die kontinentaleuropäisch-deutsche, keinesfalls die amerikanische.

Mit diesen empirischen Ergebnissen wird die „world-polity“ Theorie bereichert, indem ein Feld einerseits ohne amerikanische Dominanz und sogar ohne amerikanische Partizipation, andererseits mit einem vorbildhaften westeuropäischen Charakter „verweltgesellschaftlicht“ wird. Die These von Deacon, dass die Bretton-Woods Institutionen umfassend in die globale Sozialpolitik eingreifen, wird hier stark relativiert. Statt pauschal zu behaupten, dass die Weltbank und die IMF die globalen sozialpolitischen Push-Akteure sind, muss man unter einem gemeinsamen Aspekt der globalen Sozialpolitik differenzierend eruieren, welche globalen Push-Akteure es überhaupt gibt, in welchem Bereich, unter welchen Konstellationsverhältnissen sie versucht haben, sozialpolitische Felder global voranzutreiben, und weswegen dies geschehen ist. Für den Bereich der globalen Arbeitsunfallversicherung wird bestätigt, dass auf der globalen Ebene ein eher weniger umkämpftes Feld ohne die Intervention der Weltbank existiert. Dieses Resultat zeugt von einer neuen Dimension der globalen Sozialpolitik jenseits des Deacon-Ansatzes. Die weltgesellschaftliche und weltkulturelle Trägerlandschaft hinsichtlich der Arbeitsunfallversicherung stellt den Meyerschen eindimensionalen Begriff der „Weltkultur“ in Frage, weil die weltkulturellen Normen mit diversen Formen in verschiedenen weltgesellschaftlichen Zonen verankert werden können. Ob die Weltkultur lediglich als eine einzige *culture mondiale* in Form der Singularität oder eher als konkurrierende Diskurse und Modelle wahrzunehmen ist, ist in der „world-polity“ Theorie noch nicht so klar erörtert.

Kapitel 5 Arbeitsunfallversicherung in Industriegesellschaften

Obwohl in diesem Dissertationsprojekt schwerpunktmäßig die AUV auf der globalen institutionellen Ebene sowie ihre lokale Übertragbarkeit und Anpassung analysiert werden, ist es trotzdem notwendig, auch die nationalen Arbeitsunfallversicherungssysteme zu erörtern. Zum einen ist die Entstehung von globalen *policies, rationalized models* sowie globalem Konsenswissen immer auch an nationale Modelle und operative Erfahrungen gekoppelt. Nationale Vorgehensweisen werden auf einer höheren Weltgesellschaftsebene in einem wissenschaftlichen Generalisierungsprozess als Idealtyp abstrahiert und subsumiert. Zum anderen setzt ein Welttrend immer voraus, dass bereits ein Hauptmodell und andere periphere Modelle bestehen.

Da der Idealtyp der globalen AUV stark von einem nationalen Modell – dem deutschen Modell der AUV – geprägt ist, ist es unerlässlich, das deutsche Modell in Bezug auf seine Emergenz und zentralen institutionellen Merkmale zu beleuchten. Vor dem Hintergrund der Tatsache, dass gewöhnlich auch der angelsächsische Kulturkreis starken Einfluss auf die globale Sozialpolitik nimmt, ist es trotz der geringen Prägungskraft der USA in Bezug auf die globale AUV angebracht, auch das amerikanische Unfallversicherungssystem als Gegentyp zu einem Hauptmodell zu beleuchten. Am Ende dieses Kapitels werden einige eigenständige und vom Idealtyp abweichende Unfallversicherungssysteme analytisch dargelegt, weil ohne die Verdeutlichung heterogener Abweichungsformen die Stärke des Hauptmodells nicht vollständig nachvollzogen werden kann.

5.1 Eine Chronologie der Entwicklung der Arbeitsunfallversicherung in Deutschland

5.1.1 Haftpflicht der Unternehmer und Reichshaftpflichtgesetz

Es gab immer Unfälle in der menschlichen Geschichte, die durch Erwerbstätigkeit verursacht wurden. Aber seit dem Einsatz von Maschinen und der damit verbundenen Industrialisierung nehmen die Arbeitsunfälle drastisch zu. Der technische Fortschritt sowie die Beschleunigung der Mechanisierung in verschiedenen Industriebranchen erhöhen die Unfallrisiken am Arbeitsplatz. Insbesondere der Einsatz der Dampfmaschine führte zu einer dramatischen Erhöhung der Zahl der Industrieunfälle, die Tausende von Leben kosteten (Schmidt 1937).

Unfälle dieser Art wurden in der Geschichte verschiedener Zivilisationen nicht ausschließlich als soziales Problem angesehen. In vielen Fällen wurden sie eher als Schicksalsschläge, Ursünde und Gottesstrafe betrachtet. Erst seit der Zeit der Industrialisierung wurden sie problematisiert. Die Beschäftigtenzahlen in den industriellen Zweigen stiegen rasant; immer mehr Arbeiter versammelten sich in den städtischen Gebieten und bildeten dicht besiedelte urbane Ballungsgebiete. Arbeitsunfälle führten leicht zu Unruhen unter den Arbeitnehmern. Da immer mehr industrielle Arbeiter zunehmenden Arbeitsrisiken ausgesetzt waren, wurden die Arbeitsunfälle im 19. Jahrhundert verstärkt als soziales Problem wahrgenommen. Während sich die Politiker und die Wissenschaftler in der ersten Hälfte des 18. Jahrhunderts nur zögernd mit der Lösung der neuen gesellschaftlichen Probleme auseinandersetzten, verfolgten die Unternehmer jener Zeit bereits intensiv die schwerwiegenden Konsequenzen der steigenden Industrieunfälle, weil durch den Verschleiß der Arbeitskräfte die Produktionsprozesse stets unterbrochen wurden (Schmidt 1937).

Die Revolution 1848 veränderte die politische Lage in Europa; Diskussionen über staatliche Eingriffe in sozialpolitische Bereiche sowie die Genese einer neuen Form von sozialer Sicherung tauchten auf. Allerdings ergriff kein europäisches Land konkrete politische Maßnahmen, um soziale Unsicherheiten aufzufangen. Manche Unternehmen experimentierten mit eigenen unternehmerischen sozialpolitischen Konzepten, die auf einen Ausgleich der Risiken wie Krankheit, Invalidität und Arbeitsverletzungen abzielten.

1868 kam der Vereinstag der deutschen Arbeitsvereine (VDAV) zu dem Ergebnis, dass nur eine konzentrierte Macht wie der Staat in der Lage sei, diese soziale Frage zu lösen. 1869 gründete sich die Sozialdemokratische Arbeiterpartei in Deutschland, die für Wohlfahrtsbelange der Arbeiter plädierte. August Bebel, ein Abgeordneter der SPD, forderte im Reichstag dazu auf, eine allgemeine Unfallversicherung für Arbeiter aufzubauen, zu deren Abschluss die Unternehmer verpflichtet sein sollten. Allerdings beschränkten sich die Verantwortlichen in den 1860er Jahren darauf, der industriellen Gefahr lediglich durch ein Konzept des Privatrechts zu begegnen.

Das römische Recht sowie das Verwaltungsrecht bildeten in dieser Zeit einen Grundstein für die Lösung der rechtlichen Streitigkeiten über Arbeitsunfälle. Die Gefährdungshaftung beruhte primär auf dem Culpaprinzip, das sich dem traditionellen Schadenersatzschema annähert. Gemäß dieses Prinzips musste bei Arbeitsunfällen die Schuldfrage geklärt werden, d.h. es musste untersucht werden, ob der Arbeitnehmer selbst durch eigene Fahrlässigkeit Schuld an einem Unfall hatte, ob der Unternehmer die Schuld trug, indem er z.B. nicht vorschriftsgemäß funktionierende Maschinen einsetzte, die zu einem Unfall führten, oder ob eine dritte Person aus sonstigen Gründen die Arbeitsunfälle herbeiführte. Die Schuldzuweisung führte jedoch ebenfalls dazu, dass die Beweislast auf Seiten des Arbeitnehmers lag, so dass er seinen Arbeitgeber nur mit Hilfe von Beweisen bzw. mit Unterstützung durch Zeugen anklagen konnte. Das Culpaprinzip der damaligen Zeit war also faktisch ein zivilrechtliches Lösungskonzept, das auf der individualistischen Schuldzuweisung zwischen Arbeitnehmern und Arbeitgebern basierte (Tennstedt und Winter 1993).

Grundsätzlich ist (auch heute) problematisch an der Beweislast auf Seiten der Arbeitnehmer, dass eine tatsächliche Klage des Arbeitnehmers gegen den eigenen Arbeitgeber aufgrund der asymmetrischen Machtverhältnisse nur schwierig umzusetzen ist. Wenn Schaden erlitten wird, sind die Arbeitnehmer zeitweise oder dauerhaft verletzt, ihre Gesundheit oder ihr Leben sind schwer betroffen. Unter diesen Umständen sind sie körperlich, seelisch und finanziell meist nicht dazu in der Lage, einen mitunter langwierigen juristischen Prozess auf sich zu nehmen. Selbst wenn es zu einer Klage des Arbeitnehmers gegen den Arbeitgeber kommt, erscheinen die anderen Arbeitskollegen in vielen Fällen nur widerwillig als Zeugen vor Gericht, weil sie einen Jobverlust fürchten müssen. Ein zivilrechtliches Verfahren dauert gewöhnlich lange, der Rechtsprozess ist kostenaufwendig und die beschädigten Arbeitnehmer können nur in seltenen Fällen gewinnen. Darüber hinaus ist die Weiterbeschäftigung eines Arbeitnehmers, nachdem er Klage gegen den Arbeitgeber eingereicht hat, eher unwahrscheinlich. Eine drohende Entlassung macht ein gerichtliches Vorgehen durch den Arbeitnehmer noch problematischer (Wickenhagen 1980).

1871 legte der Reichskanzler Bismarck einen Gesetzesentwurf zum Schadensersatz für Unfälle und Todesfälle vor, die sich in besonders gefährlichen Unternehmen, wie bei der Eisenbahn, in Steinbrüchen und im Bergbau, ereignet haben. Trotz der Kritik im Reichsparlament wurde das Gesetz zur Gefährdungshaftung der Unfallverletzten in bestimmten risikoreichen Branchen verabschiedet. Allerdings muss darauf hingewiesen werden, dass der Schadensersatz und die Haftpflicht immer noch zu den Bereichen des Zivilrechts und des Verwaltungsrechts gehört, die vom römischen Recht hergeleitet und durch den napoleonischen Code Civile im europäischen Kontinent verbreitet wurden. Obwohl Politiker, Wissenschaftler und Gesetzgebende damals bereits erkannten, dass sich die obligatorische Haftpflicht der Unternehmer für tödliche Unfälle und Körperverletzungen in manchen risikoreichen Branchen zum Teil von der römisch-rechtlichen individualistischen Anschauungsweise unterschied, wurde ein Lösungskonzept, das auf Sozialrecht und Arbeitsrecht beruhte, noch nicht auf die Tagesordnung gebracht. Insgesamt kann man behaupten, dass bis 1871 noch kein wichtiger Durchbruch in Bezug auf den Bereich des Schutzes unfallverletzter Arbeiternehmer gelang. Es handelte sich lediglich um eine Haftpflicht der Unternehmer, und das auch nur bedingt in einzelnen beruflichen Zweigen, die weiterhin im Bereich des römischen Rechts verhaftet blieben. Die nachfolgende Entwicklung hatte jedoch eine bahnbrechende Bedeutung für die Entwicklung einer modernen gewerblichen Unfallversicherung (Wickenhagen 1980; Tennstedt und Winter 1993).

5.1.2 Das erste gewerbliche Unfallversicherungsgesetz im Deutschen Reich

Das im Jahr 1871 verabschiedete Reichshaftpflichtgesetz war grundsätzlich eine römisch-rechtliche Schutzform, die die Fabrikarbeiter in risikoreichen Betrieben absicherte. Sie blieb weiter eine unternehmerische Haftpflicht, die auf dem Culpaprinzip beruhte, d.h. die Schuldzuweisung bildete weiterhin ein wichtiges Kriterium für die Haftung und den Schadensersatz.

In den Jahren nach dem Erlass des Reichshaftpflichtgesetzes entstand eine Diskussion über Verschulden und Unfallrisiken. Der Jurist Heinrich Dernburg argumentierte, dass das Culpaprinzip nicht mehr tragfähig für die Haftungsentscheidung bei der steigenden Zahl der Industrieunfälle wäre, und ein neues Kompensationsmodell, das Arbeitsunfälle nicht mehr als individuelle Schuld, sondern als gesellschaftliches Risiko ansah, in Erwägung gezogen werden sollte. Auch im Reichstag wurde auf die Frage eingegangen, ob eine Haftung unabhängig von Schuldfragen und Beweisen das alte Culpaprinzip ablösen sollte.[46] Auch Schulze-Delitzsch befürwortete innovative Gedanken, die eine Trennung der Haftung von einer Beweisführung und der Schuldfrage beinhalteten. Er argumentierte, dass selbst „vorsichtige" Unternehmen, die vorbeugende Sicherheitsmaßnahmen im Betrieb ergriffen, nicht sämtliche Unfälle verhindern könnten. Auch seine Position machte erneut deutlich, dass es nicht mehr um eine persönlich zurechenbare Schuld ging, sondern dass Unfälle am Arbeitsplatz nun eher als ein gesellschaftliches Risiko betrachtet wurden.

In dieser Zeit wurde im Reichstag ebenfalls heftig darüber debattiert, ob sich die Haftpflicht nur auf manche bestimmte Berufszweige mit hohen Risiken begrenzen sollte, oder ob alle beschädigten Arbeiter gegenüber ihren Unternehmen entschädigungsberechtigt sein sollten. Immer mehr Abgeordnete befürworteten die Ausdehnung des Reichshaftpflichtgesetzes (Wickenhagen 1980; Tennstedt und Winter 1993).[47]

Die Diskussion über die Abkopplung der Haftpflicht von einer persönlich zurechenbaren Schuld und die Ausdehnung des Reichshaftpflichtgesetzes hatten Gründe, die tief in der Gesellschaft verwurzelt waren. Mit der rasanten Industrialisierung und einer gewaltigen gesellschaftlichen Umwälzung im vereinigten deutschen Reich stieg die Zahl der sozialen

46 Der Abgeordnete Hermann Schulze plädierte, wie auch andere Abgeordnete im Reichstag, dafür, dass in bestimmten gewerblichen Branchen wie in Steinbrüchen und bei der Eisenbahn Unfälle nicht ausschließlich durch die Fahrlässigkeit und Fehler von Seiten der Arbeitnehmer und Arbeitgeber herbeigeführt würden, sondern sie seien eher ein gesellschaftliches Risiko, das zwingend vorhanden sei. Allerdings fand die Befürwortung einer Abkopplung der Schuldfrage von der Unfallversicherung in dieser Zeit noch keine große Resonanz (Wickenhagen 1980; Tennstedt und Winter 1993).

47 Nicht nur die Politiker und die Wissenschaftler plädieren für die Ausdehnung des Reichshaftpflichtgesetzes, sondern auch die Unternehmer selbst wollten die Erweiterung der Haftpflicht im eigenen Interesse fördern. Der Vertreter des Handelsministeriums, Rudolf Jakobi, plädierte beispielsweise für eine Erweiterung des Gesetzes auf die Arbeiter in allen Branchen (Wickenhagen 1980; Tennstedt und Winter 1993).

Konflikte unaufhaltsam an. Die sich immer häufiger ereignenden Industrieunfälle und eine mangelnde Kompensation für finanzielle Verluste aufgrund derartiger Unfälle führten oft zu heftigen Auseinandersetzungen zwischen Arbeitern und Unternehmern. Unter einer zunehmend aufgeheizten politischen Stimmung begriffen Politiker, Juristen und Unternehmer, dass die traditionelle und lediglich auf bestimmte Berufszweige begrenzte Haftpflicht dem gesellschaftlichen Wandel nicht mehr entsprach. Die zunehmende Zahl schwerer Industrieunfälle wurde allmählich nicht mehr als ein individuelles Problem zwischen Arbeitern und Unternehmern und als eine individuell zurechenbare Schuld betrachtet, sondern eher als eine soziale Erscheinung und ein gesellschaftliches Problem, das meistens nicht einfach durch persönliche Schuld wie Fahrlässigkeit und Fehler, sondern durch eine höhere unabsehbare Gewalt herbeigeführt wurde. Die Abkehr von der individualistischen Betrachtungsweise und die Förderung eines neuen gesellschaftlichen und kollektiven Konzeptes, in dem alle Beschäftigten in den Haftpflichtschutz einbezogen werden sollten, stellte das Privatrecht in Frage. Obwohl in der Zeit noch kein exakter Fachausdruck wie „Sozialversicherung" auftauchte, näherten sich diese innovativen Gedanken bereits dem modernen Lösungskonzept der Sozialversicherung an (Tennstedt und Winter 1993; Wickenhagen 1980).

1878 wurde im Reichstag das Sozialistengesetz verabschiedet, das die antisozialistische repressive Politik unter den Rahmenbedingungen der Zuspitzung der gesellschaftlichen Konflikte durchführte. In der gleichen Zeit wurde zunehmend diskutiert, ob ein Unfallversicherungsgesetz verabschiedet werden sollte, um die zunehmenden sozialen Probleme zu lösen. Der Reichskanzler zog in Erwägung, einen Gesetzesentwurf im Reichstag vorzulegen und forderte die Einführung obligatorischer Altersversorgungs- und Invalidenkassen, die nach dem Muster der bergmännischen Knappschaften funktionieren und auf alle Fabrikarbeiter zugeschnitten sein sollten. Bereits vor der Verabschiedung dieses Sozialistengesetzes war zwar von dem Abgeordneten Stumm eine neue Konzeption der Haftpflicht vorgeschlagen worden[48], jedoch wurden seine Überlegungen noch nicht

48 Stumm plädierte für die Ausdehnung des Versorgungsrechts, das 1854 vom preußischen Parlament verabschiedet wurde und lediglich auf die Bergleute ausgerichtet war. Er war der Auffassung, dass sich das Gesetz nicht nur auf

ausreichend von der politischen Gemeinschaft dieser Zeit geschätzt, um Berücksichtigung zu finden (Wickenhagen 1980).

Theodor Lohmann, Referent im preußischen Handelsministerium im 19. Jh., kann als wichtige Persönlichkeit in Hinblick auf die Entwicklung einer allgemeinen Haftpflichtversicherung betrachtet werden. 1880 legte er einen eigenen Gesetzesentwurf vor, der seiner Auffassung Rechnung trug, dass die Arbeiterfrage nur durch eine allgemeine Arbeitsschutzgesetzgebung zu lösen sei. Seiner Ansicht nach sollte die Haftpflicht auf sämtliche Betriebe ausgedehnt werden. Darüber hinaus befürwortete er eine Umkehr der Beweislastregelung, die stärker zugunsten des Arbeiters geregelt werden sollte.[49]

Lohmanns Überlegungen dahingehend, dass Arbeitsunfälle nicht mehr aus individueller Einzelsicht, sondern eher aus einer gesellschaftlichen Perspektive als Kollektivierung von Unfalls- und Unglücksrisiken betrachtet werden sollten, war ein juristischer Durchbruch. In seinem Entwurf wurde die Organisationsform für die Arbeitsunfallversicherung so geregelt, dass eine Reichsversicherungsanstalt gegründet werden sollte, um die industrielle Unfallversicherung zu verwalten. Gleichzeitig sollten die Beiträge von Unternehmern, Arbeitern und Armenverbänden paritätisch aufgebracht werden. Lohmann war der Auffassung, dass eine soziale Haftungsnorm auf der Grundlage des Privatrechts aufgebaut werden sollte, die sich einer Konzeption des Sozialrechts annäherte (Tennstedt und Winter 1995).

Eine andere Konzeption zur Unfallversicherung stellte der Abgeordnete Louis Baare vor.[50] Baare wies mit seinen Berufserfahrungen in der Ruhrgebiet-Industrie darauf hin, dass die Abgrenzung zwischen haftpflichtigen

---

Knappschaften begrenzen sollte, sondern allmählich auf andere Berufsbranchen und Berufszweige erweitert werden sollte. Letztendlich sollte eine allgemeine Arbeiterversorgung in gesetzgeberischer Form gesichert werden. Stumms Konzeption wurde 1880 auch von Hofmann, dem Staatssekretär befürwortet (Tennstedt und Winter 1995).

49 Das bedeutet, dass der Unternehmer einer Haftpflicht für Arbeitsunfälle im eigenen Betrieb unterliegt, sobald er nicht beweisen kann, dass sie durch die Beschädigten selber oder durch höhere Gewalt verursacht wurden.

50 Er war ebenfalls als Generaldirektor des Bochumer Vereins tätig, der die Interessen der Wirtschaft im Ruhrgebiet repräsentierte.

und nicht haftpflichtigen Unfällen in manchen Großbetrieben ein Fehler sei. Die Betriebe sollten seiner Ansicht nach in jedem Fall für die Unfälle haften. Es war zudem besonders bemerkenswert, dass Baare für eine Ablösung der unternehmerischen Haftpflicht durch eine allgemeine Unfallversicherung plädierte, weil die industriellen Unfälle nicht mehr individuelle Probleme, sondern gesellschaftlich-strukturell bedingte Risiken waren[51]. Aus diesem Grund sollten die Unfallsrisiken nicht von einzelnen Unternehmen, sondern von den kollektiven Versicherungsträgern ausgeglichen werden. Ähnlich wie Lohmann plädierte Baare für ein tripartistisches Einzahlungsmodell, in dem die Beiträge durch Arbeitergeber, Arbeitnehmer und Kommunen zum gleichen Anteil aufgebracht werden sollten (Tennstedt und Winter 1995).

Zu den beiden Konzeptionen von Lohmann und Baare formulierte auch der Reichskanzler Bismarck eine eigene Stellungnahme. Bismarck unterstützte eine Organisationsform der Reichsanstalt, in der alle Arbeiter vereinigt wurden. Gleichzeitig lehnte er die dreiteiligen Einzahlungsmechanismen von Lohmann und Baare ab. Seiner Ansicht nach sollten die armen Arbeitnehmer von der Beitragspflicht befreit werden. Die Beiträge der Unternehmer und der Reichszuschuss sollten seines Erachtens die einzige Einnahmequelle für die Unfallversicherung sein. Seine Argumentation lautete, dass das Reich als eine schützende Instanz gegenüber den kleinen Bürgern mehr Verantwortung tragen sollte. Vor diesem Hintergrund förderte er eher einen staatlichen Eingriff in den sozialpolitischen Bereich. Bismarcks Intention dabei war, die Reichsbildung durch eine Gesetzgebung für eine Unfallversicherung zu stärken und die Sezessionstendenz der Reichsländer zu dämpfen. Für Bismarck war eine landesweit einheitliche Politik zugunsten einer zentralistischen Macht sinnvoll für den weiteren nationalstaatlichen Aufbau (*national building*). Darüber hinaus sprach er sich kategorisch gegen eine privatwirtschaftliche Lösung für eine industrielle Unfallversicherung aus und argumentierte dahingehend, dass der Arbeitsschutz generell vom wirtschaftlichen Interesse getrennt werden sollte. Er vertrat deswegen die Position, dass die Trägerschaft der Unfallversicherung nicht den privaten Versicherungsanstalten überlassen werden sollte (Tennstedt und Winter 1995).

---

51 vgl. die Theorie über die Risiken der modernen Gesellschaft von Beck 1986.

Die politische Intention Bismarcks schlug sich in seiner Äußerung zu verschiedenen Gesetzesentwürfen für eine Arbeitsunfallversicherung nieder. Er wollte nach dem Sozialgesetz Konflikte zwischen Arbeitern und Unternehmern durch staatliche Eingriffe in den sozialpolitischen Bereich abmildern und die politische oppositionelle Bewegung pazifizieren. Außerdem wollte er die sich schnell ausdehnende Einflussnahme der sozialdemokratischen Arbeiterpartei (SPD) dämpfen und um die Wähler der Arbeitsklasse konkurrieren. Darüber hinaus wollte er durch eine Sozialgesetzgebung die Reichsstruktur verstärken und ein einheitliches Nationalbewusstsein pflegen. Um seine politische Zielsetzung zu erreichen, verwies der Reichskanzler auf die Tradition des absolutistischen Wohlfahrtsstaates in Preußen. Die stratifizierte gesellschaftliche Struktur sollte weiterhin beibehalten werden (Tennstedt und Winter 1995).

Bismarcks Position wurde gewöhnlich als „sozialkonservativ" bezeichnet. Sein favorisiertes Konzept wurde von verschiedenen konkurrierenden politischen Positionen herausgefordert. Die sozialen Liberalen bezweifelten die staatspatriarchalische Konzeption von Bismarck und fürchteten eine Schädigung der Konkurrenzfähigkeit der nationalen Volkswirtschaft und eine Drosselung der freiliberalen Initiative in Deutschland. Sie plädierten für ein einzelwirtschaftliches Lösungskonzept und favorisierten die Erwägung, die Unfallversicherung gewinnbringenden privaten Trägern zu überlassen. Die Sozialdemokraten sahen im Gegenteil die sozialpolitische Reform von Bismarck lediglich als eine Verschleierung der unterdrückerischen Politik durch die Reichsregierung, die generell dem Interesse der wirtschaftlichen und politischen Eliten zugetan war. Die Reichsabgeordneten, die aus Bayern und anderen südlichen Reichsländern stammten, wollten die föderalistische Struktur hin zu einer lokalen Autonomie führen und die Kompetenz der Länder verstärken. Ihre scharfe Kritik galt der möglichen Verstärkung der zentralisierten Macht durch die Bemühungen der Reichsregierung und war freilich ihrer sezessionistischen Absicht geschuldet. Eine sozialpolitische Reform zugunsten einer Machtzentralisierung des Reichs war für sie auf keinen Fall akzeptabel. Die „Föderalisten" opponierten gegen die Träger der Reichsanstalt für Unfallversicherung, und opponierten ebenfalls gegen einen Reichszuschuss zur Unfallversicherung, und auch eine einheitliche Struktur für eine Unfallversicherung war für sie schwer nachvollziehbar. Auch die Politiker der konservativen

Lager standen dem Konzept Bismarcks skeptisch gegenüber; sie fürchteten eine mögliche Stärkung der Arbeiterschaft und der Arbeiterbewegung (Tennstedt und Winter 1995; Wickenhagen 1980).

Diese verschiedenen Meinungen spiegelten sich auch in den Fraktionen des Reichstags wider, in dem das Zentrum, die Sozialdemokraten, die Nationalliberalen, die Konservativen und die Sozialkonservativen die wichtigsten politischen Kräfte des Reichsparlaments bildeten. Die Diskussionen und die Debatte über den Gesetzesentwurf zur Arbeitsunfallversicherung pendelten zwischen Zentralismus vs. Partikularismus, Liberalismus vs. Sozialismus und Sozialdemokratie, Konservatismus vs. Katholizismus. Diese einander entgegengesetzten Meinungen und Positionen erschwerten die Einigung im politischen Kreis und im Reichstag. Bismarck bemühte sich, durch die parlamentarische Fraktion zu einer möglichen Einigung zu gelangen, aber er geriet in eine Sackgasse. Unterschätzt hatte der Reichskanzler das Auseinanderklaffen der Positionen zwischen Regierung und Parlament sowie die gewaltige Differenz zwischen verschiedenen Interessengruppen. Je mehr politische Intentionen die Politiker mit einer sozialpolitischen Gesetzgebung verfolgten, desto mehr Interessengruppen mischten sich in die Gesetzgebung ein. Eine Einigung war unter diesen Umständen erheblich erschwert (Tennstedt und Winter 1993, 1995).

Zwischen 1881 und 1883 wurden drei Gesetzesentwürfe zur Unfallversicherung im Reichsparlament vorgelegt, aber sie alle scheiterten letztendlich. Wegen der Diskrepanz zwischen den verschiedenen (sozialliberalen, wirtschaftsliberalen, konservativen und sozialdemokratischen) Positionen erreichten alle drei Gesetzesentwürfe im Reichstag nicht die erforderliche Mehrheit. Der Reichskanzler revidierte nach dem Scheitern jeder Gesetzesvorlage zum Teil seine Positionen und machte Konzessionen bei manchen Anschlusspunkten. Hinsichtlich des umstrittensten Punktes des Reichszuschusses, der dreimal im Reichstag von fraktionsübergreifenden Abgeordneten kritisiert wurde, ging Bismarck einen Kompromiss ein. Er wollte nicht mehr an einem Reichszuschuss festhalten, aber legte seine Grundposition fest, dass die Arbeitnehmer keine Beiträge entrichten müssten. Zur Organisationsweise der Arbeitsunfallversicherung als eine Reichsversicherungsanstalt konnte sich Bismarck letztlich nicht entschließen. Er war von einer anderen Konzeption überzeugt, in deren Rahmen die Unfallversicherung nicht ausschließlich über die Reichsbürokratie, sondern über autonom agierende Unfallversicherungsgenossenschaften je nach Berufszweig verwaltet werden sollte.[52]

Insgesamt zeigte Bismarck durch seine politische Taktik und Strategie, dass seine Haltung weder eine dogmatische noch eine ideologische war, sondern dass er dazu bereit war, Kompromisse einzugehen. Er konnte sich durch seine flexible Handlungsweise stets gut an jede Lage anpassen. In mancherlei Hinsicht war er jedoch auch sehr „unnachgiebig'. Er hielt erstens daran fest, dass eine zivilrechtliche Haftung durch eine öffentlich-rechtliche Sozialversicherung abgelöst werden musste. Er war der Auffassung, dass eine privatrechtliche Haftpflicht der einzelnen Unternehmen nicht mehr dazu in der Lage war, dem Problem der steigenden Industrieunfälle gerecht zu werden. Nur in einem überindividuellen und überbetrieblichen Sozialversicherungssystem sah er eine Lösung (Wickenhagen 1980; Tennstedt und Winter 1995).

Er lehnte außerdem ein privatwirtschaftliches Modell zur Unfallversicherung kategorisch ab und unterdrückte jegliche Tendenz der Gesetzesvorlage in eine liberale Richtung.[53] Der Reichskanzler war dennoch der Überzeugung, dass eine staatliche Sozialpolitik aufgebaut werden musste, die sich deutlich von einem wirtschaftlichen Interesse abgrenzen sollte. Bismarck war strikt dagegen, die Unfallversicherung über private Versicherungsträger zu organisieren, und er schloss jegliche Form von Profitorientierung aus. Seines Erachtens mussten auch die Arbeitnehmer von der Beitragspflicht

52 Allerdings war am Anfang noch unklar, wie diese Berufsgenossenschaften zu bilden waren. Handelte es sich bei den Unfallversicherungsgenossenschaften um Genossenschaften der Arbeitnehmer oder der Arbeitgeber, oder konnten sich beide paritätisch daran beteiligen? Sollten die Berufsgenossenschaften geographisch oder nach Berufszweigen gegliedert werden? Sollte jede Berufsgenossenschaft eine Risikoeinheit mit einem gleichen Gefahrentarif bilden, oder sollten parallele Gefahrgemeinschaften neben den Berufsgenossenschaften existieren? Zu dieser Zeit waren also zahlreiche Aspekte der Bildung der Berufsgenossenschaften noch nicht klar festgelegt; erst später wurde beschlossen, dass die Berufsgenossenschaften über Berufszweige mit differenzierten Gefahrenklassen organisiert werden sollten (Wickenhagen 1980; Tennstedt und Winter 1993).

53 Der Reichskanzler hatte Lohmanns liberale Konzepte und Vorschläge zur Unfallversicherung zurückgewiesen und schloss jeglichen Einbezug von privaten Versicherungsträgern in die Unfallversicherung aus.

befreit werden. Die Unfallversicherung sollte vielmehr über Umlageverfahren finanziert werden. Ein Kapitaldeckungsverfahren war dagegen seiner Ansicht nach nicht dazu in der Lage, Arbeitsunfallsrisiken auszugleichen (Tennstedt und Winter 1995).

Der Reichskanzler bemühte sich, durch Parteikoalitionen und die Bildung einer Fraktion die Mehrheit im Parlament zu erreichen, um ein Unfallversicherungsgesetz zu verabschieden. Im Jahr 1883 kamen Bismarck und andere führende Referenten wie beispielsweise Bödiker dann überein, dass die Arbeitsunfallversicherung über Zwangsgenossenschaften zu organisieren sei, die sich jeweils auf verschiedene Berufszweige mit einer ähnlichen Unfallwahrscheinlichkeit und einem ähnlich großen Risiko ausrichten sollten. Jede Berufsgenossenschaft wurde dementsprechend in Gefahrtarife eingestuft. Arbeitgeber und Arbeitnehmer beteiligten sich paritätisch an der Verwaltung der Berufsgenossenschaften. Nach Bödikers Konzeption waren die Unfallversicherungsgenossenschaften eine Kooperative des öffentlichen Rechts, in der sich die Arbeitnehmer zusammenschließen konnten. Allerdings fügte der Reichskanzler hinzu, dass die Genossenschaften dem Reichsversicherungsamt, das eine Überwachungs- und Aufsichtsfunktion erfüllen sollte, unterstehen sollten. Ein Reichszuschuss zur Unfallversicherung fand jedoch im Reichstag keine Zustimmung und konnte so nicht durchgesetzt werden. Die dritte Gesetzesvorlage wurde schließlich im Reichstag vorgelegt.

Am 06.07.1884 wurde das Unfallversicherungsgesetz nach einer langen Debatte im Reichstag erlassen[54]. Konservative, Zentrum und Nationalliberale stimmten dem Gesetzesentwurf zu. Das war das zweite erlassene Gesetz zur Sozialversicherung in der Geschichte Deutschlands.[55]

Der Versichertenkreis der gesetzlichen Unfallversicherung war allerdings in dieser Zeit noch relativ begrenzt. In § 1 des Unfallversicherungsgesetzes wurde geregelt, welche Berufsgruppe von diesem Gesetz abgedeckt wurde. Die versicherten Berufsgruppen schlossen weiterhin die

---

54 Siehe RGBl. I, 1884, Nr. 19, S. 69.

55 1883 wurde das Krankenversicherungs-Gesetz vom Reichstag erlassen, es war die erste sozialpolitische Gesetzgebung in der Weltgeschichte. Damit gilt Deutschland weltweit als Ur-Sozialversicherungsland (Zacher und Köhler 1981)

Berufsbranchen mit hohen Unfallrisiken ein, wie z.B. die Beschäftigten in Bergwerken, Steinbrüchen, Hüttenwerken, Aufbereitungsanstalten oder Salinen. Auch diejenigen, die Maurer-, Zimmerer-, Dachdecker-, Steinhauer- und Brunnenarbeiten ausführten, sowie z.B. in der Produktion von Explosionsstoffen Beschäftigte wurden in die gesetzliche Unfallversicherung aufgenommen. Die Bemessungsgrenze für die unfallversicherungsberechtigten Arbeitnehmer hing mit einem Jahresarbeitsverdienst zusammen, das die Höhe von zweitausend Mark nicht überschritt. Durch den Deckungskreis der Unfallversicherung wurde veranschaulicht, dass in der Bismarck-Zeit die Sozialversicherung (insbesondere die gewerbliche Unfallversicherung) noch ein hoch selektives System blieb, das lediglich auf bestimmte Bevölkerungsgruppen ausgerichtet war. Von einer universalistischen Versicherung konnte man in dieser Entwicklungsphase noch nicht sprechen (Wickenhagen 1980; Tennstedt und Winter 1993, 1995).

Die unfallversicherungsbezogenen Leistungen beinhalteten Krankengeld, Verletztengeld, medizinische Behandlungen und eine Unfallrente. Für den Leistungsbezug waren zwei Faktoren relevant: die zeitliche Abgrenzung der Unfallereignisse und der Grad der Erwerbsfähigkeitsminderung. Wenn der Schaden ursächlich durch die Beschäftigung erlitten wurde, bezogen die Beschädigten ab der fünften Woche nach Eintritt des Unfalls bis zur dreizehnten Woche Krankengeld, das zwei Drittel des Arbeitslohns ausmachte. Das Krankengeld wurde gemeinsam von der Krankenkasse und den Unternehmen erstattet.[56] Die Karenzzeit betrug 13 Wochen. Danach konnten die Beschädigten unfallversicherungsbezogene Leistungen beanspruchen. Das bedeutete: In der Zeit von der ersten bis zur dreizehnten Woche nach dem Eintritt des Unfalls galt das Krankenversicherungsgesetz;

56 Im Unfallversicherungsgesetz wurde dahingehend vorgeschrieben: „Die Differenz zwischen diesen zwei Dritteln und dem gesetzlich oder statutengemäß zu gewährenden niedrigeren Krankengelde ist der beteiligten Krankenkasse (Gemeinde-Krankenversicherung) von dem Unternehmer desjenigen Betriebes zu erstatten, in welchem der Unfall sich ereignet hat. Die zur Ausführung dieser Bestimmung erforderlichen Vorschriften erlässt das Reichsversicherungsamt." (§ 5 [9] im Unfallversicherungsgesetz 1884 des Deutschen Reiches). Im Vergleich zum hier beschriebenen Krankengeld im Falle einer Arbeitsverletzung war das Krankengeld, das die gesetzliche Krankenversicherung übernahm, sehr gering; es betrug nur 50% des Arbeitslohns.

die Krankenkasse und die Gemeindekrankenversicherung waren dazu verpflichtet, für die Verletzten zu sorgen. Erst ab der vierzehnten Woche nach Eintritt des Unfalls begann die Fürsorgepflicht der Berufsgenossenschaften. Insofern ist festzustellen, dass das 1884 erlassene Unfallversicherungsgesetz mit dem 1883 erlassenen Krankenversicherungsgesetz eng zusammenhing. Wenn die durch einen Unfall verletzten Arbeitnehmer sich in der Phase der Genesung befanden, waren die Berufsgenossenschaften dazu befugt, „der Krankenkasse, welcher der Verletzte angehört, gegen Erstattung der ihr dadurch erwachsenden Kosten die Fürsorge für den Verletzten über den Beginn der vierzehnten Woche hinaus bis zur Beendigung des Heilverfahrens zu übertragen." (Artikel 5 [8] des Unfallversicherungsgesetztes 1884). Anspruch auf eine Unfallrente, die zwei Drittel des Arbeitsverdientes (66% des Arbeitslohns) betrug, hatten die versicherten Arbeitnehmer, wenn sie von einem dauerhaften Erwerbsfähigkeitsverlust betroffen waren. Im Fall einer partiellen Erwerbsfähigkeitsminderung hatten die unfallverletzten Arbeitnehmer Anspruch auf einen Bruchteil der Rente, der dem Grad der Erwerbsfähigkeitsminderung entsprach. Auch die Hinterbliebenen (Witwen, Waisen) hatten gesetzliche Ansprüche auf eine Teilrente.[57] Ausgeschlossen von diesen Leistungsansprüchen waren jedoch sowohl die Unfallverletzten selbst als auch deren Hinterbliebenen, wenn die Arbeitsunfälle vorsätzlich herbeigeführt worden waren.

Die Organisationsform der Unfallversicherung wurde sehr stark vom Reichskanzler beeinflusst. Die gewerbliche Unfallversicherung wurde über Berufsgenossenschaften organisiert, die sich in dieser Zeit in 55 berufliche Genossenschaften gliederten. Sie unterstanden der Aufsicht und Überwachung des Reichsversicherungsamtes. Die Unfallversicherung im Berufszweig der Landwirtschaft und Forstwirtschaft wurde über geographisch gegliederte Berufsgenossenschaften organisiert. In jedem Reichsstaat gab es jeweils eine landwirtschaftliche Berufsgenossenschaft. Die Länderregierungen waren ebenfalls gesetzlich dazu verpflichtet, ein Landesversicherungsamt einzurichten, um die Aufsichtsfunktion für die

57 Die Renten für die hinterbliebenen Kinder im Alter von 10 bis 15 Jahren betrugen 15–20% des Arbeitsverdientes, und die maximale Rente für die Witwen und Kinder betrugen zusammen 50–60% des Arbeitsverdienstes.

Berufsgenossenschaften zu erfüllen, welche sich über das Gebiet des Reichsstaates hinaus erstreckten. Daran wird sichtbar, dass sich die Landesregierungen ebenfalls die Möglichkeit zur Einmischung in die sozialpolitische Gesetzgebung der Reichsregierung sichern wollten.

Das Unfallversicherungsgesetz 1884 war ein Lösungskonzept voller Kompromisse zwischen verschiedenen Parteien, Fraktionen, Interessengruppen und Ideologien, aber letztendlich wurde es sehr stark vom Reichskanzler Bismarck selbst geprägt. Obwohl seine ursprünglichen Ideen zugunsten einer Machtkonzentration und Zentralisierung der Reichsregierung sowie der Bildung einer stärkeren Reichsversicherungsstruktur und einer einheitlichen zentralistischen Verwaltungsstruktur nicht realisiert wurden, war es ihm in Hinblick auf viele wichtige Aspekte der Unfallversicherung gelungen, sie nach seiner favorisierten Konzeption zu gestalten. Es gelang ihm, die zivilrechtliche Unternehmerhaftpflicht durch eine öffentlich-rechtliche Sozialversicherung abzulösen, die römisch-rechtliche Entschädigung durch eine sozialrechtliche Haftpflicht mit einer überbetrieblichen Risikoeinheit zu ersetzen und statt des Kapitaldeckungsprinzips ein über Umlage finanziertes Versicherungsprinzip durchzusetzen. Es gelang ihm außerdem, die Arbeitnehmer von der Beitragspflicht zu befreien. Letztendlich wurde auch sein Plan realisiert, die gewerbliche Unfallversicherung über berufliche Genossenschaften zu organisieren. Dem Konzept des Reichskanzlers entsprechend wurde die Berufsgenossenschaft in eine öffentlich-rechtliche Organisation mit paritätischer Selbstverwaltung zwischen Arbeitnehmern und Arbeitgebern überführt. Auch die Funktion der Aufsicht und der Überwachung des Reichsversicherungsamtes wurde vom Reichskanzler eingeführt. Der Erlass des Unfallversicherungsgesetzes war ein durch eine geschickte Steuerung der innerpolitischen Auseinandersetzung produziertes Meisterwerk, das durch Bismarck persönlich stark geprägt wurde. Die politische Taktik und Entschlossenheit sowie die flexible Verhandlungsweise des Reichskanzlers haben das erste Unfallversicherungsgesetz der deutschen Geschichte (sowie der Weltgeschichte) maßgeblich beeinflusst. Obwohl das gewerbliche Unfallversicherungsgesetz später mehrmals und in vielerlei Hinsicht reformiert, korrigiert und revidiert wurde, hat es seine Grundzüge erstaunlich konstant bewahrt und beeinflusst bis heute die Arbeitsunfallversicherungsdiskussion und -reform in Deutschland. Die spätere

Entwicklung der gewerblichen Unfallversicherung orientierte sich stets an ihrem Startpunkt im Jahre 1884.[58]

5.1.3 Die Entwicklung der Arbeitsunfallversicherung vom Deutschen Reich bis zum Ende des Zweiten Weltkrieges

Seit 1884 wurde das Unfallversicherungsgesetz angesichts der neuen gesellschaftlichen Umstände mehrmals revidiert und reformiert. Die Erweiterung der Unfallversicherung auf alle Beschäftigten entsprach dem ursprünglichen Plan des Reichsparlaments, der sukzessiv zu realisieren war.

1885 wurde das Ausdehnungsgesetz für die gewerbliche Unfallversicherung vom Reichstag verabschiedet, in dem die Arbeiter in den Transportbetrieben wie den Fähr-, Binnenschifffahrts-, Bagger- und Eisenbahnbetrieben ins Unfallversicherungsgesetz inkludiert wurden. 1887 wurde das Bau-Unfallversicherungsgesetz angesichts der rapid steigenden schweren Arbeitsunfälle in der Baubranche vom Reichstag erlassen. In diesem Gesetz wurde klar vorgeschrieben, dass die Berufstätigen gegen die sich in den Baubereichen ereignenden Unfälle versichert waren. Darüber hinaus wurde gesetzlich verankert, dass die Unfallverhütung in den Baubetrieben im Vordergrund stehen sollte. Kurz nach dem Erlass des Bau-Unfallversicherungsgesetzes wurde 1887 das See-Unfallversicherungsgesetz vom Reichstag verabschiedet, da die Seeleute und Reeder besonderen Risiken bei der Seeschifffahrt ausgesetzt waren und sie daher eine eigenständige Form der Arbeitsunfallversicherung beanspruchen konnten, die die Risiken von Arbeitsunfällen ausgleichen sollte (Ayass 2001).

Nach dem Erlass des Krankenversicherungs- und Unfallversicherungsgesetzes wurde 1889 das Invaliditäts- und Alterssicherungsgesetz verabschiedet, das die Risiken des Alterns ausglich. Da die Leistungen der Arbeitsunfallversicherung mehrere Versicherungsbereiche betrafen und in gewissen Leistungsbereichen (wie beispielsweise Krankengeld, Unfallrente) mit der Kranken- und Rentenversicherung überlappten, wurde eine gesetzübergreifende Koordination notwendig. Beispielsweise wurde gesetzlich definiert, wann die Unfallbeschädigten Rechtsanspruch auf eine

58 vgl. Köhler und Zacher 1981.

Unfallrente hatten, die von den entsprechenden Berufsgenossenschaften erstattet wurde, und wann sie Rechtsanspruch auf eine gesetzliche Rente hatten, die von der Rentenkasse ausgeglichen werden sollte (Ayass 2001).

In dieser Zeit war eine deutliche Entwicklungstendenz dahingehend auszumachen, dass die Unfallversicherung planmäßig und kontinuierlich auf weitere Beschäftigungsgruppen ausgedehnt wurde und dass für besondere Berufszweige (Bau, Seefahrt) spezielle Gesetze erlassen wurden. Diese Tendenz hielt an bis zum Ausbruch des ersten Weltkrieges. Vor dem Ersten Weltkrieg wurde das Unfallversicherungsgesetz jedoch noch weiterhin ergänzt, korrigiert und revidiert, und weitere Ausdehnungsgesetze wurden erlassen. Gleichzeitig (vor dem Ersten Weltkrieg) verlagerte sich der Schwerpunkt der Arbeitsunfallversicherung allmählich vom Bereich der Versicherung und Entschädigung auf den Bereich der Prävention. In den revidierten Gesetzen fand die Unfallverhütung so viel Beachtung wie nie zuvor. Die an die Berufsgenossenschaften angeschlossenen Unternehmen wurden dazu aufgefordert, unter der Gewerbeaufsicht durch Berufsgenossenschaften, Landesversicherungsamt und Reichsversicherungsamt die notwendigen Arbeitssicherheitsmaßnahmen zu ergreifen, um den Eintritt industrieller Unfälle nach Möglichkeit von vornherein zu verhindern. Ein Bonus- und Malussystem wurde innerhalb der Berufsgenossenschaften aufgebaut, um die Unternehmen mit einem unverhältnismäßig hohen Anteil an Arbeitsunfällen zu sanktionieren. Den Unternehmen wurden Nachlässe gewährt, wenn die Arbeitsplätze relativ „sicher" waren und über eine unterdurchschnittliche Arbeitsunfallquote verfügten, während anderen Unternehmen Zuschläge auferlegt wurden, die eine überdurchschnittlich hohe Arbeitsunfallsquote aufwiesen. Die Arbeitssicherheit und die Verbesserung der Arbeitsbedingungen bildeten den Hauptfokus vor dem Ersten Weltkrieg (Wickenhagen 1980).

Eine wichtige Entwicklungsphase für die Erweiterung der Arbeitsunfallversicherung fand allerdings in der Zeit der Weimar Republik (1919–1933) statt. Während dieser Zeit wurde die Unfallversicherung nicht nur weiter aufgebaut, sondern darüber hinaus wandelte sich auch die Definition der Unfallversicherung. Nun wurden auch Unfälle auf dem Arbeitsweg und Berufskrankheiten gesetzlich als Teilbereich der Unfallversicherung definiert. Berufskrankheiten waren (und sind) diejenigen Krankheiten, an denen die in bestimmten Berufsbereichen eingestellten

Arbeiter durchschnittlich häufiger als andere gesellschaftliche Gruppen erkranken.[59] Seit dem Erlass des Unfallversicherungsgesetzes 1884 wurde im Reichsparlament mehrmals die Frage diskutiert, ob Berufskrankheiten in das Gesetz zur Haftpflicht von Unternehmen einbezogen werden sollten, aber die Mehrheit der Abgeordneten lehnte die Einbeziehung von Berufskrankheiten in die gesetzliche Unfallversicherung zu dieser Zeit noch ab, weil sie schwer zu definieren waren und dadurch ein dramatischer Anstieg der Kosten befürchtet wurde.

Nach dem Ersten Weltkrieg wurden die Berufskrankheiten erneut im Reichsparlament der Weimar Republik thematisiert, wenn auch aus verschiedenen Gründen: (1) Der Zusammenhang zwischen bestimmten Gewerbebereichen und für sie typischen Krankheiten wurde zunehmend von der wissenschaftlichen Forschung bestätigt.[60] (2) Immer mehr Berufstätige litten an Berufskrankheiten, die zunehmend als soziales Problem in der Weimar Republik angesehen wurden. (3) Andere Nachzüglerstaaten wie Österreich und die Schweiz, die später als das Deutsche Reich eine Sozialgesetzgebung für die Unfallversicherung verabschiedet hatten, schenkten dem Problem der Berufskrankheiten bereits sehr früh Beachtung. Diese neue Entwicklung stimulierte auch die inländische Diskussion in Deutschland. Manche waren der Ansicht, dass die Erfahrungen anderer europäischer Länder in Bezug auf Berufskrankheiten als Vorbild dienen sollten. Diese intereuropäische Wissensdiffusion in der früheren Phase der Arbeitsunfallversicherung führte zur Erweiterung des Definitionsumfangs der Versicherung. (4) Die ILO setzte sich in jener Zeit bereits mit dem Thema

---

59 Der italienische Arzt Bernardino Ramazzini hatte in der menschlichen Geschichte zum ersten Mal den Zusammenhang zwischen bestimmten Gewerben und Krankheiten herausgefunden. In seinem 1700 erschienenen Buch „De Morbis Artificum Diatriba“ schilderte er die üblichen Berufskrankheiten der Künstler und Handwerker, die aus beruflichen Gründen entstanden. Dieses Werk wurde als erstes und grundlegendes Werk zum Thema der Berufskrankheiten betrachtet (s. auch Dembe 1996; Hagberg 1995; Bellaby 1999).

60 1922 hatten Ärzte für den Bereich der chemischen Industrie in Deutschland anhand von Statistiken und Forschungsergebnissen bewiesen, dass die Berufstätigen in den chemischen Branchen überdurchschnittlich häufig an bestimmten Krankheiten litten und plädierten für eine Entschädigung für die unter den Folgen dieser Berufskrankheiten leidenden Arbeitnehmer in den chemischen Branchen.

der Berufskrankheiten auseinander und verabschiedete Übereinkommen zur Versicherung gegen derartige Krankheiten.[61] Die internen und externen Faktoren führten dazu, dass das Problem der Berufskrankheiten in der Weimarer Republik stärker in den Vordergrund trat als je zuvor. Da die Regierung der Weimarer Republik das Übereinkommen der ILO zur Entschädigung bei Berufskrankheiten ratifizieren wollte, war die innerstaatliche Gesetzgebung für Berufskrankheiten eine zwingende staatliche Aufgabe (vgl. Bellaby 1999).

1925 wurde die Berufskrankheitsverordnung in der Weimarer Republik erlassen, die nicht nur bestimmte gewerbetypische Krankheiten in den risikoreichen chemischen Betrieben als Berufskrankheiten festlegte, sondern darüber hinaus eine konkrete Berufskrankheitsliste enthielt.[62] Der Deckungskreis der Verordnung gegen Berufskrankheiten war identisch mit dem der gesetzlichen Unfallversicherung. Die in der Unfallversicherung versicherten Arbeitnehmer waren automatisch auch gegen Berufskrankheiten versichert. Die Verordnung 1925 markierte den ersten Schritt zur Erweiterung des Umfangs der Unfallversicherung durch den Definitionswandel, weil nun die langfristigen gesundheitsschädigenden Folgen ebenfalls in Erwägung gezogen wurden. 1929 wurde die zweite Berufskrankheitsverordnung vom Reichsparlament verabschiedet, in der weitere berufsbedingte Krankheiten nach Erkenntnissen aus der wissenschaftlich-ärztlichen Forschung in die gesetzliche Unfallversicherung inkorporiert wurden. Die Berufskrankheitsliste enthielt jetzt 21 Berufskrankheiten (statt vorher 11).[63] Diese Gesetze zum Umgang mit Berufskrankheiten

61 Die ILO verabschiedete 1925 das Übereinkommen (18) zur Entschädigung im Falle von Berufskrankheiten, in dem die Vergiftung durch Milzbrand, Quecksilber, Blei sowie deren Verbindungen als Berufskrankheiten eingestuft wurde. Das internationale Übereinkommen zu Berufskrankheiten durch die ILO verdeutlichte die Tendenz der Internationalisierung der Frage der Behandlung von Berufskrankheiten, die auch die nationale Vorgehensweise prägte (ILO 1937).

62 Es handelte sich um Vergiftungen und Erkrankungen durch Milzbrand, Quecksilber, Blei, Phosphor, Arsen, Benzol, Nitro- und Amino-Verbindungen. Auch Hautkrankheiten sowie Hautkrebs und Lungenkrankheiten, die berufsbedingt herbeigeführt wurden, waren in die Verordnung einbezogen worden.

63 Die zweite Berufskrankheitsverordnung ist ein deutliches Beispiel für die Einflussnahme der Wissenschaft auf den politischen Entscheidungsprozess.

verdeutlichten eine neue Tendenz in der Geschichte der gesetzlichen Unfallversicherung.

In der Weimarer Republik fand jedoch neben der Klassifizierung von Berufskrankheiten noch eine weitere Entwicklung der gesetzlichen Unfallversicherung statt. 1925 wurde das Unfallversicherungssystem durch das Zweite Gesetz über Änderungen in der Unfallversicherung ergänzt. Die Änderungen betrafen die Erhöhung der Geldleistungen wie Verletztengelder und Unfallrenten, die zum Teil aufgrund von Inflation erfolgte (Dynamisierung der Unfallrenten). Besonders bemerkenswert an dieser Tatsache ist, dass somit der Umfang der Unfallversicherungsleistungen erweitert wurde. Nicht nur die Unfälle, die am Arbeitsplatz eintraten, sondern auch die Unfälle auf dem Weg zur und von der Arbeitsstätte, waren von der Arbeitsunfallversicherung abgedeckt. Zum ersten Mal in der deutschen Geschichte der Sozialversicherung wurde der Arbeitsweg der Beschäftigten zwischen Wohnung und Betrieb in den Deckungsbereich der Unfallversicherung einbezogen. Darüber hinaus wurden auch die (Neben-) Tätigkeiten, die mit der Beschäftigung unmittelbar zusammenhingen, wie Instandhaltung, Beförderung, Verwahrung und Erneuerung der Arbeitsgeräte, von der gesetzlichen Unfallversicherung abgedeckt. Auch in dem Veränderungsgesetz von 1925 rückte die Unfallverhütung erneut ins Zentrum des Veränderungsgesetzes. Laut dem Gesetz hatten die Berufsgenossenschaften die Aufgabe, Betriebe dazu zu veranlassen, im Rahmen ihrer finanziellen Mittel Arbeitsunfälle nach Möglichkeit zu verhüten und für eine wirksame Erste Hilfe zu sorgen, falls Schäden erlitten wurden (Wickenhagen 1980, Ayass 2001).

Die Entwicklung der Arbeitsunfallversicherung seit der ersten Gesetzgebung 1884 bis zur Weimarer Republik war durch einige zentrale Merkmale gekennzeichnet: (1) Auf der personalen Ebene (versicherter Personenkreis) war ursprünglich lediglich eine kleine Minderheit (insbesondere die Beschäftigten in den Branchen mit hohen Risiken) von dem Gesetz abgedeckt. Mit der Zeit wurden immer mehr Beschäftigungsgruppen in das Gesetz

---

Vor dem Erlass der Verordnung wurden viele wissenschaftliche Forschungen durchgeführt, die sich z.B. mit dem Einfluss der Luft, des Klimas und des Staubs in Metallschleifereien und keramischen Betrieben auf den Gesundheitszustand der Beschäftigten auseinandersetzten (Ayass 2001).

inkludiert, einschließlich der Beschäftigen in der Landwirtschaft, der Forstwirtschaft und der Berufsbeamten. (2) Die Definition der Unfallversicherung wurde im Hinblick auf ihre zeitliche Komponente ausgedehnt. Nicht nur einmalige, kurzfristig eingetretene Schäden, sondern auch langfristige, schwer messbare Berufskrankheiten wurden als durch die Unfallversicherung abzudeckende Bereiche angesehen. (3) Die Definition der Unfallversicherung wurde auch in Hinblick auf ihre räumliche Ebene erweitert, indem nun die Unfälle auf dem Arbeitsweg ein wichtiger Bestandteil der gesetzlichen Unfallversicherung waren. (4) Auf der funktionalen Ebene bekamen die Unfallversicherungsträger mehrere Aufgaben. Sie kompensierten nicht nur die am Arbeitsplatz erlittenen Schäden, sondern mussten auch durch umfangreiche Arbeitssicherheitsmaßnahmen und unter Aufsicht der Regierung Unfälle verhüten bzw. beim Eintritt von Unfällen wirksame Erste Hilfe leisten.

Neben der Erweiterung, der Umdefinition, der Revidierung und der Änderung des Unfallversicherungsgesetzes ist auch eine historische Kontinuität zu beobachten: Die grundlegende Organisationsform und die Aufgabenverteilung der Unfallversicherung (die Genossenschaften als Träger der Unfallversicherung, die Gewerbeaufsicht durch Reichsversicherungsamt und Landesversicherungsamt, die Koordination zwischen Genossenschaften und Krankenkasse) hatten sich gut bewährt und wurden beibehalten. Das Prinzip der verschuldensunabhängigen Absicherung/Haftung war das wichtigste Kriterium zur Kompensation der Arbeitsunfälle. Die Ablösung der zivilrechtlichen Haftpflicht durch eine öffentlich-rechtliche Versicherung hielt an, der Risikoausgleich in den Berufsgenossenschaften wurde weiter gefördert, und die Beitragspflicht der Unfallversicherung blieb weiterhin eine Arbeitgeberpflicht, d.h. es galt das Prinzip der Befreiung der Arbeitnehmer von der Beitragspflicht (Wickenhagen 1980 und Ayass 2001).

In der Zeit des nationalsozialistischen Regimes wurden die Grundzüge der Arbeitsunfallversicherung erstaunlicherweise bewahrt. Eine bemerkenswerte Veränderung lag darin, dass die Selbstverwaltung und Autonomie der Berufsgenossenschaften dadurch beeinträchtigt wurde, dass das NS-Regime sich immer mehr in die innere Gestaltung und Organisation der Berufsgenossenschaften einmischte. Allein aufgrund der nationalsozialistischen Ideologie hatte das NS-Regime großes Interesse an der Verhütung der

Arbeitsunfälle und der Stärkung der Volksgesundheit. Durch die Prävention von Berufsunfällen wurde die produktive Effizienz der militant orientierten Gesamtgesellschaft erhöht. 1942 wurde die gesetzliche Arbeitsunfallversicherung auf alle Beschäftigte ohne Differenzierung der Unternehmensgröße erweitert. Die Nationalsozialisten vertrieben die jüdischen Unternehmer schon vor dem Kriegsbeginn aus den Ehrenämtern in den Berufsgenossenschaften.

Im Folgenden wird die Entwicklung der gesetzlichen Unfallversicherung seit dem Ende des Zweiten Weltkrieges skizziert und konkret erläutert. Sie symbolisiert die moderne Ära der Entwicklung der gesetzlichen Unfallversicherung in Deutschland.

5.1.4 Die Entwicklung der Arbeitsunfallversicherung in der Bundesrepublik Deutschland

In der Nachkriegszeit wurde das Prinzip der paritätischen Selbstverwaltung wiederhergestellt. Gleichzeitig etablierten sich in den 1950er Jahren mehrere berufsgenossenschaftliche Kliniken, die auf gesundheitliche Rehabilitation der Arbeitsinvaliden spezialisiert waren. In den 1960er Jahren wurde der Prävention der Arbeitsunfälle und Berufskrankheiten eine immer größere Bedeutung beigemessen. Das alte Unfallversicherungsgesetz wurde durch das Unfallversicherungs-Neuregelungsgesetz (UVNG), das am 30.04.1963 verabschiedet wurde und am 01.07.1963 in Kraft trat, revidiert und neu kodifiziert. Das UVNG war das erste wichtige Änderungsgesetz zur Arbeitsunfallversicherung seit dem Ende des Zweiten Weltkrieges, in dem die Grundform der Unfallversicherung (Organisation, Trägerschaft, Umlageverfahren, Arbeitgeberbeitragspflicht, öffentlich-rechtlicher Schadensersatz) weiter bewahrt wurde. Allerdings wurden mit dem neu kodifizierten Gesetz auch einige Veränderungen eingeführt, nämlich die Ausdehnung der Versichertenkreise, die Verbesserung der Leistungen und die weitere Förderung der Unfallverhütung.

Der Versichertenkreis der Unfallversicherung wurde stark ausgedehnt, so dass Spender körpereigener Organe und Gewebe, ehrenamtlich Tätige in Bund, Land, Gemeinde oder bei einer Körperschaft des öffentlichen Rechts nun ebenfalls ins Unfallversicherungsgesetz inkludiert wurden. Abgedeckt wurden jetzt sogar Zwischenmeister und Zeugen, die vor Gericht aussagten. Im neuen Gesetz wurde darüber hinaus der Unfallverhütung noch mehr Aufmerksamkeit geschenkt. So wurde z.B. vorgeschrieben, dass die Firmen und Betriebe von einer bestimmten Größe an Sicherheitsbeauftragte bestellen mussten. Die Bundesregierung wurde zudem verpflichtet, jährlich einen Unfallversicherungsbericht vorzulegen, in dem die bundesweite Situation der Unfallprävention geschildert wurde.

In Hinblick auf die Leistungen der Unfallversicherung wurde die Regelung getroffen, dass das Verletztengeld die bisherigen Unfallversicherungsleistungen wie Familien-, Kranken-, und Tagegeld ersetzte. Die Unfallrenten wurden dynamisiert, das bedeutet, dass eine jährliche Anpassung an das Preis- und Lohngefüge erfolgte. Einerseits vereinfachte die Veränderung der Leistungen der Unfallversicherung die Leistungsberechnung durch die Zusammenlegung verschiedener Leistungen. Andererseits wurden auch die Wohlfahrtsbelange der verunfallten Arbeitnehmer durch die Dynamisierung der Unfallrenten besser garantiert. [64]

Nicht zuletzt wurden mit den Neuerungen und Veränderungen nun auch Krankheiten als Berufskrankheiten eingestuft, die nicht in der Berufskrankheitsliste der alten Berufskrankheitsverordnung aufgeführt waren. Die systematische neue Gestaltung der Frage der Berufskrankheiten wurde darüber hinaus durch ein eigenständiges rechtliches Dokument geregelt.

Nachdem 1925 die Berufskrankheitsverordnung vom Reichstag in der Weimarer Republik verabschiedet worden war, folgten im Zeitraum zwischen 1929 und 1961 weitere Verordnungen, in denen die Anzahl der berufsbezogenen Krankheiten fortdauernd ausgedehnt wurde; es wurden immer mehr Krankheiten als Berufskrankheiten definiert. 1968 wurde die siebte Berufskrankheiten-Verordnung (7. BKVO) erlassen, in der insgesamt 47 Krankheiten als Berufskrankheiten aufgelistet wurden. Diese Verordnung stellte einen Versuch dar, die Regelungen zu Berufskrankheiten zu explizieren und zu vereinheitlichen. Die Ablösung der alten juristischen Dokumente durch die 7. BKVO schuf ein einheitliches und

64 Die Aktivierung und Dynamisierung der Unfallrenten entsprachen der Dynamisierung der Rentenleistungen in der gesetzlichen Rentenversicherung, vgl. die Rentenreform 1957 in der BRD.

übersichtliches Recht in Bezug auf Berufskrankheiten. 1976 wurde die 7. BKVO weiter ergänzt und revidiert; weitere vier Krankheiten wurden als Berufskrankheiten definiert.[65] Die Berufskrankheiten bildeten nun einen untrennbaren Bestandteil der gesetzlichen Unfallversicherung (Bolm-Audorff u.a. 1995).

Eine weitere sinnvolle Nachkriegsentwicklung war der Erlass des Gesetzes über die Unfallversicherung für Schüler und Studenten sowie Kinder in Kindergärten im Jahr 1971. Mit diesem Gesetz setzte sich der Gesetzgeber mit dem Thema der Versicherung gegen Unfälle von Nichtberufstätigen und der Gruppe derjenigen, die sich in der Ausbildungsphase befinden, auseinander. Mit dem Gesetz wurden Schüler an allgemein bildenden Schulen und Studierende an wissenschaftlichen Hochschulen in den Versicherungsschutz einbezogen. Inkludiert wurden auch die Kinder in der vorschulischen Phase in den Kindergärten und anderen Kinderbetreuungseinrichtungen. Die Länder, die Städte und die Gemeindeunfallversicherungsträger übernahmen vorher regelmäßig die Verantwortung für die Schüler-Unfallversicherung. Durch dieses Gesetz wurden bundesweit zusätzlich 12 Millionen Personen in die gesetzliche Unfallversicherung aufgenommen.

Nach dem Fall der Berliner Mauer im Jahr 1989 wurde der historische Prozess der deutschen Einheit vorangetrieben. Die Schaffung einer Währungs-, Wirtschafts- und Sozialunion zwischen der BRD und der DDR stand auf der Tagesordnung der deutschen Politiker. Die Inkorporation des Sozialversicherungssystems der DDR ins System der BRD war eine der wichtigsten Aufgaben im Verlauf der Etablierung der deutschen Einheit. Mit dem Einigungsvertragsgesetz von 1990 wurden neben politischen, wirtschaftlichen und finanziellen auch sozialpolitische Zielsetzungen festgelegt: die Angleichung der Systeme der sozialen Sicherung in beiden deutschen Staatsgebieten, die Angleichung der Arbeitsförderungs- und Arbeitsrechtsordnung in beiden Teilen Deutschlands, die Einführung eines gegliederten Sozialversicherungssystems im neuen Beitrittsgebiet, der Aufbau gleichartiger und gleichwertiger Hilfsangebote in den neuen Bundesländern (Heldmann 2006).

---

65 Insbesondere wurden Durchblutungsstörungen und Erkrankungen der Atemwege in die Kategorie der Berufskrankheiten einbezogen.

Im Bereich der Arbeitsunfallversicherung wurde zudem konkretisiert, wie und in welchem Tempo das bundesrepublikanische Unfallversicherungssystem auf die ostdeutschen Bundesländer ausgedehnt werden sollte. Allerdings ließ sich diese große sozialpolitische Umwälzung nur durch eine sukzessive Reform realisieren, die keinesfalls über Nacht zustande kommen konnte.[66] In der Übergangsphase galt das alte Unfallversicherungsrecht in den neuen Bundesländern weiter, aber bis zum Januar 1992 wurde das Unfallversicherungsrecht der BRD langsam übernommen. Insbesondere die Vorschriften über den Versichertenkreis, die zu beziehenden Unfallversicherungsleistungen wie das Übergangsgeld, das Verletztengeld und die Unfallrenten, die Organisationsform (Berufsgenossenschaften als Träger) sowie der Versicherungsumfang (Arbeitsunfälle, Wegeunfälle und Berufskrankheiten) wurden auf die neuen Bundesländer transferiert. Die Übergangskosten, die durch die Angleichung der DDR-Unfallversicherung an die Struktur der BRD entstanden, wurden als „DDR-Altlasten" bezeichnet. Den Unfallversicherungsträgern (den Berufsgenossenschaften) wurde unabhängig von ihren Zuständigkeitsbereichen ein gewisser Anteil an den Altlasten für Unfallversicherungsfälle (Geld- und Sachleistungen) in den ehemaligen DDR-Gebieten auferlegt. Das bedeutet, dass die enormen Übergangskosten für die Systemtransformation nicht von Staatshaushalten, sondern von den branchenspezifischen Berufsgenossenschaften finanziert wurden. Durch die Integration der Unfallversicherung der neuen Bundesländer entstand ein einheitliches Unfallversicherungssystem im vereinigten Deutschland. Die Zahl der unfallversicherten Arbeitnehmer nahm rasant zu (ebd.).

66 Die Arbeitsunfallversicherung in der DDR symbolisierte einen Bruch mit der Geschichte der deutschen Sozialversicherung, indem die Arbeitsunfallversicherung nicht über Berufsgenossenschaften, sondern über einen zentralisierten Parteistaat direkt verwaltet wurde. Der Staatsvertrag zwischen BRD und DDR entwarf eine stufenweise Anpassung des Sozialversicherungssystems der DDR an die Organisationsstruktur der BRD. Nach dem Vertrag sollte die bisherige Sozialversicherung der Arbeiter, der Angestellten und der Staatsbediensteten zu einem einheitlichen Träger der Kranken-, Renten- und der Unfallversicherung (Sozialversicherungsanstalt) zusammengeführt werden. Zum 01. Juli 1990 wurde die Sozialversicherung in den neuen Bundesländern aus einer zentralstaatlichen Struktur herausgelöst. Sie wird durch die Beiträge der Arbeitgeber und Arbeitnehmer über Umlageverfahren finanziert, während die Arbeitsunfallversicherung nur über Beiträge der Arbeitgeber finanziert wurde (Heldmann 2006).

1996 wurde das alte Reichsversicherungsgesetz zur Arbeitsunfallversicherung durch das siebte Buch des Sozialgesetzbuches (SGB VII) abgelöst, das deutsche Unfallversicherungssystem wurde schließlich in einen modernen juristischen Rahmen eingebettet. Im Vergleich zu der Reichsversicherungsordnung ist die Unfallversicherung im siebten Buch des Sozialgesetzbuches durch einige Veränderungen sowie Erweiterungen gekennzeichnet (s. auch Buss 1996).

Der Versicherungsumfang bezieht sich zwar auch auf Arbeitsunfälle, Unfälle auf dem Arbeitsweg und Berufskrankheiten, darüber hinaus wird jedoch gesetzlich vorgeschrieben, dass der Präventionsauftrag auf die Verhütung von allen arbeitsbedingten Gesundheitsgefahren erweitert werden soll. Um diese Zielsetzung zu erreichen, sind die Unfallversicherungsträger gesetzlich dazu verpflichtet, die potenziellen Ursachen von arbeitsbedingten Gesundheitsgefahren durch die Kooperation mit wissenschaftlich-gesundheitlichen Institutionen zu untersuchen und bei der Prävention mit den Krankenkassen zu kooperieren. Die Erweiterung des Präventionsauftrages zeugt von einem Ideenwandel im Bereich der Unfallversicherung, in der sich der Schwerpunkt von den Entschädigungsleistungen allmählich auf die Prävention möglicher arbeitsbedingter Gesundheitsgefahren verschiebt.

Im SGB VII wird der versicherte Personenkreis wie folgt geregelt: Von der gesetzlichen Unfallversicherung abgedeckt sind Arbeitnehmer, Personen mit arbeitnehmerähnlicher Stellung und auch die sich in der Ausbildungsphase befindenden Personen (Studenten, Schüler, Auszubildende, Kinder in Kindergärten und anderen Kinderbetreuungseinrichtungen). Nicht versichert sind dagegen Unfälle in Haushalten, Freizeitunfälle und Verkehrsunfälle. Durch den erweiterten Versichertenkreis lässt sich beobachten, dass die gesetzliche Unfallversicherung bereits über den Arbeitsschutz und das Arbeitsleben hinausragt, so dass sich die arbeitsbezogene Unfallversicherung zu einer allgemeinen Unfallversicherung entwickelt hat (SGB VII).

Der Versicherungsfall wird weitestgehend von vornherein durch alle vorbeugenden Maßnahmen verhütet, indem die Unfallversicherungsträger (die Berufsgenossenschaften) unmittelbar die Aufgabe der Prävention übernehmen. Die Berufsgenossenschaften sind dazu verpflichtet, Unfallversicherungsvorschriften zu erlassen, in denen die Einrichtungen, Anordnungen und Maßnahmen der Unternehmen zur Vorbeugung von Arbeitsunfällen und Berufskrankheiten festgehalten sind (§ 15 SGB VII). Die Unfallversicherungsträger sind ebenfalls dazu verpflichtet, Aufsichtspersonen für eine wirksame Überwachung und Beratung zu beschäftigen, die die Arbeitssicherheit der Unternehmen gewährleisten sollen (§ 19 SGB VII). Das deutsche Modell der Unfallversicherung ist durch die Prinzipien „Prävention vor Rehabilitation", „Rehabilitation vor Entschädigung" sowie „Alles aus einer Hand" gekennzeichnet. Das bedeutet, dass grundsätzlich alle wichtigen Aufgaben der gesetzlichen Unfallversicherung von einem Träger übernommen werden und Prävention Priorität genießt. Im Falle des Auftretens von Arbeitsunfällen wird zunächst Rehabilitation angestrebt, Entschädigungsleistungen folgen zuletzt, wenn andere Möglichkeiten ausgeschöpft sind. Die Sachleistungen schließen vor allem die Leistungen bei der Heilbehandlung ein, sodass die Gesundheit der verunfallten Arbeitnehmer durch die Bereitstellung von ärztlicher Betreuung, Arznei- und Verbandsmitteln, Heilmitteln und Hilfsmitteln, sowie durch die Behandlung in Krankenhäusern und Rehabilitationszentren wiederhergestellt werden kann (§ 27–34 SGB VII). Des Weiteren werden Leistungen zur Teilhabe am Arbeitsleben in Form einer beruflichen Rehabilitation bereitgestellt, wodurch die geminderte Berufsfähigkeit bei Eintritt eines Unfalls verbessert werden soll (§ 35 SGB VII). Darüber hinaus werden Kraftfahrzeughilfe, Wohnungshilfe und Haushaltshilfe bereitgestellt. Kinderbetreuungskosten und Reisekosten werden gewährt, um eine Teilnahme von Verunfallten oder krankheitsbedingt Arbeitsunfähigen am gemeinschaftlichen Leben zu ermöglichen (§ 39–42 SGB VII).

Zu den Geldleistungen der gesetzlichen Unfallversicherung wird gesetzlich explizit geregelt, dass die Leistungen in Verletztengeld, Übergangsgeld und Unfallrente klassifiziert werden. Bis zu sechs Wochen nach dem Eintritt eines Arbeitsunfalls haben die betroffenen Arbeitnehmer Rechtsanspruch auf eine Entgeltfortzahlung. In der Phase der medizinischen Behandlung wird das Verletztengeld gewährt, das 80% des vorher erzielten Arbeitseinkommens ausmacht, aber grundsätzlich das Nettoeinkommen nicht überschreitet (§ 47 SGB VII). Übergangsgeld wird gewährt, wenn die versicherten Unfallverletzten aufgrund der Minderung ihrer Erwerbsfähigkeit nicht ganztägig arbeiten können und Leistungen zur Teilhabe am Arbeitsleben beziehen. Das Übergangsgeld beträgt in der Regel 68% des Arbeitslohns. In dem Fall, dass der Versicherte ein Kind hat oder wenn die

Ehepartnerin den unfallverletzten Arbeitnehmer pflegt und daher selbst nicht erwerbstätig sein kann, wird das Übergangsgeld auf 75% der Bemessungsgrundlage angehoben (§§ 49, 50 SGB VII i.V.m. §§ 46 ff. SGB IX). Die Unfallrente ist eine der wichtigsten Basisleistungen der gesetzlichen Unfallversicherung zum Ausgleich der Risiken der Erwerbsfähigkeitsminderung. In der Regel haben die versicherten Arbeitnehmer über die 26. Woche nach Eintritt eines Unfalls hinaus Rechtsanspruch auf die Unfallrente bei einer Minderung der Erwerbsfähigkeit um mindestens 20% (§ 56 (I) 1 SGB VII). Eine Vollrente, die zwei Drittel der Bemessungsgrundlage (66,7%) beträgt, wird nur dann gewährt, wenn ein vollständiger Verlust der Erwerbsfähigkeit (eine Minderung der Erwerbsfähigkeit um 100%) durch ärztliche Befunde und Gutachten nachgewiesen ist. Eine Teilrente wird bezahlt, wenn ein Teilverlust der Erwerbsfähigkeit nachgewiesen ist. Die Höhe der Teilrente entspricht dabei dem Grad der Erwerbsfähigkeitsminderung und macht einen entsprechenden Prozentsatz der Vollrente aus (§ 56 (3) SGBVII). Die Hinterbliebenen und Verwandten der aufsteigenden Linie von tödlich verunfallten Arbeitnehmern haben laut SGB VII Rechtsanspruch auf eine Hinterbliebenenrente. Die Witwenrente beträgt grundsätzlich 30% des Arbeitslohns des Ehemannes; sie erhöht sich auf 40%, wenn die verwitwete Person älter als 47 Jahre oder nicht erwerbstätig ist oder Kinder erzieht. Die Vollweisenrente beläuft sich auf 30% des Arbeitseinkommens des Elternteils (§§ 67, 68 SGB VII).

Wie in den vorherigen Gesetzen im Rahmen der Reichsversicherungsordnung wird auch im SGB VII die Organisation der Unfallversicherung erneut geregelt. Die Unfallversicherungsträger werden je nach Berufszweig in neun Berufsgenossenschaften eingeteilt (§ 222 SGB VII). Unter den Metall-Berufsgenossenschaften befinden sich zusätzlich regional untergliederte, gewerbliche Berufsgenossenschaften, und im Bereich des Gartenbaus existiert bundesweit zuständige Gartenbau-Berufsgenossenschaft. Von der historischen Kontinuität wird hergeleitet, dass die Berufsgenossenschaften öffentlich-rechtliche Körperschaften sind, die über eine paritätische Verwaltung zwischen Arbeitgebern und Arbeitnehmern organisiert sind. Die Träger für die Unfallversicherung der Staatsangestellten liegen in der Hand der Unfallkasse des Bundes, der Unfallkassen der Länder, der Gemeindeunfallversicherungsverbände und der Unfallkassen der Gemeinde, die über eine äquivalente Funktion wie die Berufsgenossenschaften für Industriebranchen verfügen. Die Unfallversicherungsleistungen der Angehörigen des Öffentlichen Dienstes werden über Staatshaushalte finanziert.

Die gesetzliche Unfallversicherung wird, wie in der Geschichte ihrer Entwicklung üblich, über lohnsummenbezogene Beiträge in einem Umlageverfahren finanziert, die allein von den Arbeitgebern entrichtet werden. Es besteht keinerlei Beitragspflicht der Arbeitnehmer. Im SGB VII ist normiert, dass drei Ebenen der Beitragsdifferenzierung existieren. In erster Linie sind die autonomen Berufsgenossenschaften dazu verpflichtet, einen Gefahrtarif für jede Genossenschaft aufzustellen. Gemäß den unterschiedlichen Unfallrisiken sind die Berufsgenossenschaften verschiedenen Gefahrtarifen zugeordnet (§ 157 (1) SGB VII). Die zweite Ebene der Beitragsdifferenzierung ist dadurch gekennzeichnet, dass jeder Gefahrtarif in Tarifstellen eingegliedert ist. Für jede Tarifstelle wird entsprechend eine Gefahrenklasse festgestellt, die aus dem Verhältnis der ausgezahlten Versicherungsleistungen zum Arbeitslohn berechnet wird (§ 157 (3) SGB VII). Die Gefahrenklasse als sekundäres Mittel der Beitragsdifferenzierung bildet eine Gefahrengemeinschaft nach realen Versicherungsfällen. Die Einstufung bestimmter Unternehmen in eine Gefahrenklasse entscheidet unmittelbar, wie viele Beiträge ein Unternehmen entrichten muss. Die dritte Ebene der Beitragsdifferenzierung bezieht sich auf das Bonus- und Malussystem in jeder Risikogemeinschaft. Je nach den sich jährlich in den (einer Gefahrenklasse zugeordneten) Unternehmen ereignenden Unfällen wird berechnet, wie stark ein Unternehmen von der durchschnittlichen Unfallsrate einer Gefahrengemeinschaft abweicht. Bei Beitragseinzug werden entsprechend Zuschläge auferlegt oder Nachlässe gewährt (§ 162 SGB VII). Diese dritte Beitragsdifferenzierung zielt darauf ab, durch Anreizmechanismen die Zahl der Versicherungsfälle zu regulieren bzw. zu minimieren und die Unternehmen zu mehr Arbeitssicherheit und Unfallprävention zu drängen.

Die (primären, sekundären und tertiären) Beitragsdifferenzierungen sind wichtige Merkmale der gesetzlichen Unfallversicherung, wodurch sie sich deutlich von anderen Versicherungszweigen abhebt. In der Renten-, Kranken- und Arbeitslosenversicherung existieren keine differenzierten Beiträge. Zudem werden in diesen Versicherungszweigen die Beiträge von Arbeitgebern und Arbeitnehmern paritätisch entrichtet. Da im Bereich der Unfallversicherung nur die Unternehmer Beiträge entrichten, nähert sich die Unfallversicherung mehr einem arbeitgeberverantwortlichen Lösungskonzept als andere Zweige der Sozialversicherung. Daher ist die Beitragsdifferenzierung eine logische Entwicklung aufgrund stark voneinander abweichender Unfallrisiken in verschiedenen Berufsbranchen, die zudem eng mit der historischen Entwicklung der Unfallversicherung zusammenhängt und von einer hohen historischen Kontinuität geprägt ist.

Durch die oben erläuterte Entwicklung der deutschen Unfallversicherung seit dem Ende des Zweiten Weltkrieges wird deutlich, dass sich das gegenwärtige Unfallversicherungssystem in Deutschland nicht von dem der Vergangenheit getrennt betrachten lässt. Durch die folgende Zusammenfassung wird eine Gesamtbilanz über die historische Kontinuität der deutschen Unfallversicherung gezogen.

5.1.5 Das deutsche Modell der gesetzlichen Unfallversicherung im Rückblick: Kontinuität und Wandel

Bei der Darstellung der geschichtlichen Entwicklung der deutschen gewerblichen Unfallversicherung über mehr als hundert Jahre hinweg wird eine historische Kontinuität sichtbar. Die Pfadabhängigkeit besagt, dass in der Vergangenheit gültige Systeme und getroffene Entscheidungen die darauf folgenden Entwicklungen und Reformen beeinflussen. Jede Reform und Gesetzesänderung setzt stets am bestehenden System an und kann ohne eine Verbindung mit der Vergangenheit keinen Fortschritt erzielen. Die wohlfahrtsstaatlichen Forschungen haben bewiesen, dass die Tradition und die Gesellschaft eines Staates die Auswahl der nationalen sozialpolitischen Pfade stark prägt, und dass das bestehende Wohlfahrtsregime (liberal, konservativ, sozialdemokratisch) Reformen maßgeblich determiniert. Die Rentenreform und die Reform der Gesundheitspolitik jedes Landes hängen ausnahmslos mit dem früher selektierten Sozialversicherungssystem zusammen.

Wenn man das gegenwärtige gesetzliche Unfallversicherungssystem und seine Reformen in Deutschland analysiert, muss man auch das vergangene System sowie seinen Ursprung berücksichtigen. Die geschichtliche Entwicklung der gesetzlichen Unfallversicherung zeigt, dass Grundzüge der gesetzlichen Unfallversicherung trotz Reformen und Gesetzesänderungen erstaunlich gut bewahrt geblieben sind. Das Unfallversicherungsgesetz 1884 markiert einen Meilenstein der gesetzlichen Unfallversicherung, indem es in mehrerlei Hinsicht die Grundausrichtung der Arbeitsunfallversicherung in Deutschland bestimmt hat. Gewisse zentrale Prinzipien bleiben bis heute erhalten:

(1) Die Ablösung der zivilrechtlich-privatrechtlichen Unternehmenspflicht durch eine öffentlich-rechtliche Versicherung: Während vor dem Erlass des Unfallversicherungsgesetzes zur Unfallversicherung Streitigkeiten um Arbeitsunfälle zwischen Arbeitgebern und Arbeitnehmern nur über das römisch-zivilrechtliche Verfahren oder über einen einzelwirtschaftlich privaten Schadensersatz beurteilt und geschlichtet werden konnten, wird mit dem ersten Gesetz zur Unfallversicherung ein neues kollektives überbetriebliches Sozialversicherungssystem aufgebaut. Die durch einen Unfall geschädigten Arbeitnehmer beziehen ihre Unfallversicherungsleistungen nicht mehr über die eigenen Unternehmen, sondern über die Unfallversicherungsträger. Gesetzliche Streitigkeiten um Arbeitsunfälle werden nicht mehr über Zivilgerichte, sondern über Sozialgerichte ausgefochten.

(2) Das Prinzip der verschuldensunabhängigen Haftung/Absicherung: Mit dem Unfallversicherungsgesetz 1884 wurde ein Sozialversicherungsmodell aufgebaut. Verunfallte Arbeitnehmer können unabhängig von einer Beweislast Schadensersatz beanspruchen. Das bedeutet, dass die eingetretenen Schäden auch unter dem Umstand der Fahrlässigkeit der Arbeitnehmer durch Schadensersatzleistungen aufgefangen werden. Sowohl die Arbeitgeber als auch die Arbeitnehmer trifft keine gesetzliche Pflicht, einen Verschuldensnachweis diesbezüglich zu führen. Nur vorsätzlich herbeigeführte Unfälle (durch die Beschädigten selbst oder durch Dritte) sind aus dem Bereich der gesetzlichen Unfallversicherung ausgeschlossen.

(3) Das Prinzip der Arbeitgeber-Beitragspflicht: Im Unterschied zu anderen Versicherungsbereichen wie Alterssicherung und Krankenversicherung wird den Arbeitnehmern die Beitragspflicht entzogen. Die Beiträge der Unfallversicherung entrichten allein die Arbeitgeber. Dieses Prinzip bewährt sich von 1884 bis heute.

(4) Umlageverfahren: Das Gesetz wurde 1884 so entworfen, dass die Unfallversicherungsleistungen über ein Umlageverfahren finanziert

werden. Die erhobenen Beiträge werden je nach Umlagesoll (den real nachgefragten Unfallversicherungsleistungen in einem Jahr) festgelegt.

(5) Versicherungsträger als öffentlich-rechtliche Körperschaft mit Selbstverwaltung: Ebenfalls kennzeichnend für eine hohe historische Kontinuität ist die Tatsache, dass die Unfallversicherungsträger branchenspezifische Berufsgenossenschaften sind, die als öffentlich-rechtliche Körperschaften über ein Selbstverwaltungsrecht verfügen. Die Arbeitgeber und die Versicherungsvertreter partizipieren paritätisch an der Verwaltung der Berufsgenossenschaften. Jede Berufsgenossenschaft bildet eine Gefahrengemeinschaft und Risiko-Ausgleichseinheit, die einem bestimmten Gefahrtarif zugeordnet ist.

Es konnte jedoch auch gezeigt werden, dass das Unfallversicherungssystem neben der historischen Kontinuität im Laufe der geschichtlichen Entwicklung durch neue strukturelle Elemente und Innovationen ergänzt und erweitert wurde. Durch die neuen Gesetzgebungen für das Unfallversicherungssystem im Deutschen Reich, in der Weimarer Republik und in der Bundesrepublik Deutschland werden folgende Veränderungen eingeleitet:

(1) Der Versichertenkreis der gesetzlichen Unfallversicherung wird kontinuierlich erweitert. Ursprünglich wurden nur bestimmte Bevölkerungsgruppen mit hohen branchenspezifischen Risiken vom gesetzlichen Unfallversicherungssystem abgedeckt. Im Lauf der geschichtlichen Entwicklung werden alle Arbeitnehmer und die Personen mit einer arbeitnehmerähnlichen Stellung in die gesetzliche Unfallversicherung inkludiert. Einbezogen sind auch Beschäftigte in der Land- und Forstwirtschaft, Angestellte, Staatsbedienstete, Studenten, Schüler usw. Eine erkennbare Tendenz ist, dass sich die Arbeitsunfallversicherung allmählich zu einer allgemeinen Unfallversicherung entwickelt.

(2) Der Schutzbereich für die gesetzliche Unfallversicherung wird kontinuierlich ausgedehnt. Ursprünglich gelten nur die Unfälle als Versicherungsfälle, die unmittelbar am Arbeitsplatz und durch das Beschäftigungsverhältnis bedingt herbeigeführt wurden. Im Lauf der Geschichte findet ein Deutungswandel statt, indem die Berufskrankheiten und die Unfälle auf dem Arbeitsweg ebenfalls in die Versicherungsbereiche der gesetzlichen Unfallversicherung eingeordnet werden. Der Definitionswandel zeugt davon, dass die Unfallversicherung als ein eigenständiger

Sozialversicherungsbereich eine eigene Komplexität aufgebaut hat und sich deutlich von anderen Zweigen der Sozialversicherung abgrenzt.

(3) Die zentralen Leistungen der gesetzlichen Unfallversicherung sind die Entschädigungsleistungen, nämlich das Verletztengeld, Übergangsgeld und die Unfallrente einschließlich der Hinterbliebenenrente. Die Entschädigungsleistungen werden allerdings im Lauf der historischen Entwicklung um zwei andere Leistungssäulen – Prävention und Rehabilitation – ergänzt und erweitert.

Nach den Erläuterungen zu den Merkmalen der gesetzlichen Unfallversicherung in Deutschland ist ein speziell deutsches Modell gut zu erkennen: Ein Unfallversicherungssystem, das auf dem Sozialversicherungsprinzip beruht, wird über öffentlich-rechtliche Unfallversicherungsträger mit paritätischer Selbstverwaltung organisiert. Dieses System wird über Arbeitgeberbeiträge auf dem Weg des Umlageverfahrens finanziert. Prävention, Entschädigung und Rehabilitation stehen im Mittelpunkt dieses Versicherungssystems. Das Recht der Versicherten auf entsprechende Leistungen aus der Arbeitsunfallversicherung ist ein einklagbares Sozialrecht eines Individuums, das im SGB VII kodifiziert wird.

5.2 Unfallversicherungssysteme in den westlichen Industrienationen im Vergleich

Nachdem die Entwicklung der gesetzlichen Unfallversicherung in Deutschland chronologisch erläutert worden ist, wird hier das Unfallversicherungssystem anderer Industrienationen vorgestellt. Da das Modell der öffentlich-rechtlichen sozialen Unfallversicherung als ein Idealtyp weltweit von den meisten Ländern eingeführt wird, sorgt der Welttrend gleichzeitig für ein vergleichsweise einflussschwaches angelsächsisches liberales System der AUV. Durch die Darstellung der AUV in den USA wird erklärt, warum die USA kein amerikanisches Modell der AUV auf der Weltgesellschaftsebene bereitstellen können und weswegen ein globales Modell ohne die USA möglich ist.

5.2.1 Sozialversicherungsmodelle in anderen Industrienationen

In den Industrienationen werden Arbeitsunfallrisiken meist durch eine kollektive Sozialversicherung ausgeglichen. Obwohl die Systeme der

„Sozialversicherungsländer" je nach Organisation und Finanzierung variieren, verfügt die Sozialversicherung als ein Modell in mehreren Ländern über bestimmte gemeinsame Merkmale: (1) Es existiert eine überbetriebliche Risikogemeinschaft, in der Versicherungsfonds aufgebaut und somit die Unfallrisiken kollektiviert und vergesellschaftet werden. (2) Die Beschädigten beziehen die Leistungen nicht aus den eigenen Unternehmen, sondern aus öffentlich-rechtlichen Institutionen. (3) Das Kernprinzip des Sozialversicherungsmodells ist von der ökonomischen Gewinnlogik abgekoppelt, es zielt auf eine Lebensstandardsicherung durch Gewährung entsprechender Geld- und Sachleistungen ab. (4) Das Rechtsgefüge, das mit dem Sozialversicherungsmodell übereinstimmt, ist nicht das römisch-zivile Recht, sondern das öffentlich-rechtliche Sozialrecht. (5) Es besteht eine obligatorische gesetzliche Pflicht für die Inklusion aller Arbeitnehmer in die gesetzliche Unfallversicherung.

Die typischen Sozialversicherungsländer sind Frankreich, Österreich, Deutschland, Schweden, Spanien sowie andere europäische Staaten. Die Risiken der Arbeitsunfälle und Berufskrankheiten werden durch überbetriebliche und soziale Versicherungssysteme abgemildert. In allen diesen Ländern werden durch die Arbeitsunfallversicherung Geldleistungen und Sachleistungen erbracht. Verletztengeld, Krankengeld sowie die Unfallrenten bilden die Grundleistungen der industriellen Unfallversicherung in allen Sozialversicherungsländern. Leistungsniveau und Leistungsdauer variieren allerdings von Land zu Land: In Spanien beträgt die Unfallrente 75% des Bruttoeinkommens, in Deutschland 66,7%, in Großbritannien zeichnet sich ein relativ niedriges Leistungsniveau ab, die Unfallrente beträgt lediglich 144 € pro Woche (Schmid 2002).

Die Voraussetzung für einen Leistungsbezug wird in den meisten Ländern nur erfüllt, wenn eine partielle oder vollständige Erwerbsfähigkeitsminderung auf Dauer festgestellt wird. In Deutschland wird eine Unfallrente bei einer Erwerbsfähigkeitsminderung um mindestens 20% gewährt, in Großbritannien um 14%, in Schweden um 6,6%, während es in Frankreich keinen Mindestsatz gibt. In allen Sozialversicherungsländern wird eine Hinterbliebenenrente (und eine Waisenrente) gezahlt. Das Arbeitsunfallversicherungssystem wird in den meisten Sozialversicherungsländern über Arbeitgeberbeiträge auf dem Weg des Umlageverfahrens finanziert. Die Ausnahme dazu bildet das Finanzierungsmodell in Großbritannien, in dem die Finanzierung der Versicherung über Arbeitgeber- und Arbeitnehmerbeiträge geregelt ist. Im Hinblick auf die Organisationsform der Arbeitsunfallversicherung bestehen verschiedene Varianten: Während in Deutschland die Arbeitsunfallversicherung über eine selbstverwaltete öffentlich-rechtliche Körperschaft organisiert wird, wird die Arbeitsunfallversicherung in Großbritannien als allgemeine Sozialversicherung durch eine staatlich-administrative Bürokratie verwaltet (Schmid 2002).

5.2.2 Gemischtes Modell zwischen privater und bundesstaatlich-öffentlicher Versicherung in den Vereinigten Staaten

Seit dem Ende des amerikanischen Bürgerkrieges (1861–1865) sahen sich die Vereinigten Staaten mit einer Ära der rasanten Industrialisierung konfrontiert. 1895 lösten die USA Großbritannien in Bezug auf dessen Status der „Weltfabrik" ab. Die USA waren zur größten Volkswirtschaft der Welt herangewachsen. Die schnelle industrielle Expansion führte zu einer inkrementellen Zunahme der Fertigungsproduktion in den USA, die wiederum mit einem unproportionalen Anstieg der Anzahl von großen industriellen Unfällen verbunden war. Insbesondere wurden die Bundesstaaten Pennsylvania, Wisconsin und Massachusetts, wo besonders viel Schwerindustrie angesiedelt war, durch massive Arbeitsunfälle im Kohlebau belastet. In dieser Zeit zeichnete sich in den Vereinigten Staaten die höchste Arbeitsunfallquote unter allen Industrienationen ab. Anders als in den europäischen Ländern waren in den USA wirtschaftsliberale Normen und Prädestinationsglaube weit verbreitet. Sie wirkten sich auf den Bereich der Arbeitsunfallversicherung so aus, dass die privat-rechtliche Unternehmerhaftpflicht lange Zeit dominierte. Schadensersatzleistungen wurden nur dann gewährt, wenn die Arbeitnehmer ihre Arbeitgeber verklagten und die gerichtliche Auseinandersetzung aufgrund ihrer Beweisführung gewannen. Es fehlte an einer gesetzgebenden Regulierung und einer obligatorischen Versicherungspflicht für die Arbeitnehmer (Fishback und Kantor 1996, 2000).[67]

67 vgl. Card und McCall 2006.

Tabelle III: Die Einführungszeit für die Arbeitsunfallversicherung der amerikanischen Bundesstaaten

Jahr	Bundesstaat
1910	New York
1911	California, Illinois, Kansas, Massachusetts, Nevada, New Hampshire,
	New Jersey, Ohio, Washington, Wisconsin
1912	Maryland, Michigan, Rhode Island
1913	Arizona, Connecticut, Iowa, Minnesota, Nebraska, Oregon, Texas, West Virginia
1914	Louisiana, Kentucky
1915	Colorado, Indiana, Maine, Montana, Oklahoma, Pennsylvania, Vermont, Wyoming
1917	Delaware, Idaho, New Mexico, South Dakota, Utah
1918	Virginia
1919	Alabama, Missouri, North Dakota, Tennessee
1920	Georgia
1929	North Carolina
1935	Florida, South Carolina
1939	Arkansas
1948	Mississippi

Eigene Darstellung. Datenbasis: Fishback und Kantor 2000

Die schnell expandierende Industrialisierung sowie die rückständige Sozialversicherung führten oft zu sozialen Krisen und Konflikten. Angesichts der neuen Situation wurde 1910 in New York City zum ersten Mal ein Gesetz für eine industrielle Unfallversicherung verabschiedet. Anders als in Deutschland spielten die politischen Kämpfe zwischen Parteien in den USA jedoch eine geringere Rolle. Hier bildeten eher verschiedene Interessengruppen eine breite Unterstützungskoalition für eine gesetzliche Unfallversicherung. Sämtliche Verhandlungsparteien wie Unternehmerverbände, Gewerkschaften, Landesregierungen und private Versicherungsgesellschaften strebten danach, ein gesetzliches Unfallversicherungssystem auf bundesstaatlicher Ebene aufzubauen. Die Unternehmer wollten sich sozusagen Frieden am Arbeitsplatz „erkaufen" und die massiv gestiegenen gerichtlichen Kosten kontrollieren. Ein gesetzlich reguliertes Haftpflichtsystem stellte für Arbeitgeber eine sinnvolle Lösung zur Vermeidung von Konflikten im Unternehmen dar. Die Arbeitnehmer wollten mehr Sicherheit und eine effiziente Form des Schadensersatzes, die eintretende Schäden besser ausgleichen konnte. Die Landesregierungen wollten ihren eigenen administrativen Verwaltungsbereich ausweiten und stärker in die private Wirtschaft eingreifen. Auch die privaten Versicherungskonzerne hatten ein großes wirtschaftliches Interesse daran, Arbeitsunfälle in den kommerziellen Versicherungsbereich einzubeziehen. Unter diesen Umständen bildete sich bald die Arbeitsunfallversicherung als erster Versicherungsbereich in den USA heraus, der durch ein bundesstaatliches Gesetz reguliert wurde (Fishback und Kantor 2000).

Schaubild VI: Die kumulierte Zahl der US-Bundesstaaten mit Arbeitsunfallversicherungssystem

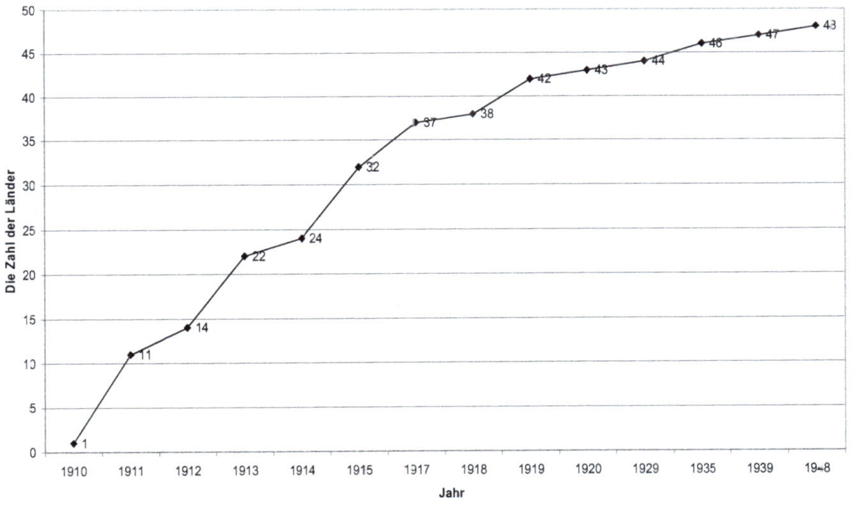

Eigene Darstellung. Datenbasis: Fishback und Kantor 2000

Das Schaubild VI oben zeigt, dass im Laufe der Jahre zwischen 1910 und 1920 immer mehr amerikanische Bundesstaaten ein Sozialversicherungsgesetz für eine Arbeitsunfallversicherung verabschiedeten. Ursprünglich waren manche Bundesstaaten besorgt, ob die Einführung einer gesetzlichen obligatorischen Unfallversicherungspflicht zu steigenden Arbeitskosten führen würde und ob sie sich deswegen in einer ungünstigen Position im Hinblick auf wirtschaftliche Konkurrenzfähigkeit befinden würden; daher zögerten einige Bundesstaaten bei der Einführung. Aber mit der drastisch zunehmenden Zahl an Einführungen der Arbeitsunfallversicherung in immer mehr Bundesstaaten hatte sich das Unfallversicherungssystem bald flächendeckend in den Vereinigten Staaten ausgeweitet. Während vor 1910 noch kein Bundesstaat eine gesetzliche Unfallversicherung eingeführt hatte, stieg bis 1915 die Zahl der Bundesstaaten mit einer industriellen Unfallversicherung auf 24, bis 1920 sogar auf 44 an. Bis 1948 wurden fast in allen Bundesstaaten (außer Alaska und Hawaii) Gesetzgebungen für eine Arbeitsunfallversicherung verabschiedet.

Es stellt sich heraus, dass das System der industriellen Unfallversicherung in den Vereinigten Staaten ein hoch fragmentiertes System ist, das durch die föderale politische Struktur der USA geprägt ist. Das föderale Arbeitsunfallversicherungssystem der Vereinigten Staaten ist dadurch gekennzeichnet, dass keine einheitliche nationale Gesetzgebung für eine industrielle Unfallversicherung erlassen wird. In Bezug auf die Finanzierung, Organisation und Verwaltungsform existieren unterschiedliche Versicherungssysteme, um die Unfallrisiken abzudecken: (1) In sechs Bundesstaaten, darunter Ohio und West Virginia, sind die Unternehmer gesetzlich verpflichtet, sich dem Landesversicherungsfonds anzuschließen. Die Unfallversicherungsleistungen werden direkt von den öffentlichen Versicherungsfonds erstattet. Es besteht eine obligatorische Pflicht, dass die Arbeitnehmer gesetzlich unfallversichert sein müssen. (2) In 22 Bundesstaaten müssen die Arbeitgeber ihre Arbeitnehmer privat absichern und die Schadensersatzleistungen werden von privaten Versicherungsfirmen ausgeglichen. Obwohl die Arbeitnehmer privat versichert sind, unterliegen sie einer gesetzlichen Versicherungspflicht. Die private Unfallversicherung wird damit rechtlich reguliert. (3) In 20 Bundesstaaten konkurrieren die bundesstaatlichen Versicherungsfonds und die privaten Versicherungsgesellschaften um die Unfallversicherung. Die Arbeitgeber müssen sich entweder einer privaten Versicherung oder den öffentlichen Fonds anschließen. In diesem Fall entsteht ebenfalls eine gesetzliche obligatorische Pflicht für Arbeitgeber, ihre Belegschaften zu versichern, aber zwei Versicherungsformen koexistieren unter der gesetzlichen Regulierung. (4) In einigen wenigen Fällen besteht weiter kein gesetzlich vorgeschriebenes Unfallversicherungssystem, die Arbeitgeber haben lediglich eine Unternehmer-Haftpflicht. Das Zivilrecht rahmt diese Unternehmer-Haftpflicht (Williams 1991; Fishback und Kantor 2000).[68]

Den amerikanischen Unfallversicherungssystemen wird gerade diese Heterogenität und Fragmentierung vorgeworfen. Außerdem gibt es immer noch Arbeitnehmer, die von keinem Sicherungsnetz gegen Arbeitsunfälle abgedeckt werden.

5.2.3 Niederlande: Verzicht auf Aufbau einer eigenständigen industriellen Unfallversicherung

Die Niederlande gehören zu den wenigen Nationen der Welt, in denen keine spezielle industrielle Unfallversicherung aufgebaut wird, sondern sie generell dem Krankenversicherungs- und Alterssicherungsgesetz untergeordnet ist. Die Absicherung der industriellen Unfallrisiken hängt deswegen mit mehreren Versicherungsbereichen und verschiedenen Versicherungsgesetzen zusammen. Die zentralen Gesetze für den Ausgleich von Unfallrisiken sind das Krankenversicherungsgesetz, das Invaliditätsgesetz, das Versicherungsgesetz für Behinderte und das allgemeine Gesetz für Witwen und Waisen (ISSA 1999).

Nach dem Eintritt von Unfallschäden haben die Unfallverletzten Anspruch auf eine sofortige medizinische Behandlung und Betreuung. Während der Behandlung haben die Geschädigten Ansprüche auf Krankengeld, das 70% des Bruttoeinkommens der Arbeitnehmer nicht überschreitet. Die Sachleistungen (medizinische Behandlung und Medikamente) sowie die Geldleistungen werden über die Krankenkasse bezahlt. Bei einer dauerhaften Erwerbsfähigkeitsminderung werden Renten (Geldleistungen) gewährt, die über den Bereich des Invaliditätsgesetzes geregelt werden. Das Krankenversicherungsgesetz deckt alle Arbeitnehmer, ihre Familienangehörigen, alle Arbeitslosen und Rentner ab, während das Invaliditätsgesetz nur die Arbeitnehmer erfasst. Die Finanzierung zur Kompensation der Unfallrisiken erfolgt im Bereich der Krankenversicherung über die Beiträge der Arbeitgeber und Arbeitnehmer, dagegen werden die endgültigen Geldleistungen (Unfallrenten) ausschließlich über die Beiträge der Arbeitnehmer zur Invaliditätsversicherung finanziert. Insofern unterscheidet sich

68 Zur Analyse der amerikanischen Arbeitsunfallversicherung vgl. Worral 1985.

das Vorgehen der Niederlande von dem der meisten Industrienationen, in denen die Sach- und Geldleistungen für die Unfallversicherung über Arbeitgeber-Beiträge finanziert werden. Obwohl das niederländische System fast alle unfallbezogenen Risiken kompensiert und die Leistungen ebenfalls Krankengeld, Rente, Hinterbliebenenrente und andere Sachleistungen umfassen, wird dem System eine mangelnde Berücksichtigung der Eigenständigkeit industrieller Unfälle vorgeworfen. Weltweit gibt es lediglich in Neuseeland und in der Schweiz eine ähnliche Versicherungsform gegen Unfallrisiken, d.h. auch in diesen Staaten wird kein spezieller Unfallversicherungszweig gebildet (vgl. SSA 1999).

5.3 Fazit

Im deutschen Modell der Unfallversicherung zeichnet sich eine öffentlich-rechtliche soziale Unfallversicherung ab, die die Arbeitgeber-Haftpflicht ablöst und sie in eine öffentlich-rechtliche Sozialversicherung überführt. Berufsbezogene Risiken (Verletzungen, Unfälle und Krankheiten) werden hierbei auf überbetrieblicher Ebene kollektiviert und vergesellschaftet. Dieses Modell zielt darauf, drei verschiedene Sektoren, die Prävention, Entschädigung und Kompensation, unter einer Dachorganisation zu vereinigen. Die drei Ziele werden darüber hinaus als Aufgabentrias verstanden. Das deutsche Modell der Unfallversicherung hat einen kontinuierlichen Wandel durchgemacht, in deren Verlauf immer mehr Berufsgruppen und sogar nicht erwerbstätige Personenkreise wie Studenten, Schüler und Kindergartenkinder in die gesetzliche Unfallversicherung einbezogen wurden. Insgesamt ist festzuhalten, dass das deutsche Unfallversicherungssystem in seiner mehr als 130 jährigen Entwicklungsgeschichte seine institutionellen Merkmale erstaunlich konstant bewahrt hat und eine hohe Kontinuität sowie Konsistenz aufweist. Das deutsche Modell der Unfallversicherung ist zwar ein nationales Modell, trägt aber gleichzeitig einen weltregionalen und globalen Charakter, und prägt maßgeblich die globalen Diskurse der AUV.

Im Gegensatz zu dem weltweit gut angesehenen Unfallversicherungssystem in Deutschland wurde im angelsächsischen kulturellen Raum kein Gegenmodell zur globalen AUV gebildet. In den USA bestehen lediglich atomisierte Arbeitsunfallversicherungssysteme, die zwischen den einzelnen Bundesstaaten stark variieren. Die hohe Fragmentisierung der amerikanischen Unfallversicherung führt ebenfalls dazu, dass weltweit kein Gegenmodell zur sozialen Unfallversicherung gebildet wird. Die private Absicherung gegen Arbeitsunfälle versagt auf der operativen Ebene maßgeblich, weil sie den vielseitigen Aspekten und Problemen, wie der rationalen Berechnung der Kosten für Berufskrankheiten, der Rehabilitation und der Prävention nicht gerecht wird. Ein anderes Versicherungsmodell jenseits der Sozialversicherung wie z.B. in den Niederlanden, wo die Arbeitsunfallversicherung nur dem Funktionsbereich der Kranken- und Rentenversicherung unterliegt, verkennt die Tatsache, dass die AUV als institutionelle Vermittlung zwischen verschiedenen Bereichen (Arbeitsschutz und Sozialversicherung) eine eigene Professionalität und Eigendynamik entwickelt hat. Die Unfallversicherung verfügt über eine Risikostruktur, die sich deutlich von der Risikostruktur anderer Zweige (wie Altersrisiken, gesundheitsbedingter Risiken und Arbeitslosigkeitsrisiken) unterscheidet. Diese spezielle Risikostruktur sollte daher über eine selbstständig agierende Institution verwaltet werden.

Kapitel 6 Die Arbeitsunfallversicherung im kommunistischen China

6.1 Kommunistische Wohlfahrtsideologie

1949 besiegten die kommunistischen Truppen die nationalistische Partei in China. Am 01.10.1949 rief der Vorsitzende der Kommunistischen Partei Chinas (KPCh) Mao Zedong die Gründung der Volksrepublik China aus. Zu Beginn des neuen Chinas war die KPCh einer Situation der Anarchie ausgesetzt: Die Volkswirtschaft brach wegen des kontinuierlichen Bürgerkriegs zwischen Nationalisten und Kommunisten zusammen, die Inflation stieg auf eine zweistellige Zahl an, das Volk litt an Gütermangel. Die neue chinesische Regierung hatte unter der Führung der KPCh den ersten Fünfjahresplan der Volkswirtschaft entworfen, dessen Mottos: „Lernen vom sowjetischen Vorbild der Industrialisierung" lautete. Der Schwerpunkt der Entwicklung lag darauf, alle nationalen Ressourcen zu mobilisieren, um die Schwerindustrie in einem kurzen Zeitraum voranzutreiben. Unter diesem Modell verstaatlichte die KPCh alle Unternehmen mit verschiedenen Eigentumsverhältnissen. Gleichzeitig wurden auch die Ackerländer verstaatlicht und den Bauern zugeteilt. 1956 wurden die den Bauern zugeteilten Ackerländer erneut kollektiviert und alle Bauern wurden in Volkskommunen organisiert (Dohmen 1979).[69]

Durch die radikale Reform der KPCh verfügte der neue chinesische Staat über massive Ressourcen und war deswegen in der Lage, durch politische Zuwendung die Schwerindustrie zu fördern. Somit wandelte sich die chinesische Gesellschaft von einer agrarischen in eine industrielle Gesellschaft. Diese neue Industrialisierungspolitik wurde in China als „Schere zwischen Industrie und Landwirtschaft" bezeichnet; das bedeutete, dass das Interesse der Bauern geopfert wurde, um die Industrialisierung landesweit zu fördern. Die Preise der agrarwirtschaftlichen Produkte wurden künstlich auf dem niedrigsten Niveau gehalten, um die Industrie indirekt zu subventionieren. Insofern wurden die Wohlfahrtsbelange der städtischen Einwohner als oberste Priorität der staatlichen Politik abgesichert,

69 vgl. Dixon 1981.

während der Lebensstandard in den ländlichen Gebieten auf einem sehr niedrigen Niveau blieb. Nicht zu vernachlässigen ist dabei, dass in jener Zeit mehr als 90% der chinesischen Einwohner auf dem Land lebten, nur weniger als 10% der Chinesen lebten in den Städten (vgl. Dohmen 1979).

Aufgrund der extremen Diskrepanz zwischen Stadt und Land entstand ein duales Modell in China. In den Stadt- und Landgebieten bestanden völlig unterschiedliche wirtschaftliche, politische und soziale Modelle. Die politischen und sozialen Rechte waren in jener Zeit ebenfalls gespalten. Migration zwischen Land und Stadt war streng verboten. Ein System der Wohnungsregistrierung wurde eingeführt, so dass jede Reise zwischen Land und Stadt sowie jede Dienstreise zwischen Städten nur nach vorheriger Anmeldung bei den betreffenden Administrationen durchgeführt werden konnte. Insofern existierte im kommunistischen China faktisch keine Binnenmigration, die durch individuelle Vor- und Zuzüge zustande kam. Eine Binnenmigration war nur möglich, wenn die Regierung aufgrund einer politischen Kalkulation ein Migrationsprojekt zum Bevölkerungsausgleich verschiedener Regionen förderte. Die Systeme der sozialen Sicherung zwischen Stadt und Land klafften daher weit auseinander: Während die städtischen Einwohner unter einem noch relativ niedrigen Lebensstandard von umfassenden Programmen zur sozialen Sicherung aufgefangen wurden, stand für die Bauern nur ein dürftiges Sozialwohlfahrtssystem zur Verfügung. [70]

---

70 Die üblichen sozialen Wohlfahrtssysteme in den ländlichen Gebieten des kommunistischen Chinas schlossen die so genannten „Fünf Garantien“ ein. Es handelt sich um bedürftigkeitsgeprüfte kategoriale Systeme, die auf die Alten ohne Kinder, die Witwen, die Waisen, die Behinderten und die Kriegsverletzten ausgerichtet waren, die über keinerlei Unterhaltseinnahmen (aus Familien, personellen Netzwerken) verfügten. Ihnen wurden gewisse Wohlfahrtsleistungen für Essen, Kleider, Wohnung und Beerdigungen von den Volkskommunen gewährt. Obwohl die ländliche Sozialwohlfahrt in der Mao-Zeit im Vergleich zur städtischen prekär war, bestand immerhin ein Gesundheitssystem, das mehr als 90% der Bauern abdeckte. Auf dem Land behandelten „Barfußärzte“ die kranken Bauern. Sie waren erfahrene Graswurzel-Ärzte, die zwar keine reguläre Hochschulausbildung für Medizinwissenschaft bekamen, aber von den staatlichen medizinischen Institutionen ausgebildet wurden. Laut Sen hatten die umfassenden Ausbildungsprogramme und die Gesundheitsvorsorge in den ländlichen Gebieten Chinas während der kommunistischen Zeit dazu beigetragen, dass

Die unterschiedlichen Wohlfahrtsmodelle reflektieren die führende kommunistische Wohlfahrtsideologie in der Mao-Zeit. Diese leitete sich generell aus dem sowjetischen Sozialwohlfahrtsmodell her und beinhaltete, dass die Arbeiterklasse die Pioniere des Proletariats repräsentierte. Sie war mit der fortschrittlichsten Produktivität gleichzusetzen. Die verstaatlichten Unternehmen produzierten Industriegüter unter zentralstaatlicher Planung, Steuerung und Koordination. Sie selber waren nicht für Gewinn und Verluste verantwortlich. Laut der kommunistischen Ideologie stellten die staatlichen Unternehmen das fortschrittlichste Eigentumsverhältnis dar. Politisch übernahm die Arbeiterklasse die Mission, die Menschheit der Welt von der kapitalistischen Ordnung zu emanzipieren. Der kommunistischen politischen und wirtschaftlichen Ideologie entsprechend sollte die Arbeiterklasse als neue Aristokratie der Gesellschaft über Ansprüche auf die umfassenden Sozialwohlfahrtsleistungen verfügen. Die Arbeiter in den Staatsunternehmen waren unkündbar. Gleichzeitig führte die KPCh eine Politik der Vollbeschäftigung durch. Jedem städtischen Einwohner im Erwerbsalter wurde von der Regierung ein Arbeitsplatz zugewiesen, weshalb es offiziell im kommunistischen China keine Arbeitslosigkeit gab. Die Arbeiter waren gewöhnlich lebenslang in einem Staatsunternehmen beschäftigt, in dem alle Wohlfahrtsleistungen wie öffentliche Krankheitsbehandlung und Pensionsleistungen bereitgestellt wurden. In den staatlichen Unternehmen bestanden ebenfalls öffentliche ganztägige Kinderbetreuungseinrichtungen und Schulen, die unentgeltlich von den Kindern der eingestellten Arbeiter im Staatsunternehmen besucht werden konnten. So bildete jedes Staatsunternehmen eine Schutzinstanz, die als das *Danwei* (Einheit) bezeichnet wurde (Emerson 1976).

Die umfassenden Schutzprogramme für die Arbeiter der staatlichen Unternehmen hatten eine wichtige Bedeutung für die chinesische Regierung unter der KPCh. Sie räumte der Arbeiterklasse einen besonderen politischen Status ein, wodurch das Loyalitätsbewusstsein der Arbeiter hergestellt werden sollte. Wenn sich die Arbeiter mit einer Garantie der

die Alphabetisierungsrate und die Lebenserwartung rasant anstiegen. So wurde das Humankapital geschaffen, das seit der Reform von der marktwirtschaftlichen Entwicklung dynamisch ausgenutzt wird (s. Sen 2002).

Arbeitssicherheit auf das Produktionsverfahren konzentrieren konnten, wurde der Aufbau der Schwerindustrie in China beschleunigt. So wurde auch der Industrialisierungsplan der KPCh erleichtert. Andererseits förderte ein sicheres Leben der Arbeiter die politische Stabilität in den zentralen Gebieten Chinas, die von der Regierung ebenfalls sehr geschätzt wurde. Generell zeigte die kommunistische Regierung schon Interesse daran, die Gesundheit der Arbeiterklasse zu verbessern.

Im Folgenden wird erläutert, wie die Politik des Arbeitsschutzes im kommunistischen China funktionierte und wie die Risiken der Arbeitsunfälle durch Sicherungsprogramme ausgeglichen wurden.

6.2 Die Arbeitsunfallversicherung im kommunistischen China (1949–1978)

Im neuen China unter der Führung der KPCh waren die chinesischen Arbeiter schwerwiegenden Berufsunfällen und Arbeitsverletzungen ausgesetzt, weil das Programm der Industrialisierung schnell voranschritt und die Beschäftigten gewöhnlich mit einfachen Arbeitsinstrumenten und Maschinen ausgestattet waren. Die steigende Zahl der Berufsunfälle gefährdete die staatliche Stabilität und stimmte mit der kommunistischen Ideologie nicht überein. 1950 wurde „Die vorläufige Verordnung zur Entschädigung der Kriegsverletzten und der Revolutionsveteranen“ vom Innenministerium verabschiedet, in der ein kategoriales Sozialsicherheitssystem für bestimmte Bevölkerungsgruppen eingeführt wurde. 1951 wurde „Die Arbeitsversicherungsverordnung der Volksrepublik China“ vom Staatsrat verabschiedet. In die Arbeitsversicherungsordnung waren zunächst lediglich die Staatsunternehmen, die privaten Unternehmen, die gemischt staatlich-privaten Unternehmen und die Versorgungsgenossenschaften einbezogen, die mehr als 100 Arbeitnehmer hatten. Nur bestimmte Berufszweige waren durch die Verordnung abgesichert, wie z.B. Eisenbahn, Flugverkehr, Post usw. Allerdings weitete sich der Deckungsgrad der sozialen Sicherung kontinuierlich aus. 1956 wurden 94% der staatlichen, privaten und genossenschaftlichen Unternehmen in den Schutzbereich der Arbeitsversicherungsordnung aufgenommen (Cai 2004).

Die Arbeitsversicherungsverordnung implizierte umfangreiche Wohlfahrtsleistungen wie Renten/Pensionen, öffentliche Krankenvorsorge, Unfallschutz und Geburtensicherung.[71] Die Sozialsicherheit im kommunistischen China wurde folgendermaßen finanziert: Die Unternehmen entrichteten 3% der Beiträge des Arbeitseinkommens an die Betriebsgewerkschaften, die die Arbeitsversicherungsfonds bildeten. 70% der Fonds wurden an den Gesamtgewerkschaftsbund Chinas gezahlt, 30% der Fonds blieben in den Betrieben. Der nationale Gewerkschaftsbund Chinas übernahm die Verantwortung, einen Leistungsausgleich zwischen verschiedenen Regionen und Betrieben durchzusetzen und die finanzschwachen Staatsbetriebe zu subventionieren. Die Leistungsauszahlung erfolgte zum Teil innerhalb der Unternehmen, in welchen die Arbeitnehmer eingestellt waren. Die Geldleistungen (wie Pension) wurden von öffentlichen Arbeitsversicherungsfonds bestritten (Sun, 2007; Chen 2005).

Die Leistungen der Arbeitsunfallversicherung umfassten Sachleistungen und Geldleistungen wie in einem modernen Arbeitsunfallversicherungssystem. Traten Berufsunfälle ein, fand eine Entgeltfortzahlung statt. Im Lauf der medizinischen Behandlung der Geschädigten wurden sämtliche Heilungskosten, Medikamentenkosten, Kosten der stationären Behandlung sowie zwei Drittel der Verpflegungskosten in Kliniken vom eigenen Betrieb erstattet (Sun 2007). Bei vollständigem Verlust der Erwerbsfähigkeit bezogen die Arbeitnehmer eine Unfallrente, die ca. 80–90% des vorherigen erzielten Arbeitseinkommens betrug. Bei einer teilweisen Erwerbstätigkeitsminderung wurden den verunfallten Arbeitern alternative, zu bewältigende Arbeitsplätze vom eigenen Unternehmen zugewiesen. Die dadurch entstehende Einkommensdifferenz wurde durch eine finanzielle Beihilfe vom Betrieb ausgeglichen. Bei Eintritt eines Todesfalls erfolgte eine Erstattung der Beerdigungskosten in der Höhe des Einkommens des Arbeitnehmers von drei Monaten sowie darüber hinaus die Auszahlung einer Hinterbliebenenrente, die zwischen 25–50% des Arbeitseinkommens betrug.[72] 1957 wurde

71 Da in den sozialistischen Ländern offiziell keine Arbeitslosigkeit angemeldet wurde, bestand auch keine Arbeitslosenversicherung im kommunistischen China. Sie ist der einzige fehlende Politikbereich der Sozialversicherung in den sozialistischen Ländern im Vergleich zum System in den Industrienationen.

72 Es wurde dahingehend geregelt, dass für eine hinterbliebene Person 25% des Arbeitseinkommens als Rente ausgezahlt wurde, während für zwei und drei noch zu unterhaltende Personen jeweils 40% und 50% des Arbeitslohns als Rente ausgezahlt wurden (Cai 2004).

die „Verordnung zu Berufskrankheiten und zur Heilung der an Berufskrankheiten leidenden Arbeiter“ vom Gesundheitsministerium Chinas verabschiedet, in der die Berufskrankheiten offiziell als Arbeitsunfälle definiert und die Arbeiter ins Auffangnetz des Arbeitsschutzes aufgenommen wurden. Insgesamt stufte diese Verordnung 14 Krankheiten als Berufskrankheiten ein.

Das System der Arbeitsunfallversicherung im kommunistischen China (vor der Kulturrevolution) war eine gemischte Form zwischen Unternehmens-Haftpflicht und Sozialversicherung. Einerseits waren die Staatsunternehmen zuständig für die medizinische Behandlung der verunfallten Arbeitnehmer. Der Leistungsbezug erfolgte ausschließlich innerhalb der Unternehmen. In diesem Fall ähnelte die Arbeitsunfallversicherung einer Arbeitgeber-Haftung. Andererseits wurden die Geldleistungen wie Unfallrenten und Hinterbliebenenrenten von den öffentlichen Arbeitsversicherungsfonds finanziert. In diesem Fall verfügte die Unfallversicherung über einen sozialversicherungsartigen Charakter, der durch Risikoausgleiche auf überbetrieblicher Ebene gekennzeichnet war (Cai 2004).

1966 brach die zehnjährige Kulturrevolution in China aus, die in der chinesischen Geschichte als „10-jährige Katastrophe der chinesischen Nation“ bezeichnet wurde. Während der Kulturrevolution brachen die meisten staatlichen administrativen, juristischen, hochschulwissenschaftlichen Apparate und Einrichtungen zusammen. Auch die Sozialwohlfahrt war schwer betroffen und erlitt einen schweren Rückschlag, weil der Gesamtgewerkschaftsbund Chinas nicht mehr funktionierte und die Ausgleichsmechanismen der Arbeitsversicherungsfonds völlig abgestellt wurden. Die Sozialwohlfahrt, die zum Teil einen Sozialversicherungscharakter hatte, wandelte sich jetzt in eine reine Unternehmensversicherung. Die Unternehmen übernahmen die Verantwortung für alle Wohlfahrtsleistungen der Arbeitnehmer wie Pensionen, Krankenversicherung, Bereitstellung öffentlicher Wohnungen und Unfallversicherung. Sämtliche Leistungen für Berufsunfälle und -krankheiten (einschließlich der Sach- und Geldleistungen) wurden lediglich von Staatsunternehmen bestritten, ein überbetrieblicher Risikoausgleich in Form einer überbetrieblichen Risikogemeinschaft fiel vollständig aus (Cai 2004).

Der Unfallschutz in Form der Unternehmensversicherung wurde von chinesischen Wissenschaftlern als „rückständig“ und „prekär“ bemängelt. Der Unternehmer-Haftpflicht in der Kulturrevolution wurde Folgendes vorgeworfen: (1) Nur die staatlichen Unternehmen stellten Sozialwohlfahrtsleistungen bereit, andere Arten von Betrieben verfügten über zu geringe Ressourcen, um Sozialleistungen auszuzahlen. Insofern war nur ein Teil der Arbeitnehmer vom Sozialschutzprogramm abgedeckt. (2) Wegen des Mangels an Risikoausgleich und Risikoverteilung waren Unternehmen unterschiedlich stark von Arbeitsunfällen betroffen. Manche risikoreiche Betriebe wurden durch eine hohe Anzahl von Berufsunfällen sehr stark belastet. (3) Die Arbeitnehmer bezogen unterschiedliche Leistungen, je nachdem, in welchem Unternehmen sie beschäftigt waren. Das führte dazu, dass zwischen Arbeitnehmern und Unternehmen zahlreiche Konflikte auftraten. (4) Es fehlte den staatlichen Betrieben an einer standardisierten Definition zu Arbeitsunfällen und Berufskrankheiten. Jedes Unternehmen konnte theoretisch beliebig entscheiden, wie und inwiefern ein verunfallter Arbeitnehmer entschädigt wurde (ebd.).

Die Unternehmensversicherung in der Kulturrevolution führte dazu, dass die Arbeiter sehr stark vom eigenen Unternehmen abhängig waren, und dass der Leistungsbezug, die Leistungshöhe und die Leistungsdauer je nach Unternehmen äußerst heterogen ausfielen. Das politische Chaos und die Anarchie waren die gewichtigsten Gründe dafür, warum das System der sozialen Sicherung lediglich von lokalen und unternehmerischen Akteuren organisiert und finanziert wurde. Nach der Kulturrevolution kam China in einer neuen Ära der Reform- und Öffnungspolitik an, dementsprechend wurde die Unternehmensversicherung drastisch revidiert und reformiert (ebd.).

6.3 Fazit

Im kommunistischen China koppelte das System sozialer Sicherung an der kommunistischen Wohlfahrts- und Versorgungsideologie an. Das System sozialer Sicherung in der sozialistischen Ordnung wurde als die fortschrittlichste Form im Vergleich zur kapitalistischen Sicherung angesehen. Der Arbeitsklasse wurde als Pionier des Proletariats ein Sonderstatus in der Innenpolitik eingeräumt, durch den sie Ansprüche auf umfassende Sozialwohlfahrtsleistungen hatte. Die vorherrschende politische Ideologie führte dazu, dass das System sozialer Sicherung in China bereits auf einem relativ niedrigen Entwicklungsniveau aufgebaut wurde.

Im Bereich der Arbeitsunfallversicherung sind zwei Perioden vor der Reform erkennen: Im Verlauf von 1951–1966 verfügte China über ein aus Unternehmens- und Sozialversicherung gemischtes Sicherungssystem, in dem die Geldleistungen von öffentlichen Arbeitsunfallversicherungsfonds gewährt wurden. Gleichzeitig stellten die Betriebe Sachleistungen wie Krankheitsbehandlung, Heilung und Pflege bereit. Im Verlauf der Kulturrevolution 1966–1976 bestand nach dem Zusammenbruch der Sozialwohlfahrt lediglich eine Unternehmens-Haftpflicht, sämtliche Unfallversicherungsleistungen wurden nun von Unternehmen gewährt. Die Arbeiter in unterschiedlichen Unternehmen bezogen auch unterschiedliche Wohlfahrtsleistungen, es fehlte dem System eine solidarische Grundlage und ein Risikoausgleich.

Im nächsten Kapitel folgt eine ausführliche Erläuterung, wie sich die wirtschaftlichen und politischen Rahmenbedingungen seit 1978 verändert haben, und inwiefern die neue Reform- und Öffnungspolitik die Entwicklung der Arbeitsunfallversicherung in China prägt.

Kapitel 7 Die Entwicklung der Arbeitsunfallversicherung in der postkommunistischen Transformations-phase in China (seit 1978)

7.1 Entwicklungsphasen

Die Entwicklung der Arbeitsunfallversicherung in China lässt sich in vier Etappenunterteilen: 1951–1966, 1966–1976, 1978–1996, 1996-Gegenwart. In der letzten Entwicklungsphase gleicht sich China auf der formalen Ebene stark an die weltkulturellen Prinzipien an.

In der Phase zwischen 1978 und 1996 entfernte sich China von der maoistischen Klassenideologie und führte eine Reform zugunsten der Marktwirtschaft ein. Im Lauf der marktliberalen Reform wandelte sich das Deutungsmuster der chinesischen Regierung radikal von kommunistischen klassenorientierten Solidaritätsgedanken zu einem marktliberalen Kurs. Die Legitimität der chinesischen Regierung beruhte auf dem Wirtschaftswachstum. Die Erhöhung des Bruttoinlandsproduktes rückte zudem ins Zentrum der Regierungsaufgaben.

Dem führenden Deutungsmuster entsprechend werden Sozialleistungen und die Wohlfahrtsstaatlichkeit überwiegend als Hemmnisse für die ökonomische Entwicklung wahrgenommen (Lin 2001).[73] In diesem schnellen Modernisierungsprozess brach das alte kommunistische Wohlfahrtssystem zusammen, aber es wurde keine moderne Sozialversicherung aufgebaut (vgl. Leisering u.a. 2002a). Aufgrund des mangelnden Arbeitsschutzes erreichte 1991 und 1992 die Zahl der Arbeitsunfälle in China einen historischen Höhepunkt. 1991 betrug die Zahl der Todesopfer in den chinesischen Kohlegruben 5,21 pro Millionen Tonnen geförderter Kohle. Sie ist fast 160 Mal höher als die in den USA, 60 Mal höher als in Südafrika, und sogar 10 Mal höher als in Indien (Wang 2006). Trotz der weltweit

73 vgl. die Analyse der Wohlfahrtsideologien und der Diskurse von der Rentenreform in China (Liu 2005).

höchsten Todesrate in den Zechen wurde das Thema der Arbeitsunfallversicherung in dieser Zeit noch kaum in den chinesischen Medien und Wissenskreisen reflektiert.

In der Phase seit 1996 glich sich China im Lauf der Integration in die Weltgemeinschaft an internationale Normen und führende weltgesellschaftliche Prinzipien an. 1996 wurde eine vorläufige Richtlinie für die Arbeitsunfallversicherung vom ehemaligen MOLSS Chinas beschlossen, die vorschrieb, dass eine Arbeitsunfallversicherung auf nationaler Ebene aufgebaut werden soll.

2001 trat China der WTO (World Trade Organization) bei. Im gleichen Jahr ratifizierte China den Sozialpakt der UNO und ist damit verpflichtet, ein Sozialversicherungssystem landesweit aufzubauen. 2004 wurde die Verfassungsänderung in China durchgesetzt, und der Schutz der Menschenrechte und der Aufbau eines umfassenden Sozialsicherheitssystems wurden in die revidierte Verfassung aufgenommen.

Im Bereich der Arbeitsunfallversicherung fand ebenfalls eine Angleichungstendenz statt. Seit der zweiten Hälfte der 1990er Jahre bauen die chinesischen politischen und wissenschaftlichen Kreise mehr Netzwerke mit ILO, ISSA und EU auf. Im Bereich der Arbeitsunfallversicherung begriffen die chinesischen Wissenskreise, dass ein standardisiertes Wissen auf globaler institutioneller Ebene bereits durch Konventionen, Übereinkommen und Deklarationen produziert wird. Durch die Teilnahme hochrangiger chinesischer Politiker an Konferenzen und Vollversammlungen der ILO und der ISSA, durch den Anschluss der chinesischen Wissenschaftler an die internationalen Symposien und Foren sowie durch die Übersetzung des ILO-Gesetzkodes ins Chinesische sind die chinesischen Eliten in der Lage, einen Welttrend für die Unfallversicherung zu erfassen, der durch internationale Körperschaften konstruiert wird (S. Tabelle IV unten, vgl. Lin 2007; Liu 2003). In dieser Zeit fingen die chinesischen Wissenskreise an, das internationalisierte Wissen ins nationale Feld zu holen und den Aufbau der inländischen Arbeitsunfallversicherung zu fördern. Die chinesischen Politiker und Wissenschaftler bauten darüber hinaus Kontakte mit Deutschland auf, um das deutsche Modell der Arbeitsunfallversicherung in den chinesischen Kontext einzuführen (S. Tabelle IV unten).

Einige Wissenschaftler, die im Bereich der internationalen Beziehungen das staatliche Verhalten in internationalen Gremien untersuchen, haben durch ihre Forschungen bestätigt, dass der chinesische Staat seine Beziehung zu den internationalen Organisationen seit der zweiten Hälfte der 1990er Jahre intensiviert hat und immer mehr gemäß des international-organisatorischen Rahmens handelt (Wang 2001; Zhu 2000). Die Tendenz des chinesischen Staates, sich den internationalen Gremien anzunähern, wird damit begründet, dass die chinesischen Behörden seit den Ereignissen auf dem Tiananmen aus ihrer isolierten Lage heraustreten und nach mehr internationaler Anerkennung streben. Die realistische Schule geht davon aus, dass das regelkonsistente Verhalten eines Akteurs innerhalb einer Organisation das Interesse des Akteurs begünstigt (Krasner 1983)[74]. Laut diesem Ansatz profitiert der chinesische Staat ebenfalls davon, wenn er formal die organisationsinternen Regeln in internationalen Gremien anerkennt statt sie zu diffamieren. Chinas Öffnung und Integration in die Weltgemeinschaft in den 1990er Jahren bilden wichtige Rahmenbedingungen für eine zunehmende Kooperation Chinas mit den internationalen Organisationen. Diese Kooperation betrifft auch den Bereich der Unfallversicherung.

Im Bereich der Unfallversicherung wird das veränderte institutionelle Verhalten des chinesischen Staates seit der zweiten Hälfte der 1990er Jahre zusätzlich durch den endogenen Faktor erklärt, dass die Unfallversicherung sich als internes Problem verschärft. Zur schnellen Pazifizierung der sozialen Konflikte möchte China umgehend um internationale Hilfestellung bitten, weil es dem chinesischen administrativen und akademischen Kreis an Expertise im Bereich der Unfallversicherung mangelt. Es ist generell zu beobachten, dass die postkommunistischen Transformationsländer in den 1990er Jahren aktiv um externe Hilfen aus der Weltgesellschaft ersuchen, um den eigenen wirtschaftlichen, finanziellen und sozialpolitischen Problemen besser gerecht zu werden (vgl. Deacon 1997, 2005). Sobald die Wissenschaftler und das Verwaltungspersonal Kontakt mit den weltgesellschaftlichen Akteuren (der ILO, ISSA und EU) aufnehmen, wird das staatliche Verhalten von den externen autoritären Akteuren geformt, geprägt und eingeschränkt.[75]

74 vgl. Keohane 1984.
75 S. die Analyse der Empirie im Kapitel 8.

Tabelle IV: Weltgesellschaftliche Kommunikationen der chinesischen Unfallversicherungspolitik

Jahr	Globale Kontakte chinesischer Ministerialbeamten	Anschlüsse der VR China an die Weltkultur
1998	Teilnahme an der ISSA-Vollversammlung in Marrakesch, Delegation der MOLSS, Leitung Wang Jianlun	
1999	Teilnahme am Kongress der weltweiten Arbeitssicherheit der ILO in São Paulo, Beamte des staatlichen Amtes für Arbeitssicherheit, Leitung Shan Chunchang	
2001	Teilnahme an der ISSA-Vollversammlung in Stockholm, Delegation des MOLSS, Leitung Wang Jianlun	Ratifizierung des Sozialpaktes durch den chinesischen Volkskongress
2004	ISSA-Vollversammlung in Peking	Schutz der Menschenrechte und Aufbau eines umfassenden Sozialsicherheitssystems werden in die chinesische Verfassung aufgenommen Inkrafttreten der Unfallversicherungs-Verordnung mit dem Ziel des Aufbaus einer nationalen Unfallversicherung, die alle Arbeitnehmer jeglicher Unternehmensformen abdecken soll
2005	Besuch in Deutschland zum Thema Unfallprävention, Delegation der Unfallversicherungsabteilung des MOLSS, Leitung Qiu Mingyue	Vereinbarung eines Kooperationsprojektes (2005 bis 2008) im Bereich Unfallversicherung zwischen China und Deutschland
2006	Besuch in Deutschland zum deutschen Unfallversicherungssystem mit Schwerpunkt Prävention und Rehabilitation, Politiker der Unfallversicherungsabteilung des MOLSS und lokale Politiker aus den Provinzen Shanxi, Fujian und Liaoning, Leitung Pi Dehai	

Jahr	Globale Kontakte chinesischer Ministerialbeamten	Anschlüsse der VR China an die Weltkultur
2007	Besuch in Deutschland zum deutschen Unfallversicherungssystem mit Schwerpunkt auf der Aufgabentrias Prävention, Entschädigung und Rehabilitation, Politiker aus der Unfallversicherungsabteilung des MOLSS und lokale Politiker aus den Provinzen Gansu, Guangdong, Jiangsu und Heilongjiang, Leitung Lu Shihai	
2008	Teilnahme am Weltkongress über Sicherheit und Gesundheit am Arbeitsplatz der ILO in Seoul, Politiker des MOHRSS, Leitung Li Mingfu	Verlängerung des Kooperationsprojektes (2009 bis 2011) im Bereich der Unfallversicherung zwischen China und Deutschland
2011		Verlängerung des Kooperationsprojektes (2011 bis 2014) im Bereich der Unfallversicherung zwischen China und Deutschland

Legende:

ILO: International Labour Organisation, ISSA: International Social Security Association; MOLSS: Ministry of Labour and Social Security, China

Eigene Zusammenstellung[76]

Unter dem Einfluss der starken internationalen Wissensdiffusion durch verschiedene Kommunikationskanäle findet ein gewaltiger Wandel der chinesischen Unfallversicherung statt. 2003 wurde die Arbeitsunfallversicherungs-Verordnung (AUVVO) der VR China vom Staatsrat erlassen, die seit 2004 in Kraft ist. Sie gilt als erstes rechtliches Dokument in der Sozialversicherung überhaupt, um ein sozialpolitisches Feld juristisch zu regulieren (Chen und Darimont 2005). Außerdem ist sie eine rechtsverbindliche Exekutiv-Verordnung, die landesweit über gesetzliche Wirkungskraft

76 Die ISSA-Vollversammlung ist relevant, weil in jeder Vollversammlung ein spezielles Treffen vom Fachausschuss der Versicherung gegen die Arbeitsunfälle und Berufskrankheiten organisiert wird, in dem die aktuelle Tendenz und Reform der Unfallversicherung in verschiedenen Nationalstaaten geschildert werden.

verfügt und als Rechtsgrundlage für Gerichtsurteile dient. Nach der Gesetzgebung für die Arbeitsunfallversicherung wird in diesem Feld eine gesetzlich-politische Rahmung errichtet, laut der alle Unternehmen in China gesetzlich verpflichtet sind, sich an die gesetzliche Arbeitsunfallversicherung anzuschließen. Im Folgenden werden die zentralen Akteure, die öffentliche Wahrnehmung und die politischen Entscheidungsprozesse, die die Unfallversicherung in China beeinflussen können, kurz dargestellt.

7.2 Konstellation nationaler Akteure in China

Der Elitenkreis, der die Diskurse im Bereich der Arbeitsunfallversicherung in China deutet, besteht aus einer kleinen Expertengruppe. Als Experten werden die Personen bezeichnet, die im Vergleich zu Laien über ein asymmetrisch stärker ausgeprägtes Wissen im Fachbereich verfügen und die öffentliche Meinung, die Reformdiskussionen sowie die allgemeine Wahrnehmung des Problems prägen können. Die Wissenschaftler und die Professionellen sind die modernen Akteure, die rationalisiertes Wissen herstellen, übernehmen und interpretieren (Meyer 2005: 117).

Im Hinblick auf die Entwicklung der Arbeitsunfallversicherung in China lassen sich zwei verschiedene Typen von Akteuren unterscheiden: wissenschaftliche und politische Akteure. Die Akteurskonstellation der Unfallversicherung ist im Vergleich zur Alterssicherung weniger heterogen. Zum Beispiel lenken die Demographen, Ökonomen, Versicherungsexperten, Manager und Versicherungsmathematiker die Rentenreformdiskussion in China und produzieren verschiedene konkurrierende Reformdiskurse, während im Bereich der Arbeitsunfallversicherung lediglich Juristen und Sozialwissenschaftler Wissen hervorbringen und interpretieren. Sie bestehen häufig aus Universitätsprofessoren und Wissenschaftlern in speziellen Forschungsinstituten. Zum Beispiel wurde 1994 ein Institute for Social Insurance Studies (ISIS, *shehui baoxian yanjiusuo*) errichtet, das ein nachgeordnetes Institut des MOHRSS ist. Die Expertise in diesem Institut dient unmittelbar der Politikreform in verschiedenen Sozialversicherungszweigen. Die Wissenschaftler in der School of Labor Relations and Human Resources der Volksuniversität (*renmin daxue laodong renshi xueyuan*) sind ebenfalls wichtige Professionelle, die den Diskurs der chinesischen Unfallversicherung prägen.

Die Entwicklung der Rentenversicherung in China wird von mehreren politischen institutionellen Akteuren beeinflusst, die aus Arbeits-, Wirtschafts- und Finanzministerium bestehen, weil sie um die Verwaltung der akkumulierten Kapitalfonds konkurrieren möchten. Im Bereich der Arbeitsunfallversicherung besteht zwar ebenfalls eine ministerienübergreifende Kooperation zwischen Arbeitsministerium, Gesundheitsministerium und dem Staatsamt für die Aufsicht der Arbeitssicherheit, aber der zentrale Akteur ist die Unfallversicherungsabteilung (UVAB) innerhalb des MOHRSS, die 2004 eingerichtet wurde (institutionelle Differenzierung). Die UVAB koordiniert die eigenen Tätigkeiten innerhalb des MOHRSS mit anderen Abteilungen, wie der Abteilung für internationale Kooperation und der Abteilung für Gesetzgebung der MOHRSS, um die Unfallversicherung in China zu fördern. In diesem Bereich haben das Wirtschafts- und Finanzministerium wenig Einfluss.

Die geringfügige Kommodifizierung sowie die nur wenig konfliktreiche Natur der Unfallversicherung in China hängen mit der geringen Meinungsdiskrepanz auf der globalen institutionellen Ebene zusammen. Während im Bereich der Alterssicherung eine deutliche Differenz der Werteorientierungen und der Modellversuche zwischen führenden globalen Institutionen existiert, sind im Bereich der globalen Unfallversicherung die ILO, ISSA und EU die hauptsächlichen Diskursmacher.[77] Im Bereich der Alterssicherung berufen sich in den postkommunistischen Ländern verschiedene nationale Akteure häufig auf verschiedene Wissensressourcen aus Quellen wie den USA, der Weltbank, der ILO oder der UNDP. So schmieden nationale und internationale Akteure verschiedene Wissenskoalitionen, um eigene Ideen zu verbreiten (Deacon 1997).

Die Konkurrenz zwischen Finanz- und Arbeitsministerium in vielen postkommunistischen Ländern repräsentiert die Konkurrenz zwischen der Weltbank und der ILO auf der globalen institutionellen Ebene (Deacon 1997). Hingegen können die Wissenschaftler und Politiker in China in Bezug auf die Unfallversicherung einfach auf ILO, ISSA und EU zurückgreifen, um ein homogenes Wissen ohne deutliche Gegenposition zu produzieren. Die neoliberalen Ökonomen können vor dem Hintergrund der

---

77 S. die Verflechtung der globalen und nationalen Akteure in den *global politics* der Arbeitsunfallversicherung in Kapitel 4.1.

internationalen Erfahrungen nur schwer eine explizite Position zugunsten der Privatisierung der Unfallversicherung ausformulieren, weil die Weltbank und die USA relativ wenig in den Bereich der Unfallversicherung intervenieren. Das MOHRSS in China kann in diesem Fall von einem Machtzugewinn profitieren, weil durch besonders legitime globale Akteure wie die ILO und ohne einen expliziten Gegenansatz durch die Weltbank und dem IWF ein relativ stark standardisiertes Wissen produziert wird.

Eine relativ kleine und homogene Wissensgruppe aus Sozialwissenschaftlern und Juristen sowie die Aufgabenkonzentration unter dem Arbeitsministerium führen dazu, dass Konsenswissen und einheitliche Positionen hinsichtlich der Unfallversicherung viel leichter als in Bezug auf andere Sozialversicherungszweige produziert werden können.[78] Mehrere Wissenschaftler wie Universitätsdozenten aus der Volksuniversität Pekings und Forscher im ISIS haben häufig Kontakt zu den Politikern aus der UVAB des MOHRSS. Wenn die Politiker der UVAB Sitzungen organisieren, laden sie häufig prominente Wissenschaftler ein, um bei bestimmten Themen die Meinungen der Wissenschaftler anzuhören. In den für diese Studie durchgeführten Interviews haben sowohl die Beamten als auch die Wissenschaftler bestätigt, dass sie sich häufig treffen und somit das Expertenwissen generell die politische Entscheidung sehr stark beeinflusst. Die Interaktion zwischen politischen und wissenschaftlichen Eliten ist durch reguläres Treffen beider Seiten bereits institutionalisiert, weil die Politiker das von den Wissenschaftlern konstruierte rationalisierte Wissen einführen möchten. Gleichzeitig möchten die Wissenschaftler mit ihrem Wissen die inländische Entwicklung steuern. Da in diesem Bereich nur ein kleiner homogener Elitenkreis existiert

78 In der deutschen Rentenversicherung hat eine solche „Schließung“ des Akteurkreises („inner circle“) zur Abschottung gegen die Reform geführt. Hingegen trägt in China so eine „Schließung“ des Akteurkreises zum Aufbau der gesetzlichen Unfallversicherung bei. Der Grund liegt darin, dass in der deutschen Rentenversicherung eine mehr als hundertjährige Entwicklung vorliegt, während das chinesische Unfallsystem relativ „jung“ ist und die Eliten mit global legitimem Wissen die nationale Semantik und Struktur in einem unbesetzten Feld leicht beeinflussen können (Hvinden 2003). Die Offenheit des Akteurkreises in der chinesischen Unfallversicherung profitiert auch von der Öffnungspolitik, die einen offenen Geist der Chinesen zur Lernbereitschaft prägt (vgl. Leisering 2005).

und es an einer ministerialen Konkurrenz fehlt, wird die Produktion einheitlichen standardisierten Wissens erheblich begünstigt.

Im folgenden Textteil wird erörtert, wie die chinesischen Wissenseliten und Entscheidungsträger das weltgesellschaftliche Wissen wahrnehmen und inwiefern die Angleichungstendenz verläuft.

Kapitel 8 Die Einführung der modernen Arbeitsunfallversicherung in der VR China

Kapitel 8 widmet sich im Folgenden der Empirie dieses Forschungsprojektes, dessen Daten zwischen 2006 und 2010 erhoben wurden. Dieser Teil bildet den Schwerpunkt des Forschungsprojektes, der den Wandel der chinesischen AUV unter einer weltgesellschaftlichen Perspektive beleuchtet. Kapitel 8.1 erörtert die Ratifikation der völkerrechtlichen Dokumente zur globalen Sozialpolitik durch China und ihre Folgen für die chinesische AUV. Die Kapitel 8.2, 8.3, 8.4, und 8.5 widmen sich der Diffusion dreier zentraler Bestandteile der weltgesellschaftlichen Ideen, nämlich der Normen, der *rationalized models* und des Konsenswissens. Sämtliche Interviewergebnisse und visuellen Daten im internationalen Kommunikationsfeld werden ausgewertet und die Diffusionsauswirkungen werden analysiert und dargelegt. Kapitel 8.4 setzt sich insbesondere mit der Übertragbarkeit eines nationalen operativen Modells der AUV aus Deutschland auf China auseinander. Kapitel 8.6 vergleicht die chinesischen, deutschen und die ILO-Rechtsnormen zur AUV. Mit Verweisen auf zentrale Rechtsartikel wird expliziert, dass sich eine Angleichung der chinesischen Gesetzgebung an die internationalen Gesetze vollzieht. Kapitel 8.7 verdeutlicht die Selbstwahrnehmung und Selbstbeschreibung der chinesischen Wissenseliten zur relativen Position der chinesischen AUV in der Welt. Kapitel 8.8 stellt die parallelen Erscheinungen von Entkopplung und Verkopplung vor, wobei gezeigt wird, dass nicht nur die Entkopplung, sondern auch die graduelle Verwirklichung der Gesetzgebung voranschreitet. Kapitel 8.9 fasst die zentralen empirischen Ergebnisse zusammen.

8.1 Die Ratifizierung des Sozialpaktes der UN und die Folgen für die Arbeitsunfallversicherung

Nach der „world-polity" Theorie spielen *world society links* der nationalen und subnationalen Akteure mit den internationalen gouvernementalen und non-gouvernementalen Organisationen eine bedeutende Rolle bei der Wissensdiffusion. Da die Unfallversicherung eine institutionelle

Vermittlung zwischen Sozialversicherung und Arbeitsschutz darstellt, gilt sie als ein wichtiger Bestandteil des Sozialrechts. Daher erscheint es sinnvoll, zu untersuchen, wie das Unfallversicherungsrecht in China in Verbindung mit den internationalen Menschenrechtsregimes umgesetzt wird.[79]

In der internationalen Rechtspraxis verfügen die sozialen Rechte über einen schwächeren Rechtsstatus als politische und zivile Rechte (Menschenrechte erster Generation). Während die Bürgerrechte und die politischen Teilhaberechte im traditionellen Sinne als Menschenrechte mit höchster Priorität angesehen werden, sind die sozialen Rechte in der internationalen Rechtspraxis wegen der Nichtratifikation des Sozialpaktes durch die USA weniger einflussreich. Während die zivilen und politischen Rechte bereits über völkerrechtliche Justizinstitutionen verankert sind, bleibt die Frage offen, wie die sozialen Rechte in der internationalen Rechtspraxis implementiert werden können (König 2005, s. auch Beschreibung im Kapitel 4.3).[80]

Nichtsdestoweniger spielen die UN-Menschenrechtsgremien wie das CESCR (Committee on Economic, Social and Cultural Rights) und ECOSOC (Economic and Social Council) eine zunehmende Rolle in der weltweiten Umsetzung des Sozialrechts. Die Länder, die den Sozialpakt ratifiziert haben, sind verpflichtet, innerhalb von zwei Jahren nach der Ratifikation einen Staatenbericht im ECOSOC einzureichen, in dem detailliert über die Umsetzung der sozialen Rechte berichtet werden soll. Der Staatenbericht ist die Pflicht des Vertragsstaates und soll im Einzelnen schildern, wie und inwiefern die im Sozialpakt verkündeten sozialen Rechte seit der Ratifikation bis zum Einreichen des Berichts realisiert sowie verbessert werden. Der Staatenbericht ermöglicht zudem einen internationalen Vergleich, indem die Umsetzung der sozialen Rechte sämtlicher Unterzeichnerländer weltweit offen gelegt wird. Damit können die Länder auch gemäß ihrer Umsetzung der Gesetze typologisiert werden. Darüber hinaus können die Nationalstaaten selbst beschreiben, inwiefern sie die im Pakt verkündeten

79 Zur staatlichen Pflicht zur Umsetzung der sozialen Menschenrechte sowie der staatlichen Berichtspflicht nach der Ratifizierung der völkerrechtlichen Dokumente s. Künnemann (2003), vgl. auch die ILO-Übereinkommen und ihre Realisierung im nationalen Kontext (Langendonck 2007; Kulke 2007).

80 vgl. Bosse-Brekenfeld 1996; Evangelische Akademie Hofgeismar 2004.

Rechte wahrnehmen und wie sie diese beurteilen, inwiefern sie nationale Ressourcen zur Implementierung der sozialen Rechte mobilisiert haben und wie sie selbst den Entwicklungsprozess im Inland sehen und einschätzen. Insofern realisiert der Staatenbericht eine Selbstwahrnehmung und -beschreibung der nationalstaatlichen Akteure (Schemionek 1996; Krennerich und Stamminger 2004).

Seit die chinesische Legislative (der nationale Volkskongress) 2001 den ICESCR ratifizierte, ist die chinesische Regierung ebenfalls völkerrechtlich verpflichtet, über die Entwicklung und die Realisierung der sozialen Rechte zu berichten. Insbesondere zu Artikel 9 ICESCR muss die chinesische Regierung exemplifizieren, inwiefern die sozialen Rechte zu sozialer Sicherheit und zur Sozialversicherung auf realer Ebene umgesetzt werden. Die chinesische Regierung reichte 2003 den ersten Staatenbericht beim ECOSOC ein und erläuterte, wie das Recht auf Unfallversicherung voranschreitet:

> "86. In 1998, Chinese government authorities issued instructions on the trial implementation of workmen's compensation insurance in enterprises, thus establishing an industrial accident insurance scheme in some areas. The same year, they set standards for determining the degree of disability caused by industrial accidents or occupational illnesses to provide a frame of reference for assessing work-related disabilities. At the end of 2002, the average industrial accident insurance premium rate was 1 per cent nationwide, and some 44.06 million workers were subscribed. Work units that have not joined an industrial insurance scheme remain liable for any costs that arise in connection with industrial accidents involving their employees. In April 2003, the State Council promulgated workmen's compensation regulations, which will come into force on 1 January 2004, thus making workmen's compensation insurance the object of formal legislation."
> (Staatenbereicht der VR China zum ICESCR 2003)

Durch dieses Zitat oben wird verdeutlicht, dass die Arbeitsunfallversicherung als Bestandteil der umfassenden sozialen Rechte von der Regierung geschätzt wird. Die im Bericht genannten Beispiele zur Umsetzung der Rechte auf Unfallversicherung sind erstens die lokalen Experimente der Unfallversicherung, zweitens handelt es sich um die deskriptive Darstellung des Versichertenkreises und der Beitragsgestaltung. Eine wichtige Entwicklung ist der legislative Prozess zur Gesetzgebung der Unfallversicherung, in dem die Arbeitsunfallversicherungs-Verordnung 2003 (AUVVO) vom Staatsrat verabschiedet wurde, die seit 2004 in Kraft tritt. In der Phase der

Transformation wird die Mehrheit der Arbeitnehmer noch nicht von einer gesetzlichen Unfallversicherung erfasst. Im Versicherungsfall sind die Arbeitgeberverbände verpflichtet, sämtliche Arbeitsunfälle zu kompensieren (Arbeitgeber-Entschädigungspflicht), wie es im Staatenbericht heißt.

Die chinesische Regierung hat durch den Staatenbericht eigene normative Standards verdeutlicht und die Zielsetzung weiterer sozialpolitischer Entwicklungen festgelegt. Die Selbstdarstellung und Selbstdeutung sind immer unter den Umständen nachvollziehbar, dass sich ein weltweiter Vergleichshorizont herausbildet und die nationalen Staaten durch Respektierung der internationalen Pflicht von anderen anerkannt werden und damit an Reputation gewinnen. Der internationale Sozialpakt wirkt insofern tatsächlich auf die nationale Sozialgesetzgebung.

8.2 Normendiffusion

Die *policy*-Einführung und darauf erfolgte Veränderung hängen eng mit dem Wandel der Normen und Deutungsmuster der Eliten zusammen. In der maoistischen Zeit wurde die Bereitstellung der Sozialwohlfahrtsleistungen als Überlegenheit der kommunistischen Gesellschaftsordnung gegenüber der kapitalistischen interpretiert. Die Leistungen der Sozialwohlfahrt beinhalteten einen politisch-kollektiven Charakter; sie wurden nicht als individuelles einklagbares Recht juristisch verankert. In der Reformzeit zwischen 1978 und 1996, als die neoliberale Ideologie die kommunistische abgelöst hatte, wurde dieser Thematik der Unfallversicherung keine besondere Bedeutung beigemessen. Obwohl Anfang der 1990er Jahre auf lokaler Ebene mit Pilotprogrammen experimentiert wurde, blieb die Unfallversicherung grundsätzlich ein Themenbereich in einzelnen Betrieben.[81] Es bestand faktisch

81 Sowohl in den Interviews als auch in einiger chinesischen Literatur wird angegeben, dass am Anfang der 1990er Jahre auf der städtischen Ebene mit gewissen Pilotprogrammen experimentiert wurde. Diese lokalen Experimente entsprechen der Tendenz der wirtschaftlichen, machtpolitischen und steuerrechtlichen Dezentralisierung zwischen 1991 und 1994, während in der gleichen Zeit der Neoliberalismus bei den führenden chinesischen Eliten stark verbreitet war. Die zahlreichen lokalen Varianten der Unfallversicherung wurden nur von der Intention der Problemlösung der lokalen Regierung getrieben, um mögliche soziale Unruhen in manchen risikoreichen Branchen zu entschärfen. Die Aufgabe der Unfallversicherung wurde nur lokalen Regierungen und

ein System der Arbeitgeberhaftung in China ohne institutionell-gesetzliche Rahmung.

Seitdem China zunehmend ins internationale organisationale Rahmenwerk integriert ist und sich an die führenden weltkulturellen Normen angleicht, wandelt sich wiederum das Deutungsmuster im Bereich der Arbeitsunfallversicherung. Immer mehr Wissenschaftler berufen sich auf die Konventionen internationaler Körperschaften und befürworten ein rechtsbasiertes Sozialversicherungssystem, das die Unfallrisiken ausgleichen kann. Die häufig erwähnten internationalen Dokumente sind die ILO Übereinkommen 102 und 121 (Sun 2007: 202; Chen und He 2006: 15; Chen 2005: 3; Hu und Meng 2003: 219ff.), in denen die Leistungen der Arbeitsunfallversicherung als justiziables individuelles Recht anerkannt werden, weshalb sie nun in die nationale Gesetzgebung umzusetzen sind.

Durch die empirische Erhebung im Rahmen dieser Forschungsarbeit wird der Anschluss der chinesischen Eliten an die führenden weltkulturellen Normen und Prinzipien beobachtet, denn die Unfallversicherung beinhaltet aus der Sicht der Interviewpartner einen ***Individuums- und Menschheitsbezug sowie Universalismuscharakter***. Das Recht auf Arbeitsunfallversicherung basiert nicht mehr auf dem traditionellen patriarchalischen und partei-klientelistischen, sondern auf einem individuumsbezogenen Rechtsverständnis. Ein chinesischer Forscher der Zeitschrift „China Social Security", der am Entwurf der Arbeitsunfallversicherungs-Verordnung beteiligt war, erläutert die Relevanz der individuellen Rechtsansprüche wie folgt:

> Wie kann das neue Unfallversicherungs-Gesetz implementiert werden? Es muss sich endlich an jeden einzelnen Arbeitnehmer richten. Ohne Garantie individueller Rechtsansprüche bleibt das Gesetz nur ein Papierdokument, weil niemand mit rechtlichen Mitteln sein eigenes Recht schützen kann. Früher wurde in unserem Land der Ausdruck „Wir" sehr groß geschrieben und „Ich" sehr klein. Heute sehen wir das ganz anders, nun muss jede einzelne Person beachtet werden. Nur wenn jedes Individuum zählt, dann zählt das Gesetz. Früher wurde bei uns der Kollektivismus sehr geschätzt, heute hingegen aber das Recht jedes Einzelnen. Wer ist das „Volk" überhaupt? Das „Volk" besteht aus einzelnen Arbeitnehmern, Angestellten, Bauern und Wanderarbeitern. […]

Betrieben überlassen, so dass insofern in dieser Zeit nur hoch fragmentierte Unfallsysteme in verschiedenen Regionen entstanden (Sun 2007).

> Im Bereich der sozialen Absicherung sind bereits gemeinsame Werte und eine Kultur der gesamten Menschheit entstanden. Man kann nicht bloß sagen, dass diese Normen „europäisch“ oder „chinesisch“ sind. Sie stellen meiner Meinung nach die Normen, die Gemeingut der Menschheit sind, dar.
> Interview Nr. 8

Eine chinesische Wissenschaftlerin des ISIS verbindet den Menschenrechtsdiskurs mit einer internationalen Organisation:

> Arbeitsunfallversicherung, so sagen wir immer, ist ein Menschenrecht. Sie bezieht sich auf einen Augenblicksprozess, in dem ein normaler, gesunder Mensch ein behinderter Mensch wird, er wird in bestimmter Zeit oder permanent gequält durch ein verletztes Körperteil und psychisches Leiden. Die Familienmitglieder leiden ebenfalls mit. Aus diesem Grund wird das Recht auf Arbeitsunfallversicherung von der ILO als grundlegendes Menschenrecht definiert. Wir stimmen völlig mit der Meinung der ILO überein, und die chinesische Regierung hat bereits den Schutz der Menschenrechte in die Verfassung aufgenommen.
> Interview Nr. 21

Mit der AUVVO (2004) wird ein Durchbruch in Bezug auf das Rechtsverständnis des Verhältnisses zwischen staatlichem Organ und Individuum erzielt. Vor dieser Verordnung existierte bereits ein Gesetz zum Verwaltungsprozess in China (1989) und die Bürger konnten schon längst die staatliche Behörde verklagen, falls ihre Rechte von staatlichen Organen verweigert wurden. Im Bereich der Sozialversicherung war jedoch äußerst umstritten, ob dieses Recht auf soziale Sicherheit ein einklagbares Recht war. Die Regierung fürchtete, dass nach dem Gesetzeserlass eine Klagewelle auf sie zurollen würde, weshalb sie bei der Sozialgesetzgebung zögerte. Aber letztendlich hat die Regierung durch das Lernen der sozialrechtlichen Praxis aus anderen Ländern (insbesondere aus Deutschland) den individuellen Rechtsanspruch auf die Arbeitsunfallversicherung eingeräumt. Das Recht auf Arbeitsunfallversicherung wird nun in der Arbeitsunfallversicherungs-Verordnung als ein justiziables Recht anerkannt (Art. 53). Wie im Interview oben erläutert wird, spielen die gemeinsamen menschenrechtlichen Normen aus internationalen Körperschaften und ausländischer Rechtspraxis eine wichtige Rolle. Zudem findet eine „Singularisierung“ des Rechts statt; das bedeutet, dass das Rechtssubjekt nicht mehr eine kollektive Gruppe, sondern eine singuläre Einzelperson ist. Im Zuge der Anerkennung der universalistischen Menschenrechtspraxis und des Individualismus übernimmt die chinesische Wissensgemeinschaft auch die weltkulturelle Norm des Universalismus, wie die Äußerung der Wissenschaftlerin des ISIS deutlich zeigt:

> Die Arbeitsunfallversicherungs-Verordnung bricht das duale System zwischen Stadt und Land zum ersten Mal, sie deckt alle Arbeitsverhältnisse ab, unabhängig von Stadt und Land. Auch die in den landwirtschaftlichen Unternehmen (*xiangzhen qiye*) tätigen Arbeitnehmer sollen nach dem Gesetz in die Arbeitsunfallversicherung einbezogen werden, hierbei gibt es keine Ausnahme. Wenn wir sie mit anderen Versicherungszweigen wie Rentenversicherung und Krankenversicherung in China vergleichen, sehen wir in deren Bereichen immer ein duales System, die Einwohner haben je nach Geburtsort verschiedene Rechtsansprüche, während bei unserer Arbeitsunfallversicherung schon ein einheitliches System aufgebaut werden soll [...]
>
> Diese Deckung aller Arbeitsverhältnisse entspricht der üblichen internationalen Vorgehensweise. In Deutschland z.B. werden sogar die Schüler, die Studenten und die Kindergartenkinder in die gesetzliche Unfallversicherung einbezogen.
> Interview Nr. 21

In der Praxis der Sozialpolitik ist China durch eine dualistische Struktur zwischen Land und Stadt geprägt, in der die ländlichen und städtischen Bevölkerungen unterschiedliche Rechtsansprüche auf die Sozialversicherungsleistungen haben. Diese Diskrepanz im rechtlichen Bereich wird von manchen Wissenschaftlern als „*divided citizenship*" bezeichnet (S. Leisering/Gong/Hussein 2002a). Das chinesische Unfallversicherungssystem entspricht der weltkulturellen Norm „Universalismus" und kehrt sich von der Differenzierung zwischen Land und Stadt ab. Sicherlich kann der „Universalismus" hier nicht mit der Einbeziehung „aller Einwohner" gleichgesetzt werden, weil die Arbeitsunfallversicherung von der geschichtlichen Entwicklung her überwiegend eine Versicherung gegen die Unfälle am Arbeitsplatz bleibt. Die Masse der ländlichen Bevölkerung, die Bauern auf eigenem Land sind als Personen ohne Beschäftigungsverhältnis von der Unfallversicherung ausgeschlossen. Hier wird der Universalismus eher als „kategorischer Universalismus" nachvollzogen, das bedeutet, dass unabhängig von Berufsart, Geburtsort und Status alle Arbeitnehmer aller Unternehmensarten mit regulärem Arbeitsverhältnis obligatorisch in der gesetzlichen Unfallversicherung versichert werden (Artikel 2 der AUVVO 2004). Im Interview oben erkennen wir wiederum die Relevanz des internationalen Verweisungshorizonts. Die Vorgehensweisen und Erfahrungen von anderen werden zum kognitiven Wahrnehmungsmodell für die chinesischen Wissenschaftler. Ein chinesischer Beamter im MOHRSS, der für die internationale Kooperation im Bereich der Arbeitsunfallversicherung zuständig ist, erklärt die Bedeutung der ILO-Konventionen für die chinesische Rechtspraxis:

> Die ILO-Übereinkommen bilden schon die Standardnormen für die Arbeitsunfallversicherung weltweit, die Übereinkommen 102 und 121 sind z.B. die zentralen Übereinkommen, in denen eine nationale Gesetzgebung zur Garantie des Rechts der Bürger auf Unfallversicherung gefordert wird. Wir schließen an diese Übereinkommen an und setzen dieses internationale Recht in die chinesische Gesetzgebung um. [...]
>
> China ist ein Land, das die Beziehungen mit internationalen Organisationen relativ spät normalisiert hat, und ebenfalls sehr spät angefangen hat, die Arbeitsunfallversicherung zu entwickeln. Wir können sehr viel von der bestehenden Wissensstruktur in der internationalen Gemeinschaft profitieren, wir brauchen nicht mehr 100 Jahre langsame eigenständige Entwicklungspraxis, um mühsam Lösungsvarianten zu suchen, weil in diesem Bereich schon international anerkanntes Wissen existiert. Interview Nr. 17

Die Tätigkeiten sowie die Dokumente internationaler Organisationen tragen dazu bei, dass die chinesische Entwicklung von einer bestehenden institutionellen globalen Ordnung beeinflusst wird. Ein Nationalstaat wie China sucht nicht mehr mühsam unter 100 nationalen Modellen und Varianten, experimentiert nicht mehr mit dutzenden lokalen Lösungskonzepten, sondern übernimmt ein standardisiertes Konzept, das durch Konventionen, Übereinkommen, globale Konferenzen, internationale Bewegungen der führenden internationalen Organisationen bearbeitet wird. In China sind die Auswirkungen eines globalen Strukturmusters zu erkennen, das ein einheitliches und autoritäres Wissen zur Emergenz bringt. Unter diesem weltgesellschaftlichen Strukturmuster wandelt sich das chinesische Rechtsverständnis in einem raschen Tempo, indem eine alte partei-patriarchalische Rechtsordnung durch individuell einklagbares Recht abgelöst wird. Im Folgenden wird die Modelldiffusion zwischen der Weltgesellschaft und China erläutert.

8.3 Diffusion von *rationalized social models*

Die Diffusion der Sozialpolitik bezieht sich neben der normativen Dimension auch auf die Diffusion globaler *rationalized social models* (Meyer

2005), sowie im Bereich der Alterssicherung auf die weltweite Diffusion eines Drei-Säulen-Modells (World Bank 1994). Wie im Kapitel 4.5 erläutert, wird im Bereich der Arbeitsunfallversicherung auf der globalen institutionellen Ebene der Begriff „globales Modell" semantisch nicht unmittelbar verwendet, und es wird auch kein nationales Modell von den internationalen Körperschaften wie ILO und ISSA direkt als globales Modell bezeichnet. Trotz der scheinbaren Passivität wird de facto ein idealtypisches Rahmenkonzept und ein Welttrend von den beiden Organisationen konstruiert, in dem die Arbeitsunfallversicherung vor allem als Sozialversicherung, nicht aber als Arbeitgeberhaftung oder private Absicherung definiert wird. Im Gegensatz zur Alterssicherung plädieren die ILO, die ISSA und zum Teil auch die EU für ein Drei-Sektoren-Versicherungskonzept, das Prävention, Entschädigung und Rehabilitation synergetisch kombiniert.[82] Im chinesischen Kontext wird dieses idealtypische Rahmenkonzept von den Politikern und Wissenschaftlern komplett übernommen. Ein führender Beamter in der Unfallversicherungsabteilung des MOHRSS ist der folgenden Auffassung:

> Durch internationalen Austausch mit ISSA, ILO und Deutschland hat China internationale Normen, Prinzipien und Konsensmodelle übernommen, wie z.B. das verschuldensunabhängige Entschädigungsprinzip, das Sozialversicherungsprinzip und das Drei-Säulen-Modell in Kombination mit Prävention, Entschädigung und Rehabilitation. [...] Dieses Drei-Säulen-Modell (*san zhizhu moshi*) wird vor allem von der ILO gefördert, insbesondere werden die dreifachen Zielsetzungen durch das ILO-Übereinkommen 121 festgelegt. Wir übernehmen dieses Triasmodell, das heute in China schon verbreiteter Konsens ist. Was die Rechtspraxis betrifft, lernen wir konkret vom deutschen Modell, das völlig mit dem internationalen Konsenswissen der ILO und der ISSA identisch ist. [...]
>
> Das Lernen vom deutschen Modell und von der deutschen Gesetzgebung bedeutet nicht Kopie aller Sätze und Artikel, sondern wir lernen eher die Gesamtstruktur des deutschen Modells. Beispielsweise werden im ersten Paragraphen des deutschen Sozialgesetzbuches zur Unfallversicherung die zentralen Zielsetzungen zur Prävention, Entschädigung und Rehabilitation festgelegt. In unserer Verordnung

82 Im Bereich der globalen Alterssicherung hat die Weltbank ein Drei-Säulen-Modell entworfen, das nach Finanzierungsverfahren differenziert: eine erste Säule der über Steueraufnahme finanzierten Grundrente, eine zweite Säule mit einer kapitalgedeckten privaten Rente und eine dritte Säule mit privaten Ersparnissen zur Altersvorsorge (Weltbank 1994).

> wird ebenfalls im ersten Artikel die gleiche Aufgabentrias vorgesehen. In Deutschland wird von der Gründung des Systems an ein Sozialversicherungsmodell eingeführt, wir übernehmen ebenfalls das Modell der Sozialversicherung, das sich in der Verordnung 2004 niederschlägt.
> Interview Nr. 20

Ein Vergleich zwischen der ILO-Konvention 121 „Übereinkommen über Leistungen bei Arbeitsunfällen und Berufskrankheiten", dem deutschen Sozialgesetzbuch VII und der chinesischen Arbeitsunfallversicherungs-Verordnung zeigt deutlich, dass die zentralen Zielsetzungen in Form von Prävention, Entschädigung und Rehabilitation bei den drei Dokumenten konvergieren.[83] In China findet zudem bereits eine Angleichung an das idealtypische Rahmenkonzept der führenden internationalen Organisationen statt. In der chinesischen Arbeitsunfallversicherungs-Verordnung werden die Sicherheitsmaßnahmen zur Prävention von Arbeitsunfällen vorgeschrieben (Art. 4). Die Entschädigung wird bei zeitweiliger und dauerhafter Arbeitsunfähigkeit geleistet und erstreckt sich von Verletztengeld über Unfallrenten bis zu Hinterbliebenenleistungen (Art. 32–37). Die Leistungen zur gesundheitlichen und beruflichen Rehabilitation werden rechtlich garantiert (Art. 29). Im Bereich des Leistungskatalogs stimmt die chinesische Arbeitsunfallversicherungs-Verordnung mit dem ILO-Übereinkommen 121 überein (Cai 2004).

Das deutsche Modell wird übernommen, weil es weitestgehend mit dem internationalen Konsenskonzept übereinstimmt und sich in der realen Praxis als bestes und rationalstes Konzept vor einem internationalen Vergleichshintergrund erweist. Im deutschen Unfallversicherungssystem stehen gleichzeitig praktische operationale Erfahrungen zur Verfügung. Da Deutschland als Ursprungsland der Sozialversicherung in der Lage ist, die Bildung der Diskurse der internationalen Organisationen zu beeinflussen, wird das deutsche Unfallversicherungssystem von vielen Transformationsländern gezielt beobachtet und übernommen. Der international anerkannte Ruf der deutschen sozialen Marktwirtschaft begünstigt auch

---

83 vgl. Artikel 26 des Übereinkommens 121 der ILO, § 1 SGB VII („Gesetzliche Unfallversicherung") in Deutschland und Artikel 1 der Arbeitsunfallversicherungs-Verordnung in China, in denen diese dreifache Zielsetzung der gesetzlichen Unfallversicherung explizit formuliert wird.

den Wissensexport durch die Bundesrepublik. Das Lernen vom deutschen Modell in China koppelt ebenfalls an der Tradition der Wissensdiffusion zwischen Nordostasien und Deutschland an. Die ostasiatischen Länder aus einer ähnlich rechtskodierten Tradition hatten am Ende des 19. Jahrhunderts das deutsche Gesetz beobachtet, übersetzt und übernommen. Diese Diffusionstradition wird bis heute beibehalten, indem Korea, Japan und China weiterhin die Sozialgesetzgebung in Deutschland sorgfältig beobachten und lernen. 2005 vereinbarten die chinesische und deutsche Regierung einen Kooperationsvertrag im Bereich der Arbeitsunfallversicherung. Viele chinesische Beamte und Wissenschaftler besuchen jährlich Deutschland (s. Kapitel 7.1., Tabelle IV), um gezielt zu beobachten und zu lernen, wie das deutsche System in der Praxis funktioniert. Häufig wird das deutsche Modell von den chinesischen Wissenschaftlern und Politikern in den ausgewerteten Interviews sehr geschätzt, weil es mit den führenden weltkulturellen Prinzipien übereinstimmt:

> Am Anfang des Experiments zum Aufbau der Arbeitsunfallversicherung kannten wir den Begriff „Rehabilitation" noch kaum. Wir meinten, dass die Arbeitsunfallversicherung bloß Geldauszahlung, also, Entschädigungsleistung bedeutete. Im Lauf der Kooperation mit Deutschland haben wir gelernt, dass bei der Unfallversicherung die Menschenwürde an erster Stelle hervorgehoben werden muss und vor bzw. nach der Geldentschädigung noch vieles getan werden muss. [...] Ich bewundere einfach, dass das deutsche System bereits vor 100 Jahren die Aufgabentrias berücksichtigte und bis heute die Grundzüge beibehält, diese Kontinuierlichkeit ist eine große Leistung des deutschen Systems.
>
> Ich habe in Deutschland auch eine Unfallklinik und auch einzelne verunfallte Behinderte besucht. Ich bewundere so sehr, dass die Wiedereingliederungsmaßnahmen in Deutschland so fortschrittlich sind. Sogar die kleinsten Details wie Entwurf der Rollstühle und Umbau der Wohnung zugunsten der Mobilität der Behinderten werden immer nach den individuellen Bedürfnissen berücksichtigt. Dies alles hat mich sehr stark beeindruckt. Ich denke, dass das deutsche System wirklich am besten die Menschlichkeit, das Menschenrecht und die Menschenwürde achtet.
> Interview Nr. 21

In China wird die Legitimation der inneren Reform durch Berufung auf das weltgesellschaftliche Wissen erkannt. Das deutsche Modell wird übernommen, weil es mit dem universalistischen Kognitionsmodell und mit den führenden weltkulturellen Prinzipien und Normen wie Menschenrechte und Menschenwürde übereinstimmt. Wie bereits in Kapitel 4.1

erläutert, verfügen die zentralen weltgesellschaftlichen Akteure und die wichtige westlich-nationale Institution (DGUV) bei der globalen Diffusion der Unfallversicherung über arbeitsteilige Funktionen. Im chinesischen Kontext sind die Einflüsse und verschiedenen Funktionen von ILO, ISSA und DGUV deutlich erkennbar. Während die chinesischen Eliten ein globales Rahmenkonzept mit verschiedenen Institutionssäulen von ILO und ISSA übernommen haben, profitieren sie gleichzeitig von einem Welttrend der Unfallversicherung, der durch die zur Verfügung gestellten weltweiten Daten der ISSA konstruiert wird. Das deutsche Modell bietet den chinesischen Eliten darüber hinaus ein operationales Modell, das dem globalen Rahmenkonzept entspricht, aber in der realen Implementierungsebene viele praktische Erfahrungen und operationale Anregungen bereitstellt.

Das Modell, das von außen nach China kommt, legitimiert die Reformdiskussion und den Umbau der Arbeitsunfallversicherung von innen. Amerikanische Versicherungsgesellschaften wie die Liberty Mutual Insurance Company zeigen zwar seit dem Ende der 1990er Jahre ein großes Interesse an der Arbeitsunfallversicherung in China und versuchen, einen Marktdiskurs zu erzeugen. Aber auf der globalen institutionellen Ebene gibt es keine internationale Organisation oder epistemische Gemeinschaft, die explizit für eine weltweite Verbreitung der privaten Arbeitsunfallversicherung wirbt.[84]

Im Bereich der Arbeitsunfallversicherung gibt es im globalen Raum viel weniger konfligierende Positionen und ideelle Auseinandersetzungen als bei der Alterssicherung. Diese globale Realität schlägt sich in der nationalen Diskussion in China nieder. Auf der globalen institutionellen Ebene sind ILO, ISSA und EU die Diskursmacher, die ähnliche Werteorientierungen und Positionen vertreten. Dementsprechend sind die Wissenschaftler mit sozialen Gedanken und das MOHRSS in China die Hauptakteure, die die Wissensressourcen aus der Weltgesellschaft zum eigenen Wissensfortschritt genutzt haben. Eine heftige Auseinandersetzung zwischen liberaler und sozialdemokratischer Deutung sowie eine ministeriale Konkurrenz zwischen Finanz- und Arbeitsressort wie in der Alterssicherung kommen in diesem Bereich nicht vor, weil ein relativ homogenes Wissen in der

84 S. Kapitel 4.1.

globalen Unfallversicherung das Einflusspotential des MOHRSS in China begünstigt.[85] Die chinesischen Politiker erklären überwiegend, dass das Modell der Sozialversicherung im chinesischen Kontext umgesetzt werden soll, wie es in den folgenden zwei Interviews mit chinesischen Politikern des MOHRSS deutlich wird:

> Wir sind nicht dogmatisch und schließen verschiedene Diskurse nicht aus, aber aus den weltweiten Erfahrungen lernen wir, dass die kommerzielle Arbeitsunfallversicherung nicht so gut funktioniert, bspw. in den USA hat das System nicht so ein Leistungsspektrum wie in der deutschen gesetzlichen Unfallversicherung. Viele Bereiche wie Berufskrankheiten und Wegeunfälle werden vom Leistungskatalog der Versicherungsgesellschaften gestrichen, und in manchen Bundesstaaten der USA werden diese Leistungen sehr zögernd ausgezahlt. In diesem Fall ist der Arbeitsschutz durch eine private Absicherung nicht hinreichend.
> Interview Nr. 3

> Wir lernen im Bereich der Arbeitsunfallversicherung das deutsche Modell der Sozialversicherung, nicht aber die amerikanische private Absicherung. Dieses Modell entspricht dem *Mainstream* der internationalen Gemeinschaft, das ebenfalls von ISSA und ILO befürwortet wird.
> Interview Nr. 20

Die führenden chinesischen Politiker im Fachbereich der Arbeitsunfallversicherung plädieren sehr deutlich für das Modell der Sozialversicherung, das ebenfalls in der Arbeitsunfallversicherungs-Verordnung verankert ist. Auch die chinesische epistemische Wissensgemeinschaft ist sich dahingehend relativ einig, dass das Modell der Sozialversicherung dominieren soll. Andererseits schließen manche Wissenschaftler verschiedene Diskurse nicht aus; sie möchten über bestimmte Vorgehensweisen der privaten Absicherung informieren und die gesetzliche Unfallversicherung im Hinblick auf Kundenorientierung und Servicebewusstsein weiter verbessern (Wang 2004). Aber sie lehnen die private Absicherung als mögliches Modell deutlich ab. Obwohl der Marktdiskurs schon im Bereich der Unfallprävention erörtert wird, schließt die Mehrheit der Wissenschaftler einen Umbau der gesetzlichen Unfallversicherung zugunsten der Privatisierung aus (Cai 2004). Eine chinesische Fachexpertin der Volksuniversität (*renmin daxue*) bezweifelt während einer Konferenz amerikanischer Versicherungsgesellschaften ihren Marktplan in China und übt unmittelbar Kritik, die sie wie folgt ausformuliert:

85 s. Kapitel 7.2.

> Ich habe einmal an einer Konferenz der Versicherungsgesellschaften aus den USA teilgenommen, die in den chinesischen Unfallversicherungsmarkt eindringen möchten. Ich habe einige Fragen gestellt: (1) Sind Sie gewinnorientiert oder nicht? (2) Können Sie alle Leistungen wie bei der gesetzlichen Unfallversicherung wie Prävention, medizinische Behandlung, berufliche und gesundheitliche Rehabilitation bereitstellen? (3) Sie haben für bestimmte risikoreiche Branchen wie Kohlebergbau den Beitragssatz auf 14% errechnet. Wenn er so hoch ist, warum sollen sich diese Unternehmen nicht unserer Sozialversicherung, sondern Ihrer privaten Absicherung anschließen? Ich kriege natürlich keinerlei Antwort. [...]
>
> Meiner Meinung nach soll das Hauptmodell der Arbeitsunfallversicherung nur das Sozialversicherungsmodell sein, weil die private Absicherung nicht in der Lage ist, Arbeitnehmer umfassend gegen die Risiken zu schützen.
> Interview Nr. 11

Wie bereits erörtert, herrscht beim Diskurs „Privatisierung gegenüber Sozialversicherung“ unter den chinesischen Wissenseliten eine dominierend „weltgesellschaftliche“ Argumentationsweise vor. Die globale Diskussion findet einen unmittelbaren Niederschlag im nationalen Kontext, indem das Konsensmodell die nationalstaatliche Diskussion legitimiert und determiniert. Im Bereich der Arbeitsunfallversicherung können die chinesischen Professionellen und Politiker dank der relativen Homogenisierung des Wissens in der Weltgesellschaft viel leichter ein Konsenskonzept konstruieren. Das relativ konsensuelle Wissensstrukturmuster in der Weltgesellschaft begünstigt außerdem die Expansion des Einflusspotentials durch die Unfallversicherungsabteilung (UVAB) des MOHRSS und die Wissenschaftler, die sich eher mit *Public Policy* und Sozialversicherung auseinandersetzen. Hingegen greifen die mächtigen finanziellen und kommerziellen Institutionen sowie die Ökonomen in diesen Bereich wenig ein und haben kaum Deutungskonzepte entwickelt.

Allerdings kann man nicht behaupten, dass es im Bereich der Unfallversicherung keine konkurrierenden Diskurse und Deutungen gäbe. Die internationalen Versicherungsgesellschaften sowie die Arbeitgeberverbände mancher Länder befürworten schon ein privates Modell der Arbeitsunfallversicherung, das allerdings weltweit wenig reflektiert und auf der globalen institutionellen Ebene in seltenen Fällen erörtert wird. Man kann einen allgemeinen Trend konstruieren, wobei ein *Mainstream*-Diskurs einer peripheren Position gegenüber steht.

Im nationalen Kontext greifen die chinesischen Wissenschaftler primär auf einen Welttrend von ILO und ISSA zurück, und argumentieren mit hoher Wissensautorität und Legitimität aus den internationalen Dokumenten und Konventionen die Notwendigkeit eines sozialversicherungs- und sozialrechtsbasierten Modells, das Drei-Sektoren-Institutionen (Arbeitsschutz, Kompensation und Rehabilitation) inkludiert. Außer der hauptsächlichen Argumentationsweise (Weltgesellschaft – Nationales) bestehen andere „sekundäre“ Argumentationsmodelle, mit denen manche Wissenschaftler zu erläutern versuchen, warum die chinesische Unfallversicherung nicht ein privates Modell befolgen soll und weswegen die Privatisierung keine Police-Option ist.

Es gibt darüber hinaus chinesische Wissenschaftler, die sich bemühen, aus der Perspektive des Verhältnisses zwischen Staat und Gesellschaft zu erklären, warum das angelsächsische Modell im chinesischen Kontext den nationalen Bestandsverhältnissen nicht angemessen ist und daher ein Privatisierungsansatz sich für den chinesisch-nationalen Kontext nicht eignet. Sie beobachten die gesellschaftlich-strukturelle Affinität zwischen der chinesischen und kontinentaleuropäischen Gesellschaft, weshalb ein Lernen vom deutschen Modell ihrer Ansicht nach eine selbstverständliche *police*-Option der chinesischen Regierung darstellt. Auch die Probleme, die im „freiwilligen“ Anschluss an das private Modell durch manche chinesische Unternehmen in den 1990er Jahren zustande kamen und kommen, verwenden manche chinesischen Wissenschaftler und Verwaltungsträger als Beleg dafür, dass ein privates Modell in China nicht gefördert werden sollte. Die internationalen Erfahrungen mit der Privatisierung der Arbeitsunfallversicherung in anderen Ländern (wie in den USA, Neuseeland und Australien) werden auch im nationalen Kontext erwähnt und argumentiert. Eine Wissenschaftlerin des ISIS argumentiert wie folgt:

> Unser Land hat viele Austauschkontakte mit EU-Ländern, weil die *Mainstream*-Gedanken über die Unfallversicherung aus der EU kommen und der Hauptsitz der ILO und der ISSA ebenfalls in einem EU-Land liegt (in Genf). Die USA, Kanada und Australien haben föderale Versicherungssysteme, die sehr fragmentiert sind. Die Unfallversicherungssysteme in diesen Ländern werden hauptsächlich durch Marktmechanismen bestimmt, und sie können nur unzureichende Leistungen für die sozial Schwachen bereitstellen. Wir distanzieren uns deshalb deutlich vom amerikanischen Modell, das wenig an Gemeinnützigkeit orientiert ist.
> Interview Nr. 21

Die Argumentation vieler Wissenschaftler ist vor allem weltgesellschaftlich, weil die Unfallsysteme in vielen EU-Ländern prinzipiell mit den ILO- und ISSA- Versicherungskonzepten übereinstimmen. Aus diesem Grund pflegt China ebenfalls intensive Kontakte mit der EU und den EU-Ländern. Die Wissenschaftlerin hat in Interview Nr. 21 festgestellt, dass sich der Hauptsitz der internationalen Institutionen im EU-Raum befindet. Dementsprechend sehen viele Wissenschaftler, dass die Unfallversicherung ein ziemlich europäisiertes sozialpolitisches Feld ist, das sich von den Interessen der USA und Interventionen der mächtigen Finanzinstitutionen abkoppelt. Ein von ILO und ISSA dominiertes Feld sowie die Verflechtung zwischen ILO, ISSA und der EU schaffen ein globales Strukturmuster, das eher im europäischen Kontext stattfindet und durch einen europäischen Charakter geprägt ist. Aus diesem Grund interessiert sich China ebenfalls für eine China-EU-Kooperation im Bereich der Unfallversicherung. Das angelsächsische Modell wird im chinesischen Kontext eher als Problem konstruiert. Es sei föderalistisch, dezentralisiert, fragmentiert, und eher marktgesteuert. Zudem stehe es unter dem Primat des Profits, und sei deswegen defizitär. Andererseits fürchten manche lokalen Verwaltungsträger auf der lokalen Umsetzungsebene, dass das marktliberale Modell noch viele zusätzliche Probleme in China herbeiführen würde. Ein lokaler Politiker ist deswegen folgender Auffassung:

> Die chinesische Unfallversicherung ist schon durch eine geringe Anzahl von Versicherten gekennzeichnet. Wenn den ausländischen Versicherungsgesellschaften nun erlaubt wird, im Bereich der Unfallversicherung in China zu investieren, dann werden sich viele Unternehmer aus der gesetzlichen Unfallversicherung zurückziehen und sich an die private Sicherung anschließen. Eine kommerzielle Wirtschaft plus eine kommerzialisierte Unfallversicherung könnte ein Desaster für die chinesischen Arbeitnehmer sein, weil sich keiner um die Würde der Arbeiter und ihre Rechte kümmert, und alle tun etwas, allerdings nur aus kommerziellen Interessen und Profit-Gedanken. Dies kann, wie schon mehrmals im chinesischen Kontext bewiesen wurde, zu einer Katastrophe führen.
> Interview Nr. 3

Dieses Zitat ist mit der Sorge des lokalen Politikers ausformuliert, dass eine Ankopplung an die Marktmechanismen möglicherweise zum Ende der gesetzlichen sozialen Unfallversicherung führen würde und viele Arbeiter wiederum aus dem Bereich des Arbeitsschutzes ausgeschlossen werden könnten. Diese Exklusion wäre seiner Meinung nach ein Desaster für den

Schutz der Arbeitsrechte und der Menschenwürde. Deswegen sei ein privates Modell im chinesischen Kontext ungeeignet und unrealistisch. Viele andere Informanten vertreten die gleiche Position und sehen die Privatisierung als großes Problem und eine Herausforderung an die gesetzliche Sozialversicherung. Eine Wissenschaftlerin des ISIS grenzt sich ebenfalls deutlich vom angelsächsischen Modell ab:

> Das amerikanische Modell, das völlig auf Laisser-faire beruht, ist in unserem Land nicht adaptionsfähig. Unser System ist eher vergleichbar mit dem deutschen Modell der sozialen Marktwirtschaft, weil wir ebenfalls die Marktwirtschaft mit sozialer Prägung eingeführt haben. Zum Hintergrund der Entstehung der Arbeitsunfallversicherung besteht eine strukturelle Ähnlichkeit zwischen der chinesischen und deutschen Gesellschaft, einschließlich der Industrialisierung, der Urbanisierung und der Einwanderung der ländlichen Bevölkerungen in die städtischen Gebiete. Und es gibt eine analoge Staatslage, analoge Probleme zwischen China und Deutschland in der gleichen Entwicklungsphase, und auch die Lösungskonzepte und die Erfahrungen sind analog [...].
>
> Mit den USA, Großbritannien und Kanada teilen wir nicht die gleichen Erfahrungen, unser Modell ist vom amerikanischen Modell differenziert. Somit ist ein Lernen vom amerikanischen marktliberalen Modell sehr unwahrscheinlich.
> Interview Nr. 21

Hier wird von der Wissenschaftlerin verdeutlicht, dass zwischen China und Deutschland eine gesellschaftlich-strukturelle Analogie besteht, die einerseits durch die gegenwärtige Gesellschaftsordnung (soziale Marktwirtschaft und Marktwirtschaft mit sozialer Prägung) und andererseits durch die geschichtsbedingte parallele Analogie gekennzeichnet ist. Da die chinesische industrielle Expansion und die damit verbundenen Probleme in der Gegenwart parallel zur deutschen Industrialisierung vor mehr als 100 Jahren ablaufen und sich nie eine marktfundamentalistische Tradition in beiden Länden entwickelt hat, ist ein institutionelles Lernen von Deutschland für China eine logische Folge.

Die institutionelle Analogie zwischen China und Deutschland steht einer institutionellen Heterogenität zwischen China und den angelsächsischen Ländern gegenüber. Da sich die angelsächsische Gesellschaftsordnung und die damit verbundene marktliberale Tradition deutlich von der chinesischen Tradition unterscheidet, führt diese Heterogenität leicht zur Skepsis der chinesischen Wissenseliten gegenüber dem amerikanischen Unfallversicherungssystem. Das amerikanische System wird im chinesischen Kontext von der chinesischen Wissensgemeinde häufig als Problem und versagendes System interpretiert. Daher kann ein Modell des Laisser-faire im Bereich der Arbeitsunfallversicherung in China schwer legitimiert werden. Wie bereits erörtert, weisen darüber hinaus die chinesischen politischen Verwaltungsträger und Wissenseliten häufig auf die Probleme hin, die durch ein privates Modell in den USA und anderen angelsächsischen Ländern entstehen, um zu beweisen, dass ein marktgesteuertes Modell in der Unfallversicherung tatsächlich in vielen Aspekten versagt. Die häufig von der chinesischen wissenschaftlichen Gemeinde bemängelten Probleme sind Folgende: kleine Versichertenkreise (da der Versicherungsabschluss nicht obligatorisch ist), wenige institutionelle Unfallversicherungsleistungen (in vielen Fällen werden die Leistungen lediglich in der Form eines einmaligen Pauschalbetrags ausgezahlt), wenige Leistungskombinationen (z.B. aufgrund fehlender Rehabilitationsinstitutionen), geringes Leistungsspektrum (z.B. der Ausschluss der Berufskrankheiten und der Wegeunfälle aus den Schutzbereichen) sowie die Exklusion bestimmter Berufsgruppen, die besonders gefährlichen Arbeitsbedingungen ausgesetzt sind.

Allerdings muss darauf hingewiesen werden, dass im Bereich der Unfallversicherung die Termini wie „private Absicherung", „Kommerzialisierung" und „Marktmechanismen" nicht völlig ausgeblendet werden und unausgesprochen bleiben. Eine dominante *Mainstream-Position* setzt häufig voraus, dass auch periphere Diskurse bestehen. Im Bereich der Unfallversicherung vertreten manche Politiker der SAWS (State Administration for Work Safety), die auf der makro-institutionellen Ebene für die Prävention von Arbeitsunfällen zuständig ist, andere Meinungen. Für die SAWS ist die Einführung der Marktmechanismen eine *police*-Option, die allerdings nur im Bereich des Arbeitsschutzes in Erwägung gezogen werden sollte.

Im chinesischen Kontext taucht der Diskurs „Privatisierung" nur bei der SAWS auf. Der 2004 publizierte Sammelband "Research and Practice of Work-Injury-Insurance and Accidents Prevention" (*gongshangbaoxian yu shigu yufang yanjiu ji shijian*) enthält einige Aufsätze von Politikern der SAWS. Davon vertreten einige Beamte der SAWS die Meinung, dass im Bereich der Arbeitsunfallprävention die kommerzielle Unfallversicherung eingeführt werden könnte. Sun ist beispielsweise der Ansicht, dass in bestimmten Berufszweigen mit hohen Arbeitsrisiken und Unfallrisiken wie in der Bauindustrie und im Bergbau die kommerzielle Unfallversicherung als ergänzende Säule zur gesetzlichen sozialen Versicherung eingerichtet werden könnte. Er weist auf die hohe Arbeitsunfallquote der besonders risikoreichen Berufszweige hin. Seiner Auffassung nach wäre es deshalb sinnvoll, Marktmechanismen einzuführen und Arbeitsunfälle durch strenge regulative Mittel zu verhüten. Die kommerzielle Versicherung als zweite ergänzende Säule der Unfallversicherung soll seiner Meinung nach die gesetzliche Unfallversicherung nicht ablösen, sondern eher eine komplementäre Funktion übernehmen. Grundsätzlich ist diese zweite Säule durch einen individuellen Kapitalstock finanziert. Für jeden Arbeitnehmer wird ein individuelles Konto eingerichtet, auf dem eingezahlte Beiträge als Kapitalfonds akkumuliert werden sollen. Die Höhe der eingezahlten Beiträge soll nach Branchen und Berufszweigen ausgerichtet werden und je nach den tatsächlich eingetretenen Arbeitsunfällen variieren. Diese Kapitalfonds werden von den Versicherungsgesellschaften und der SAWS zusammen verwaltet; dabei wird ein bestimmter prozentualer Anteil der Fonds für die Verwaltung sowie für den Arbeitsunfallschutz verwendet. Nach diesem Modell könnten die Arbeitnehmer theoretisch beim Eintritt von Arbeitsunfällen zwei Leistungen beziehen, nämlich aus der kommerziellen und aus der gesetzlichen Unfallversicherung (Sun 2007: 15). Die Idee der ergänzenden Säule entstand ursprünglich, weil sich viele Unternehmen in risikoreichen Berufsbranchen noch nicht an eine gesetzliche Unfallversicherung angeschlossen haben und die Arbeitnehmer deswegen hohen Unfallrisiken ausgesetzt sind. Die Einführung der kommerziellen Unfallversicherung wird dazu beitragen, dass das Risiko der Arbeitnehmer mindestens durch eine Säule der Unfallversicherung abgedeckt ist (Sun 2007: 15–16).

Allerdings ist darauf hinzuweisen, dass die Einführung der kommerziellen Unfallversicherung wenig von den chinesischen Wissenseliten reflektiert wird. Mit diesem Konzept wird das Unfallversicherungssystem mit vielen neuen Problemen konfrontiert. Aufgrund des Modells kann man eben nicht erklären, wie die beiden Säulen rational koordiniert werden können. Es besteht die Möglichkeit, dass dieser Reformvorschlag viele neue Probleme herbeiführen könnte, weil die Unternehmen und die Arbeitnehmer drei Optionsmöglichkeiten haben werden, die als *paralleles*, *substitutives* und *gemischtes Kompensationsmodell* bezeichnet werden. Mit dem parallelen Modell ist gemeint, dass faktisch zwei verschiedene

Versicherungskonzepte koexistieren. Die Arbeitgeber oder die Arbeitnehmer können dabei entscheiden, welchem sie sich anschließen möchten. Diese parallele Existenz zweier Modelle kann die Grundlage der gesetzlichen Unfallversicherung erodieren, weil viele Unternehmen sich der Beitragspflicht der gesetzlichen Unfallversicherung entziehen können, indem sie eine kommerzielle Versicherung abschließen. Das substitutive Modell bedeutet, dass die kommerzielle Unfallversicherung letztendlich die gesetzliche soziale Unfallversicherung ablöst, wenn sich immer mehr Unternehmen aus der gesetzlichen Unfallversicherung zurückziehen und die Beitragsgrundlage der gesetzlichen Unfallversicherung somit erschüttert wird. Mit dem gemischten Modell ist gemeint, dass bei Eintritt von Arbeitsunfällen die verunfallten Arbeitnehmer gleichzeitig bei der kommerziellen Unfallversicherung und bei der gesetzlichen Unfallversicherung Entschädigungsleistungen beanspruchen können. Somit entsteht das Problem, dass man doppelte Leistungen erhalten könnte. Das ganze System ist durch diesen Widerspruch gekennzeichnet. Es wird vermutet, dass durch die Einführung der kommerziellen Unfallversicherung viele neue Rechtsstreitigkeiten entstehen werden und viele neue soziale Konflikte vorprogrammiert sind.

Da der Diskurs der Einführung der kommerziellen Unfallversicherung für risikoreiche Branchen lediglich von einigen Verwaltungspersonalen der SAWS erwähnt und nur in der Veröffentlichung von 2004 kurzfristig erörtert wird, mangelt es dem Diskurs an einer permanenten Aufmerksamkeit in der öffentlichen Diskussion und an einer intensiven wissenschaftlich-politisch vernetzten kognitiven Analyse. Insofern gilt der Diskurs lediglich als eine isolierte Erscheinung im chinesischen Wissenskontext. Der Diskurs wurde nach 2004 nicht mehr durch Wissenschaftler reflektiert und erforscht, so dass er in den wissenschaftlichen Diskussionen und im politischen Entscheidungsprozess zur Arbeitsunfallversicherung in China keinen Anklang findet. Auch in der örtlichen Untersuchung für diese Forschungsarbeit geben die meisten Informanten zu, dass sie von einem Diskurs zur Privatisierung der Unfallversicherung durch die SAWS niemals gehört haben. Eine Wissenschaftlerin aus der Volksuniversität Pekings (*zhongguo renmin daxue*) erkennt diese Position, hat sie aber als peripher eingestuft. Sie übt gleichzeitig folgende Kritik:

> Von den Erfahrungen vieler Unternehmen, die freiwillig an einer kommerziellen Unfallversicherung teilgenommen haben, bemerken wir eher Probleme und Defizite in dieser Sphäre. Die Versicherungsgesellschaften haben immer eine eigenständige Vorgehensweise und Kompensationsmodelle, die zu jeder Zeit die gesetzliche Unfallversicherung herausfordern und ablösen können. Zum Beispiel, durch den einmaligen Pauschalbetrag zur Kompensation sowie durch die Vereinfachung der Unfallversicherung als reine Entschädigungsleistung wird der Police-Inhalt der gesetzlichen Unfallversicherung direkt verengt [...]. Die Erfahrungen in der Vergangenheit zeigen schon deutlich, dass die Einführung einer zweiten, parallelen Säule durch die private Sicherung mehr Probleme als Vorteile bringen kann.
> Interview Nr. 11

In dem Zitat wird die Sorge des chinesischen Wissenskreises über eine ergänzende Säule durch die kommerzielle Versicherung deutlich ausformuliert. Wegen der Verschiedenartigkeit der gesetzlichen sozialen Unfallversicherung und der privaten Unfallversicherung kann man schwer ein ergänzendes Versicherungsmodell wie in der Alterssicherung aufbauen. Gemäß der unterschiedlichen Kompensationsweise und dem heterogenen Leistungsspektrum in beiden Versicherungskonzepten entsteht leicht ein konkurrierendes Verhältnis zwischen einer staatlichen und einer privatwirtschaftlichen Versicherung, die auf zwei verschiedenen rechtlichen Grundlagen beruhen (privat-rechtliche und öffentlich-rechtliche Grundlage). Diese Rivalität kann letztendlich die Erosion der Grundlage der gesetzlichen Unfallversicherung herbeiführen. Eine Wissenschaftlerin des ISIS formuliert ihre Meinung zur kommerziellen Unfallversicherung noch deutlicher aus:

> Im ministerialen Apparat zur Aufsicht der Arbeitssicherheit (SAWS) entstanden früher solche Gedanken, dass die Marktmechanismen eingeführt werden sollten, um die Arbeitsunfälle zu verhüten. Solche Meinungen sind nie die Hauptmeinungen in China geworden. Sie werden heute auch nicht mehr zu hören sein. Wir können nie verbieten, wie die anderen denken und diskutieren oder einen neuen Diskurs machen, weil wir in einem freien Land leben. Aber die Hauptrichtung und die *Mainstream*-Meinung sind schon festgelegt: Die Arbeitsunfallversicherung in China ist eine Sozialversicherung, die über die Funktion der Umverteilung und der Solidarität verfügt.
> Interview Nr. 21

Diese Wissenschaftlerin vertritt die dominante Meinung im chinesischen Wissenskreis und weist auf die periphere Position der kommerziellen Unfallversicherung hin. Ihrer Ansicht nach soll die Unfallversicherung ein Sozialversicherungssystem bleiben und durch Solidarität und Umverteilung geprägt sein. In der für die Forschungsarbeit durchgeführten örtlichen Untersuchung wird diese Position wiederholt hervorgehoben. Andere Wissenschaftler weisen ebenfalls auf die Probleme und Defizite der privaten Unfallversicherung hin, die früher vor der Einführung der Sozialversicherung zustande kamen und heute zum Teil weiter existieren. Wie bereits dargestellt, schlossen sich viele Unternehmen und Arbeitnehmer in den 1990er Jahren freiwillig an eine kommerzielle Versicherung an. Massive Probleme sind bereits durch die private Unfallversicherung und die Arbeitgeberhaftung aufgetreten und auch viele juristische Kämpfe belasteten die chinesischen Gerichte auf der lokalen Ebene. Ein Wissenschaftler aus der Redaktion der Zeitschrift „Labor Security" (*laodong baozhang*) erklärt die systematischen Probleme, die durch die kommerzielle Versicherung in den 1990er Jahren zustande kamen.

> Die kommerzielle Unfallversicherung ist ungeeignet für China. Es gibt meiner Ansicht nach zwei Gründe: (1) Die kommerzielle Versicherung ist gewinnorientiert, die Verwaltungskosten sind sehr hoch. Hingegen wird die soziale Unfallversicherung durch ein staatliches Ministerium verwaltet, die Verwaltungskosten sind relativ niedrig. (2) Für den Fall der kommerziellen Unfallversicherung gibt es keine streng konditionierten Teilnahmevoraussetzungen, aber die Entschädigung läuft gewöhnlich in einem komplexen Prozess ab, und wegen der unregulierten Märkte in China entstehen massive Probleme. Es entstehen noch viele Fälle des Versicherungsbetrugs, und oft wird nicht im Interesse der Versicherten gehandelt. Aber im Fall der sozialen Unfallversicherung können die Versicherten die Arbeitgeber oder die lokalen Versicherungsbehörde verklagen, falls ihre Rechte von den entsprechenden Behörden verweigert werden. Die Kosten der juristischen Rechtsmittel sind sehr niedrig. Ein Verwaltungswiderspruch kostet nur 50 Yuan, ein Rechtsstreit im Verwaltungsprozess ist sogar kostenlos. Im Gegensatz dazu sind bei einem zivilrechtlichen Rechtsstreit die Kosten sehr hoch.
> Interview Nr. 8

Dieser Wissenschaftler versucht, das Problem zu konstruieren, das durch eine kommerzielle Unfallversicherung entsteht. Er vergleicht die Verwaltungskosten der privaten und der gesetzlichen Unfallversicherung miteinander und stellt den Vorteil der gesetzlichen Unfallversicherung dar. Darüber hinaus weist er auf Probleme in den ungeordneten und unregulierten chinesischen Versicherungsmärkten hin, in denen manche privaten Versicherten betrogen werden und im Versicherungsfall keinerlei Entschädigungsleistungen erhalten. Im juristischen Prozess sind beide Systeme stark differenziert: Die privat versicherten Arbeitnehmer müssen den zivilrechtlichen Klageweg beschreiten und daher hohe Kosten für Rechtsstreite bezahlen, während die gesetzlich versicherten Arbeitnehmer sich am öffentlichen Recht orientieren (müssen) und deswegen relativ geringe Kosten zu tragen haben. Von diesen beiden Systemen werden die Rechte der Arbeitnehmer unterschiedlich geschützt. Allerdings muss berücksichtigt werden, dass viele Unternehmen sich bereits freiwillig der kommerziellen Versicherung angeschlossen haben, um die Risiken von Arbeitsunfällen freiwillig abzudecken. Wenn sich die Unternehmen aus der privaten Versicherung zurückziehen und der gesetzlichen Unfallversicherung anschließen, entstehen in der Übergangsphase Probleme. Vor allem ist fraglich, was mit den in die kommerziellen Versicherungen eingezahlten Beiträgen geschehen soll, wenn die Unternehmen dort nicht mehr versichert sind. Dieses Problem wird als *contract out* Problem bezeichnet. Die parallele Existenz verschiedener Versicherungssysteme ist in jedem Fall eine Frage, die nur langfristig lösbar ist.

Obwohl die amerikanischen Versicherungsgesellschaften seit 2000 versuchen, die private Arbeitsunfallversicherung in bestimmten Branchen in China einzuführen, bleiben sie mangels einer epistemischen Gemeinschaft für Liberalisierung der Arbeitsunfallversicherung und wegen der fehlenden Unterstützung durch die chinesischen Politiker und Wissenschaftler wenig erfolgreich. Auf der globalen institutionellen Ebene fehlt es ebenfalls an einem standardisierten globalen Diskurs zur Privatisierung der Arbeitsunfallversicherung. Im Bereich der Arbeitsunfallversicherung bilden sich eigenständige Funktionslogiken und – mechanismen heraus. Während sich die Sozialwissenschaftler und Politiker aus dem MOHRSS auf die ILO, ISSA und auf Deutschland berufen und den Welttrend sowie ein globales Rahmenkonzept erkennen, können die liberalen Wissenschaftler aus dem mangelhaften Ansatz der Weltbank und den problematischen amerikanischen Unfallsystemen kaum einen erfolgreichen Privatisierungsansatz produzieren (Sun 2007; Chen 2005). Im Vergleich zur Alterssicherung ist die Arbeitsunfallversicherung viel weniger durch Dissens und Konflikt gekennzeichnet, sondern eher durch einen weit verbreiteten Konsens. Das ablehnende Verhalten der *Mainstream*-Meinungen gegenüber der privaten Absicherung in China führt dazu, dass das Sozialversicherungsprinzip sehr weit rezipiert wird.

8.4 Lernen vom deutschen Modell – ein nationales Modell als operationales „globales“ Modell

Als ein operationales Modell in der Praxis hat das deutsche Modell der Unfallversicherung in Übereinstimmung mit dem idealtypischen Konzept der ILO und der ISSA ebenfalls ein eigenständiges Merkmal und einen eigendynamischen Charakterzug. Obwohl in der deutschen Unfallversicherung auch die Prävention, die Entschädigung und Rehabilitation in § 1 des Sozialgesetzbuches VII als Kernzielsetzungen rechtlich verankert sind, beschreiben die deutschen Unfallversicherungsexperten selbst das Prinzip „Alles aus einer Hand“ als wichtiges Merkmal des deutschen Systems. Das bedeutet, dass alle diese drei Schlüsselaufgaben durch einen Unfallversicherungsträger übernommen und die entstehenden Kosten durch denselben Unfallversicherungsfonds erstattet werden. In der deutschen Unfallversicherung sind die branchenspezifischen Berufsgenossenschaften (BG) zuständig für die Verhütung von Arbeitsunfällen. Sie erlassen die Unfallversicherungsvorschriften für die Mitgliedsbetriebe und entsenden Unfallversicherungsinspektoren, die die Einhaltung der Arbeitssicherheitsvorschriften in jedem Betrieb kontrollieren. Auch die Forschungstätigkeiten über die Verhütung von Arbeitsunfällen und Berufskrankheiten werden von den BG finanziell unterstützt. Bei Eintritt der Unfälle beziehen die verunfallten Arbeitnehmer Entschädigungsleistungen aus dem Unfallversicherungsfonds der BG. Maßnahmen zur langfristigen Genesung der verunfallten Arbeitnehmer wie gesundheitliche, psychologische, berufsfördernde und gesellschaftliche Rehabilitation, finden in den Unfallkliniken statt, die ebenfalls unter dem Rahmen der BG organisiert sind.[86]

Im Folgenden wird die sino-deutsche Kooperation im Bezug auf die Arbeitsunfallversicherung erläutert und sämtliche Wissensdiffusionskanäle werden analysiert.

8.4.1 Ein Überblick über die Kooperation zwischen China und Deutschland in Bezug auf die Unfallversicherung

„China lernt von Deutschland“, das ist ein ungewöhnlicher Prozess der Globalisierung der Sozialpolitik, durch den das bevölkerungsreichste Land der

86 s. Kapitel 5.1.4.

Erde das sozialpolitische Modell eines weit entfernten Landes replizieren möchte. Der Lernprozess vollzieht sich in verschiedenen Phasen: (1) in der Phase der Exploration durch die chinesischen Forscher, (2) in der Phase der ersten Begegnung zwischen chinesischen und deutschen Akteuren sowie (3) in der Phase der Intensivierung der Kontakte zwischen beiden Seiten. In der ersten Phase spielt die Beobachtung ausländischer Modelle durch die chinesischen Akteure eine wichtige Rolle, in den nachfolgenden Phasen übernehmen diverse Formen der Interaktion eine vorrangig wichtige Funktion für Wissensdiffusion. In dem Prozess spielen einige wichtige Fachbeamte und Wissenschaftler eine zentrale Rolle; sie sind letztendlich diejenigen, die die sino-deutsche Kooperation vorantreiben. Im Folgenden werden die verschiedenen Kooperationsphasen ausführlich erläutert:

Im Jahr 1994 wurde das ISIS (*Institute for Social Insurance Studies*) gegründet. In jener Zeit fangen chinesische Wissenschaftler im Auftrag des ehemaligen MOLSS an, Unfallversicherungsmodelle außerhalb Chinas zu erforschen. Durch die soziale Konstruktion von den Wissenseliten werden erstens die Unfallversicherungssysteme weltweit typologisiert, indem die AUV entweder in Arbeitgeberhaftungs-, öffentlich-rechtliche Sozialversicherungs- sowie private Absicherungs-Modelle oder in das Bismarck/Beveridge Modell eingeordnet wurden. Bereits im Jahr 1996 einigten sich die ministerialen Beamten und einige Wissenschaftler, dass im Bereich der globalen AUV ein ungewöhnlicher Konsens besteht, nämlich die Ablösung der privatwirtschaftlichen Unternehmens-Haftung durch eine öffentlich-rechtliche soziale Unfallversicherung, die ebenfalls dem Bismarck Modell zuzuordnen ist. Da die Chinesen im Laufe der Geschichte eine langfristige und stabile Verbindung zu Deutschland pflegten, wurde diese historische Kontinuität reaktiviert. Die chinesische Diskurskoalition vertrat die Meinung, dass China in Bezug auf die AUV von Deutschland lernen sollte, weil das deutsche Modell als *best practice* Beispiel angesehen wurde.

Seit 1996 haben chinesische Delegationen Deutschland schon einige Male besucht, um das Modell der deutschen Unfallversicherung an Ort und Stelle zu untersuchen und dessen Funktionsweise zu beobachten. Nach jedem Besuch wurde stets ein detaillierter Bericht über die institutionellen Maßnahmen und Mechanismen des deutschen Unfallversicherungssystems verfasst. Im Lauf der Vorbereitungsphase spielten einige Schlüsselpersonen eine sehr wichtige Rolle, weil letztendlich nicht nur Organisationen mit anderen Organisationen kommunizieren, sondern Menschen mit Menschen. Zwei dieser Schlüsselpersonen waren Joachim Breuer, der Hauptgeschäftsführer der DGUV, und Chen Gang, der Abteilungsleiter der Arbeitsunfallversicherungsabteilung des MOHRSS. Sie stehen in engem Kontakt und haben ein intensives Vertrauensverhältnis zwischen beiden Seiten aufgebaut. Die im ISIS tätige Übersetzerin, Cai Heping, versuchte zudem, den deutschen Kollegen die chinesische Denkweise näher zu bringen und hat maßgeblich dazu beigetragen, das Verständnis beider Seiten füreinander zu vertiefen.

Im Jahre 2005 vereinbarten die chinesische und deutsche Regierung ein Kooperationsprojekt in Bezug auf die Unfallversicherung, dessen erste Phase vom Jahr 2005 bis zum Jahr 2008 fortdauerte. Dieses Kooperationsprojekt wurde im Jahre 2008 von beiden Seiten verlängert, und die zweite Phase läuft vom Jahr 2009 bis zum Jahr 2011. Im September 2007 hat der Autor an einem Kooperationstreffen zwischen der EU und China bzw. zwischen Deutschland und China teilgenommen, bei dem die Arbeitsunfallversicherung als ein länderübergreifendes Thema bearbeitet, multinationale Erfahrungen ausgetauscht und Expertise transferiert wurden. Anwesend bei diesem multilateralen Treffen waren chinesische Ministerialbeamte aus der Unfallversicherungsabteilung des MOHRSS sowie lokales Verwaltungspersonal für die Unfallversicherung aus den Provinzen Heilongjiang, Jilin, Jiangsu, Guangdong, Hunan und Gansu. Aus der EU und Deutschland waren Verwaltungsexperten und Wissenschaftler anwesend, die sich mit dem Thema der Unfallversicherung auseinandersetzen. Einer von ihnen war Stephan Zimmer, der zuständige Experte für die Unfallversicherung aus der DGUV.

Während des Treffens wurde in den erst zwei Tagen bei einer Konferenz miteinander kommuniziert und Wissen zwischen der EU und China bzw. zwischen Deutschland und China ausgetauscht. Das Verwaltungspersonal aus China erklärte in einem Vortrag die allgemeine Entwicklung und die Reform der chinesischen Arbeitsunfallversicherung, dann stellten die deutschen, französischen und belgischen Experten die Unfallversicherungsreformen in ihren Ländern vor. Nachher präsentierten Fachexperten aus den oben genannten EU-Ländern die Organisations- und Operationsweise der Rehabilitation in diesen Ländern. Nach jedem Vortrag wurde Diskussionszeit eingeräumt, in der die chinesischen Kollegen Fragen stellten, die

die europäischen Fachexperten beantworteten. Häufig fragten die chinesischen Ministerialbeamten und lokalen Verwaltungsträger nach Detailwissen. Sie fragten beispielsweise, wer auf der lokalen Ebene die Kosten für die Krankenbehandlungen und die Rehabilitation der verunfallten Arbeitnehmer übernimmt, ob die Aufgabe der Wiedereingliederungsmaßnahmen intern von dem Unfallversicherungsträger übernommen wird, und wie die Unfallversicherungsträger die verschiedenen Programme der Prävention, der Entschädigung und der Rehabilitation synergetisch koordinieren.

Da die chinesische Regierung den Makro-Rahmen für das gesamte System der Unfallversicherung bereits festgelegt hat und das chinesische Unfallversicherungssystem nach dem deutschen Modell reformieren will, interessierten sich die chinesischen Kollegen auf dem multilateralen Treffen relativ wenig für die Systemgestaltung und den Systemtransfer. Stattdessen wollten sie sich eher über die Durchführungsweise, Organisation und konkrete Implementierung verschiedener Politikprogramme auf der lokalen Ebene informieren lassen.

Außer dieser *face-to-face* Kommunikation in Form des Konferenzseminars besichtigte die chinesische Delegation nach der Konferenz die Unfallkliniken und Rehabilitationszentren in Sankt Augustin und Frankfurt. Bei dieser Besichtigung versuchten die chinesischen Verwaltungsbeamten, durch Beobachtung die Operationen der Unfallversicherung mit eigenen Augen zu verfolgen und damit visuelle Eindrücke zu gewinnen. Während ihres Besuches fragten die chinesischen Experten weiter nach Detailwissen, z.B. wie die Datenverarbeitung von Informationen über die verunfallten Arbeitnehmer erfolgt, wie das Anmelde- und Begutachtungsverfahren der verunfallten Arbeitnehmer verläuft sowie wie die psychologische und soziale Rehabilitation organisiert werden.

Das Interesse an sozial-technischen und praxisorientierten Erkenntnissen hängt damit zusammen, dass diese Systemzielsetzung auf der Makroebene bereits festgesetzt ist. Die verbleibende Frage ist nun, wie die Meta- und Mikroebenen zu operationalisieren sind. Die Beobachtung des deutschen Unfallsystems durch die chinesische Delegation hat allerdings die Überzeugung des chinesischen Verwaltungspersonals weiter verstärkt, dass das deutsche Unfallsystem ein sehr gut funktionierendes ist und deswegen die Entscheidung der Übernahme des deutschen Modells ihrer Ansicht nach eine korrekte institutionelle Wahl ist.

Nach dem Besuch der Unfallkliniken und der Rehabilitationszentren in Sankt Augustin lobten die chinesischen Kollegen bei einem internen Gedankenaustausch das deutsche Unfallsystem, weil hier ihrer Ansicht nach das menschliche Leben und die Menschenwürde an erster Stelle stehen. Außerdem bewunderten die chinesischen Verwaltungsbeamten den Einsatz vieler fortschrittlicher technischer Mittel, wie beispielsweise des Hubschraubers zur Ersten Hilfe für die verunfallten Arbeitnehmer (BG 2005 a, b; Breuer 2006; Zimmer 2005 a, b, 2006; Zhou 2000 sowie eigene empirische Beobachtung im September 2007).

8.4.2 Diffusionsanalyse: Transfer des deutschen Modells auf China

„Alles aus einer Hand" expliziert die Eigenständigkeit der deutschen Unfallversicherung, indem drei Kerninstitutionen mit verschiedenen Formen der Intervention (rechtliche, entgeltliche, ökologische und pädagogische Intervention) lediglich von einem Unfallversicherungsträger[87] übernommen werden. Dieses Merkmal des deutschen Systems wird auch von den chinesischen Wissensgemeinden und Politikeliten sorgfältig verfolgt und im chinesischen Kontext semantisch als „Dreieinigkeit" (*sanweiyiti*) bezeichnet.[88] Mit dieser Konnotation wird die Eigenständigkeit der deutschen Unfallversicherung explizit im chinesischen Kontext dargestellt. Die gesetzliche Arbeitsunfallversicherung verselbständigt sich als ein eigenständiger und operationaler Bereich, der durch ihre Binnendifferenzierung gekennzeichnet ist. Diese Trinität des deutschen Systems prägt die Diskussion in China direkt und steht für die chinesischen Experten als starkes Argument zur Verfügung. Sie erörtern die Tatsache, dass ein rationales Unfallversicherungssystem nur mit vereinfachter Verwaltungsstruktur und wenigen Operationsebenen funktioniert und sich deswegen wenig von der ministerialen Konkurrenz beeinflussen lässt. Ihrer Ansicht nach erhöht das deutsche Modell mit seiner „Dreieinigkeit" insgesamt

---

87 Damit sind die DGUV und die dazu gehörenden branchenspezifischen BG gemeint.

88 Mit dem Internationalisierungsprozess der Volksrepublik China wird die christliche Begrifflichkeit in China immer populärer. Der Begriff der „Dreieinigkeit", der Vater, Sohn und heiligen Geist bezeichnet, ist den chinesischen Experten wohl bekannt.

die Effizienz der Unfallversicherung und senkt den Verwaltungsaufwand. Das bedeutet, dass drei Sektoren in einer gesetzlichen Unfallversicherung - Prävention, Kompensation und Rehabilitation - möglicherweise von einer Körperschaft des öffentlichen Rechts verwaltet werden sollen.

Da in China die Prävention ursprünglich als ein separater Bereich des Arbeitsschutzes umgesetzt wurde, arbeitet das MOHRSS eng mit der SAWS zusammen, um berufliche Sicherheitsmaßnahmen zu ergreifen und die Befolgung der Sicherheitsregeln zu überwachen. Die Aufgabe der Prävention wurde überwiegend vom SAWS als eigenständige Arbeitsschutzinstitution übernommen. Nachdem die AUVVO verabschiedet wurde und die eigenständige UVAB (Unfallversicherungsabteilung) des MOHRSS errichtet worden ist, ist der Aufbau einer eigenständigen und einheitlichen Unfallversicherung möglich. Wie vorher erörtert, werden in der AUVVO die zentralen Zielsetzungen der chinesischen Unfallversicherung in Form der drei Sektoren juristisch festgelegt. Nun wird die Prävention nicht mehr als eigenständiger, separater Bereich jenseits der gesetzlichen Unfallversicherung, sondern als integrierter Bereich der Berufsunfallversicherung betrachtet, der zusammen mit Entschädigung und Rehabilitation in einen einheitlichen Politikbereich eingebettet werden soll.

Dieser Policywandel korrespondiert gleichzeitig mit dem Wandel des Deutungsmusters. Die wissenschaftlichen und politischen Eliten teilen die Ansicht, dass sowohl die Prävention als auch die Rehabilitation als integrierter Begriff der gesetzlichen Unfallversicherung betrachtet werden sollen. Die Einführung der bundesrepublikanischen „Dreieinigkeit“ bildet im chinesischen Kontext die führende prinzipielle Zielsetzung der chinesischen Unfallschutzreform. In Anlehnung an das deutsche Modell soll in China zum einen der Verwaltungsaufwand für die Unfallversicherung so viel wie möglich verringert und zum anderen die Leichtigkeit sowie die Effizienz des Systems gesteigert werden. Dementsprechend soll das SAWS über eine Aufsichtsfunktion für die Verhütung von Arbeitsunfällen und Berufskrankheiten verfügen, genau wie das BMAS (Bundesministerium für Arbeit und Soziales) im deutschen System. Die realen Präventionstätigkeiten in der operationalen Praxis werden jedoch der UVAB des MOHRSS und den lokalen Unfallversicherungsträgern überlassen. Im alten System wurden die durch Prävention entstehenden Kosten überwiegend durch das staatliche Steueraufkommen sowie durch das SAWS selbst übernommen, aber in einem neuen, nach dem deutschen Modell ausgerichteten System sollen sämtliche Kosten, die durch Unfallprävention zustande kommen, von dem Unfallversicherungsfonds gedeckt werden. Die fiskalische Ausdifferenzierung sowie die damit verbundene selbständige Institutionalisierung führen zur weiteren Verselbständigung der Arbeitsunfallversicherung von anderen Versicherungszweigen.

Die Prägungskraft der Trinität, die von den chinesischen Wissenschaftlern aus der deutschen Praxis subsumiert wird, wirkt sich nicht nur auf die Emergenz eines unfallversicherungsbezogenen Begriffs wie „Prävention", sondern auch eines systemintegrierten Begriffskonzepts wie „Rehabilitation" aus. Rehabilitation war allgemein in der chinesischen Gesellschaft ein unfallversicherungsfremder Begriff, der nur im gesundheitlichen Bereich von Fachärzten angewendet wurde. Die Rehabilitation ist allgemein in China relativ unterentwickelt und emergiert nur im medizinischen Kontext. Rehabilitation als eine Kernaufgabe der Unfallversicherung kam in der Vergangenheit hingegen nie vor. Nur durch die internationale Kontaktaufnahme der chinesischen Unfallversicherungsexperten mit den internationalen Organisationen und den EU-Ländern (insbesondere mit Deutschland) seit der zweiten Hälfte der 1990er Jahre wird eine unfallversicherungsinterne Rehabilitation von den chinesischen Eliten kognitiv wahrgenommen, als rationales weltgesellschaftliches Konzept interpretiert und dann ins nationale Feld eingeführt. Als ein Begriff innerhalb der Unfallversicherung ist die Rehabilitation in China kein endogen induzierter Begriff, sondern ein exogen kopierter Begriff aus der Weltgesellschaft.

Nachdem die chinesischen Wissenseliten und Politiker seit 1996 offiziell die Mehrdimensionalität der Unfallversicherung und die Prävention und Rehabilitation als systeminterne Aufgaben anerkannt haben, spielt die Rehabilitation eine zunehmende Rolle in der gesetzlichen Unfallversicherung. Gleichzeitig stellt sich aber die Frage, wie die unfallversicherungsinterne Rehabilitation unter den aktuellen Umständen und mit den limitierten Ressourcen implementiert werden kann. Obwohl ILO und ISSA ein idealtypisches Rahmenkonzept konstruiert, rationalisiert und damit die chinesische Wissenserkennung und kognitive Wahrnehmung tief geprägt haben, bleibt die Frage offen, wie ein an die nationalen Konditionen angepasstes weltgesellschaftliches Konzept realisiert werden kann.

Im chinesischen Kontext wird die Rehabilitation seit der zweiten Hälfte der 1990er Jahre von manchen Wissenschaftlern stark gefördert. Sie berufen sich auf das Konsenswissen aus der Weltgesellschaft, um zu erläutern, warum ein unfallversicherungsinterner Begriff wie „Rehabilitation" wichtig ist und dringend in China eingeführt werden sollte. Auch mit Bezug auf die ILO-Konventionen sowie durch die Partizipation an internationalen Tagungen und Vollversammlungen an weltgesellschaftlichen Orten (Genf, Seoul, São Paulo, Stockholm, Marrâkech, s. Tabelle IV.) argumentieren die chinesischen Wissenseliten für die Sinndeutung und die Relevanz der „Rehabilitation" innerhalb einer Unfallversicherung. Seit 1998 die Wissenschaftler aus dem ISIS Kontakt mit dem HVBG in Deutschland aufnehmen, bildet sich allmählich die Idee heraus, dass die unfallversicherungsbezogene Rehabilitation intern durch die Unfallversicherungsträger durchgesetzt werden kann, genauso wie im Fall der deutschen Unfallkliniken, die durch die Fonds der DGUV eingerichtet werden.

Seit der Bewilligung der AUVVO sowie der Festlegung der zentralen Zielsetzung der Unfallversicherung in China wird mit der Rehabilitation innerhalb der Unfallversicherung auf lokaler Ebene experimentiert. Generell richten sich die chinesischen wissenschaftlichen und administrativen Eliten nach dem deutschen Modell, um eine Genesungsinstitution innerhalb des Rahmens der gesetzlichen Unfallversicherung aufzubauen. Aber aufgrund der Limitation der zur Verfügung gestellten Ressourcen versuchen die chinesischen Akteure im nationalen Kontext auch, in Vernetzung mit den bereits existierenden Ressourcen im medizinischen, gesundheitlichen und sozial-rehabilitativen Bereich die vielseitigen Wiedereingliederungstätigkeiten zu fördern. Daher sind in der letzten Zeit vier verschiedene lokale Modelle auf der städtischen Ebene als Probemodelle angelaufen.

In der Stadt Jinan in der Küstenregion Chinas wird das *Jinan-Modell* erprobt, indem die bestehenden medizinischen und gesundheitlichen Versorgungseinrichtungen mit den sozial-rehabilitativen Zentren vernetzt werden. Darüber hinaus wird es um eine berufsfördernde Rehabilitation erweitert. In Mittel-China wird in Zhengzhou mit dem *Zhengzhou-Modell* experimentiert: Es wird ein Rehabilitationszentrum in einem öffentlichen Hospital errichtet, und die durch die Rehabilitation entstehenden Kosten werden von einem öffentlichen Unfallversicherungsfonds der lokalen Unfallversicherungsträger übernommen. In Südchina entsteht das *Guangzhou-Modell* in den Wirtschaftsboom-Gebieten. Mit diesem Modellversuch wird ein eigenständiges Rehabilitationszentrum aufgebaut. Schwerpunktmäßig wird die berufliche Rehabilitation gefördert. Die lokalen Unfallversicherungsträger erstatten die im Laufe des Genesungsprozesses entstehenden Kosten für die verunfallten Arbeitnehmer. In der Stadt Nanchang im östlichen China emergiert das *Nanchang-Modell*, in dessen Rahmen eine eigenständige Unfallklinik errichtet wird. Diese stellt umfangreiche rehabilitative Leistungen von Akutmedizin und Rehabilitation bis hin zur beruflichen Wiedereingliederung bereit. Die in der unfallversicherungsbezogenen Prävention entstehenden Kosten werden ebenfalls vom Unfallversicherungsträger übernommen (Zimmer 2005a, b).

Nach der Betrachtung aller erprobten Modelle wird deutlich, dass nur das Jinan-Modell ein systemexternes Modell ist und dass nur dieses Modell die Mobilisierung der gesellschaftlichen Ressourcen zur Lösung des Rehabilitationsproblems anstrebt. Alle anderen Modelle richten sich nach dem deutschen Modell, um innerhalb des gegebenen Unfallversicherungsfonds die rehabilitativen Leistungen bereitzustellen. Im Laufe der lokalen Experimentierung teilen immer mehr chinesische wissenschaftliche und politische Eliten die Ansicht, dass das gesetzlich gerahmte soziale Unfallversicherungssystem über eigene Fonds verfügt und deshalb flexibel genug ist, mit einer Beitragsgestaltung innerhalb der gesetzlichen Unfallversicherung eine Rehabilitationsinstitution aufzubauen. Die Referenz des deutschen Modells bietet der chinesischen wissenschaftlichen Gemeinde erfolgreiche Erfahrungen, dass alle Leistungen (Prävention, Rehabilitation und Entschädigung) aus einer Hand (Unfallversicherungsträger) bereitgestellt werden können. In der chinesischen Praxis werden das Guangzhou- und Nanchang-Modell von der Mehrheit der Wissensgemeinde favorisiert. Sie werden als Zielvorstellung der chinesischen Unfallreform angesehen.

Zusammenfassend ist festzuhalten, dass China vor allem an einem bestehenden idealtypischen Versicherungsmodell der führenden internationalen und supranationalen Organisationen wie ILO, ISSA und EU ausgerichtet ist und die Drei-Sektoren-Institutionen der Unfallversicherung in das nationale Rechtsgefüge aufgenommen hat. Auf der operationalen Ebene mit der Fokussierung der Organisationsform möchte China das deutsche Modell

„Alles aus einer Hand" übernehmen. Dieser Modellimport wirkt sich nicht nur auf die Wahrnehmung der führenden chinesischen wissenschaftlichen und politischen Eliten, sondern auch auf die Systemgestaltung aus. Auf der Makroebene treibt China Schritt für Schritt die Reform in Richtung des Modells der „Dreieinigkeit" voran, indem zukünftig die Arbeitsschutz-, Kompensations- und Wiedereingliederungsaufgaben vom MOHRSS und lokalen sozialen Ämtern übernommen und die dazu entstehenden Kosten vom Unfallversicherungsfonds gedeckt werden. In den beiden durchgeführten Feldforschungen in den Jahren 2007 und 2008 ist deutlich erkennbar und wird auch von den chinesischen Verwaltungsträgern stets hervorgehoben, dass sich die chinesische Unfallversicherung in dem Zeitraum von nur einem Jahr weiter entwickelt hat und sich dem deutschen Modell der Trinität weiterhin annähert.

> Innerhalb des letzten Jahres wurde die präventive und rehabilitative Funktion des chinesischen Unfallversicherungssystems gestärkt. Wir bemühen uns weiter um den Aufbau und Ausbau der Rehabilitationsinstitution für die verunfallten Arbeitnehmer, indem mehrere Unfallkliniken landesweit errichtet werden. Sämtliche Kosten für Rehabilitation in den Versicherungsfällen werden vom Fonds der Arbeitsunfallversicherung übernommen. Das chinesische Arbeitsunfallversicherungssystem entwickelt sich einige Schritte weiter in Richtung des deutschen Modells der „Dreieinigkeit".
> Interview Nr. 19

Ein führender Politiker in der UVAB (Unfallversicherungsabteilung) des MOHRSS bestätigt ebenfalls die grundlegende Systemgestaltung der chinesischen Unfallversicherung nach dem Idealtyp von ILO, ISSA und dem deutschen Modell.

> Das Grundmodell der Arbeitsunfallversicherung ist das Drei-Säulen-Modell mit Kombination der Prävention, Entschädigung und Rehabilitation. Dieses Basismodell findet Niederschlag in zahlreichen internationalen Konventionen und Deklarationen von ILO und ISSA. […]
>
> Mit dem deutschen Modell als Vorbild wird man darüber hinaus ein „Dreieinigkeits"-Modell aufbauen, das bedeutet die Integration der drei verschiedenen Institutionsdimensionen in ein einheitliches System. […] Wir lernen erst von einem Konsensmodell der internationalen Organisationen, dann beschließen wir, das nationale Modell aus Deutschland zu übernehmen. […] Das deutsche Modell entspricht sicherlich dem internationalen Modell; das hat darüber hinaus zur weiteren Entwicklung dieses Modells beigetragen.
> Interview Nr. 20

Diese Meinungen der beiden chinesischen Politiker repräsentieren die Mehrheitsmeinungen der chinesischen Wissenseliten, die in den geführten Interviews wiederholt hervorgehoben werden. Das Verhältnis zwischen dem Modell der ILO und der ISSA sowie dem nationalen Modell aus Deutschland wird als ein übereinstimmendes und erweitertes Verhältnis erläutert. Durch die Entsprechung mit dem internationalen Modell verfügt die deutsche Unfallversicherung nach Ansicht der chinesischen Eliten über eine hohe Legitimität (aus der Weltgesellschaft), und gleichzeitig nehmen sie die deutsche Unfallversicherung als ein weiter entwickeltes Modell als den Idealtyp der ILO und ISSA wahr. Wie vorher erläutert finden das Lernen und der Modellimport aus der Außenwelt durch die chinesische wissenschaftliche Gemeinde in einem weltgesellschaftlichen Vergleichshorizont statt, in dem das institutionalisierte Wissen aus den internationalen gouvernementalen und nicht-gouvernementalen Organisationen eine legitimatorische Grundlage für die nationale Reform verschafft. Das Lernen des deutschen Modells wird vor allem dadurch legitimiert, dass das deutsche Modell in Anlehnung an weltgesellschaftliches Wissen ein modernes Unfallschutzsystem hat. Das deutsche Modell ist erstens ein weltgesellschaftliches Modell, und zweitens hat es zur weiteren Entwicklung des Versicherungskonzepts der ILO und ISSA beigetragen.

Eine weltgesellschaftliche Erklärung schließt allerdings nicht aus, dass auch nationale und inter-nationale Lerntraditionen eine sekundäre Rolle spielen können. Aus makro-historischer Perspektive ist sehr interessant zu verfolgen, dass bereits im 19. Jahrhundert im Lauf der externen militärischen Herausforderung durch die Kolonialmächte die ostasiatischen Länder massiv von Westeuropa lernten. Die Zielsetzung des umfassenden Lernens aus der westlichen Militär- und Wissenstechnologie sowie der Staatsphilosophie zielt auf die Selbststärkung und die Befreiung von der kolonialen Herrschaft ab.[89] Das intentionelle Lernen in Ostasien ging ursprünglich

89 Ein bekanntes Beispiel ist die japanische Meiji-Restauration 1868, als der japanische Kaiser Meiji eine *Top-Down*-Reform landesweit vorantrieb, die sich komplett nach den wirtschaftlichen, politischen, rechtlichen und sozialen Systemen des Westens richtete. In der gleichen Zeit lernte der chinesische kaiserliche Hof ebenfalls von der westlichen Wissenstechnologie und dem westlichen Militär (Kazuhiro 2007).

aus dem Lernen der militärischen Technik hervor, hatte sich aber anschließend auf sämtliche gesellschaftlichen Bereiche ausgeweitet. Auch im Bereich der Sozialpolitik und des Justizsystems wurden Ideen von Westeuropa nach Ostasien übertragen, primär von Deutschland nach China, Japan und Korea. Das deutsche Rechtssystem wurde bereits in der damaligen Zeit von den ostasiatischen Eliten als komplett, akkurat und umfassend bezeichnet. Das japanische Kaiserreich hatte in vielen Fällen die deutschen Rechtsbücher direkt in die eigene Muttersprache übersetzt und im Inland implementiert. Die Rechtsdiffusion zwischen den beiden Weltregionen hängt auch eng damit zusammen, dass in der alten ostasiatischen Gesellschaft das Gesetz immer ein geschriebenes und kodiertes Gesetz mit schriftlichen Gesetzbüchern blieb. Insofern ähnelten das chinesische sowie japanische Gesetz dem kontinental-europäischen Gesetz sehr, das auf dem Römischen Recht beruht. Hingegen weicht die ostasiatische Rechtstradition stark vom angelsächsischen Common Law ab. Daher dachten die ostasiatischen Eliten nie daran, vom britischen oder amerikanischen Gesetz zu lernen.[90]

Diese Lerntradition zwischen Westeuropa und Ostasien im Bereich der Sozialversicherung und des Justizwesens wird heute weiter beibehalten, indem manche asiatischen Länder (vor allem Japan und Korea) intentionell das deutsche Sozialrecht und die deutsche Sozialreform beobachten, und anhand ihrer Beobachtungen das eigene System im Inland reformieren.[91] Die Lerntradition bildet einen inter-nationalen (oder weltregionalen)

90 In der westlichen Rechtstradition lassen sich das Römische Recht und das Common Law unterscheiden. Das Römische Recht basiert auf der Rechtstradition im Römischen Reich und war von den kodierten Rechtsbüchern geprägt. Das Römische Recht hat das moderne Bürgerrecht geformt, und das deutsche Bürgerliche Gesetzbuch (BGB) basiert ebenfalls darauf. Das angelsächsische Common Law wird auch als „Gewohnheitsrecht“ bezeichnet, das eigentlich nicht auf kodierten Rechtsdokumenten beruht, sondern nur auf früheren richterlichen Urteilen in gleichen oder ähnlichen Rechtsfällen (Präzedenzfällen). Das Gewohnheitsrecht wurde aber in der gegenwärtigen Rechtspraxis in Großbritannien zunehmend kodiert.

91 Japan richtet sich beispielsweise nach der Einführung der Pflegeversicherung 1994 in Deutschland umgehend auf das deutsche Pflegeversicherungssystem aus, um eine eigene Pflegeversicherung in Japan aufzubauen (Leisering 2005). Zur sozialversicherungsrechtlichen Diffusion zwischen Deutschland und Korea vgl. auch Kim 2006.

Faktor für das Lernen im Bereich der Unfallversicherung in China. In den Interviews wird zum Teil erörtert, dass die geschichtlich vererbte Lerntradition ebenfalls eine Rolle spielt. Manche Wissenschaftler und Verwaltungspolitiker weisen auf die historische Kontinuität der Rechtsdiffusion zwischen Westeuropa und Ostasien hin. Die im Folgenden zitierte chinesische Wissenschaftlerin des ISIS sieht die Diffusionstradition als einen Faktor des Lernens an:

> Vor mehr als 100 Jahren lernten wir schon vom deutschen Rechtssystem. In der Zeit der Spät-Qing-Dynastie ließ der ehemalige Premierminister Li Hongzhang vom deutschen bürgerlichen Gesetz lernen. Zwischen Deutschland und China wird durch zahlreiche historische Erfahrungen ein Vertrauensverhältnis aufgebaut, weil man glaubt, dass die deutschen „Wissensprodukte" auch so eine gute Qualität haben wie die Industrieprodukte.
> Interview Nr. 7

Allerdings sollte der Faktor der Diffusionstradition nicht überbewertet werden. Die Diffusionstradition prägt zwar ein gutes Vertrauensverhältnis der chinesischen Wissenseliten zum deutschen Modell und erleichtert die inter-nationale Wissensdiffusion zwischen beiden Ländern, aber allein diese geschichtliche Lerntradition muss nicht zwingend die heutige Modellübernahme induzieren. Insbesondere im Bereich der Rentenreform und der Gesundheitsreform in China ist zu bemerken, dass die historische Transfertradition auch nicht notwendig zur Übernahme des deutschen Modells führt. Hingegen wurde China während der letzten zwanzig Jahre in den beiden Bereichen sehr stark von einem neoliberalen Diskurs geprägt. In der chinesischen Rentenreform der 1990er Jahren erlebte der Chile- und Singapurmythos, der von der Weltbank sehr stark befürwortet und als weltweit bester Erfahrungsschatz dargestellt wird, einen Themenaufschwung[92].

In der Gesundheitsreform richtete sich China seit den 1980er Jahren an dem amerikanischen marktliberalen Modell aus. Diese Gesundheitsreform wurde 2006 von der chinesischen Behörde als „gescheitert" erklärt. Manche Wissenschaftler bezeichnen die Folgen der USA-orientierten Gesundheitsreform sogar als defizitär und katastrophal (Wu 2003). Diese Beispiele verdeutlichen, dass man allein mit historischer Lerntradition zwischen Westeuropa und Ostasien die heutige Wissensdiffusion nicht völlig

92 vgl. Liu 2005.

begründen kann. Der Wissenstransfer zwischen China und Deutschland findet vor allem unter einer weltgesellschaftlichen Perspektive statt, wobei ein eigenständiges Strukturmuster für die Arbeitsunfallversicherung unabhängig vom nationalen Interesse das Handeln der nationalen Akteure legitimiert. Die Emergenz eines weltgesellschaftlichen Horizontes und eines globalen Strukturmusters trägt maßgeblich zur inter-nationalen Diffusion zwischen Deutschland und China bei. Die historische Konsistenz ist zwar auch wichtig, hat aber eher eine sekundäre Funktion, weil sie nicht direkt zur Diffusion führt, aber diesen Prozess zumindest vereinfacht.

Wie oben in einem Interview (Nr. 20) durch einen hochrangigen chinesischen Politiker erläutert wird, zielt das Lernen vom deutschen Modell im chinesischen Wissenskreis überwiegend auf die Übernahme der gesamten Struktur ab. Die chinesische wissenschaftliche Gemeinde hat unter der weltgesellschaftlichen und deutschen Einwirkung in kurzer Zeit ein eigenes Unfallschutzsystem neu gestaltet und umgebaut. Gewisse exogene Begriffe wie unfallversicherungsinterne Prävention und Rehabilitation sowie ein Modell der „Dreieinigkeit" werden auf der ideellen und makro-systemischen Ebene übernommen. Das bedeutet gleichzeitig aber nicht, dass alle Elemente und Organisationsformen komplett kopiert werden. In der realen Funktionsebene bestehen immer gesellschaftlich-kulturelle Differenzen, die zu leichten Abweichungen vom Sender-Modell führen.

Ein Beispiel hierfür ist die Organisationsform der deutschen Unfallversicherung durch die Berufsgenossenschaften, die als intermediäre Organisationen mit öffentlich-rechtlichem Status wahrnehmbar sind. In diesem Fall bestehen unterschiedliche Traditionen in beiden Gesellschaften. In China ist die zivilgesellschaftliche Tradition in der Geschichte der 2000-jährigen kaiserlichen Dynastie eher unterentwickelt. Währenddessen ist in Deutschland die zivilgesellschaftliche Tradition tief im hegelianischen philosophischen Begriff der Gesellschaft verwurzelt. Diese Diskrepanz der Gesellschaftstraditionen (also schwache Gesellschaft und starke Gesellschaft) schlägt sich ebenfalls in der Verwaltung und Administration der Sozialversicherung nieder. Im Bereich der sozialen Unfallversicherung in China sind das nationale Ministerium (die UVAB des MOHRSS) und die lokalen Arbeits- und Sozialämter für die Organisation, Verwaltung und konkrete Ausführung zuständig. Diese Organisationsform koppelt an die starke Tradition der Staatlichkeit in der chinesischen Geschichte und insbesondere an die staatlich-administrative

Tradition in der Zeit der sino-kommunistischen Herrschaft an, in der sämtliche Sozialversicherungsfelder primär über staatlich-ministeriale Apparate organisiert sind. Diese Pfadabhängigkeit schränkt die Optionsversuche der Systemexperimente ein. China hat zwar das deutsche Modell der Unfallversicherung in der Form der Integration der Drei-Sektoren-Institutionen in einen öffentlich-rechtlichen Organisationsträger übernommen, kann aber anlässlich verschiedener gesellschaftlicher Traditionen das Modell der gesellschaftlichen Selbstverwaltung aus Deutschland nur schwer kopieren. In diesem Fall weicht die Organisation der chinesischen Unfallversicherung vom deutschen Originalmodell ab, wobei die „Dreieinigkeit" zwar vollständig übernommen wird, sie aber gleichzeitig eher als die Konzentration der drei zentralen Aufgaben auf einen staatlich-ministerialen Träger (MOHRSS) gemeint ist.

In der empirischen Erhebung in China haben manche Interviewpartner diese Differenz beider Länder beobachtet. Sie wiesen ebenfalls auf eine Divergenz zwischen Deutschland und China hin. Eine Professorin der Volksuniversität (*renmin daxue*) erläutert wie folgt:

> Obwohl China im Bereich der Unfallversicherung vom deutschen Modell lernt, lernen wir organisatorisch aber nicht von Deutschland. Der Organisationsträger der chinesischen Unfallversicherung ist nicht die Berufsgenossenschaft, sondern ein gouvernementales Organ. Die Funktion des chinesischen Staatsamtes für die Arbeitssicherheit ähnelt der vom Bundesministerium für Arbeit und Soziales, das über eine Aufsichtsfunktion verfügt. Dieser Unterschied hängt mit der Gesellschaftstradition beider Länder zusammen.
> Interview Nr. 13

Diese Divergenz sowie die Nichtübereinstimmung mit der deutschen gesellschaftlich-autonomen Tradition werden auch von anderen Wissenschaftlern und Politikern beobachtet, die argumentieren, dass die historisch determinierte Pfadabhängigkeit einen radikalen organisatorischen Umbau erschwert. Die Verschiebung der Kernfunktionen der chinesischen Unfallversicherung von einem gouvernementalen auf einen intermediären Träger erhöht die Transformationskosten enorm. Nichtsdestoweniger ist der Wissenstransfer zwischen beiden Ländern durch umfangreiche Wissenskommunikationskanäle (wie z.B. institutionelle Treffen) sehr vielfältig. Kernelemente der modernen Unfallversicherung, wie verschuldensunabhängige Kompensation, Pendlerunfälle und Arbeitgeber-Beitragspflicht sind jenseits der nationalen Erfahrungen weit im chinesischen Kontext diffundiert. Eine Abweichung in der Organisationsform beeinflusst den massiven Wissenstransfer durch die weltgesellschaftliche und inter-nationale Vernetzung nicht. Die Entwicklung der chinesischen Unfallversicherung seit den 1990er Jahren ist primär durch ein globales Strukturmuster geprägt. Sie zeugt eher von der Stärke der weltgesellschaftlichen Einflussnahme als von Schwäche. Mit der weltgesellschaftlichen Auswirkung teilen die chinesischen Eliten die *Mainstream*-Position in der Weltgesellschaft, und das chinesische Unfallversicherungssystem ähnelt zunehmend den Systemen von weiteren hundert Nationen.

8.5 Die Diffusion des sozial-technischen Wissens zur Arbeitsunfallversicherung

Wie im vorherigen Kapitel dargestellt, existiert im internationalen Diskurs zur Arbeitsunfallversicherung ein weit verbreitetes Konsenswissen, das sich primär anhand der Praxisprozesse der westlichen Länder entwickelt hat und durch internationale Organisationen wie die ILO und die ISSA aus den Erfahrungen der nationalen Staaten abstrahiert und subsumiert wird. Zum Konsenswissen gehören verschiedene Aspekte, nämlich (1) das Prinzip der Verschuldensunabhängigkeit, das die unfallversicherungsbezogenen Leistungen unabhängig von der individuellen Schuldzuweisung machten; (2) die Arbeitgeber-Beitragspflicht, die sich aus der Haftung des Arbeitgebers für Arbeitsunfälle herleitet; (3) je nach Branche differenzierte Beitragssätze. Darüber hinaus sind sich die meisten internationalen Professionellen darüber einig, dass das zivilrechtliche Kompensationsmodell durch eine öffentlich-rechtliche Sozialversicherung abgelöst werden soll.

In der chinesischen Entwicklung wird die nationale Diskussion stark vom internationalen Konsenswissen geprägt. Durch die Untersuchung vor Ort konnte gezeigt werden, dass die chinesische Wissensgemeinde selbst den Deutungswandel im Bereich der Unfallversicherung für extern ursächlich hält. Ihrer Ansicht nach findet die Übernahme des Konsenswissens in einer weltumspannenden Perspektive statt, wobei sich China vor allem an dem institutionalisierten Wissen der internationalen Organisationen ausrichtet. Gleichzeitig bilden die gemeinsamen Erfahrungen der Industrienationen wichtige Variablen für diese Wissensdiffusion. Mehrere Wissenschaftler bestätigen, dass der internationale Kontakt und Austausch unmittelbar zur Übernahme des Prinzips der Verschuldensunabhängigkeit führt. Der schnelle Wandel von einem vormodernen Verständnis der Unfallversicherung zu einer modernen Interpretation erfolgt nur unter einer weltgesellschaftlichen Einwirkung. Ein führender Beamter aus der Unfallversicherungsabteilung des MOHRSS erklärt die folgende Evolution auf der Wahrnehmungsebene:

> Im Lauf der schnellen industriellen Expansion sind die chinesischen Arbeiter hohen Arbeitsunfallrisiken ausgesetzt. In den 1980er Jahren und am Anfang der 1990er Jahre war keine gesetzliche Regelung für die Unfallversicherung vorhanden. In der Praxis herrscht faktisch eine verschuldensbezogene Entschädigung. Sie bezieht sich darauf, dass die verunfallten Arbeitnehmer die Schuld der Arbeitgeber beweisen müssen, um die Entschädigungsleistungen erhalten zu können. Dieser zivilrechtliche Kompensationsprozess ist äußerst ungünstig für die Arbeitnehmer, da er oft dazu führt, dass die verunfallten Arbeitnehmer in einem Rechtsstreit verlieren und keinerlei Leistungen erhalten [...].
>
> Seit den 1990er Jahren haben wir intensive Kontakte mit internationalen Experten aufgenommen und erweitert. Wir haben auch zunehmend an zahlreichen Konferenzen und Tagungen teilgenommen, die von der ILO, ISSA und EU organisiert werden. So haben wir schnell begriffen, dass das Prinzip der Verschuldensunabhängigkeit fast in allen Industrienationen praktiziert wird und dass die Praktizierung dieses Prinzips auch als ein Zeichen der modernen Zivilisation angesehen wird. Wenn die Arbeitnehmer verunfallt sind, geraten sie in eine unglückliche Situation, sie sind die sozial Schwachen und dürfen nicht noch weiter institutionell geschwächt und diskriminiert werden. [...] Wir haben uns bereits im Jahre 1996 auf zwei Punkte geeinigt, und zwar, dass das Prinzip der Verschuldensunabhängigkeit und die Arbeitgeber-Beitragspflicht in unser Land übernommen werden sollen, weil die Arbeitsunfallversicherung anders als alle anderen Felder der Sozialversicherung einen Haftcharakter der Arbeitgeber hat.
> Interview Nr. 20

Ein anderer chinesischer Wissenschaftler in der Redaktion der Zeitschrift „*Labour Security*“ vertritt folgende Auffassung:

> Das Prinzip der Verschuldensunabhängigkeit ist deswegen weltweit anerkannt, weil es mit den humanistischen Prinzipien übereinstimmt. Jedes moderne Land, das zivilisiert ist oder als solches bezeichnet wird, muss auf das fundamentale Arbeitnehmerrecht achten. Eine Ökonomie, die zwar das Wachstum ununterbrochen ankurbelt, es aber an der Achtung der Menschenrechte fehlen lässt, kann von der Welt nicht als zivilisierte Ökonomie angesehen werden. Ein Arbeitsunfallversicherungssystem, das auf dem Prinzip der Verschuldensunabhängigkeit beruht, kennzeichnet einen ersten, aber einen sehr wichtigen Schritt hin zur Entwicklung in eine moderne Zivilisationsinstitution, in der die Wirtschaft nicht mehr auf Blut und

Fleisch der Arbeitnehmer beruht, sondern auf Moral. Eine moralische Ökonomie kann langfristig die harmonische Entwicklung eines Landes fördern.
Interview Nr. 8

Diese Aussagen verdeutlichen, dass das Prinzip der Verschuldensunabhängigkeit von den Erfahrungen der Industrienationen abgleitet wird, durch die weltgesellschaftlichen Akteure (ILO, ISSA und EU) weiter als globales Konsenswissen konstruiert wird und deswegen über eine hohe Legitimität verfügt. Noch auffälliger ist, dass dieses weltgesellschaftliche Wissen unmittelbar in die Wahrnehmung der chinesischen Eliten transferiert wird. Das Prinzip der Verschuldensunabhängigkeit wird dabei als Fortschritt, als Menschenrecht und als eine moderne zivilisatorische Institution dargestellt, die für jedes Land anwendbar ist. Hier legitimieren höhere abstrakte normative Prinzipien - nämlich die weltkulturellen Normen sowie die Übernahme des Konsenswissens - die Handlungsaktivitäten der chinesischen Eliten. Ein weltgesellschaftlicher Vergleichshorizont trägt ebenfalls dazu bei, dass nationale Staaten anhand bestimmter Kriterien (Schutz der Menschenrechte) verglichen werden können, und dass in einer komparatistischen Perspektive ein zivilisatorischer Status definiert wird. Nach der Ansicht der chinesischen Eliten kann sich ein modernes China der Pflicht eines zivilisatorischen Mitgliedes zur Achtung der Arbeitnehmerrechte nicht entziehen.

Die Übereinstimmung des Prinzips der Verschuldensunabhängigkeit mit den führenden weltkulturellen Normen wie den „Menschenrechten", der „Menschenwürde" und dem „sozialen Fortschritt" erleichtert eine interne Diskussion und eine Konsensbildung. Auch die Interviewpartner bestätigen den Diskurswandel in den 1990er Jahren, im Verlauf dessen eine althergebrachte Vorgehensweise (eine individuell-zivilrechtliche und kausalitätsinduzierte Entschädigung) durch ein externes universell gültiges Wissen abgelöst wird. Es fällt den chinesischen Eliten nicht schwer, neuartige Denkweise zu importieren und anschließend in die chinesische Rechtspraxis einzuführen. Das zeigt, dass ein kleines wissenschaftlich unbesetztes oder kognitiv weniger besetztes sozialpolitisches Feld, das auch wenig durch konkurrierende Diskurse und Deutungen geprägt ist, besonders leicht durch ein autoritäres externes weltgesellschaftliches Wissen beeinflusst wird. Die Erneuerung und die Reform der chinesischen Unfallversicherung sind durch eine ungewöhnlich kontinuierliche Konsenskonstruktion durch den chinesischen Wissenskreis geprägt. Sie sind sicherlich nicht zufällige und isolierte Erscheinungen, sondern eng mit den institutionellen Merkmalen der Unfallversicherung und ihrer Sinndeutung in der Weltgesellschaft verbunden.

Andererseits wird China bei der Thematik der Beitragsdifferenzierung ebenfalls unmittelbar vom internationalisierten Wissen geprägt, weil das Wissen aus den westlichen Ländern, vor allem aus Deutschland gelernt und übernommen wird. Durch die Kontakte mit internationalen und vor allem mit deutschen Experten erkennen die chinesischen Wissenschaftler, dass im Bereich der Unfallversicherung üblicherweise eine komplexe Beitragsgestaltung herrscht, in der die Beiträge nach Berufszweigen und nach Arbeitsunfallquoten differenziert werden (primäre Differenzierung). Im deutschen Unfallversicherungssystem sowie in den Unfallsystemen anderer Industrienationen findet noch eine weitere Differenzierung statt, die ebenfalls als *variabler Beitrag* bezeichnet wird[93]. Das bedeutet, dass der Beitragssatz eines Unternehmens in einer Berufsbranche in einem bestimmten Zeitraum je nach der Anzahl der tatsächlichen Unfallereignisse variiert. Zudem erfolgt eine Gewährung von Zuschlägen und Nachlässen je nach Unfallquote. Diese Vorgehensweise begreifen die chinesischen Wissenschaftler nicht nur als sinnvoll; sie wird auch tatsächlich in das chinesische System eingeführt. Mehrere chinesische Wissenschaftler und Politiker erklären in Interviews, dass die ISSA mehrmals internationale Experten nach China geschickt hat, um sie zur Thematik der differenzierten Beitragssätze zu beraten. Häufig sind dies deutsche Unfallversicherungsexperten, die die ISSA vertreten. Auf der Makroebene übernimmt China das Modell der Beitragsdifferenzierung. Auf der sozial-technologischen Ebene mangelt es China jedoch immer noch an Fachexperten und Expertise, um dem komplexen Thema der differenzierten und der variablen Beiträge gerecht zu werden. Häufig wird die Unzulänglichkeit der Beitragsdifferenzierung von den chinesischen Wissenschaftlern selbst bemängelt. Eine Wissenschaftlerin des ISIS ist folgender Meinung:

> Die chinesischen Beitragssätze sind zu grob festgesetzt, sie werden nur in Berufsbranchen mit hohen, mittleren und niedrigen Risiken, also lediglich in drei Stufen differenziert, während die Beitragssätze im deutschen Unfallversicherungssystem ganz exakt gemäß der unterschiedlichen Berufsbranchen differenziert sind.
> Interview Nr. 7

93 vgl. die drei Differenzierungsebenen der Beitragssätze in der deutschen gesetzlichen Unfallversicherung in Kapitel 5.1.4.

Eine andere Wissenschaftlerin der Volksuniversität Peking (*renmin daxue*) vertritt diese Auffassung:

> Die Beitragsdifferenzierung für jede Berufsbranche basiert auf langfristigen akkuraten Unfall- und Berufskrankheitsstatistiken. Eine langfristige Beobachtung und wissenschaftliche Erforschung der Gesetzmäßigkeiten von Arbeitsunfällen und ein exaktes statistisches System sind wichtige Voraussetzungen für die Festsetzung der differenzierten Beiträge. Da das Unfallversicherungssystem früher in China anders als die Alterssicherung und Gesundheitsvorsorgepolitik nicht richtig geschätzt wurde, haben wir kein statistisches System aufgebaut. Desgleichen haben wir wenig technisches Personal, das in jeder Berufsbranche Unfälle und Berufskrankheiten erforschen könnte. Aus diesen Gründen können wir zunächst nur eine Makrolinie festlegen und grob die Beitragssätze differenzieren. Wenn die internationalen Fachexperten uns umfassend beraten haben und wir mit deren Hilfestellung technisches Personal ausgebildet haben, dann können wir die Beitragssätze richtig nach Berufsbranchen unterscheiden.
> Interview Nr. 11

Eine Übernahme der Ideen aus dem globalen Wissensstrukturmuster bedeutet häufig eine Diskrepanz zwischen der Normenrezeption und einer sozialtechnisch und verwaltungsbürokratisch bedingten unzureichenden Verwirklichungskapazität. Aus der normativ-kognitiven Ebene möchten die chinesischen Wisseneliten das weltgesellschaftliche Wissen, die Ideen und Modelle importieren und sie führen dies auch aus. Aber aus der realen, versicherungstechnischen Ebene werden sie von der landesspezifischen Realität eingeschränkt und können den Evolutionswandel nur mit Vorbehalten und Kompromissen Schritt für Schritt herbeiführen. Ein Mangel an statistischen Daten und eine unzureichende wissenschaftliche Exploration und Evaluierung führen dazu, dass eine wissenschaftlich-rationale Festsetzung der Beitragssätze in dutzenden (wenn nicht in hunderten) Berufszweigen kurzfristig nicht möglich ist. Eine vorläufige Differenzierung in Berufsbranchen mit einem niedrigen, mittleren und hohen Unfallrisiko ist lediglich eine vorläufige Lösungsmaßnahme in der Übergangszeit zu einem System, das allmählich institutionalisiert wird. Der Wandel auf der Ebene der Implementierung wird zwar auch immer von den bestehenden Ressourcen und einer bestimmten Verwaltungskapazität beeinflusst, aber die Wissensdiffusion ist ebenso relevant. Sie fördert massiv den Wissenstransfer und eine lernorientierte Rezeption. Es wird vermutet, dass sich die chinesische Unfallversicherung in Anbetracht der branchenspezifischen Beitragssätze in naher Zukunft schnell wandeln wird.

8.6 Vergleich der chinesischen, deutschen und ILO-Rechtsnormen zur beruflichen Unfallversicherung

Der Beschluss des Unfallversicherungsgesetzes sowie die Stärkung der Rechte der Arbeitnehmer und der Wanderarbeiter zeigen deutlich, dass die wohlfahrtsstaatlichen Leistungen in China nicht mehr einfach über die administrative Gewalt, sondern auf gesetzlichem Weg (*rule by law*) gesichert werden. Im Vergleich zu den Pilotprojekten, die in den 1990er Jahren durchgeführt wurden, basiert die chinesische gesetzliche Unfallversicherung nicht mehr auf der Neigung und Willkür der lokalen Behörden, sondern auf einer landesweit einheitlichen Rechtsverordnung. Der Leistungsbezug ist durch Affektneutralität und Anonymität gekennzeichnet. In Anlehnung an die Theorie Webers ist zu beobachten, dass im Bereich der Arbeitsunfallversicherung keine patrimonialen Schutzverhältnisse mehr aufgebaut werden, sondern dass sich die rechtliche Vorschrift auswirkt, die durch unpersönliche und anonyme Handlungslogiken gekennzeichnet ist. Die Einräumung individueller Sozialrechte (wie des Rechts auf Arbeitsunfallversicherung) repräsentiert nicht mehr eine Gnade der Herrscher oder ein ideologisches Instrument zur Legitimation der Parteiherrschaft. Das Recht auf eine Arbeitsunfallversicherung ist nun von personalisierten Patronageverhältnissen, gefühlsbetonten Beziehungen und politischer Willkür entkoppelt, und es besteht ein Rechtsanspruch seitens der beschäftigten Arbeitnehmern. Spezielle administrative Einrichtungen werden ins Leben gerufen, deren Ämter von ministerialen Fachbeamten mit fachspezialisierter Kenntnis besetzt sind. Alle diese Entwicklungen zeugen davon, dass nicht patriarchalische Schutzverhältnisse, sondern moderne wohlfahrtsstaatliche Institutionen aufgebaut werden.

Eine komparatistische Betrachtung der chinesischen Unfallversicherungsverordnung, des bundesrepublikanischen Sozialgesetzes und der ILO-Übereinkommen wird maßgeblich dabei helfen, genau zu recherchieren, wie und inwiefern das chinesische Gesetz mit den westlich-nationalen und internationalen Rechtsnormen konvergiert. Durch diesen Vergleich wird gemessen, inwiefern sich die chinesische Rechtsordnung an Normen und *rationalized social models* aus der Weltgesellschaft angleicht. Im Folgenden wird allerdings nicht versucht, alle Details der oben genannten Dokumente zu vergleichen, sondern der Fokus liegt schwerpunktmäßig auf den Kernpunkten der Unfallversicherung.

Tabelle V: Vergleich der chinesischen Arbeitsunfallversicherungsverordnung, des Sozialgesetzbuches VII der Bundesrepublik Deutschland und des ILO-Übereinkommens 121

	Chinesische Arbeitsunfallversicherungs-Verordnung	**Sozialgesetzbuch VII der Bundesrepublik Deutschland**	**ILO-Übereinkommen 121 (1964)**
Prävention	Artikel 1: Um für die im Beschäftigungsverhältnis invalide gewordenen Arbeitnehmer oder die an Berufskrankheiten leidenden Arbeitnehmer ihre Heilbehandlung und ökonomische Entschädigung zu garantieren, um ***Arbeitsunfällen vorzubeugen*** und die berufliche Rehabilitation zu fördern, um die Risiken der Arbeitsunfälle auf die Betriebe zu verteilen, wird diese Verordnung verabschiedet.	§ 1: Aufgabe der Unfallversicherung ist es, nach Maßgabe der Vorschriften dieses Buches 1. mit allen geeigneten Mitteln Arbeitsunfälle und Berufskrankheiten sowie arbeitsbedingte Gesundheitsgefahren zu verhüten.	ILO-Ü 121 Artikel 26: Jedes Mitglied hat unter vorgeschriebenen Bedingungen (a) Maßnahmen zur Verhütung von Arbeitsunfällen und Berufskrankheiten zu treffen.
Entschädigung	Artikel 1: Um für die im Beschäftigungsverhältnis invalide gewordenen Arbeitnehmer oder die an Berufskrankheiten leidenden Arbeitnehmer ihre Heilbehandlung und ***ökonomische Entschädigung*** zu garantieren, […], wird diese Verordnung verabschiedet.	§ 1: 2. nach Eintritt von Arbeitsunfällen oder Berufskrankheiten […] und sie oder ihre Hinterbliebenen durch Geldleistungen zu entschädigen.	ILO-Ü 121 Artikel 19: Jedes Mitglied hat nach vorgeschriebenen Bedingungen den geschützten Personen die Gewährung folgender Leistungen zu sichern: (b) Barleistungen in den in Artikel 6 unter Absatz b), c) und d) angeführten Fällen.

	Chinesische Arbeitsunfallversicherungs-Verordnung	**Sozialgesetzbuch VII der Bundesrepublik Deutschland**	**ILO-Übereinkommen 121 (1964)**
Rehabilitation	Artikel 1: Um für die im Beschäftigungsverhältnis invalide gewordenen Arbeitnehmer oder die an Berufskrankheiten leidenden Arbeitnehmer ihre Heilbehandlung und ökonomische Entschädigung zu garantieren, um *Arbeitsunfällen vorzubeugen* und die **berufliche Rehabilitation zu fördern**, um die Risiken der Arbeitsunfälle auf die Betriebe zu verteilen, wird diese Verordnung verabschiedet.	§ 1: 2 nach Eintritt von Arbeitsunfällen oder Berufskrankheiten die Gesundheit und die Leistungsfähigkeit der Versicherten mit allen geeigneten Mitteln wiederherzustellen […]	ILO-Ü 121 Artikel 26: Jedes Mitglied hat unter vorgeschriebenen Bedingungen (b) Einrichtungen zur beruflichen Wiedereingliederung bereitzustellen, die dazu bestimmt sind, den Verletzten, wo immer es möglich ist, für die Wiederaufnahme seiner früheren Tätigkeit oder, wenn dies möglich ist, für eine andere Erwerbstätigkeit vorzubereiten, die seiner Eignung und seinen Fähigkeiten am besten entspricht.
Schutzbereiche	Artikel 1 und 14: Arbeitsunfälle, Berufskrankheiten und Wegunfälle	§ 7: Versicherungsfälle sind Arbeitsunfälle und Berufskrankheiten. § 8: Wegunfälle zwischen Wohnung und Beschäftigungsplatz	Arbeitsunfälle, Berufskrankheiten und Wegunfälle

	Chinesische Arbeitsunfallversicherungs-Verordnung	Sozialgesetzbuch VII der Bundesrepublik Deutschland	ILO-Übereinkommen 121 (1964)
Anerkennung von Arbeitsunfällen	Artikel 14: Die folgenden Fällen werden als Arbeitsunfälle anerkannt: (1) in der Arbeitszeit und am Arbeitsplatz anlässlich der Beschäftigung erlittene Unfälle (2) anlässlich der Vorbereitung und Nachbereitung auf die Beschäftigung erlittene Unfälle. (3) in der Arbeitszeit und am Arbeitsplatz durch unvorhersehbare Gewalt verletzte Arbeitnehmer (4) Berufskrankheiten (5) auf der Dienstreise verunfallte sowie vermisste Arbeitnehmer (6) Wegunfälle in der Zeit vor dem Arbeitsbeginn und nach dem Feierabend	§ 8: Arbeitsunfälle sind Unfälle von Versicherten infolge einer den Versicherungsschutz nach § 2, 3 oder 6 begründenden Tätigkeit (versicherte Tätigkeit). Unfälle sind zeitlich begrenzte, von außen auf den Körper einwirkende Ereignisse, die zu einem Gesundheitsschaden oder zum Tod führen. 5. das mit einer versicherten Tätigkeit zusammenhängende Verwahren, Befördern, Instandhalten und Erneuern eines Arbeitsgeräts oder einer Schützausrüstung sowie deren Erstbeschaffung, wenn dies auf Veranlassung der Unternehmer erfolgt.	ILO-Empfehlung 121: Empfehlung betreffend Leistungen bei Arbeitsunfällen und Berufskrankheiten: Artikel 5. Jedes Mitglied sollte unter vorgeschriebenen Bedingungen die folgenden Unfälle als Arbeitsunfälle betrachten: a) Unfälle, ohne Rücksicht auf ihre Ursachen, die sich während der Arbeitszeit oder in der Nähe der Arbeitsstätte oder an einem anderen Ort ereignen, an dem sich der Arbeitnehmer nur infolge seiner Beschäftigung befand; b) Unfälle, die sich innerhalb angemessener Zeitspannen vor und nach der Arbeitszeit beim Befördern, Reinigen, Vorbereiten, Versorgen, Instandhalten, Aufbewahren oder Verpacken von Werkzeugen oder Arbeitskleidern ereignen; c)

	Chinesische Arbeitsunfallversicherungs-Verordnung	**Sozialgesetzbuch VII der Bundesrepublik Deutschland**	**ILO-Übereinkommen 121 (1964)**
Versichertenkreis	Artikel 2: Alle Arbeitnehmer in allen Formen der Unternehmen (einschließlich der landwirtschaftlichen Unternehmen und der im Einzelhandel tätigen Erwerbstätigen)	Artikel 2: Beschäftigte, Angestellte, Beamte, Selbstständige, Landwirte, die in den landwirtschaftlichen Betrieben Beschäftigten, Kindergartenkinder, Schüler und Studenten sowie Auszubildende	Unfälle auf dem direkten Wege zwischen der Arbeitsstätte und i) dem Haupt- oder Nebenwohnort des Arbeitnehmers oder ii) dem Ort, an dem der Arbeitnehmer gewöhnlich seine Malzeiten einnimmt, oder iii) dem Ort, an dem er gewöhnlich seine Entlohnung erhält. ILO Ü 121 Artikel 4: 1. Die innerstaatliche Gesetzgebung über Leistungen bei Arbeitsunfällen und Berufskrankheiten hat alle Arbeitnehmer (einschließlich der Lehrlinge), die im öffentlichen und privaten Bereich einschließlich der Genossenschaften beschäftigt sind, sowie bei Tod des Ernährers vorgeschriebene Gruppen von Leistungsempfängern zu schützen.

	Chinesische Arbeitsunfallversicherungs-Verordnung	**Sozialgesetzbuch VII der Bundesrepublik Deutschland**	**ILO-Übereinkommen 121 (1964)**
Prinzip der Verschuldensunabhängigkeit	Artikel 14 und 15. Bei der juristischen Auslegung durch das oberste Volksgericht wird das Prinzip der Verschuldensunabhängigkeit festgesetzt.	§ 26: Die gesetzlich verankerten umfassenden Leistungen werden den Versicherungsfällen unabhängig von der Schuldfrage gewährt. (s. Bäcker, Bispinck u.a. 2000: 460)	ILO-Empfehlung 121: 5. Jedes Mitglied sollte unter vorgeschriebenen Bedingungen die folgenden Unfälle als Arbeitsunfälle betrachten: a) Unfälle, ***ohne Rücksicht auf ihre Ursachen***, die sich während der Arbeitszeit oder in der Nähe der Arbeitsstätte oder an einem anderen Ort ereignen, an dem sich der Arbeitnehmer nur infolge seiner Beschäftigung befand.
Hinterbliebenen-Leistungen	Artikel 37: Witwen- und Waisenrente	§ 281 a: Witwenrente. Waisenrente und Abfindungen	ILO Ü 121 Artikel 18: Geldleistungen für Witwe/Witwer und Waisen

Quelle: Eigene Darstellung. Datenbasis: AUVVO der VR China, SGB VII der Bundesrepublik Deutschland, ILO-Übereinkommen 121[94]

Durch den Vergleich der Gesetzgebung von China und von Deutschland sowie des Übereinkommens der ILO wird veranschaulicht, dass sich die chinesische Unfallversicherungsverordnung in mehreren Aspekten (wie der Prävention, Kompensation, Rehabilitation, den Schutzbereichen, Leistungen, dem Prinzip der Verschuldensunabhängigkeit, der Anerkennung der Arbeitsunfälle sowie der Justiziabilität) an die internationale und westlich-nationale Gesetzgebung angleicht. Die wichtigen Merkmale der chinesischen Verordnung sind, dass drei Institutionen wie in der internationalen Konvention und der bundesrepublikanischen Gesetzgebung festgesetzt werden. Zudem ist der Schutzbereich der gesetzlichen Unfallversicherung auf Arbeitsunfälle, Wegunfälle und Berufskrankheiten erweitert worden, genauso wie bei den international anerkannten Prinzipien. Bei der Anerkennung der Arbeitsunfälle sieht man ebenfalls die Wirkungskraft der Weltgesellschaft, da nicht nur die Unfälle im Arbeitsverhältnis, anlässlich der Beschäftigung, während der Arbeitszeit und am Arbeitsplatz als Arbeitsunfälle anerkannt werden, sondern auch die Vorbereitungs- und Nachbereitungsarbeit sowie Pendlerunfälle. Ein Prinzip der Verschuldensunabhängigkeit, das früher in der chinesischen zivilrechtlichen Praxis faktisch nicht existierte, wird jetzt ebenfalls in das chinesische Rechtsdokument aufgenommen.

Trotz der massiven Angleichung ergibt sich jedoch auch eine Divergenz, nämlich die unterschiedliche Definition der Versichertenkreise. Während im ILO-Übereinkommen sowie in der deutschen Sozialgesetzgebung auch die nicht-erwerbstätigen Bevölkerungsteile wie Studenten, Schüler und Auszubildende zum Versichertenkreis gehören, beharrt die chinesische Unfallversicherung auf einer traditionellen Definition der *Arbeits*unfallversicherung. Primär sind von der gesetzlichen Unfallversicherung die Unfälle erfasst, die sich in Beschäftigungsverhältnissen ereignen,

94 Die ILO-Empfehlung 121 bezieht sich inhaltlich unmittelbar auf das Übereinkommen 121, die darauf zielt, die unfallversicherungsbezogenen juristischen Fragen auszulegen. Hier wird die ILO-Empfehlung 121 ebenfalls zitiert.

nicht aber andere Unfälle, die sich nicht im Bereich der Erwerbstätigkeit ereignet haben.

8.7 Entkopplung und Verkopplung

8.7.1 Graduelle Verkopplung

Mit Entkopplung (*De-coupling*) meint Meyer die Diskrepanz zwischen Programmatik und Formalstruktur einerseits und Implementierung andererseits. Die formelle Verkündung einer Angleichung an die weltkulturellen Normen ist einfach, während die Umsetzung einen viel komplexeren Prozess darstellt. Da in den Entwicklungsländern die zur Verfügung gestellten Ressourcen begrenzt sind und es an der ministerialen Staatsbürokratie mangelt, bleiben die Signatur und die Ratifizierung der internationalen Dokumente in den Entwicklungsländern oft lediglich ein Versprechen auf dem Papier (Meyer 2005).

Der Begriff der Entkopplung zeigt sich jedoch oft als zu einfach, um der realen Entwicklung in einem nationalen Kontext gerecht zu werden. Die chinesische Entwicklungspraxis im Bereich der Arbeitsunfallversicherung zeigt, dass die Zahl der versicherten Arbeitnehmer nach dem Erlass der Arbeitsunfallversicherungs-Verordnung sprunghaft von 45,75 Millionen (2003) auf 121,73 Millionen (2007) um das Dreifache zugenommen hat, und die Zahl der versicherten Wanderarbeiter sogar von Null auf 39,80 Millionen (2007) gestiegen ist (National Bureau of Statistics of China 2007). Das Gesetz wirkt sich tatsächlich sehr stark auf die reale Implementierung aus. Andererseits hat China als eine Übergangsgesellschaft ein ähnliches Problem in der Praxis wie andere Entwicklungs- und Schwellenländer. Ein leitender Beamter im MOHRSS bestätigt das Problem der lokalen Umsetzung der Arbeitsunfallversicherung:

> Bei der Kooperation mit den deutschen Kollegen weist die chinesische Seite gerne auf die Erweiterung der Versichertenkreise seit dem Erlass des Gesetzes hin und bezeichnet dies als Leistung. Die deutschen Kollegen können dies nicht verstehen und fragen uns immer: „Was bedeutet hier die Erweiterung der Versichertenkreise überhaupt? Ist das nicht so, dass alle chinesischen Arbeitnehmer nach dem Gesetzerlass sofort obligatorisch ins gesetzliche System aufgenommen werden?“ Leider ist die Situation in China nicht so einfach, weil die Umsetzung von den Ressourcen und der Steuerungsfähigkeit des Staates abhängt. Deutschland ist

weltweit bekannt für Rechtsstaatlichkeit, während die Implementierung der Gesetze in China viel langsamer voranschreitet.
Interview Nr. 14

Der Beamte erkennt die Schwierigkeit bei der Umsetzung der Arbeitsunfallversicherung in China, die eher durch eine kontinuierliche graduelle Ausdehnung gekennzeichnet ist. Eine sofortige Wirkung nach dem Gesetzeserlass wie in Deutschland ist in China aufgrund der mangelnden Staatsbürokratie eher unrealistisch. Die Schwellen- und Entwicklungsländer müssen jedoch immerhin typologisiert werden. Allein mit Entkopplung kann man nicht erklären, warum in manchen Ländern viele große Fortschritte erzielt werden, während es in einigen anderen Ländern keinerlei Entwicklung gibt und Gesetze lediglich Papiergesetze bleiben. Es ist beispielsweise anzunehmen, dass die Implementierung der Gesetze in Ostasien schon viel weiter vorangeschritten ist als in Westafrika, weil die staatliche Bürokratie in den ostasiatischen Ländern zwar weniger als in Westeuropa, aber viel stärker als in den meisten afrikanischen Ländern aufgebaut und ausgebaut wird. Unter dem Gesichtspunkt der Entkopplung sind weiterhin die *völlige Entkopplung*, also die formale Ankündigung ohne eine Handlung in der Folge (Afrika), die *teilweise Entkopplung mit gradueller Verkopplung* (China) und die *Entkopplung mit stark verzögerter Verkopplung* (Südkorea, S. Kim 2006) zu differenzieren.

Zur genauen Untersuchung verschiedener Grade der Ver- und Entkopplung müssen unterschiedliche kulturelle Forschungstexte in Erwägung gezogen werden, anhand derer unterschiedlichen Umsetzungsprozesse in verschiedenen Nationalstaaten analysiert werden können. Die These der Pfadabhängigkeit und die damit verbundenen historisch-bedingten institutionellen Arrangements in verschiedenen Staaten können auch die unterschiedliche Realisierung der deklarierten Ideen und Prinzipien beeinflussen. In der chinesischen Unfallversicherung kann ebenfalls durch Interviews mit Professionellen und Fachexperten eruiert werden, ob exogen induzierte Normen und Ideen in den lokalen Umsetzungspraxen ihre ursprünglichen Formen verlieren, und inwiefern diese „fortschrittlichen" weltgesellschaftlichen Normen aus dem globalen Norden an die nationalen und subnationalen Verhältnisse angepasst oder von ihnen abgekoppelt sind.

8.7.2 *Talk and Action*: Bedeutung kognitiver Wahrnehmung von Wissensadressaten

Wie oben analysiert, sind weltgesellschaftliche Normen und weltgesellschaftliches Wissen bei den chinesischen Eliten weit verbreitet, und das chinesische Unfallschutzsystem wandelt sich unter der weltgesellschaftlichen Auswirkung ständig. In diesem Wandel dabei spielt der zwischenstaatliche Wissenstransfer ebenfalls eine Rolle. Trotz der geringen Abweichung übernehmen die chinesischen Wisseneliten und Verwaltungsträger das deutsche Modell der Unfallversicherung. Auf der Ebene der Selbstbeschreibung formulieren die chinesischen wissenschaftlichen und politischen Eliten auch aktiv im Hinblick auf die Verbindung zwischen China und der Weltgesellschaft und zu der relativen Position der chinesischen Unfallversicherung in der Welt. Sie bezeichnen das neue chinesische Unfallversicherungssystem als „*mainstream*-konformes" und „fortschrittliches". Zudem gestehen sie selber die Verpflanzung internationaler Wissensschemata in das nationale Feld ein, und bezeichnen die in China weit diffundierten Normen als „weltweit universelle", die mit den führenden Normen der globalen Gemeinschaft übereinstimmen. Darüber hinaus vertreten sie die Meinung, dass es eine Normendivergenz zwischen China und der Weltgesellschaft aufgrund einer massiven Angleichungstendenz im Bereich der Unfallversicherung nicht mehr gibt. In China entstehen die mit der Weltkultur völlig identischen Normen zur Unfallversicherung. Ein führender Spitzenpolitiker in der UVAB (Unfallversicherungsabteilung) des MOHRSS teilt die Ansicht:

> Auch wenn China in der realen Umsetzung der Arbeitsunfallversicherung weiter hinter den entwickelten Ländern zurückbleibt, sind wir zumindest auf der Ebene der Normenangleichung bereits weltweit vorne. Auf der ideellen Ebene sind wir bereits vor vielen anderen Entwicklungsländern, auch in der realen Implementierung sind wir vorne angekommen, im Gegensatz zu vielen asiatischen Nachbarländern.
> Interview Nr. 20

Eine Wissenschaftlerin des ISIS vertritt folgende Auffassung:

> Die Kognition geht der Handlung voraus. Nur wenn etwas vorgedacht und wahrgenommen wird, wird es später auch umgesetzt. In der chinesischen Unfallversicherung sind die internationalen Normen bereits weit verbreitet. Später beeinflussen sie bestimmt die Handlungen, obwohl zurzeit noch eine Diskrepanz zwischen den Normen und der Normenrealisierung besteht.
> Interview Nr. 21

Durch die Erläuterung beider Informanten ist zu sehen, wie die chinesischen Eliten das chinesische Unfallversicherungssystem wahrnehmen und sich selbst beschreiben. Die chinesischen Verwaltungsträger betrachten das chinesische System unter einer weltweit vergleichenden Perspektive und markieren die relative Position der chinesischen Unfallversicherung in der Weltgesellschaft. Dabei bezeichnen sie die chinesische Unfallversicherung als „vorne" im Vergleich zu anderen Entwicklungsländern und asiatischen Nachbarnländern auf der ideellen Ebene, und sie bewerten die Normendiffusion als positiv. Darüber hinaus bezeichnen sie das eigene System als normenkonsistent und mit der Weltkultur konvergierend. Andererseits beobachten sie sich selbst und beschreiben ihre Beobachtung der Außenwelt und ihr Lernen von der Außenwelt als einen wichtigen kognitiven Prozess, durch den die Handlungen voranschreiten werden. *Talk* führt zu *action*, die Kognition bereitet die Evolution des Systems und seine weitere Realisierung ideell vor. Diese Interviewzitate verdeutlichen, dass die chinesischen Eliten versuchen, reflexiv zu denken und den Ideenwandel hoch einzuschätzen.

Die Beobachtung der anderen und die Selbstbeobachtung (reflexive Beobachtung) der chinesischen wissenschaftlichen Gemeinde finden unter einem globalen Strukturmuster zur Arbeitsunfallversicherung statt. Die chinesische epistemische Gemeinschaft verdeutlicht selbst einen weltgesellschaftlichen Horizont und konstruiert eine weltgesellschaftliche Wirklichkeitsebene. Darüber hinaus ist China auch einer permanenten Aufmerksamkeit von außen und einem ununterbrochenen Vergleich mit anderen ausgesetzt. Die chinesischen Wissenseliten schließen an das weltgesellschaftliche Wissen an, und nehmen es als fortschrittlich, modern und universell wahr. Sie gewinnen damit eine hohe Legitimität aus der Globalität, die wiederum nationale Diskussionen legitimiert und die nationale Reform beschleunigt. Das chinesische Unfallversicherungssystem weist Ähnlichkeit zu den Systemen vieler anderer Nationen auf. Gewisse weltgesellschaftliche Diskurse wie zu der Drei-Sektoren-Institution und dem Prinzip der Verschuldensunabhängigkeit haben die nationale Grenze überschritten und sich weiter verbreitet. Auch die kognitive Wissensstruktur unter den chinesischen Eliten ähnelt der internationalen Gemeinschaft. Gerade durch diese Annäherung, Angleichung und Anpassung auf der ideellen Ebene wird jedoch eine voraneilende Entwicklung in China beobachtet, die bedeutet, dass diese ideelle Entwicklung sowie der Systementwurf nicht (allein) von der inneren gesellschaftlichen Entwicklungslogik induziert, sondern eher exogen abgeleitet wird. In diesem Fall geht das Reden (*talk*) häufig der Handlung (*action*) voran, weil viele neue Systemelemente weiter vom gesellschaftlichen Entwicklungsniveau abgekoppelt werden. Die Avantgarde des Wissens und der Normen steht häufig einer unreifen gesellschaftlichen Entwicklungsphase gegenüber, und der Fortschrittsglaube ist in manchen Fällen noch realitätsfern.

Im Folgenden wird vertiefend erörtert, dass gerade durch den Glauben an den Fortschritt diverse Formen der Entkopplung (*de-coupling*) zustande gekommen sind. In der realen Umsetzung existieren viele verschiedene Formen der Entkopplung.

8.7.3 Diverse Formen der Entkopplung in der subnationalen Umsetzung

Die zentralstaatlich eingeführten Normen können aufgrund der Abkopplung von der Realität de facto auf Eis gelegt oder mangels Implementierungswillens von den lokalen Eliten nicht beachtet werden. Das weltgesellschaftliche Modell kann ebenfalls auslaufen, wenn in den Entwicklungsländern die entsprechenden Verwaltungskapazitäten fehlen. Darüber hinaus kann ein weltgesellschaftliches Konzept sogar in einem vergleichsweise wohlhabenden Schwellenland scheitern, wenn es der Klientel an Rezeptionswillen mangelt. Ein typisches Beispiel hierfür ist die Verbreitung der Alterssicherung und der Krankenversicherung in den ländlichen Gebieten Chinas. Trotz der vergünstigenden staatlichen Politik und der relativ niedrigen Beitragssätze wollen viele Bauern sich nicht an eine staatlich-institutionelle Alterssicherung und Krankenversicherung anschließen, weil das traditionelle Bewusstsein der Familienvorsorge und die Wahrnehmung der Altersvorsorge als individuell-familiäre Angelegenheit noch tief im Bewusstsein der Landbevölkerung verwurzelt sind. Insbesondere in den sehr rückständigen Inlandsgebieten entziehen sich viele Bauern der Beitragspflicht, denn ihr Versicherungs- und Sicherheitsbewusstsein ist noch nicht herausgebildet. In diesem Fall können sich gewisse Wahrnehmungsdiskrepanzen zu bestimmten globalen Normen zwischen verschiedenen Akteuren möglicherweise negativ auf die Implementierung und *Compliance* mit den Normen auswirken.

Im Bereich der Unfallversicherung ist ebenfalls auf mehreren Ebenen zu analysieren, wie die lokalen Eliten mit den weltgesellschaftlichen Normen umgehen, wie die Klientel selbst diese Normen ansieht, inwiefern sich diese westlichen Normen an die subnationalen und lokalen kulturellen Verhältnisse angepasst haben, und inwiefern diese Normen durch subnationale und lokale Akteure sowie durch die Klientel selbst blockiert, deformiert oder doch umgesetzt werden.

Durch die Interviews mit Experten kann gezeigt werden, dass die exogen eingeführten Normen, Ideen und Modelle unterschiedlich verkoppelt oder entkoppelt werden. Insbesondere rezipieren die verschiedenen Akteuren die unfallversicherungsinterne Rehabilitation auf den lokalen Umsetzungsebenen auf unterschiedliche Art und Weise. Auf den lokalen Ebenen ist die gesundheitliche, berufliche und soziale Rehabilitation häufig durch ein kommerzielles Interesse geprägt und nicht durch die Achtung der Arbeitnehmerrechte. Diese Entwicklung hängt sehr eng mit der verstärkten Tendenz der Kommodifizierung seit der Systemtransformation 1978 in China zusammen. Sie ist allerdings keine isolierte Erscheinung lediglich in der chinesischen Gesellschaft, sondern ist in mehreren Transformationsländern (auf dem Weg von der Planwirtschaft zur Marktwirtschaft) und den postkommunistischen Ländern zu beobachten. Eine Erkenntnis aus meiner Studie ist, dass der Grad der Dekommodifizierung in einer Transformationsphase rapide sinkt und sämtliche gesellschaftlichen Bereiche von einer Überkommerzialisierung negativ beeinflusst werden. Insbesondere lässt sich in mehreren postkommunistischen Ländern verfolgen, dass in einer Gesellschaft während einer Transformationsphase von einer Totalvereinnahmung sämtlicher sozialer Bereiche durch die Politik sehr schnell auf eine Totalvereinnahmung durch die Wirtschaft übergegangen werden kann. Eine politisch-totalitäre Gesellschaft mit einem relativ niedrigen Niveau der Kommodifizierung wird leicht von einer wirtschaftlich dominanten, monetären Gesellschaft abgelöst in einem Prozess des gesellschaftlichen Umbruches. Der Warencharakter der nichtwirtschaftlichen Sphäre wie Ausbildung und soziale Sicherung nimmt rasant zu. Die *Take-Off*-Phase der ostasiatischen Gesellschaft zeichnet sich ebenfalls durch eine ähnliche Tendenz der schnell expandierenden Kommodifizierung und Monetarisierung aus. Dieses Entwicklungsmodell in Ost- und Südostasien wird auch als *developmental state* bezeichnet.

In dieser Phase versucht die chinesische Regierung immer, mit allen Mitteln die Wirtschaft anzukurbeln, insbesondere durch die Einführung des Marktliberalismus.

In der chinesischen gesellschaftlichen Entwicklung der letzten drei Jahrzehnte lässt sich außerdem ein Trend zur Expansion der Kommodifizierung beobachten. Auch im Bereich der sozialen Sicherung erlebte der Privatisierungs- und Kommerzialisierungsansatz ihren Themenaufschwung. Im Bereich der Unfallversicherung wird der Warencharakter zum Teil gemindert, weil die weltgesellschaftlichen Normen und Modelle zur Diffusion weniger kommodifizierter Versicherungskonzepte führen. Zudem weisen die nationalen Eliten auf das Wissen von ILO, ISSA und EU hin und können somit ein sozialversicherungsartiges (weniger kommodifiziertes) Modell konstruieren und legitimieren, das mehr auf Solidarität, Gemeinnutzen und Arbeitnehmerrechte achtet. Das eher von den zentralstaatlichen Eliten eingeführte Wissen sowie die gesteuerte Reform im Anschluss an die Weltgesellschaft kollidiert in der sozialen Realität mit einer relativ stark kommodifizierten Gesellschaft, in der der Solidaritätsgedanke zum Teil durch marktliberale Normen gemindert wird.

Im Bereich der unfallversicherungsinternen Rehabilitation ist eine Entkopplung zu beobachten. In der empirischen Erhebung bestätigen manche Wissenseliten auf der zentralstaatlichen Ebene (die meistens in Peking ansässig sind), dass sie bei örtlichen Untersuchungen zur realen Umsetzung der Rehabilitation in verschiedenen Gegenden häufig eine Einführung in deformativer Form beobachtet haben. Sie weisen vor allem darauf hin, dass das örtlich zu Verfügung gestellte Fachpersonal und Fachwissen bei weitem nicht ausreichen, um eine umfassende Realisierung der Rehabilitation innerhalb der gesetzlichen Unfallversicherung landesweit voranzutreiben. Auch eine mangelnde technische Ausstattung sowie die ungenügende Berufsausbildung im Bereich der Rehabilitation bilden eine Barriere und führen zu Problemen in der realen Praxis.

Ein zweites Hauptproblem liegt darin, dass die Rezeption der rehabilitationsbezogenen Normen zwischen nationalen, subnationalen und lokalen Akteuren ungleichgültig verläuft. Diese Diskrepanz zwischen Normendiffusion und realer Implementierung sowie die Wahrnehmungskluft zwischen Multiakteuren im nationalen Kontext werden auch von den chinesischen Wissenschaftlern und Verwaltungsträgern wahrgenommen und erörtert.

Eine Wissenschaftlerin des ISIS schätzt die *Compliance* mit den Unfallversicherungsnormen in China so ein:

> In Deutschland liegt der Schwerpunkt der Unfallversicherung nicht mehr auf der entgeltlichen Kompensation, sondern auf der vorherigen Prävention und der nachherigen Rehabilitation der Versicherungsfälle. Diese Normen können mit „Prävention vor Rehabilitation, Rehabilitation vor Entschädigung" resümiert werden. Anlässlich der aktuellen Lage in China kann dieses Prinzip noch nicht richtig realisiert werden. [...]
>
> In Deutschland ist das Verrechtlichungsniveau der Gesellschaft viel weiter vorangeschritten als in China, und nach dem Inkrafttreten des Gesetzes wird ein neues Gesetz umgehend landesweit implementiert. Hingegen ist es in China immer ein großes Problem, wie ein beschlossenes Gesetz richtig umgesetzt werden kann. [...]
>
> Auf der makro-institutionellen Ebene gleicht sich die angestrebte Unfallversicherungsreform in unserem Land an eine allgemein anerkannte Systemform in der internationalen Gemeinschaft an. Aber auf der operationalen Ebene besteht noch eine Diskrepanz zwischen entwickelten Ländern und China. Zurzeit liegt der Schwerpunkt der chinesischen Unfallversicherung weiterhin auf den entschädigungsbezogenen Leistungen wie Verletztengeldern und Unfallrenten. Viele Personen auf der lokalen Ebene erkennen die Relevanz der langfristigen Rehabilitation noch nicht.
> Interview Nr. 21

Eine Wissenschaftlerin der Volksuniversität (*renmin daxue*) weist unmittelbar auf die Abkopplung von dem Gesetz in Bezug auf eine unfallversicherungsinterne Rehabilitation hin und interpretiert sie als ein reales Problem:

> In Bezug auf die unfallversicherungsbezogene Rehabilitation lernen wir ebenfalls vom deutschen Modell. Mit der deutschen wissenstechnischen Beihilfe haben wir in Guangdong ein Rehabilitationszentrum aufgebaut, um diese separate Funktion innerhalb der Unfallversicherung, nämlich die Rehabilitation, zu fördern. Zurzeit wird landesweit mit mehreren Unfallkliniken nach dem deutschen Modell experimentiert. Die Kosten der Kliniken werden von den Unfallversicherungsfonds finanziell bestritten. In einer örtlichen Untersuchung in der Provinz Jilin habe ich herausgefunden, dass manche Ärzte in der Unfallversicherungsklinik die Bedeutung der Rehabilitation nicht erkennen, und die unfallversicherungsbezogene Rehabilitation eher als eine neue Chance zu mehr Gewinnerwirtschaftung ansehen. Die durch Rehabilitation entstehenden Kosten werden nur zum Teil vom lokalen Unfallversicherungsfonds übernommen, andere Kosten werden privat erstattet. Je mehr unfallverletzte Arbeitnehmer Rehabilitation brauchen, desto mehr können manche Kliniken und Rehabilitationszentren kassieren. Somit besteht eine Gefahr,

> dass Rehabilitationsabteilungen in manchen Kliniken faktisch zu geldgierigen Abteilungen geworden sind, die bei ihren eigentlichen Funktionen versagen. [...]
>
> In vielen Fällen unterschätzen die an Unfallfolgen und Berufskrankheiten leidenden Arbeitnehmer selbst die Relevanz der langfristigen sozialen, psychologischen und beruflichen Rehabilitation, viele lehnen sie sogar ab und verlangen lediglich die Geldauszahlung. Viele fürchten sogar, dass sie nach der erfolgreichen „Rehabilitation" die Leistungen der entgeltlichen Kompensation verlieren würden; deswegen werden die umfassenden Rehabilitationen sogar von vielen als Bürde wahrgenommen.
> Interview Nr. 13

Im ersten Interview wird die unfallversicherungsbezogene Implementierung insgesamt als soziales Problem wahrgenommen, weil die zwischenstaatliche Diskrepanz in der Rechtstradition und das unterschiedliche Entwicklungsniveau maßgeblich dazu beitragen, dass in China nur eine graduelle Verkopplung voranschreitet. Die Rehabilitation wird nur in diesem gesamtgesellschaftlichen Kontext erörtert und problematisiert. Im zweiten Interview wird durch eigene Erfahrungen und eine empirische Erhebung der Interviewpartnerin noch viel konkreter darauf eingegangen. Diese Diffusion der Rehabilitation auf der subnationalen und lokalen Ebene ist konfrontiert mit einer erheblich stark kommerzialisierten Gesellschaft, in der viele öffentliche Sphären in der radikalen marktliberalen Reform kommodifiziert sind. Diese Kommodifizierungs-Denkweise beeinflusst auch lokale Träger der Unfallversicherung, indem ein rehabilitatives und rechtsbasiertes Wohlfahrtsprogramm, das tief in der Weltkultur (mit den Menschenrechten und der Menschenwürde) verwurzelt ist, nun im chinesischen Kontext an der Gewinnmaximierung ankoppelt. In diesem Fall wird der Warencharakter der öffentlich-gemeinnützigen Wohlfahrtsleistungen nur begrenzt gemindert, denn nur ein Teil der Kosten für Rehabilitation wird durch lokale Unfallversicherungsfonds kompensiert. Die Kommodifizierungstendenz senkt auch den Partizipationswillen der verunfallten Arbeitnehmer und die Legitimität des Systems

Das Problem der Kommodifizierung wird auch von anderen Interviewpartnern bestätigt und erläutert. Ein Doktorand an der Volksuniversität (*renmin daxue*), der sich bereits früher auf der örtlichen Ebene in der Provinz Anhui mit der Umsetzung der Unfallversicherung auseinandergesetzt und somit viele Erfahrungen gesammelt hat, wirft manchen lokalen Trägern der Unfallversicherung (wie z.B. medizinischen Institutionen und beruflich-rehabilitativen Zentren) vor, dass sie nur augenblicklichen Vorteilen nachjagen, nach Profiten und Gewinnen streben und somit die Genesungsinstitutionen zum Teil den eigentlichen Sinn verlieren. Einige andere Wissenschaftler und Politiker vertreten die gleiche Auffassung und stellen die starke Kommerzialisierung eines öffentlich-gemeinnützigen Wohlfahrtsprogramms generell in Frage.

Der Verkopplungsprozess wird nicht nur durch die lokalen Organisationsträger erschwert, auf der Seite der Klientel mangelt es ebenfalls an Kooperation und Beteiligungswillen. Mit der Erläuterung der Wissenschaftlerin aus der Volksuniversität (s. Interviewzitat oben) wird eine andere Seite des gleichen Problems aufgedeckt: Die verunfallten Arbeitnehmer denken und agieren negativ gegenüber den umfassenden Rehabilitationsprogrammen. Auf einem niedrigen Entwicklungsniveau mit einem relativ niedrigen durchschnittlichen Einkommen erwarten viele, die Arbeitsunfälle erlitten haben, häufig nur die Geldkompensation, die relevant für die kontinuierliche familiäre materielle Sicherheit sein kann. Es mangelt vor allem an langfristigem Denken der verunfallten Arbeitnehmer, und es wird daher häufig übersehen, dass ein gesunder Körper, eine Rückkehr zur Berufsbiographie und eine Reintegration in das kulturelle und gesellschaftliche Leben viel relevanter und sinnvoller als eine reine Geldauszahlung sein können. Die kurzfristig ausgerichteten und völlig ökonomisierten Ideen schaden einer langfristigen rationalisierten Kalkulation sowohl auf der Seite der lokalen Träger als auch auf der Seite der verunfallten Arbeitnehmer. Darüber hinaus wird durch die oben erwähnten Interviewzitate weiter deutlich, dass die Arbeitnehmer aus Furcht vor dem Entzug der Geldkompensation durch eine möglicherweise erfolgreiche Rehabilitation nicht gerne Rehabilitationsleistungen in Anspruch nehmen. Diese selbstselektive Handlungsweise der Klientel repräsentiert allerdings die soziale Tatsache, dass das Bewusstsein zum Selbstschutz und zur Wahrung der eigenen Rechte bei Teilen der arbeitenden Bevölkerung noch nicht völlig herausgebildet ist. Sie sehen die entgeltliche Entschädigung als wichtigste Aufgabe der gesetzlichen Unfallversicherung und als individuell-rationale Zielsetzung an und missachten gleichzeitig, welch große Bedeutung ein gesundes und sozialintegratives Leben für die eigene Person haben kann. In diesem Fall können die Wissenseliten viel mehr durch einen inländischen Normentransfer, wie z.B. über die öffentlichen Medien und über öffentliche Bekanntmachungen positiv auf die Diffusion der weltgesellschaftlichen Normen hinwirken. Dieses mangelnde langfristige Denken sowie die weit verbreiteten kurzfristigen und relativ ökonomisierten Gedanken werden häufig von den Wissenschaftlern und zentralstaatlichen Politikern getadelt.

8.7.4 Ursachen der Entkopplung

Das Problem der Entkopplung beschränkt sich jedoch nicht nur auf die unfallversicherungsinterne Rehabilitation, sondern auch auf das gesamte Modell des Systems. Wie oben erläutert wird, entstand seit dem Zusammenbruch des kommunistischen Wohlfahrtssystems ein institutionelles Vakuum für die Versicherung gegen arbeitsbezogene Unfälle und Berufskrankheiten. Es bestand faktisch eine zivilrechtliche Arbeitgeberhaftung ohne gesetzlich-institutionelle Rahmung. Die Arbeitgeber hafteten entweder für die verunfallten Arbeitnehmer, oder sie versicherten ihre Erwerbstätigen bei privaten Versicherungsgesellschaften. Bei Berufsunfällen entschädigten entweder die Arbeitgeber oder die kommerziellen Versicherungsfirmen die verunfallten Arbeitnehmer, so dass der Einkommens- und Wohlstandsverlust der Arbeitsverletzten und ihrer Angehörigen zum Teil gemindert werden konnte. Die Arbeitgeber-Haftpflicht war nicht durch sozialrechtliche oder arbeitsrechtliche Regelungen festgelegt, sie hing häufig nur vom Sozialengagement der jeweiligen Unternehmer ab. Die Wohlfahrtsleistungen bestanden überwiegend aus Geldleistungen, die lediglich in Form eines einmaligen Pauschalbetrages ausgezahlt wurden, weitere Kosten für Medizin und Heilbehandlung wurden nur zum Teil erstattet. Eine gesetzlich institutionalisierte Rente wurde meistens nur in einigen wenigen Staatsunternehmen gewährt. In den Unternehmen nichtstaatlicher Form war sie aber üblicherweise ausgeschlossen. Ein zivilrechtlicher Kompensationsmechanismus erschwerte in vielen Fällen den Anspruch der verunfallten Arbeitnehmer auf Entschädigung. Falls die Arbeitgeber die Kompensation der Arbeitsunfälle ablehnten, wurde der Rechtsstreit in einem zivilrechtlichen Verfahren eingeleitet, in dem die Arbeitgeber und die verunfallten Arbeitnehmer die Schuld der Gegenseite beweisen sollten. Das führte oft zu einer gegenseitigen Schuldzuweisung. Die Unfallopfer müssten gewöhnlich einen dritten Augenzeugen suchen und dem Gericht das Verschulden (Vorsatz oder

Fahrlässigkeit) der Arbeitgeber beweisen, das aber in realen Fällen sehr schwer nachweisbar war. Unter der freiwilligen Arbeitgeber-Haftpflicht kamen häufig Fälle zu Stande, in denen für die verunfallten Arbeitnehmer gar nicht gehaftet wurde. Noch ungerechter war, dass die an den Folgen von Arbeitsunfällen leidenden Arbeitnehmer in manchen Fällen noch die Gerichtskosten tragen müssten, falls sie den Rechtsstreit verloren.

Nachdem die chinesische wissenschaftliche Gemeinde in der zweiten Hälfte der 1990er Jahre in raschem Tempo an die weltkulturellen Normen sowie die weltgesellschaftlichen kognitiven Modelle anschließt, geht dieser Systemmix von freiwilliger Arbeitgeberhaftung und kommerzieller Versicherung rasch in ein zentralstaatlich gesteuertes und zunehmend institutionalisiertes Sozialversicherungssystem über. Der Beschluss der AUVVO 2004 kennzeichnet eine neue Entwicklungsphase der chinesischen Unfallversicherung, in der andere Versicherungsmodelle wie die freiwillige Arbeitgeberhaftung sowie die freiwillige kommerzielle Versicherung kategorisch ausgeschlossen werden und ein sozialversicherungsartiges Modell der Arbeitsunfallversicherung mit drei Kerninstitutionen (Arbeitsschutz-, Kompensations- und Wiedereingliederungsinstitution) aufgebaut werden soll. Wie bereits erörtert, findet *Compliance* mit der Weltkultur überwiegend auf der gesetzlichen Ebene statt, die eher durch die Aufnahme der weltgesellschaftlichen „Wissensnahrung" durch die Pekingeliten geprägt ist. Anlässlich eines Mangels an staatlich-bürokratischen Institutionen sowie an Sanktionsmechanismen findet oft *De-coupling* im Systemübergang statt.

Die Entkopplung ist daher durch folgende Ursachen gekennzeichnet: (1) Die Unternehmen, die früher ihre Arbeitnehmer bei den Versicherungsgesellschaften versichert haben, müssen sich nun aus diesem Bereich zurückziehen und sich der gesetzlichen Unfallversicherung anschließen. So entsteht ein *Contracting-Out* Effekt, d.h. die Unternehmen können sich wegen der bereits an die Versicherungsgesellschaft gezahlten Geldsumme nicht ohne weiteres aus der privaten Versicherung zurückziehen. (2) Manche Staatsunternehmen haben schon eine lange Tradition der unternehmensinternen Wohlfahrtsleistungen und stellen relativ großzügige Wohlfahrtsleistungen für die verunfallten Arbeitnehmer bereit. Es mangelt am Willen dieser Akteure, sich an der gesetzlichen Sozialversicherung zu beteiligen. (3) Wegen der fehlenden Sanktionsmechanismen gegen die rechtswidrigen Handlungen sowie der landesweit mangelnden verwaltungstechnischen Kontrolle (z.B. Einsatz der Inspektion, Festlegung der einheitlichen Sozialversicherungsnummer und die Computerisierung der Verwaltung) entziehen sich viele Unternehmen weiterhin der Beitragspflicht sowie der obligatorischen Partizipationspflicht.

In der in China durchgeführten Untersuchung erzählen manche Informanten über variantenreiche Formen der Abkopplung von dem Gesetz sowie seiner Nichteinhaltung auf der lokalen Ebene. Trotz der Erweiterung der gesetzlichen Unfallversicherung sowie der Versichertenkreise bleiben immer noch viele Unternehmen außerhalb des gesetzlichen Systems. Manche Konzerne versichern weiterhin ihre Betriebsbelegschaften über kommerzielle Versicherungsgesellschaften, manche halten an einer unternehmerischen Haftpflicht fest, manche ignorieren das Gesetz und unternehmen fast nichts, um irgendeine Form der Versicherung gegen Arbeitsunfälle und Berufskrankheiten einzurichten.

Nach dem Beschluss der AUVVO wurde das gesetzliche Unfallversicherungssystem sogar kurzfristig aufgrund einer systeminkonsistenten Vorgehensweise durch Unternehmen mancher Berufszweige sowie durch Versicherungsgesellschaften herausgefordert. Mehrere Interviewpartner erzählen, dass manche Versicherungsgesellschaften und Unternehmer in unfallrisikoreichen Branchen wie in Bauunternehmen, Zechen und Kohlefabriken für jedes Todesopfer aufgrund der Arbeitsunfälle 200 000 Yuan (umgerechnet ca. 20 000 Euro) als einmaligen Pauschalbetrag an die Hinterbliebenen auszahlen. Im Fall einer schweren Invalidität bekommen die verunfallten Personen je nach Behinderungsstufe einmalig von 50 000 Yuan bis 150 000 Yuan (umgerechnet ca. 5000 bis 15 000 Euro). Da diese risikoreichen und arbeitsintensiven Unternehmen meistens im Inland (in Nordwest- und Südwestchina) niedergelassen sind, verfügen die Arbeiternehmer in diesen rückständigen Gebieten nur über ein prekäres Einkommen, das zwischen 1000 Yuan bis 1500 Yuan pro Monat beträgt (umgerechnet 100 bis 150 Euro). Bei einem Todesfall sowie in Fällen des Eintritts einer schweren Invalidität bekommen die Unfallopfer sowie ihre Angehörigen eine vergleichsweise relativ hohe Summe zur Kompensation, die möglicherweise das gesamte Einkommen in der Berufsbiographie eines Arbeitnehmers übersteigt. Daher sind viele Unfallopfer und Angehörigen zufrieden mit der einmaligen Geldleistung. Allerdings sind sowohl die Arbeitgeber als auch die Versicherungsgesellschaften nicht verantwortlich für sämtliche langfristig institutionalisierte Leistungen wie Unfallrente, Witwenrente sowie die Leistungen für die medizinische Behandlung wie in der gesetzlichen sozialen Unfallversicherung. Die umfassenden Sachleistungen einschließlich der körperlichen und erzieherischen Genesung, der psychologischen Betreuung, der langfristig berufsfähigkeitsfördernden Leistung und der sozialintegrativen Rehabilitation sind in diesen Kompensationsmechanismen völlig ausgeschlossen. Trotz massiver Versicherungslücken in einem solchen Kompensationsmodell nehmen viele an Unfallfolgen leidende Arbeitnehmer gerne diese einmalige Zahlung an, weil unter einem niedrigen Entwicklungsniveau die Leistungsempfänger im Sozialwohlfahrtssystem ausschließlich materielle Sicherheit und Geldleistungen wünschen. In einer schnell monetarisierten Gesellschaft wie China möchten viele lediglich eine Geldleistung, denn das langfristige Denken an ein sicheres, gesundes und sozial-integratives Leben ist nicht stark ausgeprägt.

Viele der Informanten sehen die soziale Unfallversicherung durch dieses Kompensationsmodell mit einer einmaligen Leistung in Höhe von 200 000 Yuan (ca. 20 000 Euro) bedroht. Ein Doktorand in der Volksuniversität Peking (*renmin daxue*), der viele Erfahrungen mit der lokalen Umsetzung der Unfallversicherung hat, vertritt diese Auffassung:

> Da der einmalige Kompensationsbetrag durch manche Versicherungsfirmen im höchsten Fall sogar 200 000 Yuan beträgt, ist dieses private Lösungsmodell sehr attraktiv für die verunfallten Arbeitnehmer. In manchen Unternehmen unterzeichnen die Arbeitgeber und Arbeitnehmer eine Vereinbarung, dass die Arbeitsunfälle genauso wie in der kommerziellen Versicherung über einen Pauschalbetrag kompensiert werden. Je höher diese Geldsumme ist, desto attraktiver finden dies viele verunfallte Arbeitnehmer. Ein Betrag in der Höhe von 200 0000 Yuan ist eine astronomische Zahl für viele Wanderarbeiter, die sie im ganzen Lebenslauf wahrscheinlich nicht verdienen können. So vereinfachen manche Arbeitgeber und Versicherungsgesellschaften die Berufsunfallversicherung zu einer reinen Geldkompensation. Andere Aspekte in der gesetzlichen Unfallversicherung wie z.B. die Heilung, Rehabilitation und Hinterbliebenenleistungen werden völlig ignoriert. [...]
>
> Noch gefährlicher ist, dass diese hohe Summe an Kompensationsbeitrag, der sich nur auf eine Pauschalleistung begrenzt, in manchen Fällen sogar negative Anreizmechanismen für die Arbeitnehmer in sehr armen Gebieten darstellt, so dass sie sich selbst verletzen, um diese hohe Summe an Geldleistungen zu erhalten. Auf der lokalen Ebene werden immer wieder Fälle entdeckt, in denen

manche Migrationsarbeiter vorsätzlich ihren eigenen Körper verletzt haben, um diese hohen Geldleistungen aus den eigenen Unternehmen oder aus den Versicherungsgesellschaften beziehen zu können.
Interview Nr. 12

Diese Pauschalisierung der Unfallversicherungsleistungen in Form einer einmaligen Geldleistung ist der Ansicht der Informanten nach deswegen irrational und unverantwortlich, weil verschiedene Aspekte und Funktionen der Sozialversicherung, die langfristig einen Schutz der menschenwürdigen Wohlfahrtsbelange der Arbeitnehmer anstreben, hier in der kommerziellen Versicherung exkludiert werden. Die dauerhafte gesundheitliche, körperliche, psychologische und sozialintegrative Genesung der verunfallten Arbeitnehmer wird kaum in Erwägung gezogen. Die einseitige Bereitstellung der Geldleistungen mit einer im Vergleich zum chinesischen niedrigen Einkommensverhältnis sehr hohen Summe führt oft dazu, dass vorsätzlich Körperverletzungen herbeigeführt werden, damit die Geldleistungen beansprucht werden können. Diese Erscheinung wird von den chinesischen Wissenschaftlern und Verwaltungsträgern beobachtet und als ein gesellschaftliches Problem in einem irrationalen System konstruiert, das durch die Arbeitgeberhaftung und kommerzielle Versicherung verursacht wird. Eine Wissenschaftlerin des ISIS sieht sogar eine Gefahr für das gesamte System:

Durch diese attraktive hohe Geldsumme ist die kommerzielle Versicherung immer populärer. Manche Unternehmen in risikoreichen Branchen schließen sich an die kommerzielle Versicherung an. Wenn immer mehr solche Fälle vorkommen und sich anhäufen, dann wird die Grundlage der gesetzlichen sozialen Unfallversicherung erschüttert. Die gesetzliche soziale Unfallversicherung lässt sich gerade in entscheidenden Punkten von der privaten Versicherung unterscheiden, weil sie auf langfristige Wohlfahrtsbelange der Arbeitnehmer abzielt. Hingegen achtet die kommerzielle Versicherung nie auf das langfristige Interesse der Arbeitnehmer, sondern konzentriert sich lediglich auf die kurzfristigen Effekte und strebt selbstverständlich nach der Maximierung der Profite.
Interview Nr. 7

Die Herausforderung des Kompensationsmodells mit einem Pauschalbetrag wird von mehreren Wissenschaftlern wahrgenommen. Sie weisen stets auf die Kurzfristigkeit und Unverantwortlichkeit dieses Konzepts hin und beschreiben das sozialversicherungsartige Konzept als „institutionell“, „langfristig“, „menschenwürdig“ und „verantwortlich“. Die

Drei-Sektoren-Institutionen in der globalen Unfallversicherungspraxis, nämlich Prävention, Entschädigung und Rehabilitation, können nur in einer gesetzlich-institutionellen und solidaritätsorientierten Sozialversicherung verwirklicht werden. Auch die Arbeitgeberhaftung wird häufig von den Wissenschaftlern dahingehend kritisiert, dass sie nicht langfristig aufrecht erhalten werden kann. Viele Informanten vertreten die Auffassung, dass für Unternehmen in der Marktwirtschaft immer die Gefahr besteht, zahlungsunfähig zu werden. In diesem Fall kann eine Firma keine Wohlfahrtsleistungen mehr auszahlen. Durch die analytische Darstellung der institutionellen Schwäche der Arbeitgeberhaftung und der kommerziellen Versicherungen möchten die chinesischen Wissenseliten eindeutig die Legitimität der gesetzlichen sozialen Unfallversicherung bewahren und sie sogar maßgeblich verstärken. Diese Irrationalität der nicht-sozialversicherungsartigen Systeme gegenüber einer rationalen Sozialversicherung stellt häufig die Argumentationsweise und das kognitive Wahrnehmungsmodell der chinesischen Wissenseliten dar.

Aus der empirischen Erhebung ergibt sich, dass die Wissenschaftler und Politiker auf der zentralstaatlichen Ebene sehr enge Kontakte pflegen und deswegen ihre Gedanken austauschen können. Die Wissenschaftler können häufig mit ihrem Wissen die politischen Verwaltungsträger beeinflussen. In Anbetracht der Herausforderung durch die einmaligen kommerziellen Kompensationsleistungen einigen sich die Wissenschaftler und Politiker in ihren Grundpositionen darauf, dass die Zahlung dieses Pauschalbetrags durch eine kommerzielle Versicherung oder durch den Arbeitgeber als rechtswidrig gelten soll. Insofern sollen ihrer Ansicht nach Sanktionsmaßnahmen ergriffen werden, um die gesetzliche soziale Unfallversicherung landesweit durchzusetzen. Mehrere Wissenschaftler fordern mehr Strafen und Sanktionen, um die Erweiterung der gesetzlichen Unfallversicherung effizient zu fördern. Die Politiker geben außerdem in einigen Interviews an, dass eine revidierte Arbeitsunfallversicherungsverordnung zurzeit erarbeitet wird, in der die Sanktionsmechanismen gesetzlich festgeschrieben werden und die Gesetze nicht lediglich Papiergesetze bleiben sollen.

Außer dieser Herausforderung bestehen auf der lokalen Ebene noch weitere Probleme der Abkopplung von der Rechtsverordnung. Eines davon ist die Zusatzklausel, die in einem Arbeitsvertrag hinzugefügt wird. Solche Fälle finden sich häufig in Exportzonen wie im Perlfluss-Delta.

Arbeitgeber und Arbeitnehmer einigen sich durch eine Zusatzklausel im Arbeitsvertrag darüber, dass bei Eintritt eines Arbeitsunfalls die Arbeitnehmer selbst die Verantwortung tragen und keine Kompensationsleistungen beanspruchen werden. Auch diese Zusatzklausel wird von vielen Wissenschaftlern und Verwaltungsträgern als gesetzeswidrig erklärt. Ein Politiker der UVAB (Unfallversicherungsabteilung) des MOHRSS erklärt in dem Interview:

> Die Zusatzklausel ist nicht konform mit der Arbeitsunfallversicherungsverordnung, die vom Staatsrat 2004 verabschiedet wurde. In der Verordnung wird explizit mit juristischer Sprache ausformuliert, dass alle Formen der Unternehmen, der Organisationen und der Institutionen, die als juristische Personen gelten, der obligatorischen gesetzlichen Pflicht unterliegen, an der gesetzlichen sozialen Unfallversicherung teilzunehmen. In diesem Fall gelten die Zusatzklauseln, die von den Arbeitgebern und Arbeitnehmern privat abgeschlossen sind, als gesetzeswidrig.
> Interview Nr. 5

Eine Wissenschaftlerin des ISIS erklärt, dass die Zusatzklausel in der chinesischen Rechtspraxis von den chinesischen Volksgerichten verschiedener Ebenen stets als rechtswidrig ausgelegt wird. Bei Eintritt in den Rechtsstreit müssen die Arbeitgeber die verunfallten Arbeitnehmer entschädigen, auch wenn die Zusatzklausel Bestandteil des Arbeitsvertrags ist. Sie vertritt dann weiter die Auffassung:

> Nur durch gesetzesgemäße Urteile werden dann die Menschenwürde der Arbeitnehmer und die Rechtsordnung eines Staates garantiert. Im Hinblick auf die Arbeitsunfallversicherung sollen die Richter vor allem gemäß der Arbeitsunfallversicherungsverordnung urteilen, weil dieses Dokument zurzeit die zentrale Rechtsgrundlage für die Arbeitsunfallversicherung darstellt.
> Interview Nr. 7

In der chinesischen Literatur zur Arbeitsunfallversicherung wird diese rechtliche Entwicklung häufig bestätigt. Die Wanderarbeiter klagen häufig die Arbeitgeber an, weil ihre Rechtsansprüche auf Kompensationsleistungen durch die Zusatzklausel im Arbeitsvertrag verletzt werden. Vor Gericht gewinnen ausschließlich die verunfallten Arbeitnehmer den Rechtsprozess, auch wenn sie vorher diese Zusatzklausel freiwillig unterschrieben haben. Der Umgang mit der Zusatzklausel zeigt, dass die Menschenrechte und die Menschenwürde der Arbeitnehmer zunehmend respektiert, geschützt und geachtet werden. Viele Wissenschaftler und Verwaltungsträger sehen diesen Prozess als einen Prozess der Entwicklung der Rechtsstaatlichkeit in China. Und diese Entwicklung verdeutlicht, dass eine Entkopplung von dem Gesetz und der formalen Deklaration doch wieder durch ein nationales rechtliches Verfahren revidiert werden kann, und dass eine ursprüngliche Abweichung von den weltgesellschaftlichen Modellen sich doch durch die nationale Sozialgesetzgebung wieder in *Compliance* mit den weltkulturellen Normen wandeln kann.

In der chinesischen Entwicklungspraxis zeigt sich deutlich, dass die Entkopplung als weltgesellschaftliches Phänomen tatsächlich in verschiedenen Formen auftritt. In manchen Fällen stimmt ein fortschrittliches weltgesellschaftliches Wissenskonzept noch nicht mit der aktuellen Entwicklungsphase eines Landes überein oder das normative Wissen ist für die aktuelle Entwicklungsstufe noch zu wenig entwickelt (z.B. bei der Rehabilitation), oder es kommen gewisse Abweichungsformen von den weltgesellschaftlichen Konzepten zustande (z.B. die Herausforderung durch ein Kompensationsmodell mit einem einmaligen Pauschalbetrag und einen privaten Abschluss der Zusatzklausel durch Arbeitgeber und Arbeitnehmer). In der gesellschaftlichen Wirklichkeit tritt häufig das Problem auf, wie ein weltgesellschaftliches Wissen nicht in „deformierter" Form umgesetzt wird, auch wenn es vermeintlich problemlos auf der zentralstaatlichen Ebene (wie im chinesischen Fall) von der Wissensgemeinde übernommen wird.

8.7.5 Rechtliche Fortschritte trotz Entkopplung

Trotz diverser Formen der Entkopplung wird nicht die Position vertreten, dass die weltgesellschaftlichen Normen nur „idealistisch" und „unrealistisch" auftreten und keine realen Auswirkungen haben, oder die gesetzlichen Dokumente nur auf dem Papier bestehen. Diese Position vereinfacht einen komplexen Prozess zu sehr und unterschätzt gleichzeitig die weltgesellschaftliche Auswirkungskraft. Die chinesische Entwicklung zeichnet sich allerdings dadurch aus, dass die Entkopplung als Problem von den chinesischen Wissenschaftlern und Verwaltungsträgern selber wahrgenommen und konstruiert wird, obwohl diese Entkopplung in verschiedenen Variationen auftritt. Die chinesische Klientel (insbesondere die chinesischen Wanderarbeiter) versuchen zunehmend, in Anlehnung an das Gesetz ihr eigenes

Recht zu schützen. In Bezug auf das Problem der Entkopplung versuchen die chinesischen Wissenseliten ebenfalls, das Gesetz zu revidieren und neue Regelungen sowie Sanktionsmechanismen in die Arbeitsunfallversicherungsverordnung einzufügen, um die Erweiterung der Unfallversicherung zu fördern. Allein die kontinuierliche Ausdehnung der Versichertenkreise zeigt deutlich, dass sich das Gesetz tatsächlich auf die Implementierung auswirkt.

Trotz der Erscheinung der Entkopplung ist nicht zu übersehen, dass gleichzeitig eine Verkopplung stattfindet. Das bedeutet, dass sich das Gesetz auf die Implementierung der Unfallversicherung auswirkt. Nicht nur in einer versicherungstechnischen Hinsicht ist die kontinuierliche Erweiterung der Versichertenkreise und die Ausdehnung der Unfallversicherung auf mehr Unternehmen zu bemerken. Noch auffälliger ist, dass das Rechtsbewusstsein durch den Gesetzeserlass gepflegt und gefördert wird und sich immer mehr Bürger (insbesondere die verunfallten Arbeitnehmer) auf das Unfallversicherungsgesetz berufen, um ihre eigenen Rechte zu schützen. Zurzeit werden die Ideen der Rechtsstaatlichkeit und der Schutz der individuellen Rechte in den Medien und öffentlichen Diskussionen zunehmend propagiert. Die Ideendiffusion durch die öffentlichen Medien begünstigt maßgeblich den Wandel der Einstellung der Bürger in Bezug auf ein stärkeres Rechtsbewusstsein. Landesweit emergieren zahlreiche NGOs, Vereine und Bürgerinitiativen, die sich für den Schutz der Bürgerrechte einsetzten. Immer mehr Rechtsanwälte assoziieren sich und bilden Netzwerke, um sich ehrenamtlich für den Schutz der Rechte der Arbeitnehmer, Wanderarbeiter und sozial Schwachen einzusetzen.

Vor diesem Hintergrund ergeben sich immer mehr Rechtsstreite in China, in denen die verunfallten Arbeitnehmer sowie die Hinterbliebenen das Gesetz als „Waffe" des Rechtsschutzes einsetzen, um Klage einzureichen sowie ihre Rechtsansprüche auf Unfallversicherungsleistungen einzufordern. Der Rechtsstreit findet dann häufig zwischen den Arbeitnehmern und ihren Arbeitgebern statt. In manchen Fällen klagen die Bürger ebenfalls die lokalen Sozialbehörden an, um ihre Rechte zu sichern. In China blühen seit dem Beschluss der Arbeitsunfallversicherungsverordnung die Diskussionen über den Schutz der Rechte von verunfallten Arbeitnehmern, indem zahlreiche Broschüren und Literatur zu Rechtsstreitigkeiten im Zusammenhang mit der Unfallversicherung publiziert werden, um die Arbeitnehmer weiterzubilden. Bei den Untersuchungen vor Ort in China war festzustellen, dass in mehreren Buchhandlungen dutzende Publikationen zum Arbeitsschutz und zur Arbeitsunfallversicherung für Arbeitnehmer und Wanderarbeiter in den Bücherregalen stehen. Auch in den Medien (in den Fernsehprogrammen und in den Zeitschriften wie „Labour Daily“ und „Labour Protection“) werden einzelne Rechtsstreite Schritt für Schritt verfolgt, so dass durch diese Medienberichterstattung das Rechtsbewusstsein der Arbeitnehmer, der Leistungsberechtigten, der Arbeitgeber und der lokalen Verwaltungsbeamten verstärkt wird. Auch die Juristen sind der Ansicht, dass die Arbeitnehmer durch diese Broschüren besser über ihre Rechte informiert sind und ihre Rechte daher besser schützen können (Cai 2004; Sun 2007).

8.8 Zwischenfazit

Das chinesische Unfallversicherungssystem hat sich in den letzten 60 Jahren stark gewandelt. In der kommunistischen Zeit entstand ein kommunistisches Arbeitsschutzsystem, in dem alle Arbeitnehmer der Staatsbetriebe gegen Arbeitsunfälle versichert waren. Mit der Auflösung der kommunistischen Zentralverwaltungswirtschaft brach das alte kommunistische Unfallschutzsystem zusammen, während gleichzeitig trotzdem keine entsprechende moderne Institution gegen die Arbeitsunfallrisiken eingerichtet wurde. In der Anfangsphase der Reform (1978–1995) kippte das relativ solidarische kommunistische System in eine unregulierte freiwillige Arbeitgeber-Haftung mit einer Arbeitnehmerbeweislast um, wie sie auch im europäischen Frühkapitalismus auftraten.

In der mittleren Reformphase (1996–2003) hat China bereits seine Kontakte mit den weltgesellschaftlichen Akteuren intensiviert, und der Wissenstransfer erfolgt in Form der Recherche nach internationalen Konventionen durch die chinesische Wissensgemeinschaft und des Auftritts chinesischer Verwaltungsträger in den internationalen Kommunikationsfeldern. Der Wissenstransfer wirkte sich tatsächlich dahingehend aus, dass mit sozialversicherungsartigen Unfallschutzsystemen auf lokaler Ebene experimentiert wurde. In dieser Phase vollzog sich ein Übergang von der Arbeitnehmer-Beweislast zum Prinzip der verschuldensunabhängigen Absicherung/Haftung.

In der jüngsten Reformphase (2004–2014) ist die Entwicklung der chinesischen Unfallversicherung durch intensive Kontakte zwischen chinesischen und weltgesellschaftlichen Akteuren (ISSA, EU, ILO und Deutschland) gekennzeichnet. Entsprechend ist in dem 2004 verabschiedeten Gesetz vorgesehen, eine sozialversicherungsartige Arbeitsunfallversicherung aufzubauen, welche drei Kernfunktionen (Arbeitsschutz, Kompensation und Rehabilitation) umfasst.

Schaubild VII: Die verschiedenen Entwicklungsphasen der chinesischen Unfallversicherung unter dem Einfluss der Wissensdiffusion

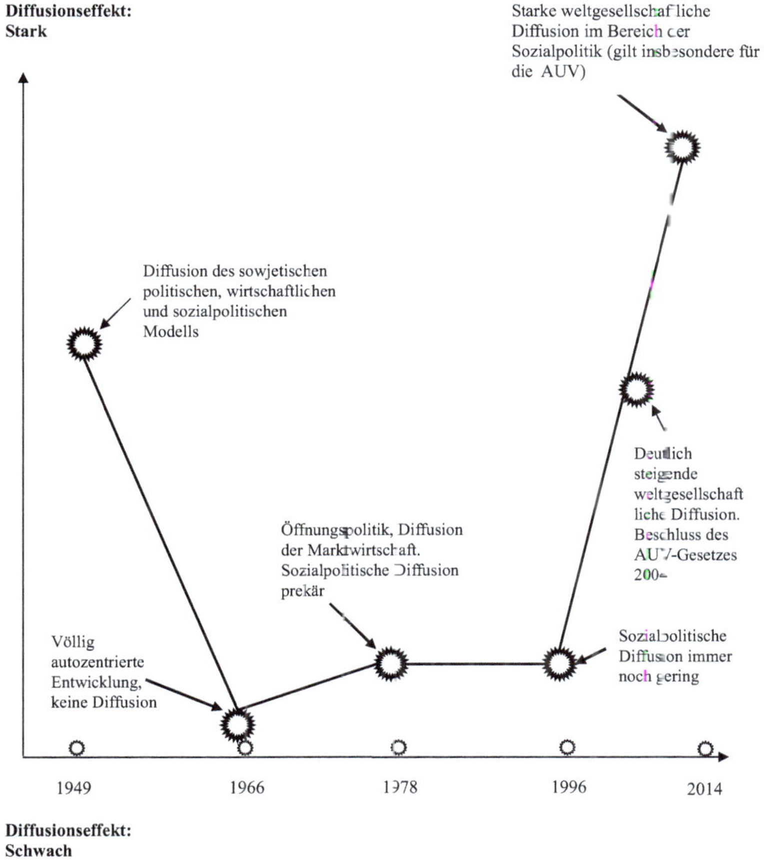

Eigene Darstellung

Die Abfolge des Systemwandels (s. Schaubild VII oben) veranschaulicht, dass sich die chinesische Unfallversicherung Schritt für Schritt an das weltgesellschaftliche Modell annäherte. Selbst in der maoistischen Zeit, in der China eine autozentrierte Entwicklung vollzogen hat, war das chinesische Arbeitsunfallversicherungssystem ebenfalls von der Wissensdiffusion beeinflusst, wobei China das sowjetische Arbeitsschutzsystem übernommen hatte. In der Phase der Kulturrevolution vollzog China eine völlig autozentrierte Entwicklung. Das bevölkerungsreichste Land der Erde schottete sich in jener Zeit von der Außenwelt vollständig ab. In der anfänglichen Reformphase lernte China zwar massiv vom Modell der Marktwirtschaft, der modernen Betriebsverwaltung und der rationalen Betriebsführung aus westlichen Nationen. Gleichzeitig blieb die sozialpolitische Entwicklung Chinas aber relativ unbeeinflusst von außen, während sich die chinesische Unfallversicherung in der Phase seit 1996 unter weltgesellschaftlicher Auswirkung an einem standardisierten weltgesellschaftlichen Modell orientiert. Hinsichtlich der Diffusionswirkung auf die AUV zeichnet sich also eine quasi U-förmige Entwicklung ab (s. Schaubild VII oben), wobei am Anfang der Gründung der Volksrepublik China der Wissenstransfer zwischen Sowjetunion und China stattfand. Später isolierte sich die Volksrepublik sowohl vom westlichen als auch vom östlichen Block, eine Wissensdiffusion fand praktisch nicht mehr statt. Seit Beginn der Reform- und Öffnungspolitik vollzog sich zunächst die Übernahme des westlichen rationalisierten Wirtschaftsmodells. Eine sozialpolitische Wissensdiffusion war am Anfang der Reformphase kaum zu beobachten. Seit dem Ende des kalten Krieges und mit der Erweiterung der Öffnungspolitik schließen sich die chinesischen Eliten ebenfalls an das sozialpolitische Modell der Weltgesellschaft an. Insbesondere im Bereich der AUV hat sich ein intensiver Wissenstransfer zwischen der Weltgesellschaft und China vollzogen. Der chinesische graduelle Öffnungs- und Lernprozess lässt sich deutlich von der V-förmigen Entwicklung in den osteuropäischen Transformationsländern unterscheiden. In diesen Ländern wandelte sich die Gesellschaft in einem erstaunlich schnellen Tempo. Statt einer sukzessiven Wissensdiffusion fand gleichsam eine „radikale Schock-Therapie“ statt.

Vergleicht man die Alterssicherung (primär in den urbanen Gebieten) und Unfallversicherung in den letzten zwei Jahrzehnten in China, so werden unterschiedliche institutionelle Entwicklungen deutlich. Zwar wurde in beiden Fällen angestrebt, ein Drei-Säulen- bzw. Drei-Sektoren-Versicherungsmodell aufzubauen, aber das Kriterium zur Differenzierung der verschiedenen Säulen/Sektoren ist unterschiedlicher Art: Während die Alterssicherung anhand des Finanzierungsverfahrens (Umlage- oder Kapitaldeckungsverfahren) in mehrere Säulen wie Sozialrente, kapitalgedeckte Rente und private Rente differenziert wird, wird die Unfallversicherung bei gleichem Finanzierungsverfahren (umlagefinanzierte Sozialrente) nach dem Leistungskatalog in Arbeitsschutz, Kompensation und Rehabilitation typologisiert. Im Bereich der Unfallversicherung besteht keine ergänzende kapitalgedeckte Säule wie bei der Alterssicherung (vgl. Schaubild VIII unten).

Die drei Säulen bei der Altersicherung und die drei Sektoren bei der Unfallversicherung finden jeweils eine eigene weltgesellschaftliche Entsprechung in dem explizit formulierten Modell der Weltbank und in dem indirekt induzierten Modell der ILO und der ISSA. Während die Rentenreform in den städtischen Gebieten Chinas durch den kontinuierlichen ideellen Wandel und Policy-Wandel geprägt ist (Liu 2005), entwickelt sich die chinesische Unfallversicherung mit einer relativen institutionellen Kontinuität in eine gewünschte Zielrichtung, die in der Unfallversicherungsverordnung kodifiziert wurde. Darin heißt es, dass eine sozialversicherungsartige Unfallversicherung mit synergetischer Kombination der drei Kerninstitutionen angestrebt wird. Im Vergleich zur Reform der Alterssicherung wird die Entwicklung der chinesischen Unfallversicherung noch viel stärker vom weltgesellschaftlichen Wissen geprägt, weil die chinesische Wissensgemeinschaft die unfallversicherungsinterne Prävention und Rehabilitation von der Weltgesellschaft ins nationale Feld eingeführt hat. Während bei der Alterssicherung immer noch eigenständige nationale Systemelemente hinzugefügt werden, wie beispielsweise die Kombination des Sozialkontos und der Individualkonten, werden im Bereich der Arbeitsunfallversicherung primär weltgesellschaftliche Normen, *rationalized models* und Konsenswissen direkt übernommen.

Schaubild VIII: Vergleich der Drei-Säulen- bzw. Drei-Sektoren-Modelle der Rentenversicherung und der Unfallversicherung in China

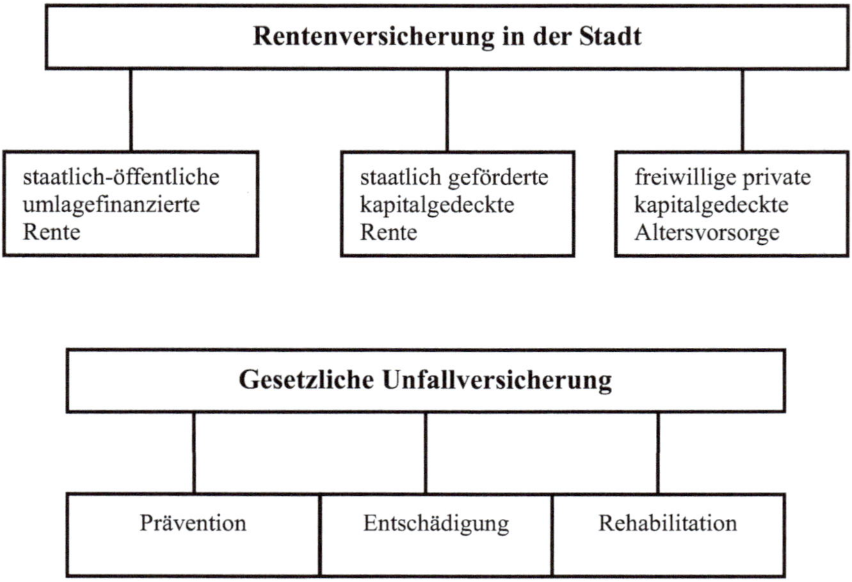

Eigene Darstellung

Die Entwicklung der Arbeitsunfallversicherung in China profitiert massiv von einem emergenten globalen Strukturmuster, das einheitliche und homogene Diskurse und Deutungen produziert. Aus diesem Grund erlebte die chinesische Unfallversicherung nach ihrer Einführung im Jahr 2004 keinen Systemwandel und keine Systemtransformation wie die Alterssicherung, die auf Dauer durch konkurrierende Diskurse und Deutungen geformt ist und deswegen einen zickzackartigen Reformverlauf vollzogen hat (Liu, 2005). Verschiedene Deutungsgemeinschaften (Neoliberale und Neulinke) sowie unterschiedliche Staatsministerien (Finanzministerium und Arbeitsministerium) verweisen hinsichtlich der Rentenreform in der Stadt auf verschiedene Ressourcen, um das eigene Einflusspotential und die eigene Macht zu erweitern (ebd.).

Das chinesische Rentenversicherungssystem für die städtische Bevölkerung beruht ebenfalls auf einem Drei-Säulen-Modell, das eine staatlich umlagefinanzierte Rentensäule, eine staatlich geförderte kapitalgedeckte

Rentensäule und eine freiwillige private Altersvorsorge einschließt. In den letzten zwei Jahrzehnten wurde beständig debattiert und erörtert, ob der ersten oder der zweiten Säule mehr Gewicht eingeräumt werden soll. Der Wandel der Gewichtung verschiedener Säulen repräsentiert den ideologischen Kampf zwischen Finanz- und Arbeitsressort sowie zwischen der Weltbank und der ILO (Liu 2005).

Dank der weltgesellschaftlichen Homogenität im Hinblick auf das Modell, die Normen und die versicherungsbedingten Ideen hat sich eine zielkonsistente Entwicklung in der chinesischen Unfallversicherung vollzogen. Die Unfallversicherungsabteilung des Arbeitsministeriums ist und bleibt die zentrale öffentlich-rechtliche Einrichtung für die Arbeitsunfallversicherung, deren Einflussbereich nicht wesentlich vom Wirtschafts- und Finanzministerium in Frage gestellt wird. Da die Unfallversicherung kein von verschiedenen Interessen und Deutungen umkämpftes Feld ist, wird der Aufbau einer modernen sozialversicherungsartigen Unfallversicherung erheblich begünstigt.

Tabelle VI: Die Verbindung der chinesischen Arbeitsunfallversicherung mit der Weltgesellschaft

	Weltgesellschaftliche Normen und Prinzipien	**Senderakteure**
Normen	Diskurse der Menschenrechte und der Arbeitnehmerrechte; Individualisierung des einklagbaren Sozialrechts, Universalismus	ILO (Sozialpakt der UNO)
Modell (Idealtyp)	Arbeitsschutz – Kompensation – Genesung als zentrale Institutionen	ILO, ISSA und EU
Operatives Modell	Alles (Prävention, Entschädigung und Rehabilitation) aus einer Hand; Prävention vor Rehabilitation, Rehabilitation vor Entschädigung	Deutschland
Policy-Prinzipien/ rationalized social models	(1) Prinzip verschuldensunabhängiger Haftung/Absicherung (2) Arbeitgeber-Beitragspflicht (3) Schutzbereiche: Arbeitsunfälle, Wegeunfälle und Berufskrankheiten (4) Differenzierte Beitragsätze	ISSA, ILO und Deutschland

Eigene Darstellung

In Tabelle VI oben wird die Wissensdiffusion bei der Übertragung von Normen, des Idealtypus, des operationalen Modells und der *Policies* typologisiert. Auf der normativen Ebene lässt sich beobachten, dass die weltgesellschaftlichen Normen in Bezug auf die Arbeitsunfallversicherung nach China transferiert werden, indem die Arbeitsunfallversicherung überraschend einstimmig von der chinesischen Wissensgemeinde als Menschenrechte und Arbeitnehmerrechte wahrgenommen werden. Dieser Normentransfer wird eher von der ILO bestimmt, während der Sozialpakt der UNO nur eine randständige Rolle spielt. Der Transfer des Idealtypus, der in mehreren Übereinkommen, Deklarationen und organisationsinternen Dokumenten zum Ausdruck gebracht wird, erfolgt allerdings stark durch die wissenschaftlich-rationalisierte Konstruktion durch ILO, ISSA und EU. Der Idealtyp prägt die chinesische nationale Diskussion nachhaltig und führt zur unmittelbaren Einführung dieses Idealtypus in die soziale Gesetzgebung in China. Darüber hinaus besteht ein operationales Modell, das sich an den Idealtyp anlehnt aber durch Praxiswissen angereichert ist. Das Kooperationsprojekt zwischen China und Deutschland führt zu einer direkten Wissensübertragung zwischen beiden Ländern, die aber nur unter einer weltgesellschaftlichen Perspektive nachzuvollziehen ist. Dabei fungiert das deutsche Modell gleichzeitig als ein nationales und „globales" Modell. Auf der Ebene der *Policies* lernen die chinesischen Eliten umfassend von der Weltgesellschaft, wobei nicht nur ILO und ISSA, sondern mit der DGUV auch ein nationaler Akteur eine wichtige unterstützende Rolle spielen.

Durch empirische Forschungen im Feld werden die Erscheinungen der Entkopplung erfasst. Häufig findet eine voreilige Entwicklung im chinesischen Kontext statt, weil sich die weltgesellschaftlichen Wissensbestände den lokalen Handlungserfordernissen nicht völlig anpassen und deswegen leicht unrealistisch erscheinen (Leisering 2006: 289). Gewisse weltgesellschaftliche Normen und Institutionen wie die unfallversicherungsinterne Rehabilitation werden von zentralstaatlichen Eliten übernommen, aber ihre Sinnrelevanz wird in der örtlichen Implementierung von subnationalen und lokalen Akteuren nicht vollständig internalisiert. Auch das Bewusstsein des Klientels stellt bisweilen ein Hemmnis für die Umsetzung dar. Von vielen verunfallten Arbeitnehmern ist die Rehabilitation nicht gewünscht, weil sie die Einbüße des Lohnersatzeinkommens fürchten, der nach der gesundheitlichen und beruflichen Rehabilitation eintritt. Nichtsdestoweniger konnte gezeigt werden, dass dieser Ansatz einer „Entkopplung“ im chinesischen Kontext dennoch zu simpel ist. Hingegen wird mit dem Konzept der „graduellen Verkopplung“ die Behauptung aufgestellt, dass sich der Versichertenkreis durch die Wissensdiffusion und den Beschluss des Gesetzes inkremental erweitert hat.

Eine andere deutliche Tendenz besteht darin, dass sich die chinesische Unfallversicherung von der sozialistischen Parteiideologie abkehrt und dann in eine rechtsbasierte Wohlfahrtsinstitution entwickelt, weil der Leistungsanspruch von den Austauschverhältnissen, partikularistischen Normen und der kommunistischen Ideologie entkoppelt ist. Hingegen wird dieses System durch ein affektneutrales, anonymes und wertneutrales Gesetz vorbestimmt und strukturiert, und die Aufgabe der Verwaltung wird von fachspezialisierten ministerialen Beamten nach dem Rationalitätsprinzip übernommen. Die Arbeitnehmer werden mit universalistischen Rechten ausgestattet und erhalten nun einen Anspruch auf Unfallschutz aufgrund ihres Bürgerstatus. Die Ausführungsorgane für die AUV sollen nun nach unpersönlichen und institutionellen Regeln entscheiden, unabhängig von persönlichen Neigungen der zuständigen lokalen Beamten, nur gebunden an die affektneutrale Rechtsordnung.

Kapitel 9 Resümee und Fazit

9.1 Erklärungsmodell für die Entwicklung der Arbeitsunfallversicherung in China

Aufgrund der empirischen Forschung in unterschiedlichen (nationalen, internationalen, kommunikativen und interaktiven) Forschungsfeldern kommt diese Forschungsarbeit zu dem Ergebnis, dass endogene und exogene Faktoren zwar synergetisch zur Erklärung der Entwicklung der AUV in China beitragen, die Erklärungskraft des endogenen Ansatzes gegenüber dem exogenen Ansatz allerdings begrenzt bleibt. In der Phase der raschen Industrialisierung stieg die Arbeitsunfallquote in China mit zweistelligen Zuwachsraten. Die Wachstumsraten der tödlichen Arbeitsunfälle in Zechen und Kohlengruben lagen sogar über der Wirtschaftswachstumsrate. Der Staatsapparat war dem zunehmenden Druck durch Familienangehörige der Unfallopfer ausgesetzt, und lokale Unruhen nach ernsthaften Unfallereignissen gefährdeten die soziale Stabilität. Mit der steigenden Transparenz der Berichterstattung in den Medien und im Internet wurde die staatliche Verwaltung häufig wegen der steigenden Anzahl der Arbeitsunfälle angeprangert. Für diese internen, sich zuspitzenden Probleme sucht die chinesische Regierung umgehend nach Lösungsansätzen jenseits nationaler Grenzen.

Hier ist die Stärke der Diffusionstheorie, und insbesondere der „world-polity“ Theorie zu sehen. Es wird zwar ein internes soziales Problem von den nationalen Eliten konstruiert, aber wie der Staat handelt, ist nicht einfach linear abzuleiten. Der Staat kann die Nachrichten über Arbeitsunfälle vertuschen und jegliche Information über steigende Unfallzahlen dementieren. Der Staat kann ebenfalls den Aufruhr innerhalb der Arbeiterschaft mit repressiven Maßnahmen unterdrücken, oder der Staat kann die eigene Verantwortung einfach auf die Arbeitgeber abschieben, genauso wie es viele westliche Nationen in der Vorindustrialisierungsphase getan haben. Was in der chinesischen Entwicklung zu beobachten ist, verdeutlicht, dass sich in China ein rascher Wandel im Bereich der AUV vollzogen hat, indem das System der chinesischen AUV schnell an die Normen, den Idealtyp und das Konsenswissen der AUV auf der globalen institutionellen Ebene angeglichen wurde. Das erlassene Gesetz – die AUVVO 2004 – erkennt die Einräumung der definierten Individualrechte der Arbeitnehmer auf eine AUV an, und es schreibt vor, dass ein Drei-Sektoren-Modell mit den Sektoren Prävention, Kompensation und Rehabilitation institutionalisiert werden soll. Darüber hinaus knüpft das chinesische System in Bezug auf das Prinzip der verschuldensunabhängigen Absicherung/Haftung, die Arbeitgeber-Beitragspflicht, die Mechanismen der variablen Beitragssätze und die Differenzierung der Gefahrenklassen an das weltgesellschaftliche Wissen an. Bestimmte globale, supranationale und nationale (aber global agierende) Akteure wie die ILO, ISSA, EU und DGUV spielen eine unabdingbar wichtige Rolle für den Wissenstransfer und den Wandel in China.

Das Kausalmodell ist wie folgt begründet: Die chinesischen Eliten werden ursprünglich von den internen Problemen getrieben, ein praktisches Lösungsmodell aus der Weltgesellschaft zu suchen. Aber sobald das Land den Kontakt mit den weltgesellschaftlichen Akteuren aufgebaut hat, läuft die chinesisch-weltgesellschaftliche Interaktion eigendynamisch ab. Die globale Wissensdiffusion verkörpert nicht lediglich ein instrumentelles Mittel der Übertragung des Wissens von einem sozialen Ort an einen anderen, häufig ist die Wissensdiffusion selber einem unabhängigen und eigendynamischen Prozess unterworfen. Im Laufe dieses Prozesses wird die Identität der nationalen wissenschaftlichen und politischen Akteure von einem emergenten Globalstrukturmuster konstruiert, das eine Invarianz gegen die nationalen und lokalen Disparitäten behält. Durch die interne Kommunikation zwischen politischen und institutionellen Akteuren (also den ministerialen Fachbeamten und den Wissenschaftlern) werden die weltgesellschaftlichen Normen, die *rationalized models* sowie das Konsenswissen aus der Weltgesellschaft ins Inland eingeführt. Aus diesem Grund wird die These vertreten, dass sich ein internes Problemlösungsmodell im Lauf des eigendynamischen Wissenstransfers rasch in einen von außen bestimmten Entwicklungsprozess wandelt. Das Ergebnis expliziert darüber hinaus, dass nationale variierende Elemente ausgeklammert werden und ein globaler invarianter Normen-Modell-Policies-Komplex in den nationalen Kontext eingeführt wird. Die innovative Gestaltung des chinesischen Arbeitsunfallversicherungssystems, in dem Prävention und Rehabilitation als integrale Teile eines rationalen Unfallversicherungssystems gefördert werden, ist eindeutig *nicht* endogen, sondern exogen induziert.

An dieser Stelle sind die endogenen Kausalmodelle nicht aussagekräftig für die Entwicklung der AUV in China. Der sozioökonomische Ansatz sieht die Sozialpolitik lediglich als eine Antwort auf Folgeprobleme der Industrialisierung, aber er kann nicht erklären, warum die AUVVO 2004 erlassen wurde, nicht aber im Jahr 1991, d.h. in jener Zeit, in der sich Arbeitsunfälle noch weitaus häufiger ereigneten. Der konflikttheoretische Ansatz, der die Funktion der Gewerkschaften, der Parteien und der Demokratisierung für die sozialpolitische Expansion postuliert, versagt im chinesischen Fall, weil China formal noch keine Demokratie ist, und weil demokratische Vermittlungsinstitutionen wie z.B. Gewerkschaften immer noch fehlen. Der kulturalistische Ansatz kann ebenfalls keine befriedigende Erklärung bereitstellen, weil sowohl aus dem Konfuzianismus als auch aus dem Sinokommunismus kein definiertes Individualrecht deduziert werden kann. Im Gegensatz dazu ist der Ansatz der globalen Wissensdiffusion aussagekräftig und in der Lage, zu erläutern, weswegen sich ein vormodernes System innerhalb eines Jahrzehntes rasch an einen weltgesellschaftlichen Idealtyp anpasst. Die These, dass die große Macht dem weltgesellschaftlichen Wissen weicht, wird hier zumindest relativiert, weil ein Land wie China sich ebenfalls zunehmend an weltgesellschaftliche Normen angleicht. Die Entwicklung der AUV zeigt deutlich, dass ein wichtiges sozialpolitisches Feld – die Arbeitsunfallversicherung in China – ebenfalls in eine globale institutionelle Struktur eingebettet ist.

9.2 Analyseergebnisse zur Theorie des Wohlfahrtsstaates

Anhand der empirischen Ergebnisse wird hier die Theorie des Wohlfahrtsstaates reflektiert. Wie bereits im theoretischen Teil dargelegt, ist die moderne Wohlfahrtsstaatlichkeit durch zentrale institutionelle Merkmale wie die Wohlfahrtsverantwortung durch den Staat, die Festschreibung der subjektiven sozialen Rechte, die Emergenz eines Sozialsektors und die Konstruktion sozialer Fragen gekennzeichnet. In Rückkopplung an die wohlfahrtsstaatliche Theorie werden die empirischen Befunde nochmals erläutert:

Da im Jahr 2003 in China der Schutz der Menschenrechte und der Aufbau eines umfassenden Sozialsicherheitssystem in die revidierte

Verfassung aufgenommen wurden, beinhalten diese neuen verfassungsrechtlichen institutionellen Ideen bereits eine staatliche Verantwortung für die Wohlfahrt der Bürger, die im Großen und Ganzen mit der „Wohlfahrtsverantwortung" der Theorie des Wohlfahrtsstaates übereinstimmen. Die 2004 erlassene Arbeitsunfallversicherungsverordnung (AUVVO) schreibt die rechtlichen Prinzipien vor, nämlich dass die Arbeitnehmer gegen die Arbeitgeber sowie die zuständige Behörde für die AUV rechtlich vorgehen können und dürfen, indem ein Verwaltungswiderspruch eingelegt oder ein verwaltungsgerichtlicher Prozess eingeleitet wird, falls ihre Rechtsansprüche von den zuständigen Organen rechtswidrig verweigert und verletzt werden. Diese Einräumung definierter individueller sozialer Rechte im Gesetz veranschaulicht, dass die sozialen Rechte durch Rechtsinstitutionen in realer Implementierung geachtet, geschützt und gefördert werden. Das Rechtsbewusstsein von Leistungsberechtigten und Normadressaten, die eigentlich juristische Laien sind und über geringe Rechtskenntnisse verfügen, wird durch das Gesetz gestärkt. Das zeigt sich daran, dass immer mehr verunfallte Arbeitnehmer Klage einreichen, um ihre Rechte einzufordern. Einige Nichtregierungsorganisationen sowie die Rechtsanwaltsverbände stellen rechtliche Beratung und Hilfe für Wanderarbeiter bereit, um die Rechte der sozial Schwachen zu schützen. Im Anschluss an die Systemtheorie wird ebenfalls bestätigt, dass die verunfallten Arbeitnehmer durch die sozialrechtlichen Schutzinstitutionen in die Gesellschaft inkludiert werden.

Durch eine staatlich-rechtliche Regulierung in Form einer doppelten Führung durch die Arbeitsunfallversicherungsabteilung des MOHRSS und das Staatliche Amt für Arbeitssicherheit wird die Arbeitsunfallversicherung als Bestandteil eines sich entwickelnden Sozialsektors erkennbar, der eine eigene Professionalität und Eigenständigkeit entwickelt hat. Die AUV verselbständigt sich als ein eigendynamisches Subsystem, das nach Eigenlogik und Eigenkomplexität funktioniert. Allerdings unterscheidet sich der chinesische Sozialsektor vom deutschen Sozialsektor, weil die historische Entwicklung des Verhältnisses zwischen Staat und Gesellschaft in China anders als in Deutschland verlief. In China agiert der Staat stark im Sozialsektor und fungiert häufig als ein direkter Anbieter der Wohlfahrtsleistungen, während in Deutschland die Sozialpolitik häufig durch die Körperschaften des öffentlichen Rechts (intermediäre

Instanzen) ausgeführt wird und der Staat meist nur die Verantwortung für die Gründung, Finanzierung und Regulierung der sozialpolitischen Dienstleistungssysteme übernimmt. Letztendlich werden die sozialen Fragen in Bezug auf Arbeitsunfälle von den chinesischen Wissenseliten dahingehend konstruiert, dass durch den mangelnden Arbeitsschutz die gefährdeten Arbeitnehmer menschenunwürdigen Lebensverhältnissen ausgesetzt sind. Die staatlich-rechtliche Intervention zur Übernahme einer Schutz- und Sicherheitsfunktion sei unabdingbar, um dem Problem der Arbeitsunfälle gerecht zu werden. Die Wissenseliten konstruieren außerdem ein soziales Problem darin, dass die Arbeitsunfallversicherung diejenigen Arbeitnehmer, die eine Beschäftigung mit einem hohen Unfallpotential ausführen, vor Unfällen und einer frühzeitigen Arbeitsunfähigkeit schützt und auch einen sicheren Lebenshorizont für die gefährdeten Arbeitnehmer und ihre Angehörigen bereitstellt.

In Rückkopplung an die Theorie von Weber und Parsons kommt dieses Projekt zu dem Ergebnis, dass mit dem Beschluss der Arbeitsunfallversicherungsverordnung (AUVVO) sowie mit der Einrichtung einer eigenständigen Instanz für die Unfallversicherung (Unfallversicherungsabteilung des MOHRSS) ein rationalisiertes rechtsbasiertes Wohlfahrtssystem errichtet wird, das durch affektive Neutralität, Universalismus und Anonymität zwischen den Leistungsanbietern und Leistungsempfängern gekennzeichnet ist. Dieses Wohlfahrtssystem, das das subjektive Sozialrecht stark fördert und die Rechte der individuellen Arbeitnehmer verstärkt, unterscheidet sich elementar von den vormodernen patrimonialen und patriarchalischen staatlichen Wohlfahrtsbemühungen sowie von der kommunistischen Ideologie, die eher auf Austauschverhältnissen, Loyalität, Förderung des Klassenbewusstseins und willkürlicher Befehlsgewalt der Administration beruht. Aus diesem Grund symbolisiert der Aufbau eines rechtsbasierten Unfallversicherungssystems einen wichtigen Meilenstein Chinas auf dem Weg zum modernen Wohlfahrtsstaat. Im Gegensatz zu der Alterssicherung und Krankenversicherung, in denen noch kein juristisches Dokument mit rechtlicher Wirkungskraft vorliegt, weshalb sie nur durch administrative Entscheidungen zu regulieren sind, repräsentiert die AUV die Prinzipien der Rechtstaatlichkeit und des Individualismus. Damit ist die AUV der Willkür der administrativen Macht entzogen, während die Übersichtlichkeit der Erwartungsstruktur verstärkt wird.

9.3 Eine Erweiterung des *global social policy* Ansatzes

Zur These der Globalisierung der Sozialpolitik wird hier die Auffassung vertreten, dass durch den intersektoralen Vergleich zwischen Renten- und Arbeitsunfallversicherung eine ungleichzeitige Globalisierung der sozialpolitischen Felder festzustellen ist. Diese Ungleichzeitigkeit ist dadurch erklärbar, dass sich die Akteure-, Interessen- und Machtkonstellationen in beiden Politikfeldern unterscheiden und zwei verschiedene globale Strukturmuster mit unterschiedlicher Eigendynamik und Eigenkomplexität emergiert sind. Statt pauschal eine Globalisierung der Sozialpolitik zu behaupten, muss man mehr Aufmerksamkeit darauf lenken, wie sich unterschiedliche Politikfelder der Sozialpolitik wie Alterssicherung, Krankenversicherung und Arbeitsunfallversicherung globalisiert haben.

In der Alterssicherung hängt das globale Modell der Weltbank eng mit einem nationalen Modell zusammen, nämlich dem Chile-Modell. Die Genese des Chile-Modells ist selbst durch einen Nord-Süd-Wissenstransfer zwischen US-amerikanischen und chilenischen neoliberalen Wissenschaftlern geprägt. So wird ein globales Modell von einem nationalen Modell (Chile) stark beeinflusst und davon ein Mehr-Säulen-Modell konstruiert. Im Bereich der Arbeitsunfallversicherung ist ebenfalls eine enge Verbindung zwischen einem nationalen Modell und internationalen Modellen zu beobachten, nämlich zwischen dem Modell der deutschen Unfallversicherung und dem globalen Modell, das durch zahlreiche fragmentierte Dokumente der internationalen Körperschaften indirekt induziert wird. Wodurch wird ein nationales Modell zu einem „globalen"? Insgesamt lässt sich beobachten, dass deutsche Experten sehr stark in den internationalen Organisationen vertreten sind. So ist beispielsweise der Geschäftsführer der DGUV, Joachim Breuer, gleichzeitig der Vorsitzende des technischen Fachausschusses für die Versicherung gegen Arbeitsunfälle und Berufskrankheiten der ISSA. In der ILO sind die deutschen Arbeitsschutz-Experten ebenfalls stark vertreten. Aufgrund der Pionierrolle Deutschlands, welches als historisch erstes Land das System der AUV eingeführt hat, beeinflusst die deutsche Unfallversicherungsreform sowie jegliche Diskussion zur Reform die organisationsinterne Diskussion in den internationalen Institutionen. Aus diesen Gründen hat die deutsche

Unfallversicherung bereits einen „globalen“ Charakter erlangt, obwohl sie semantisch nicht so bezeichnet wird.

Anders als im Bereich der globalen Alterssicherung agieren die globalen Finanzinstitutionen wie die Weltbank und der IMF wenig im Bereich der Unfallversicherung. Sie zeigen wenig Interesse daran und greifen kaum ein. Der Grund für diese Passivität liegt darin, dass die AUV im Vergleich zu anderen Versicherungsfeldern nur ein kleines Feld ist, das einen relativ unbedeutenden Markt für die globalen Finanzinstitutionen darstellt. Die AUV verfügt nur über ein geringes Potential zur Förderung des Kapitalmarkts eines Landes. Das ist vermutlich ein wichtiger Grund, warum die AUV in den Aufgabenhorizonten der globalen Finanzinstitutionen weitgehend marginalisiert wird. Daher spielen die internationalen und supranationalen Akteure wie die ILO, die ISSA und die EU eine entscheidende Rolle bei der Gestaltung des globalen Diskurses für die Arbeitsunfallversicherung. Da sich die Hauptsitze der ILO, ISSA und EU in europäischen Ländern befinden und zwischen diesen Organisationen und den kontinentaleuropäischen Ländern enge Kontakte bestehen, hat die globale Unfallversicherung einen stark *westeuropäischen* Charakter. Daher ergibt sich, dass *die globale Unfallversicherung*, anders als die globale Altersicherung, *ein sehr „europäisiertes“ Feld darstellt, das stark durch die Modelle von Deutschland, Österreich und anderen kontinentaleuropäischen Ländern, aber nur sehr wenig durch die angelsächsische liberale Kultur geprägt ist.* Das zeigt sich auch daran, dass *im Bereich der Unfallversicherung mehr deutschsprachige als englischsprachige Literatur existiert. Ein nationales Modell – das deutsche – trägt maßgeblich zur Herausbildung eines ILO-ISSA Idealtyps bei.* Im Bereich der Unfallversicherung gilt der Washington-Konsens nicht als universelles Referenzmodell. Der Washington-Konsens plädierte für die Liberalisierung und Privatisierung als universelles Mittel gegen alle Probleme wie niedrige Produktivität, geringe Effizienz oder Korruption. Hinsichtlich der Arbeitsunfallversicherung besteht im Gegensatz zum Washington-Konsens faktisch ein „Genf-Sankt-Augustin-Brüssel Bündnis“, das durch die intereuropäische Kommunikation zwischen DGUV, EU, ILO und ISSA gekennzeichnet ist.

In der Alterssicherung beruhte das Weltbank-Modell auf dem Chile-Modell. Die Weltbank hat auf dieser Basis ein eigenständiges operationales

Drei-Säulen-Modell aufgestellt, das gegenüber dem chilenischen Ein-Säulen-Modell mehr Neutralität aufweist. Wegen der Wahrung der Neutralität der internationalen Organisationen wird im Bereich der Unfallversicherung das deutsche Modell außerdem nicht unmittelbar als globales Modell bezeichnet, aber sein Einfluss auf die Emergenz eines weltgesellschaftlichen Konsensmodells ist unübersehbar. *Das deutsche Modell stimmt in einigen entscheidenden Punkten mit dem globalen Modell überein, wie z.B. in Hinblick auf das Sozialversicherungsprinzip, das Multi-Sektoren-Prinzip sowie das Prinzip verschuldensunabhängiger Haftung/Absicherung.* Darüber hinaus bietet das deutsche Modell noch weitere operationale und praktische Erfahrungen, die unter dem Prinzip „Alles aus einer Hand" subsumiert werden, indem der Arbeitsschutz, die Kompensation und die Rehabilitation von einem Organisationsträger übernommen werden. *In diesem Fall hat das deutsche Modell eine noch höhere Relevanz für die globale Unfallversicherung als das Chile-Modell für die globale Alterssicherung. In der Unfallversicherung beziehen sich andere Nationalstaaten häufig unmittelbar auf das deutsche Modell, während im Bereich der Alterssicherung eher das Weltbank-Modell eine weltgesellschaftliche Bedeutung hat. Nur selten versuchen Länder, das Chile-Modell direkt zu replizieren.*

Nicht nur die globalen Finanzinstitutionen, sondern auch die amerikanisch-europäischen Versicherungsunternehmen greifen kaum in die globale Unfallversicherung ein, daher ist eine Emergenz eines globalen Arbeitsunfallversicherungsmarktes sehr unwahrscheinlich. Der Grund für die geringe Thematisierung der Privatisierung und des Aufbaus einer kapitalgedeckten Unfallversicherung liegt darin, dass die Unfallversicherung im Vergleich zur Alterssicherung und Gesundheitsvorsorge nur einen relativ kleinen potentiellen Versicherungsmarkt darstellt. Zum Zweiten wird die Arbeitsunfallversicherung nicht als ein Problem konstruiert (wie die Alterssicherung durch den demographischen Wandel und die Auszahlungskrise herausgefordert wird), im Gegenteil funktioniert das Arbeitsunfallversicherungssystem relativ stabil, indem die Arbeitsunfallquote und der Beitragssatz in langfristiger Perspektive kontinuierlich gesunken ist (wie im deutschen Fall).

Obwohl eine private Unfallversicherung in einigen Ländern (z.B. in den USA, Australien, Kanada und kurzfristige Experimente in Neuseeland sowie in einigen europäischen Ländern wie Dänemark und Portugal) durchgesetzt wurde, führt die Mehrheit der Nationalstaaten das öffentlich-rechtliche Sozialversicherungsmodell ein. *Da in den Vereinigten Staaten fragmentierte atomartige Unfallversicherungssysteme bestehen, die nicht einer zentralstaatlichen Sozialgesetzgebung, sondern zahlreichen unterschiedlichen bundesstaatlichen Gesetzgebungen unterstehen, stellen die Unfallversicherungssysteme in den USA kein einheitliches eigenständiges Modell dar, dem eine hohe universelle Anerkennung zuteil würde.* In weltweit vergleichender Perspektive führten mehr als drei Viertel der Nationalstaaten das Modell der öffentlich-rechtlichen Versicherung ein. Tendenziell wird die öffentlich-rechtliche soziale Unfallversicherung in immer mehr Ländern implementiert, während das angelsächsische liberale Modell immer stärker an Ansehen und Modellcharakter einbüßt. *Anders als im Bereich der globalen Alterssicherung wird die Arbeitsunfallversicherung weiterhin durch einen hohen Dekommodifizierungsgrad geprägt, der eher durch eine kontinentaleuropäische soziale und solidarische Ethik beeinflusst ist als von der angelsächsischen Ethik des Laissez-faire. Dieser Unterschied zwischen der globalen Alterssicherung und Unfallversicherung macht die Existenz verschiedener globaler Strukturmuster deutlich. In manchen umkämpften Feldern (wie der Alterssicherung) dominieren die Finanzinstitutionen und die angelsächsische Hegemonie, während in anderen Feldern (wie bei der Unfallversicherung) eher die ILO und die westeuropäischen Länder dominieren.*

Im Bereich der Arbeitsunfallversicherung sind die ILO und die ISSA die zentralen internationalen organisatorischen Akteure, die den globalen Diskurs zur Unfallversicherung gestalten. Als ein Vermittlungsfeld zwischen dem Arbeitsschutz und der Sozialversicherung wird die Arbeitsunfallversicherung aus thematischer Perspektive selbstverständlich in den Kernbereich der Organisationstätigkeiten von ILO und ISSA einbezogen, die als funktional spezifische weltgesellschaftliche Organisationen für Arbeitsrechte und soziale Sicherheit plädieren. *Anders als in der globalen Alterssicherung wird die ILO-ISSA Koalition mit der Vernetzung mit der EU und der WHO nicht wesentlich von anderen internationalen Organisationen in Frage gestellt. Eine interorganisationale Machtverschiebung zugunsten der globalen Finanzinstitutionen findet in diesem Bereich nicht statt.* Der Grund liegt einerseits darin, dass sich hier keine Gegenkraft aus dem ideologischen Gegenblock der internationalen institutionellen Ebene positioniert hat. Andererseits bildet sich ebenfalls keine fachliche Gegenkraft aus der internationalen epistemischen Gemeinschaft heraus, um die Positionen von ILO, ISSA und EU in Frage zu stellen.

Durch dieses Forschungsprojekt wird auch die These der Sozialpolitisierung der globalen Politik bestätigt. Funktionalspezifisch ist die 1919 gegründete ILO die älteste „soziale" internationale gouvernementale Organisation, die zahlreiche soziale Probleme wie Arbeitsschutz, Berufskrankheiten, Kinderarbeit, Unfallprävention etc. als globale Themen und weltweite Herausforderungen konstruiert hat. Durch die interorganisationale Koordinierung und Kooperation mit anderen sozial geprägten internationalen gouvernementalen und nicht-gouvernementalen Organisationen wie der ISSA, der WHO und des UNICEF werden immer mehr Themenbereiche in den Einzugsbereich globaler sozialer Verantwortung einbezogen, wie z.B. Sicherheit während der Berufstätigkeit oder menschenwürdige Arbeitsbedingungen. Gerade in diesem Forschungsbereich wird die These von Deacon, die ausschließlich die Rolle der Weltbank und des IMF bei der Gestaltung der nationalen Sozialpolitik in den Transformationsländern hervorhebt, relativiert. Es sind eher die Akteure mit einer sozialpolitischen Flankierung wie die ILO, die ISSA und die EU die zentralen Akteure, während die internationalen Organisationen mit einer wirtschaftsliberalen Flankierung weitgehend unbedeutend sind.

9.4 Fortentwicklung der Wissensdiffusionstheorie

9.4.1 Emergenz eines globalen Strukturmusters und eines Weltvergleichshorizontes

Es stellt sich heraus, dass auf der globalen institutionellen Ebene eine eigenständige globale Normeninstitution für die AUV emergiert ist, die durch die führenden internationalen Körperschaften ILO, ISSA und supranationale Gemeinschaften wie die EU geprägt wird. Im Vergleich zur globalen Alterssicherung mangelt es im Bereich der Arbeitsunfallversicherung an einer führenden Publikation (wie „Averting the old-age crisis" – Weltbank 1994) und an einem deutlichen Versuch der Modellbildung durch eine zentrale Organisation. Das bedeutet jedoch keinesfalls, dass ein Strukturmuster der globalen Unfallversicherung weniger entwickelt ist als bei der globalen Alterssicherung. Im Gegenteil wird die globale

Unfallversicherung noch stärker durch eine normen-verbindliche Konvergenzkraft geprägt und geformt, da die Unfallversicherung weltweit viel stärker als andere Politikbereiche der Sozialversicherung als ein in einen allgemeinen Menschenrechtsdiskurs eingebettetes Arbeitnehmerrecht wahrgenommen wird. *Die Wirkungsmethode beruht zwar nicht auf einer führenden Publikation und einer professionellen Konstruktion, aber auf internationalen Konventionen, Übereinkommen und Deklarationen. Auf der normativen Ebene steht die Arbeitsunfallversicherung in direkter Verbindung zu weltkulturellen Normen, wie dem Universalismus, dem Individualismus, dem Rationalismus und dem Glauben an den sozialen Fortschritt. Die Arbeitsunfallversicherung vertritt nun nicht nur die konkreten praktischen Politikmaßnahmen, sie wird auf der normativ-philosophischen Wirklichkeitsebene durch die Menschenrechtskonvention der UNO legitimiert. Auf der kognitiven Ebene entsteht im Bereich der globalen Unfallversicherung ein Idealtyp in Form der Drei-Sektoren-Institutionen (Arbeitsschutz, Kompensation und Wiedereingliederung), der in vielseitigen internationalen Dokumenten von ILO, ISSA und EU erläutert wird.* Trotz der fehlenden programmatischen Literatur und Explizierung durch eine führende internationale Organisation ist das weltgesellschaftliche strukturelle Wissen (Modell, *Policies* und Prinzipien) bei Praktikern und Fachexperten der Unfallversicherung weit verbreitet; dies schlägt sich sowohl in ILO-Übereinkommen als auch in ISSA-Deklarationen nieder.

Anhand der Forschungsergebnisse wird die These aufgestellt, dass ein Weltvergleichshorizont emergiert, der dadurch gekennzeichnet ist, dass die Daten aller nationalen Unfallversicherungssysteme bezüglich der Systemtypen, der Leistungen und der Gesetzgebung zur Verfügung gestellt werden, so dass alle nationalen Unfallversicherungssysteme miteinander verglichen werden können. Obwohl semantisch kein „globales Modell“ unmittelbar von den internationalen Körperschaften formuliert wird, könnte aufgrund der weltweiten Daten zu den Unfallversicherungssystemen aller Nationalstaaten ein Welttrend umrissen werden, der darin besteht, dass das Sozialversicherungssystem dominiert und ein Drei-Sektoren-Modell faktisch entsteht. Anders als in der globalen Alterssicherung werden diese drei Sektoren in der Unfallversicherung aber nicht anhand der Finanzierungsverfahren (Umlage- oder Kapitaldeckungsverfahren) und der damit verbundenen Differenz zwischen öffentlichen und privaten Verwaltungsträgern entwickelt, sondern eher anhand der Funktionen und Leistungen der Arbeitsunfallversicherung. Die drei Sektoren in der globalen Unfallversicherung – Prävention, Entschädigung und Rehabilitation – übernehmen jeweils eine wichtige Funktion im Funktionskomplex der Unfallversicherung. Mögliche Arbeitsunfälle und Berufskrankheiten sollen vor dem Eintritt verhindert werden und nach dem Eintritt durch Sach- und Geldleistungen kompensiert werden. Als weltgesellschaftliches Wissen werden daher weitere führende Prinzipien erfasst, wie das Prinzip der verschuldensunabhängigen Haftung/Absicherung, das sowohl Arbeitnehmer als auch Arbeitgeber von einer Beweislast befreit. Ferner werden die für die Unfallversicherung charakteristische Arbeitgeber-Beitragspflicht, die beinhaltet, dass der Beitragssatz der Arbeitsunfallversicherung allein von der Arbeitgeberseite getragen wird, sowie das Prinzip der differenzierten Beitragsätze, durch das die Beitragsstruktur nach Berufsbranchen und Gefahrenklassen festgesetzt wird, erfasst.

9.4.2 Die Formen der Wissensdiffusion

Zur Spezifizierung der Diffusionsforschung haben sich diverse Formen des Wissenstransfers herauskristallisiert. In unterschiedlichen bilateralen und multilateralen Interaktionsformen zeigen sich Ideen des globalen Nordens im Süden. In vielen Fällen handelt es sich nicht nur um linearen Transfer zwischen einem Sender und einem Empfängerakteur. Es formiert sich eine netzwerkförmige Diffusionsform, bei der Multiakteure einschließlich internationaler, supranationaler, transnationaler, nationaler, subnationaler sowie epistemischer Akteure gleichzeitig interagieren. Ein gleiches Wissen kann von mehreren Akteuren aus verschiedenen Perspektiven mit unterschiedlicher Akzentuierung auf nationale Akteure übertragen werden. Schaubild IX fasst diese Vernetzung der Multiakteure unter einem weltgesellschaftlichen Rahmen zusammen:

Schaubild IX: Kommunikationsformen nationaler, supranationaler und weltgesellschaftlicher Akteure

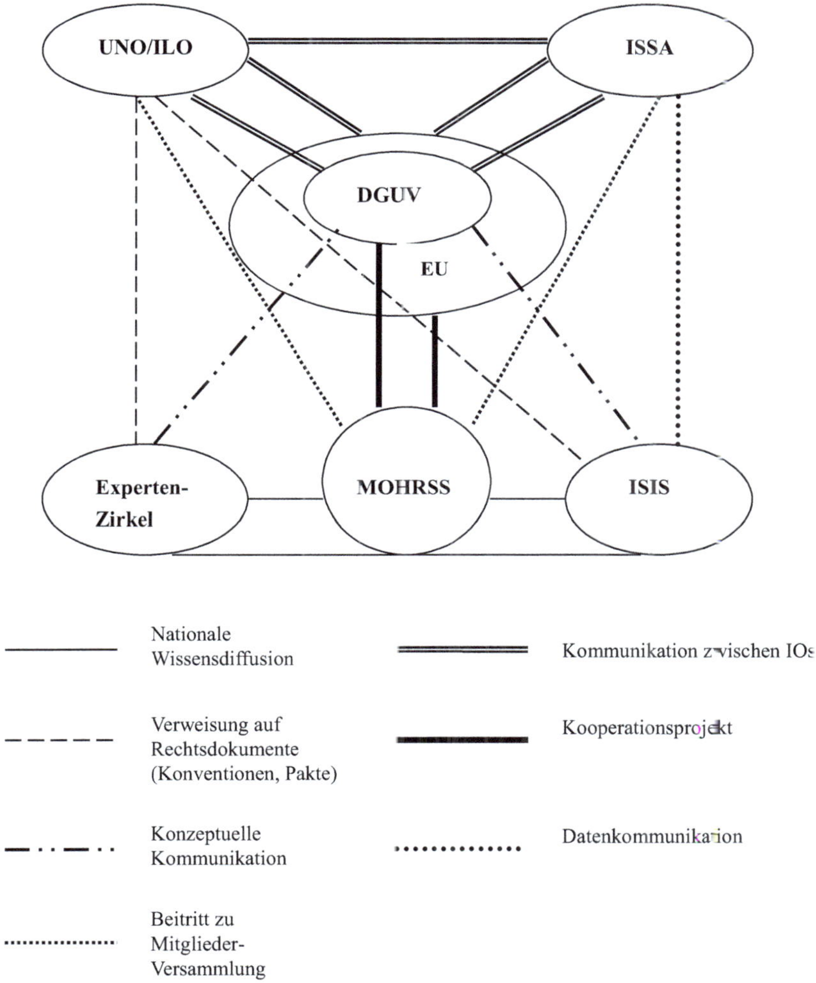

Quelle: eigene Darstellung

Dieser Wissensdiffusionsprozess wurde zum Teil durch die internationale Kommunikation zwischen den chinesischen und internationalen Unfall-versicherungsexperten in Form von Symposien, Tagungen, Mitgliederver-sammlungen, Kooperationsprojekten, Ausbildungskursen und Workshops gefördert. Zwischen den nationalen, supranationalen und internationalen Akteuren tritt eine netzwerkförmige Kommunikation auf, in der sich eine Vernetzung auf drei verschiedenen Ebenen abzeichnet. (a) Auf der nationalen Ebene vernetzen sich die Expertenzirkel, die Forschungsinstitute und die ministerialen Beamten, indem bei regelmäßigen formellen und informellen Treffen zwischen Wissenschaftlern und Politikern ein Gedankenaustausch stattfindet. Häufig beeinflussen Schlüsselfiguren im Wissenskreis die Wahrnehmung und die Handlungen der ministerialen Fachbeamten. (b) Auf der globalen institutionellen Ebene entsteht ein globaler Kommunikationszusammenhang, in dem die Ideen zwischen verschiedenen westeuropäischen Städten wie Genf, Sankt Augustin, Bonn und Brüssel ausgetauscht werden. Die interorganisationale Kommunikation zwischen ILO, ISSA und EU trägt zur Emergenz eines Weltvergleichshorizontes und eines eigenständigen globalen Strukturmusters für die AUV bei. Die Arbeitsunfallversicherung verselbständigt sich als ein eigenständiges globales soziales Feld. (c) Auf der globalen Mikroebene entsteht ebenfalls eine Kommunikation zwischen den weltgesellschaftlichen, nationalen und subnationalen Akteuren, wobei durch die Anwesenheit chinesischer Delegationen bei den Mitgliedervollversammlungen der IGOs/INGOs sowie durch die Teilnahme von chinesischen Vertretern an globalen Tagungen, Sitzungen und Workshops das unfallversicherungsbezogene Wissen in einem kommunikativen Feld übertragen wird (S. Schaubild IX oben).

Außer dem kommunikativen und kognitiven Lernen im Interaktionsfeld spielen die internationalen völkerrechtlichen Dokumente sowie die Deklarationen der internationalen Organisationen eine wichtige Rolle für die Wissensübertragung. Durch die Archivrecherche und die Konstruktion der *Mainstream*-Gedanken in der Weltgesellschaft durch die chinesischen Akteure wird das schriftlich kondensierte und verdichtete Wissen aus den internationalen Dokumenten von den Eliten erfasst und in der Folge erfolgreich auf den nationalen Kontext übertragen. Häufige Zitate aus den internationalen Konventionen und Deklarationen sind faktisch ein sinngebundener Vereinfachungsprozess, in dem die Akteure durch die Berufung auf die höhere moralische Autorität der weltgesellschaftlichen Prinzipien ihre Argumentationsweise leicht legitimiert und simplifiziert haben, wobei sie lediglich festzustellen brauchen, dass etwas deswegen akzeptiert werden soll, weil es den weltkulturellen Normen entspringt. Daher ist leicht nachzuvollziehen, warum hinsichtlich der Arbeitsunfallversicherung die Normen der Menschenrechte, des Individualismus und der Rechtsstaatlichkeit in einem Land verbreitet sind, in dem sonst eigentlich Kollektivismus mit totalitärem Charakter (sowohl aus dem Konfuzianismus als auch dem Sinokommunismus) dominiert. *Die starke Hervorhebung der individuellen Menschenrechte im Hinblick auf die Arbeitsunfallversicherung stellt einen tiefgründigen Kognitionswandel in China dar und zeugt von der Durchsetzungskraft der Weltkultur, die nationalstaatlichen Grenzen zu durchbrechen.* Die internationalen Konventionen, Übereinkommen, Empfehlungen, Deklarationen sowie gewisse organisationsinterne Dokumente fungieren daher als ein Verweishorizont für die nationalen Akteure, aus dem die Fachbeamten und Wissenschaftler eine Legitimitätsgrundlage aus der Weltgesellschaft für die inländische Reform geschaffen haben. Obwohl die Beobachtung der Weltgesellschaft und die Berufung auf die internationalen Konventionen durch die Akteure lediglich eine „weiche" Form der *world society* repräsentieren, begünstigen diese subjektiven Interpretation und Darstellung durch die chinesische epistemische Gemeinschaft tatsächlich die Verbreitung fortschrittlicher weltgesellschaftlicher Ideen, indem die Normen und *Policies* jenseits der nationalen Grenze durch wissenschaftlich-rationale Konstruktionen in die nationale Gesetzgebung projiziert werden.

9.4.3 Das deutsche Modell und seine weltgesellschaftliche Bedeutung

In der „world-polity"-Theorie wird insbesondere die These vertreten, dass verschiedene Länder in Bezug auf unterschiedliche Politikbereiche Einfluss auf die Formierung von kognitiven *rationalized models* ausüben. Als Beispiel seien die Einflussnahme Schwedens auf das Wohlfahrtsstaatsmodell oder die Beeinflussung der Arbeitsorganisation und des Betriebsmanagements durch den Wirtschaftserfolg Japans genannt. In extremen Fällen vertreten sogar manche radikale Länder wie das maoistische China oder Kuba ein Modell der radikalen sozialen Gleichheit (Meyer 2005: 115). Bereits seit dem 20. Jahrhundert bis heute üben jedoch vor allem die USA angesichts der amerikanischen Hegemonie in der Welt Einfluss auf mehrere Kernbereiche der modernen Gesellschaft aus. Es ist eine bemerkenswert starke Tendenz dahingehend zu beobachten, amerikanische Modelle zu kopieren, wie bspw. im Bereich des Bildungssystems, des Großunternehmens, der freiliberalen Marktwirtschaft, der Konkurrenzdemokratie usw. (ebd.: 114). Die amerikanische Kultur durchbricht die nationalen Grenzen weltweit und breitet sich auf der ganzen Welt aus. Wie sind dann die Bedeutung für die und der Beitrag zur Weltgesellschaft einer anderen bedeutenden Industrienation, nämlich Deutschland einzuordnen?

Das vorliegende Forschungsprojekt zeigt, dass Deutschland angesichts seines historischen Erbes als Pionierstaat der Sozialversicherung einen ungewöhnlich starken Einfluss auf die globale Sozialpolitik ausübt. Im Bereich der Arbeitsunfallversicherung wirkt sich das deutsche Modell, das die Mehrdimensionalität und den öffentlich-rechtlichen Schutz stark hervorhebt und das als ein Modell der „Dreieinigkeit" bezeichnet wird, ungewöhnlich stark auf die Entstehung der internationalen Diskurse zur Sozialversicherung auf der Weltgesellschaftsebene aus. Da in den IGOs wie der ISSA, der ILO und der EU die deutschen Fachexperten im Vergleich zu den Experten anderer Länder überproportional stark repräsentiert sind, ist ein Wissenstransfer von Deutschland aus in die weltgesellschaftlichen Organisationen unausweichlich. Die Arbeitsunfallversicherung wird sehr stark von der westeuropäischen Kultur des Sozialschutzes und Arbeitsschutzes beeinflusst, während die Einflussnahme der angelsächsischen Länder in diesem Bereich fast ausgeklammert ist. Besonders auffällig ist, dass ausgerechnet die USA keinerlei Einfluss auf die globale Arbeitsunfallversicherung haben. Hinsichtlich der Arbeitsunfallversicherung möchte die amerikanische Wissensgemeinschaft im Gegenteil ebenfalls zum Teil von Deutschland lernen.

Vor diesem Hintergrund entscheidet sich die chinesische Wissensgemeinschaft dazu, das deutsche Modell zu übernehmen; sie lehnt von Vornherein das Kopieren der amerikanischen Modelle ab. Dieses selektive Lernen kann jedoch nicht nur funktionalistisch begründet werden, wie manche Forscher einfach angenommen haben. Die chinesische Wissensgemeinschaft lehnt das amerikanische Modell nicht nur ab, weil die Arbeitsunfallversicherungssysteme der USA nicht gut funktionieren, vielmehr profitiert die chinesische Wissensgemeinschaft von standardisierten Normen, die von den IGOs ausdrücklich unterstützt und konstruiert werden. Da das deutsche Modell mit dem Idealtyp der ILO, ISSA und EU übereinstimmt und weitere operationale Erfahrungen in der Praxis anbieten kann, ist das Lernen vom deutschen Modell eine logisch induzierte Entwicklung. *Aus diesem Grund plädiert dieses Forschungsprojekt dafür, dass ein internationaler Wissenstransfer zwischen China und Deutschland nur unter einem weltgesellschaftlichen Vergleichshorizont nachvollzogen werden kann. Dass China von Deutschland lernt, obwohl dieser Kopiervorgang auch teilweise von der historischen Lerntradition zwischen Westeuropa und Ostasien geprägt ist, ist primär eine weltgesellschaftliche Erscheinung.*

9.4.4 Entkopplung und Verkopplung

Gemäß den Erkenntnissen dieses empirischen Forschungsprojekts wird die „world-polity" Theorie insofern bestätigt, als verschiedene Formen der Wissensdiffusion zwischen nationalen, weltregionalen und weltgesellschaftlichen Akteuren zum ideellen und politischen Wandel in China beitragen, während die nationalen Faktoren nur zweitrangig sind. Da gerade durch die weltgesellschaftliche Wissensdiffusion das kognitive Wahrnehmungsmodell in China dem nationalen Entwicklungsniveau vorangeht, zeichnet sich eine „Verfrühung" der Entwicklung ab. Im Anschluss an die „world-polity" Theorie lässt sich beobachten, dass Entkopplungs-Erscheinungen eintreten. Ein typisches Beispiel ist die Einführung der Rehabilitation. In deren Einführungsprozess kippt ein extern eingeführtes systemrationales Politikprogramm in eine systemfremde Gewinnkalkulation auf der Mikroebene um, weil jegliche aus zentralstaatlichen Eliten diffundierende Ideen auf der lokalen Implementierungsebene leicht in deformierter Form eingeführt werden. Das Einfügen einer Zusatzklausel in den Arbeitsvertrag stellt ein anderes Beispiel dafür dar, dass weltgesellschaftliche Prinzipien auf der lokalen Ebene durch manche Arbeitgeber in Frage gestellt werden können. Nichtsdestoweniger ist es relativ einfach zu behaupten, dass die formale Anerkennung der weltkulturellen Prinzipien häufig mit Nichtstun verbunden ist.

Trotz der Entkopplung mancher „fortschrittlicher" weltkultureller Ideen von der Praxis wirken sich der Ideenwandel und die Einführung der Unfallversicherungsverordnung in China so aus, dass *im Bereich der Arbeitsunfallversicherung faktisch eine graduelle Verkopplung stattfindet.* Im Vergleich zur Entkopplung, die eine Diskrepanz zwischen formaler Verkündung der Zielsetzung und realer Umsetzung postuliert, beschreibt die Verkopplung einen Prozess, in dem nach der Ratifizierung internationaler Dokumente und nach dem Beschluss des Gesetzes eine sukzessive Realisierung der auf dem Papier verankerten Ziele stattfindet. Je nach den nationalen Konditionen der Verwaltungsbürokratie und der administrativen und wissenschaftlichen Wissensvorräte haben unterschiedliche Länder unterschiedliche staatliche Kapazitäten, um das schriftliche Programm umzusetzen. Die schrittweise vorangehende Verkopplung wird dadurch gekennzeichnet, dass die Zahl der Versicherten in China nach dem Beschluss des Gesetzes zur AUVVO sprunghaft um das Dreifache gestiegen ist. Auf der Mikroebene wirkt die Diffusion der weltkulturellen Prinzipien wie Individualismus und Menschenrechte bereits auf einzelne Arbeiter (insbesondere auf den einzelnen Wanderarbeiter), indem sie mit Bezug auf das Gesetz ihr Recht auf Unfallversicherungsleistungen beanspruchen. Die Justiziabilität der Rechtsansprüche aus der Unfallversicherung führt maßgeblich dazu, dass die Ideen der individuellen Rechte durch die reale Rechtspraxis weiter verbreitet werden.

Im Vergleich zur Wissensdiffusion in der Alterssicherung verfügt der Diffusionsprozess im Bereich der Arbeitsunfallversicherung über eine eigene Dynamik. Die Verkopplung der Arbeitsunfallversicherung verläuft anders und viel schneller als die in der Alterssicherung. *Die Homogenität auf der globalen institutionellen Ebene führt ebenfalls zur Homogenität auf der nationalen Ebene, die Reform der Unfallversicherung in China profitiert ebenfalls von der weltgesellschaftlichen Einheit. Damit kann erklärt werden, warum die Reform der Unfallversicherung später als die Reform der Alterssicherung und der Gesundheitsvorsorge in China vorangetrieben wird, aber das Entwicklungstempo der Unfallversicherung viel schneller als in anderen Versicherungsbereichen ist. Die Reform der Unfallversicherung ist weniger durch Schwankungen, Umkehr und Umstellungen wie in der Altersicherung und Gesundheitspolitik, sondern eher durch Konsistenz geprägt.*

Mit der vorliegenden Dissertation wird versucht, einen Beitrag zur Bereicherung der „world-polity“ Theorie zu leisten, indem aufgrund einer Forschung mit qualitativen Forschungsmethoden auf der nationalstaatlichen Ebene sowie durch teilnehmende Beobachtung im internationalen Interaktionsfeld die weltgesellschaftliche Einflussnahme auf einen Politikbereich (die Arbeitsunfallversicherung) in einem Land (China) untersucht wurde. Durch die Erneuerung der Forschungsmethode sowie durch die Fallstudie konnte gezeigt werden, dass die Wissensdiffusion und -adaption dynamische Prozesse sind, in denen weltgesellschaftliches Wissen auch von den nationalen Eliteakteuren erläutert, gedeutet und interpretiert wird, und dass das Wissen im nationalen und lokalen Adaptionsprozess mit komplexen Faktoren zusammentrifft, so dass Inkonsistenzen, Abweichungen und Vorbehalte vorkommen. Darüber hinaus wird die Position vertreten, dass aufgrund der empirischen Forschung die Interpretationsmuster der „world-polity" Theorie erweitert werden sollten sowie dass nicht einfach die „Entkopplung" als Erklärungsmodell die nationale Implementierungspraxis simplifizierend erläutern sollte. Vielmehr muss ebenfalls in Betracht gezogen werden, dass Entkopplung und Verkopplung koexistieren können. Diese Forschung im nationalen Kontext expliziert, dass es trotz der Erscheinungen der Entkopplung zu einer graduellen Realisierung der normativen Ideen kommt. In anderen empirischen Kontexten muss jedoch systematisch mit anderen Befunden gerechnet werden Deswegen plädiert diese Arbeit dafür, mit Hilfe empirisch-vergleichender Fallstudien den Diffusions- und Implementierungsprozess in verschiedenen Nationalstaaten zu typologisieren, um die Theorie stärker empirisch zu unterfüttern und auf diese Weise fortentwickeln zu können.

9.5 Verknüpfung verschiedener theoretischer Ausrichtungen

Im vorliegenden Forschungsprojekt wird das Gewicht darauf gelegt, verschiedene Erklärungsansätze und theoretische Ausrichtungen miteinander zu verknüpfen, was unerlässlich für den Zweck dieser Arbeit ist. Vor allem wird ein genuin nationales Politikfeld der modernen Wohlfahrtsstaatlichkeit, nämlich die Arbeitsunfallversicherung, in den Forschungsbereich des *global social policy*- Ansatzes einbezogen. Es wird durch eine empirisch gestützte Analyse verdeutlicht, dass nicht nur nationale Institutionen, sondern auch internationale Organisationen wie die ILO und die ISSA die Arbeitsunfallversicherung einzelner Nationen zunehmend beeinflussen.

Anders als zahlreiche Forschungen der globalen Sozialpolitik wird das Projekt durch die Wissensdiffusionstheorie mit der Hervorhebung der „world-polity" Theorie theoretisch fundiert. Das zentrale Forschungsinteresse liegt nicht nur darin, die Rolle der IGOs/INGOs auf die nationale

Sozialpolitik zu betonen, sondern es wird darüber hinaus bewiesen, dass sich ein globales Strukturmuster für die Arbeitsunfallversicherung jenseits nationalstaatlicher Grenzen herauskristallisiert, das normative ideelle Diskurse, kognitive *rationalized models* und ein bestimmtes Konsenswissen beinhaltet. Dieses globale Strukturmuster ist insbesondere dadurch gekennzeichnet, dass sich im Bereich der Unfallversicherung eine institutionelle Isomorphie beobachten lässt, denn 171 Nationalstaaten haben Arbeitsunfallversicherungssysteme in Form kodierter Gesetze aufgebaut. Anhand konstruierter Idealtypen können die internationalen Organisationen definieren, was rational ist und was nicht, und setzen so die Nationalstaaten einem Konformitätsdruck aus, invariantes universal gültiges Wissen in ihrem nationalen Kontext zu verbreiten. Die Erweiterung der globalen Sozialpolitik um die Wissensdiffusionstheorie erweist sich als sinnvoll und hilfreich, denn dadurch wird ein eher deskriptives Wissensfeld durch einen theoretischen Anschluss angereichert.

Es wird in der vorliegenden Arbeit jedoch ein weiterer theoretischer Beitrag geleistet, der noch wichtiger einzuschätzen ist: Die makrosoziologische Diffusionstheorie wird um eine mikrosoziologische empirische Forschungsstudie und eine globale Mikrostudie ergänzt. Hierbei werden endogene und exogene Erklärungsansätze miteinander verflochten, um einen relativ komplexen Prozess – den Aufbau der modernen AUV in China – zu erklären. Das weltgesellschaftliche Wissen überträgt sich nicht von alleine nach China. Vielmehr führen die Interaktionsmuster zwischen chinesischen und weltgesellschaftlichen Akteuren, unterschiedliche Kommunikationsmodi (wie Tagungen, Konferenzen, gegenseitige Besuche, Verknüpfung der Kooperationsbeziehungen) sowie die subjektive Interpretation der chinesischen epistemischen Gemeinschaft dazu, dass die normativen ideellen Diskurse und die kognitiven *rationalized models* von der Weltgesellschaft nach China transferiert werden. Die Öffnung der chinesischen Wissensgemeinschaft gegenüber der Weltgesellschaft und die sich zuspitzenden Probleme durch Arbeitsunfälle sind zwei notwendige (aber nicht hinreichende) Gründe dafür, dass die weltgesellschaftlichen Ideen überhaupt nach China durchdringen können. Aber das Interaktionsmuster zwischen China und der Weltgesellschaft sowie die selektive und kreative Aneignung eines globalen Strukturmusters durch die chinesischen Eliten verfügen ebenfalls über eine Eigendynamik, die dazu führt, dass die nationale Entwicklung allmählich in einer weltgesellschaftlichen Wissensstruktur verankert ist. Die chinesischen Wissenseliten suchten ursprünglich absichtlich pragmatisches Wissen, letztendlich ergibt sich aber als unbeabsichtigte Folge, dass ihre Identität und ihre Weltanschauungen im Laufe der Interaktion mit der Außenwelt von einer Konvergenzkraft jenseits von China konstruiert werden. Ein ursprünglich rationales *policy learning* schlägt im Prozess der Integration Chinas in die Weltgemeinschaft in eine Einbettung Chinas ins weltkulturelle Ordnungsmuster um.

Literaturverzeichnis

Abels, Gabriele/Maria Behrens (1998): ExpertInnen-Interviews in der Politikwissenschaft. Das Beispiel Biotechnologie. In: *Österreichische Zeitschrift für Politikwissenschaft*, 27 (1): S. 79–92

Adler, Richter Stephen J. (2000): Systeme der sozialen Sicherung: eine vergleichende Studie zur Arbeitnehmerunfallversicherung in den Vereinigten Staaten, Deutschland und Israel. In: *Die Berufsgenossenschaften*, 12: S. 716–732.

Ayass, Wolfgang (2001): *Von der kaiserlichen Sozialbotschaft bis zu den Februarerlassen Wilhelms II (1881 bis 1890). 2. Band, 2. Teil, die Ausdehnungsgesetzgebung und die Praxis der Unfallversicherung*. Mainz: WBG.

Bäcker, Gerhard/Reinhard Bispinck/Klaus Hofemann/Gerhard Naegele (2000): *Sozialpolitik und soziale Lage in Deutschland. Band 1. und Band 2*. Wiesbaden: Westdeutscher Verlag.

Barry, Norman (1990): *Welfare, Concepts in Social Sciences*. Minneapolis: University of Minnesota Press.

Beck, Ulrich (1986): *Risikogesellschaft. Auf dem Weg in eine andere Moderne*. Frankfurt am Main: Suhrkamp.

Beck, Ulrich (1998): *Perspektiven der Weltgesellschaft*. Frankfurt am Main: Suhrkamp.

Bellaby, Paul (1999): *Sick from work. The Body in employment*. Aldershot/Brookfield/Singapore/Sydney: Ashgate Publishing.

Bennett, Colin J./Michael Howlett (1992): The lessons of learning: Reconciling theories of policy-learning and policy change. In: *Policy Science*, 25 (3): S. 275–294.

Benvenisti, Eyal/Nolte, Georg (2004): *The welfare state, globalization and international law*. New York: Springer.

Berger, Peter L./Thomas Luckmann (1984): *Die gesellschaftliche Konstruktion der Wirklichkeit: Eine Theorie der Wissenssoziologie*. Frankfurt am Main: Fischer Taschenbuch Verlag.

Berry, Frances S./William Berry (1999): Innovation and diffusion models in policy research. In: Sabatier P.A., *Theories of the policy process*. Oxford: Boulder. S. 169–200.

BG (2005a): Deutsch-chinesischer Kooperationsvertrag auf dem Gebiet der Unfallversicherung unterzeichnet. In: *Die BG*, 06/05: S. 308.

BG (2005b): Besuch des chinesischen Behindertenverbandes in Deutschland. In: *Die BG*, 09/05: S. 552.

Boli, John (1987): Human rights or state expansion? Cross-national definitions of constitutional rights, 1870–1970. In: George M. Thomas/ John W. Meyer/Francisco O. Ramirez/John Boli (Hg.), *Institutional structure: constituting state, society, and the individual*, London: Sage. S. 133–149.

Boli, John/George M. Thomas (1997): World culture in the world polity: A century of international non-governmental organization. In: *American sociological review*, 62 (2): S. 171–190.

Bolm-Audorff, Ulrich/Gerd, Albracht (1995): *Berufskrankheiten. Leitfaden für die betriebliche, medizinische und juristische Praxis*. Berlin: Luchterhand.

Bosse-Brekenfeld, Peter (1996): *Keine Menschenrechte zweiter Klasse, wirtschaftliche, soziale und kulturelle Rechte*. Frankfurt am Main: Hg. Evangelischer Pressedienst.

Botcheva, Liliana/Lisa L. Martin (2001): Institutional effects on state behavior: convergence and divergence. In: *International studies quarterly*, 45: S. 1–26.

Breuer, Joachim (2001): Weltweit Fragen – nationale Antworten? Unfallversicherung mit globaler Perspektive. In: *Die Berufsgenossenschaften*, 11: S. 602–609.

Breuer, Joachim (2006): Deutsch-chinesische Zusammenarbeit im Bereich der gesetzlichen Unfallversicherung. In: Gesellschaft für Versicherungswissenschaft und –gestaltung e.V. 2006: *Sozial Sicherung in China: ein Überblick über die soziale Sicherung sowie die chinesisch-deutsche Zusammenarbeit im Bereich sozialer Sicherung*. Berlin: Akademische Verlagsgesellschaft.

Bruce, Maurice (1973): *The Rise of the welfare state*. London: Cox & Wyman Ltd.

Buss, Peter, (1996): Berufsgenossenschaftliche Prävention - Rückschau und Perspektive. In: HVBG 1996: *Die soziale Unfallversicherung – Beiträge zur Standortbestimmung*. Bielefeld: Erich Schmidt Verlag. S 88–96.

Cai, Heping (2004): *Der Vergleich der chinesischen und deutschen Gesetzgebung für*

die Arbeitsunfallversicherung (Zhong De Gongshang Baoxian Falü Zhidu Bijiao Yanjiu). Dissertation, Universität Beijing.

Card, David/Brian P. McCall (2006): *When to start a fight and when to fight back: liability disputes in the workers' compensation system*. Working paper 11918.

Chen, Gang (2005): 工伤保险 (*industrial injury insurance*). Beijing: Verlag für Arbeit- und Sozialsicherheit Chinas.

Chen, Gang/He Ping (2006): *Theory and Practice of the Work Injury Prevention*. Bejing: The Press of Chinese Labour and Social Insurance.

Chen, Yanyuan/Babara Darimont (2005): Reform und Gesetzgebung der chinesischen Arbeitsunfallversicherung. In: *Internationale Revue für Soziale Sicherheit*, 58 (1): S. 107–122.

Clever, Peter (1997): Wahlverwandtschaft: Der soziale Reformprozeß in Mittel- und Osteuropa und die deutsche Sozialversicherung. In: Hauptverband der gewerblichen Berufsgenossenschaften (HVBG, Hrsg.): *Die soziale Unfallversicherung in Europa*. Bielefeld: Erich Schmidt Verlag: S. 45–55.

Collier, David/Richard E. Messick (1975): Prerequisites versus Diffusion: Testing. Alternative Explanations of Social Security Adoption. In: *The American Political Science Review*, 69 (4): S. 1299–1315.

Conrad, Christoph (2003): Die Sprachen des Wohlfahrtstaates. In: Stephan Lessenich:

Wohlfahrtstaatliche Grundbegriffe: Historische und aktuelle Diskurse. Frankfurt/New York: Campus Verlag. S. 55–73.

Cranston, Ross (1985): *Legal foundations of the welfare state*. London: Butler & Tanner Ltd.

Culpitt, Ian (1992): *Welfare and citizenship. Beyond the crisis of the welfare state.* Londong/Newbury Park/New Delhi: SAGE publications.

Deacon, Bob (1995a): Global Social Policy Actors and the Shaping of East European Welfare. In: *International Journal of Sociology,* 25 (1): S. 40–80.

Deacon, Bob (1995b): The globalisation of social policy and the socialisation of global politics. In: *Social policy review*, 7: S. 55–76.

Deacon, Bob (1997): *Global Social Policy: International Organization and the Future of Welfare.* London/Thousand Oaks/New Delhi: SAGE Publications.

Deacon, Bob, (1999): *Towards a Socially Responsible Globalization: International Actors and Discourses.* GASPP Occasional Papers.

Deacon, Bob (2000): *Sozial verantwortliche Globalisierung: Die Herausforderung für die soziale Sicherheit.* Siehe: http://www.issa.int/pdf/helsinki2000/topic0/4deacon.pdf.

Deacon, Bob (2003): Globalisierung und die Herausforderungen für die soziale Sicherheit. In: Roland Sigg/Christiana Behrendt: *Soziale Sicherheit im globalen Dorf.* Bern/Berlin: Peter Verlag.

Deacon, Bob (2005): *Global Social Policy and Governance.* Los Angeles/London/New Delhi/Singapore: Sage Publications.

Deacon, Bob/Meri Koivusalo/Paul Stubbs (1998): *Aspects of Global Social Policy Analysis.* Helsinki: STAKES.

Dembe, Allard E. (1996): *Occupation and Disease. How social factors affect the conception of work-related disorders.* New Haven/London: Yale University Press.

DiMaggio, Paul J./Walter W. Powel (1983): The iron cage revisited: Institutional isomorphism and collective rationality in organizational fields. In: *American Sociological Review*, 48 (2): S. 147–160.

DiMaggio, Paul J./Walter W. Powel (1991): The iron cage revisited: institutional isomorphism and collective rationality in organizational fields. In: Paul J. DiMaggio/Walter W. Powell: *The new institutionalism in organizational analysis.* Chicago: University of Chicago Press. S. 1–38.

Dixon, John (1981): *The Chinese welfare system.* New York: Praeger special studies.

Dohmen, Holger (1979): *Soziale Sicherheit in China*. Hamburg: G. ML. Wittenborn Söhne.

Dolowitz, David/David Marsh (1996): Who learns what from whom: a review of the policy transfer literature. In: *Political studies*, 44: S. 343–357.

Dolowitz, David./David Marsh (2000): Learning from abroad: the role of policy transfer in contemporary policy making. In: *Governance*, 13(1): S. 5–23.

Donnelly, Jack (1985): *The concept of human rights*. London: Croom Helm.

Dorwart, Reinhold August (1971): *The Prussian welfare state before 1740*. Cambridge/Massachusetts: Harvard University Press.

Drezner, Daniel W. (2001): Globalization and policy convergence. In: *International studies review*, 3: S. 53–78.

Emerson, John P. (1968): Employment in Mainland China: problems and prospects. In: Joint Economic Committee of the U.S. Congress: *An economic profile of Mainland China*. New York: Prager. S. 462–470.

Ervik, Rune (2005): The Battle of Future Pensions: Global Accounting Tolls, International Organizations and Pension Reforms. In: *Global Social Policy*, 5 (1): S. 29–54.

Esping-Andersen, Gøsta (1990): *The three worlds of welfare capitalism*. Cambridge: Polity Press.

Esping-Andersen, Gøsta (1996): *Welfahre States in Transition. National Adaptions in Global Economies*. London: Sage.

Evangelische Akademie Hofgeismar (2004): *Vom Stiefkind zum Hoffnungsträger: wirtschaftliche, soziale und kulturelle Menschenrechte in Politik und Recht*. (Tagung, Evangelische Akademie Hofgeismar, 25./26. November 2004). Siehe: http://www.menschenrechte.org/beitraege/WSK/Tagungsdokumentation.pdf

Evangelischer Pressedienst (1996): Menschenrechte gegen Armut, eine neue Strategie zur Durchsetzung des seit 1976 geltenden „Internationalen Paktes über wirtschaftliche, soziale und kulturelle Rechte“ der UN. Working paper.

Evans, Eric (1978): *Social Policy 1830–1914. Individualism, collectivism and the origins of the welfare state.* London/Healey/Boston: Routledge & Kegan Paul.

Evers, Hans-Dieter (2007): Globale Integration und globale Ungleichheit. In: H. Joas: *Lehrbuch der Soziologie*. Frankfurt am Main/New York: Campus. S. 541–568.

Evers, Hans-Dieter/Markus Kaiser/Christine Müller (2003): Entwicklung durch Wissen: Eine neue globale Wissensarchitektur. In: Markus Kaiser: *Weltwissen: Entwicklungszusammenarbeit in der Weltgesellschaft*. Bielefeld: transcript Verlag. S. 43–79.

Euzéby, Alain (2003): Die Finanzierung des sozialen Schutzes im Kontext wirtschaftlicher Globalisierung. In: Roland Sigg/Christiana Behrendt: *Soziale Sicherheit im globalen Dorf*. Bern/Berlin: Peter Verlag. S. 24–32.

Ewald, François (1993): *Der Vorsorgestaat*. Frankfurt am Main: Suhrkamp.

Fehlinger, Hans (1931): *Internationaler Arbeitsschutz*. Berlin: Carl Heymanns Verlag.

Finnemore, Martha (1996a): Norms, culture, and world politics: Insights from sociology's institutionalism. In: *International organization*, Vol. 50 (2): S. 325–347.

Finnemore, Martha (1996b): *National interests in international society.* Ithaca, London: Cornell University Press.

Finnemore, Martha/Kathryn Sikkink (1998): International norm dynamics and political change. In: *International Organization*, Vol. 52 (4): S. 887–917.

Fishback, Price V./Shawn Everett Kantor (1996): *The adoption of workers' compensation in the United States, 1900–1930*. Working paper 5840.

Fishback, Price V./Shawn Everett Kantor (2000): *A preclude to the welfare state: the origins of workers' compensation*. Chicago/London: The University of Chicago press.

Flick, Uwe (2005): *Qualitative Sozialforschung: eine Einführung*. Hamburg: Rowohlt-Taschenbuch-Verlag.

Flora, Peter/Jens Alber/Jürgen Kohl (1977): Die Entwicklung der westeuropäischen Wohlfahrtstaaten. In: *Politische Vierteljahresschrift* 18: S. 707–772.

Freeman, Richard (1999): *Policy transfer in the health sector*. (Working Paper) Siehe: http://www.pol.ed.ac.uk/research/working_paper1.html.

Friedman, Kathi V. (1981): *Legitimation of social rights and the western welfare state. A Weberian perspective*. New York: Farrar, Straus and Giroux.

Friedman, Thomas L. (2006): *The World is flat: a brief history of the twenty-first century*. New York: Farrar, Straus and Giroux.

Fukuyama, Francis (1992): *Das Ende der Geschichte: wo stehen wir?* München: Kindler.

Ganßmann, Heiner (1993): Sind soziale Rechte universalisierbar? In: *Zeitschrift für Soziologie*, 22 (5): S. 385–394.

Gitter, Wolfgang (1996): Finalität und Kausalität in der gesetzlichen Unfallversicherung. In: HVBG: *Die soziale Unfallversicherung – Beiträge zur Standortbestimmung*. Bielefeld: Erich Schmidt Verlag. S. 33–43.

Gough, Ian (2004): East Asia: the limits of productivist regimes. In: Ian Gough/Geof Wood/Armando Barrientos/Philippa Bevan/Peter Davis/Graham Room: *Insecurity and Welfare Regimes in Asia, Africa and Latin America: Social policy in development contexts*. Cambridge: University Press.

Gray, Virginia (1973): Innovation in the states: A diffusion study. In: *American political science association* 67 (4): S. 1147–1185.

Greiner, Dieter/Günther Sokoll/Heinz Aulmann (1998): Die gesetzliche Unfallversicherung weltweit und ihre Entwicklung im Zeitraum von 1995 bis 1998. In: Die *Berufsgenossenschaften*, 10: S. 642–661.

Guan, Xinping (2001): Globalization, inequality and social Policy: China on the threshold of entry into the World Trade Organization. In: *Social Policy & Administration*, Vol. 35, No. 3: S. 242–257.

Guinand, Gédric (2003): *Die internationale Arbeitsorganisation (ILO) und die soziale Sicherheit in Europa (1942–1969)*. Bern/Berlin/Bruxelles/Frankfurt am Main/New York/Wien: Peter Lang.

Guinand, Gédric (2008): The Creation of the ISSA and the ILO. In: *International Social Security Review*, 61 (1): S. 81–98.

Haas, Peter M. (1990): *Saving the Mediterranean: the politics of international environmental cooperation*. New York: Columbia University Press.

Haas, Peter M. (1992). Epistemic communities and international policy coordination. In: *International organization* 46 (1): S. 1–35.

Haas, Peter M/Ernst B. Haas, (1995): Learning to Learn: Improving International Governance. In: *Global Governance* 1 (3): S. 255–285.

Haase, Winfried (1996): Die Internationale Arbeitsorganisation und die Unfallversicherung. In: HVBG: *Die soziale Unfallversicherung – Beiträge zur Standortbestimmung*. Bielefeld: Erich Schmidt Verlag: S. 43–55.

Habermas, Jürgen (1981a): *Theorie des kommunikativen Handelns. Erster Band*. Frankfurt am Main: Suhrkamp.

Habermas, Jürgen (1981b): *Theorie des kommunikativen Handelns. Zweiter Band*. Frankfurt am Main: Suhrkamp.

Hagberg, Mats/Friedrich Hofmann/Ulrich Stößel (1995): *Occupation health for health care workers*. Landsberg: ecomed.

Hauff, Michael V./Brigitte Pfister-Gaspary (1982): *Internationale Sozialpolitik*. Stuttgart/New York: Gustav Fischer Verlag.

Heintz, Bettina (2006): Menschenrechte im Kontext der Weltgesellschaft. Die weltgesellschaftliche Institutionalisierung von Frauenrechten und ihre Umsetzung in Deutschland, der Schweiz und Marokko. In: *Zeitschrift für Soziologie*, 35 (6): S. 424–448.

Heldmann, David (2006): *Die Beiträge zur gesetzlichen Unfallversicherung: Solidarität und Äquivalenz im Finanzierungssystem der gewerblichen Berufsgenossenschaften*. Baden-Baden: Nomos.

Hepple, Bob (2002): *Social and labour rights in a global context: international and comparative perspectives*. Cambridge: Cambridge University Press.

Heritier, Adrienne (1995): Leaders and Laggard in European clean air policy. In: Brigitte Unger/Frans van Waarden (eds.): *Convergence or diversity? Internationalization and economic policy response*. Aldershot/Brookfield: Avebury. S. 278–306.

Heymann, Jody (2003): *Global inequalities at work. Work's impact on the health of individuals, families and societies*. Oxford: Oxford University Press.

Hitzler, Ronald (1994): Wissen und Wesen der Experten. Ein Annährungsversuch zur Einleitung. In: Ronald Hitzler/Anne Honer/Christian

Maeder: *Expertenwissen. Die institutionelle Kompetenz zur Konstruktion von Wirklichkeit*. Opladen: Westdeutscher Verlag. S. 13–30.

Holliday, Ian (2000): Productivist Welfare Capitalism: Social Policy in East Asia. In: *Political Studies*, 48 (4): S. 706–723.

Hort, Sven E.O./Stein Kuhnle (2000): The coming of East and South-East Asian Welfare States. In: *Journal of European Social Policy*, 10: 162–184.

Hvinden, Björn (2003): The uncertain convergence of disability policies in Western Europe. In: Social Policy & Administration, 37 (6): 609–624.

Hu, Xiaoyi (2003): *Explanation and Practice of Regulations on Work Injury Insurance*. Beijing: The Press of Chinese Labour and Social Insurance.

Huf, Stefan (1998): *Sozialstaat und Moderne*. Berlin: Duncker und Humblot.

HVBG (1996): *Die soziale Unfallversicherung. Beiträge zur Standortbestimmung*. Bielefeld: Erich Schmidt Verlag.

HVBG (1999): *Richtlinien zur Rehabilitation in der gesetzlichen Unfallversicherung. Arbeitsunfall und Berufskrankheit*. Stuttgart: Gentner Verlag.

HVBG (2002): *Rehabilitation und Rehabilitations-Statistik in der gesetzlichen Unfallversicherung 2000*. HVBG: Druckerei Plump OHG.

Internationales Arbeitsamt (1937): *Die internationale Arbeitsorganisation: Wesen und Wirken*. Genf: Office de Publicité.

Internationale Arbeitsorganisation (1966): *Übereinkommen und Empfehlung 1919–1966*. Genf: Internationales Arbeitsamt.

Internationales Arbeitsamt (1977): *Verfassung der Internationalen Arbeitsorganisation und Geschäftsordnung der Internationalen Arbeitskonferenz*. Genf: Internationales Arbeitsamt.

Internationale Arbeitsorganisation (1993): *Übereinkommen und Empfehlung 1919–1991*. Genf: Internationales Arbeitsamt.

Internationale Arbeitsorganisation (2004): *Eine faire Globalisierung: Chancen für alle schaffen*. Genf: Internationale Arbeitsorganisation.

International Labour Office (1976): *The impact of international labour conventions and recommendations*. Geneva: International Labour Office.

International Labour Office (1984): *Introduction to social security*. Geneva: International Labour Office.

International Labour Office (2001): *Social security: a new consensus*. Geneva: International Labour Office.

International Labour Office (2001): *Safety in Coal Mines*. Geneva: International Labour Office.

International Labour Office (2002): *Social Security: a new consensus*. Geneva: International Labour Office.

ISSA (International Social Security Association) (2001a): *Building Social Security: The Challenge of Privatization*. New Jersey: Transaction Publishers.

ISSA (International Social Security Association) (2001b): *Aktuelle Probleme von gesetzlichen Arbeitsunfallversicherungen auf der ganzen Welt: Eine IVSS-Umfrage. Asien und Pazifikraum. Siehe:* www-ssw.issa.int/sswen/lpext.dll/Folder/doctexten/meetings/2001/ag-stockholm/german (Zugriff am 10. Dezember 2008).

ISSA (International Social Security Association) (jährlich): *Social security programs throughout the world.* Siehe*:* www.socialsecurity.gov/policy. (Zugriff am 08.12.2008).

Jänicke, Martin/Helge Jörgens (2000): Strategic environmental planning and uncertainty: A cross-national comparison of Green plans in industrialized countries. In: *Policy Studies Journal*, 28 (3): S. 612–632.

Katzenstein, Peter J. (1996): *The culture of national security: norms and identity in international politics*. New York: Columbia University Press.

Katzenstein, Peter J./Robert O. Keohane/Stephan D. Krasner (1998): International organization and the study of world politics. In: *International Organization*, 52 (4): S. 645–685.

Kaube, Jürgen (2003): Das Reflexionsdefizit des Wohlfahrtsstaates. In: Stefphan Lessnich: *Wohlfahrtstaatliche Grundbegriffe: Historische und aktuelle Diskurse.* Frankfurt am Main/New York: Campus Verlag. S. 41–55.

Kaufmann, Franz-Xaver (1997): *Herausforderungen des Sozialstaates*. Frankfurt am Main: Suhrkamp.

Kaufmann, Franz-Xaver (2002): *Sozialpolitik und Sozialstaat: Soziologische Analyse.* Opladen: Leske+Budrich.

Kaufmann, Franz-Xaver (2003a): *Die Entstehung sozialer Grundrechte und die wohlfahrtsstaatliche Entwicklung*. Paderborn/München/Wien/Zürich: Verlag Ferdinand Schöningh.

Kaufmann, Franz-Xaver (2003b): *Varianten des Wohlfahrtsstaats: der deutsche Sozialstaat im internationalen Vergleich*. Frankfurt am Main: Suhrkamp.

Kaufmann, Franz-Xaver (2003c): Sicherheit: Das Leitbild beherrschbarer Komplexität. In: Stephan Lessenich: *Wohlfahrtstaatliche Grundbegriffe: Historische und aktuelle Diskurse*. Frankfurt am Mein, New York: Campus Verlag. S. 73–105.

Kaufmann, Franz-Xaver (2005): *Sozialpolitik und Sozialstaat: Soziologische Analysen*. Wiesbaden: Verlag für Sozialwissenschaften.

Kazuhiro, Takii (2007): *The Japanese experience of the West and the shaping of the modern state*. Tokyo: International House of Japan.

Kelle, Udo (2007): *Die Integration qualitativer und quantitativer Methoden in der empirischen Sozialforschung: theoretische Grundlagen und methodologische Konzepte*. Wiesbaden: Verlag für Sozialwissenschaft.

Keohane, Robert O. (1988): International institutions: two approaches. In: *International studies quarterly*, 32: S. 379–396.

Kern, Kristine (2000): *Die Diffusion von Politikinnovationen. Umweltpolitische Innovationen im Mehrebenensystem der USA*. Opladen: Leske+ Budrich

Kim, Won-sub (2006): *Institutionalisierung eines neuen Wohlfahrtstaates in Ostasien? Eine Fallstudie über Südkorea*. Dissertation an der Universität Bielefeld.

Koenig, Matthias (2005): *Menschenrechte*. Frankfurt am Main: Campus Verlag.

Köhler, Peter A./Hans F. Zacher (1981): *Ein Jahrhundert Sozialversicherung in der Bundesrepublik Deutschland, Frankreich, Großbritannien, Österreich und der Schweiz*. Berlin: Duncker & Humblot.

Kohlmorgen, Lars (2000): Sozialpolitik und soziale Entwicklung unter den Bedingungen der Globalisierung – Globalisierung der Sozialpolitik? In: *Nord-Süd Aktuell*, 1: S. 70–94.

Koivusalo, Meri/Eeva Ollila (2009): Global health policy. In: Nicola Yeates: *Understanding global social policy*. Bristol: The policy press. S. 149–179.

Korpi, Walter (1978): *The working class in welfare capitalism: work, unions and politics in Sweden*. London: Routledge & Kegan Paul.

Korpi, Walter (1980): Social policy and distributional conflict in the capitalist democracies: A preliminary comparative framework. In: *West European Politics*, 3 (3): S. 296–316.

Korpi, Walter (1990): *The development of the Swedish welfare state in a comparative perspective*, Reprint No. 309, Stockholm: Swedish institute for social research: S. 3–12.

Krasner, Stephen D. (1983): *International regimes*. Ithaca: Cornell University Press.

Kreck, Hans (2001): *Entwicklung des Arbeitsschutzes in Deutschland unter Einbeziehung eines Vergleichs in den Ländern der europäischen Union*. München: Ingenieurgesellschaft für Technische Überwachung GmbH.

Kreckel, Reinhard (2006): *Soziologie der sozialen Ungleichheit im globalen Kontext*. Siehe: http://www.soziologie.uni-halle.de/publikationen/pdf/0604.pdf.

Krennerich, Michael/Priska Stamminger (2004): *Die wirtschaftlichen, sozialen und kulturellen Menschenrechte: Die Interpretation ist nicht beliebig*. Siehe: http://www.menschenrechte.org/beitraege/WSK/wsk003.pdf.

Kulke, Ursula (2007): Rolle der IAO-Normen bei der Umsetzung des Rechts auf soziale Sicherheit heute und in Zukunft. In: *Internationale Revue für Soziale Sicherheit*, 60, 2–3: S. 137–161.

Langendonck, Jef Van (2007): *The right to social security*. Antwerpen/Oxford: Intersentia.

Leibfried, Stephan/Paul Pierson (1992): The prospects for social Europe. In: *Politics and Society*, 20 (3): S. 333–366.

Leibfried, Stephan/Paul Pierson (1995): *Die soziale Dimension der europäischen Integration*. Bremen: Zentrum für Sozialpolitik.

Leibfried, Stephan/Paul Pierson (1998): *Standort Europa. Europäische Sozialpolitik*. Frankfurt am Main: Suhrkamp.

Leisering, Lutz/Gong Sen/Athar Hussain (2002a): *Old-Age Pensions for Rural China? From Land Reform to Globalization. Report for the State Development Planning Commission, People's Republic of China.* Manila/Bielefeld: Asia Development Bank.

Leisering, Lutz (2002b): Ein moderner Lebenslauf in der Volksrepublik China? Zur Generalisierbarkeit eines Forschungsprogramms. In: Günter Burkart/Jürgen Wolf: *Lebenszeiten. Erkundungen zur Soziologie der Generationen. Festschrift für Martin Kohli.* Opladen: Leske und Budrich. S. 25–40.

Leisering, Lutz (2003): Die Entstehung „Neuer Wohlfahrtsstaaten" in Ostasien. In: Bernd von Maydell et al. (Hrsg.): *Behinderung in Asien und Europa im Politik- und Rechtsvergleich.* Baden-Baden: Nomos. S. 425–440.

Leisering, Lutz (2005): Social Policy Learning und Wissensdiffusion in einer globalisierten Welt. In: Ulrich Becker/Gongcheng Zheng/Barbara Darimont (Hrsg.):*Grundfragen und Organisation der Sozialversicherung in China und Deutschland.* Baden-Baden: Nomos. S. 73–95.

Leisering, Lutz/Petra Buhr/Ute Traiser-Diop (2006): *Soziale Grundsicherung in der Weltgesellschaft: monetäre Mindestsicherungssysteme in den Ländern des Südens und des Nordens, weltweiter Survey und theoretische Verortung.* Bielefeld: transcript.

Leisering, Lutz (2007): Gibt es einen Weltwohlfahrtsstaat? In: Mathias Albert, Rudolf Stichweh (Hrsg.): *Weltstaat und Weltstaatlichkeit.* Wiesbaden: VS Verlag für Sozialwissenschaften. S. 185–205.

Leisering, Lutz (2009): Extending social security to the excluded: Are social cash transfers to the poor an appropriate way of fighting poverty in developing countries? In: *Global Social Policy* 9, No. 2: S. 246–272.

Lessenich, Stephan (2003): Wohlfahrtstaatliche Grundbegriffe – Semantiken des Wohlfahrtstaates. In: Stephan Lessenich: *Wohlfahrtstaatliche Grundbegriffe: Historische und aktuelle Diskurse.* Frankfurt am Main/ New York: Campus Verlag. S. 9–23.

Leibfried, Stephan/Paul Pierson (1998): *Standort Europa. Europäische Sozialpolitik.* Frankfurt am Main: Suhrkamp.

Lin, Ka (2001): Chinese Perceptions of Scandinavian Social Policy Model. In: *Social Policy & Administration*, Vol. 35, No. 3: S. 321–340.

Lin, Yanlin (2007): 国际劳工标准 (*International labor standards*). Beijing: Verlag für Arbeit- und Sozialsicherheit Chinas.

Liu, Tao (2005): *Die Reform der Alterssicherung in der VR China: Entwicklung und Determinanten*. Diplomarbeit der Universität Bielefeld.

Liu, Tao (2007): 论福利国家在建设全国社会保障制度中的作用 (The role of the welfare state in the building up a national social security system). In: *China Social Security Forum:* 建立覆盖城乡的社会保障体系 (*Establishment of a social security system to cover up the urban and rural areas*). Beijing: Verlag für Arbeit- und Sozialsicherheit Chinas. S. 802–816.

Liu, Xu (2003): 国际劳工标准概述 (*Introduction to international labor standards*). Beijing: Verlag für Arbeit- und Sozialsicherheit Chinas.

Luhmann, Niklas (1981): *Politische Theorie im Wohlfahrtstaat*. München/Wien: Günter Olzog Verlag.

Luhmann, Niklas (1998): *Die Gesellschaft der Gesellschaft*. Frankfurt am Main: Suhrkamp.

Luhmann, Niklas (2006): *Organisation und Entscheidung*. Wiesbaden: Verlag für Sozialwissenschaft.

Lutz, James M. (1987): Regional leadership patterns in the diffusion of public policies. In: *American politics research,* 15 (3): S. 387–398.

Marshall, Thomas Humphrey 1964 (1950): *Citizenship and Social Class*. Cambridge: University Press.

Mayring, Philipp (1999): *Einführung in die qualitative Sozialforschung: eine Anleitung zu qualitativem Denken*. Beltz: Psychologie-Verlag-Union.

Meyer, John W./John Boli-Bennett/Christopher Chase-Dunn (1975): Convergence and divergence in development. In: *Annual Review of Sociology*, 1: S. 623–651.

Meyer, John W./Brian Rowan. (1977): Institutionalized organizations: Formal structure as myth and ceremony. In: *American journal of sociology*, 83 (2): S. 340–363.

Meyer, John W. (1980): The world polity and the authority of the Nation-state. In. Albert Bergesen (Hrsg.): *Studies of the modern world system*. New York: Academic Press. S. 109–137.

Meyer, John W./John Boli/George M. Thomas/Francisco O. Ramirez (1997): World society and the nation state. In: *American journal of sociology*, 103 (1): S. 144–181.

Meyer, John W./David J. Frank./Ann Hironaka/Evan Schofer/Nancy B. Tuma (1997): The structuring of a world environmental regime, 1870–1990. In: *International organization*, 51(4): S. 623–651.

Meyer, John W. (2005): *Weltkultur: wie die westlichen Prinzipien die Welt durchdringen*. Frankfurt am Main: Suhrkamp.

Meyer, John W./Gili S. Drori/Houkyu Hwang (2006). World society and the proliferation of formal organization. In: Gili S. Drori/Meyer W. John [Hier müsste nach deiner Regel (Vorname Name) John W. Meyer stehen]/Houkyu Hwang (Hrsg.): *Globalization and organization: world society and organizational change*. Oxford: Oxford University Press. S. 25–49.

Michel, Clément (1977): 50 years of the International Social Security Association. In: *International labour review*, 116 (3): S. 269–277.

Midgley, James (1997): *Social Welfare in Global Context*. Thousand Oaks/London/New Delhi: SAGE Publications.

Mommsen, Wolfgang J./Wolfgang Mock (1981): *The emergence of the welfare state in Britain and Germany 1850–1950*. Guildford/London/Oxford/Worcester: Billing and Sons Limited.

Moon, Donald J. (1988): *Responsibility, rights, and welfare. The theory of the welfare state*. Boulder/London: Westview Press.

Mosley, Paul/Elizabeth Dowler (2003): *Poverty and social exclusion in North and South: Essays on social policy and global poverty reduction*. London/New York: Routledge.

Nagel, Stuart S./Amy Robb (2001): *Handbook of global social policy*. New York: Marcel Dekker.

Nohl, Arnd-Michael (2006): *Interview und dokumentarische Methode: Anleitungen für Forschungspraxis*. Wiesbaden: Verlag für Sozialwissenschaft.

Nullmeier, Frank (2003): Anerkennung: Auf dem Weg zu einem kulturellen Sozialstaatsverständnis? In: Stephan Lessenich: *Wohlfahrtstaatliche*

Grundbegriffe: Historische und aktuelle Diskurse. Frankfurt, New York: Campus Verlag. S. 395–419.

Offe, Claus (1991): Smooth consolidation in the West German welfare state: Structural change, fiscal policies, and populist politics. In: Frances Fox Piven (ed.): *Labour parties in postindustrial societies, chapter 6*. Oxford: Polity Press. S. 124–146.

Offe, Claus (1997): Towards a new equilibrium of citizens' rights and economic resources? In: OECD: *Societal cohesion and the globalizing economy: what does the future hold?* Paris: OECD. S. 81–108.

Orenstein, Mitchell A. (2005): The New Pension Reform as Global Policy. In: *Global Social Policy, 5* (2): S. 175–202.

Orenstein, Mitchell A. (2008): *Privatizing pensions: the transnational campaign for social security reform*. Princeton: Princeton University Press.

Parsons, Talcott (1964)): *The structure of social action. A study in social theory with special reference to group of recent European writers*. New York: Free Press of Glencoe.

Pfaffenberger, Hans (1996): *Zur Internationalisierung und Supranationalisierung der Sozialpolitik*. Trier: Universität Trier.

Pierson, Paul (1996): The new politics of the welfare state. In: *world politics*, 48 (2): S. 143–179.

Quellensammlung (1995): *Quellensammlung zur Geschichte der deutschen Sozialpolitik 1867 bis 1914, II. Abteilung: Von der kaiserlichen Botschaft bis zu den Februarerlassen Wilhelm II. (1881–1990), Band 2, 1. Teil, Von der zweiten Unfallversicherungsvorlage bis zum Unfallversicherungsgesetz vom 6. Juli 1884*. Bearbeitet von Florian Tennstedt und Heidi Winter unter Mitarbeit von Heinz Domeinski und Elmar Roeder. Stuttgart/Jena/New York: Gustav Fischer Verlag.

Radaelli, Claudio M. (2000): Policy-Transfer in the European Union: Institutional isomorphism as a source of legitimacy. In: *Governance*, 13 (1): S. 25–43.

Ramia, Gaby (2003): Global Social Policy, INGOs and Strategic Management. In: *Global social policy*, 3 (1): S. 79–102.

Reder, Michael (2006): *Global Governance. Philosophische Modelle von Weltpolitik*. Darmstadt: Wissenschaftliche Buchgesellschaft.

Riedel, Eibe (2007): *Social security as a human right: drafting a general comment on article 9 ICESCR-some challenges*. Berlin: Springer.

Rieger, Elmar/Stephan Leibfried (2000): Wohlfahrtsstaat und Sozialstaat in Ostasien. Der Einfluss von Religion im Kulturvergleich. In: Gert Schmidt/Reiner Trinczek (Hrsg.): *Globalisierung: Ökonomische und soziale Herausforderung am Ende des zwanzigsten Jahrhunderts. Soziale Welt, Sonderband 13:* S. 413–499.

Rieger, Elmar (2003): Bürger: Kulturelle Grundlagen des demokratischen Wohlfahrtsstaates. In: Stephan Lessenich: *Wohlfahrtsstaatliche Grundbegriffe: Historische und aktuelle Diskurse*. Frankfurt am Main/New York: Campus Verlag. S. 215–243.

Rimlinger, Gaston (1971): *Welfare policy and industrialization in Europe, America and Russia*. New York: John Wiley & Sons.

Risse, Thomas/Kathryn Sikkink (1999): The socialization of international human rights norms into domestic practices: introduction. In: Thomas Risse/Stephen C. Ropp/Kathryn Sikkink (Hrsg.): *The power of human rights: International norms and domestic change*. Cambridge: Cambridge University Press. S. 1–39.

Robertson, David Brian (1991): Political Conflict and Lesson-drawing. In: *Journal of Public Policy,* 11 (1): S. 55–78.

Robertson, Roland (1998): Glokalisierung: Homogenität und Heterogenität in Raum und Zeit. In: Ulrich Beck: *Perspektiven der Weltgesellschaft*. Frankfurt am Main: Suhrkamp. S. 192–220.

Rogers, Everett M. (1962): *Diffusion of Innovations*. New York: The Free Press of Glencoe.

Ropp, Stephen C./Kathryn Sikkink (1999, Hrsg): *The power of human rights, international norms and domestic change*. Cambridge: Cambridge University.

Rose, Richard (1993)): *Lesson drawing in public policy. A guide to learning across time and space*. Chatham: Chatham House Publishers.

Rüb, Friedbert W. (2003): Risiko: Versicherung als riskantes Geschäft. In: Stephan Lessenich: *Wohlfahrtsstaatliche Grundbegriffe: Historische und aktuelle Diskurse*. Frankfurt am Main/New York: Campus Verlag. S. 303–331.

Ruggie, John G. (1998a): *Constructing the world policy: essays on international institutionalization*. London/New York: Routledge.

Ruggie, John G. (1998b): What makes the world hang together? Neo-Utilitarianism and the social constructivist challenge. In: *International organization,* 52 (4): S. 855–885.

Sabatier, Paul A. (1991): Political Science and Public Policy. In: *Political Science and Politics*, 24 (2): S. 144–156.

Sabatier, Paul A./Hank C. Jenkins-Smith (1999): The advocacy coalition framework: an assessment. In: Paul A. Sabatier: *Theories of political process*. Boulder/Oxford: Westview Press. S. 117–166.

Schimanki, Siegfried (1986): *Risiko- und Solidaritätsausgleich in der gesetzlichen Unfallversicherung – Eine Untersuchung zur Methode, Durchführung und Wirksamkeit des Lastenausgleichverfahrens nach Art. 3 UVNG in der Fassung des Finanzänderungsgesetzes vom 21.12.1967*. Dissertation zur Erlangung des akademischen Grades eines Doktors der Rechte durch die Rechtswissenschaft Fakultät der Ruhr-Universität Bochum.

Schimmelfennig, Frank (1994): Internationale Sozialisation neuer Staaten. Heuristische Überlegungen zu einem Forschungsdesiderat. In: *Zeitschrift für Internationale Beziehungen,* 1: S. 335–355.

Schimmelfennig, Frank (1998): Liberal Norms and the eastern enlargement of the European Union: A case for sociological institutionalism. In: *Österreiche Zeitschrift für Politikwissenschaft*, 27 (4): S. 459–472.

Schmid, Josef (2002): *Wohlfahrtsstaaten im Vergleich: Soziale Sicherung in Europa: Organisation, Finanzierung, Leistungen und Probleme*. Opladen: Leske und Budrich.

Schmidt, Manfred G./Tobias Ostheim/Nico A. Siegel/Reimut Zohlnhöfer (Hrsg.,2007): *Der Wohlfahrtsstaat. Eine Einführung in den historischen und internationalen Vergleich*. Wiesbaden: VS Verlag.

Schmidt, Wolfgang (1937): *Die Unfallversicherung: ein Sonderfall der Sozialversicherung. Ein geschichtlicher Überblick bis zur ersten reichsgesetzlichen Regelung*. Würzburg: Druckerei und Verlag wissenschaftlicher Werke Konrad Triltsch.

Sen, Amartya (2002): *Ökonomie für den Menschen: Wege zu Gerechtigkeit und Solidarität in der Marktwirtschaft*. München: Deutscher Taschenbuch Verlag.

Senti, Martin (2002): *Internationale Regime und nationale Politik. Die Effektivität der internationalen Arbeitsorganisation (ILO) im Industrieländervergleich*. Bern/Stuttgart/Wien: Verlag Paul Haupt.

Social Security Administration (1993): *Social security programs throughout the world – 1993*. Washington: U.S. Department of Health and Human Services.

Social Security Administration (1999): *Social security programs throughout the world – 1999*. Washington: U.S. Department of Health and Human Services.

Sokoll, Günther (1992): Aufgaben und Ziele des Europäischen Forums der Unfallversicherung. In: *Die Berufsgenossenschaften*, 8: S. 487–491.

Sokoll, Günther (1999): Eine globale Perspektive der Prävention. In: *Die Berufsgenossenschaften*, 11: S. 690–701.

Sokoll, Günther (2003): Europäisches Forum der Versicherungen gegen Arbeitsunfälle und Berufskrankheiten – eine überzeugende Antwort auf gemeinsame Herausforderungen der europäischen Unfallversicherungen. In: *Die Berufsgenossenschaften*, 3: S. 108–113.

Stalker, Peter (2000): *Workers without frontiers: the impact of globalization on international migration*. Boulder: Rienner.

Stein, Lorenz V. (1972): *Gesellschaft, Staat, Recht*. Frankfurt am Main: Ullstein.

Steinmo, Sven (1994): The End of Redistribution? International Pressures and Domestic Tax Policy Choices. In: *Challenge*, 37: S. 9–17.

Stichweh, Rudolf (2005): *Inklusion und Exklusion: Studien zur Gesellschaftstheorie*. Bielefeld: Transcript Verlag.

Strang, David/Patricia Mei Yin Chang (1993): The International Labour Organization and the welfare state: institutional effects on national welfare spending, 1960–80. In: *International Organization*, 47 (2): S. 235–262.

Strang, David/John W. Meyer (1993): Institutional conditions for diffusion. In: *Theory and society*, 22 (4): S. 487–511.

Sun, Shuhan (2007): 工伤保险 (*Work-related injury insurance*). Beijing: Verlag für Arbeit- und Sozialsicherheit Chinas.

Tacke, Veronika (2008): *Geschichte des organisatorischen Denkens* (übersetzt aus dem Italienischen). Wiesbaden: Verlag für Sozialwissenschaften.

Tennstedt, Florian/Heidi Winter (1993): *Von der Reichsgründungszeit bis zur kaiserlichen Botschaft (1867–1881). 2. Band, von der Haftpflichtgesetzgebung zur ersten Unfallversicherungsvorlage.* Stuttgart/Jena/New York: Gustav Fischer Verlag.

Tennstedt, Florian/Heidi Winter (1995): *Von der Reichsgründungszeit bis zur kaiserlichen Botschaft (1881–1890). 2. Band, 1. Teil, von der zweiten Unfallversicherungsvorlage bis zum Unfallversicherungsgesetz vom 6. Juli 1884.* Stuttgart/Jena/New York: Gustav Fischer Verlag.

Tews, Kerstin (2001): *Politiktransfer: Phänomen zwischen Policy-Lernen und Oktroi. Überlegungen zu unfreiwilligen Umweltpolitikimporten am Beispiel der EU-Osterweiterung.* FFU-report 01–07. Berlin. Siehe: http://www.fu-berlin.de/ffu/Publikationen/index.htm.

Ullrich, Carsten (2005): *Soziologie des Wohlfahrtstaates.* Frankfurt am Main: Campus Verlag.

Van Kersbergen, Kees (1995): *Social capitalism. A study of Christian democracy and the welfare state.* London: Routledge.

Vereinte Nationen (1988): *Menschenrechte, die internationale Charta der Menschenrechte.* Wien: Informationsdienst der Vereinten Nationen.

Walzer, Michael (1995): *Toward a Global Civil Society. Providence.* Oxford: Berghahn Books.

Wang, Shaoguang (2006): Regulating Death at Coalmines, Changing Mode of Governance in China. In: *Journal of Contemporary China*, 15 (46): S. 1–30.

Wang, Xianzheng (2004): *Research and Practice of Work Injury Insurance and Accident Prevention.* Beijing: The Press of Chinese Labour and Social Insurance.

Wang, Yizhou (2001): *Construction within contradiction: Multiple perspectives on the relationship between China and International Organizations.* Beijing: China Development publishing house.

Weber, Max (1934): *Die protestantische Ethik und der Geist des Kapitalismus.* Tübingen: J.C.B. Mohr.

Weber, Max (1964): *Wirtschaft und Gesellschaft. Grundriss der verstehenden Soziologie. Erster Halbband und zweiter Halbband.* Köln/Berlin: Kiepenheuer und Witsch.

Wickenhagen, Ernst (1980): *Geschichte der gewerblichen Unfallversicherung. Wesen und Wirken der gewerblichen Berufsgenossenschaften.* München/Wien: R. Oldenbourg Verlag.

Wilensky, Harold L. (1975): *The Welfare State and Equality: Structural and Ideological Roots of Public Expenditure*. Berkeley/Calif.: University of California Press.

Williams, Arthur C. (1991): *An international comparison of workers' compensation*. Boston/Dordrecht/London: Kluwer Academic Publishers.

World Bank (1994): *Averting the old age crisis: Policies to protect the old and promote growth*. New York: Oxford University press for the world.

Worrall, John D./David Appel (1985): *Workers' compensation benefits: adequacy, equity, and efficiency*. New York: ILR Press.

Woodward, Alison/Martin Kohli (eds., 2001): *Inclusions and Exclusions in European Societies*. London: Routledge.

Wu, Ritu (2003): *International comparison of the health insurance systems (Yiliao Baozhang Zhidu Guoji Bijiao)*. Beijing: Hauxue Gongye Chubanshe.

Yeates, Nicola (2002): Globalization and Social Policy: From Global Neoliberal Hegemony to Global Political Pluralism. In: *Global Social Policy*, Vol.2 (1): S. 69–91.

Yeates, Nicola (2004): Global Care Chains: Critical Reflections and Lines of Enquiry. In: *International feminist journal of politics*, 6 (3): S. 369–391.

Zacher, Hans F. (1975): *Soziale Sicherung durch soziales Recht*. Stuttgart/Berlin/Köln/Mainz: Verlag W. Kohlhammer.

Zacher, Hans F./Peter A. Köhler (1981): *Ein Jahrhundert Sozialversicherung in der Bundesrepublik Deutschland, Frankreich, Großbritannien, Österreich und der Schweiz*. Berlin: Duncker und Humblot.

Zapf, Wolfgang (1994): *Modernisierung, Wohlfahrtsentwicklung und Transformation. Soziologische Aufsätze 1987 bis 1994*. Berlin: Ed. Sigma.

Zimmer, Stefan (2005a): Die Berufsgenossenschaften als Vorbild: Aufbau eines Systems integrierter Rehabilitation in der Volksrepublik China. In: *Die BG*, Nr. 06: S. 351–352.

Zimmer, Stefan (2005b): Ich sage nur: China, China, China…Oder: Warum kooperieren die BGen mit dem Reich der Mitte? In: *Die BG*, Nr. 12: S 757–759.

Zimmer, Stefan (2006): *German-Chinese cooperation in the field of accident insurance: an example of successful cross border transfer of knowledge and expertise.* At the 7th International Congress on Work Injuries Prevention, Rehabilitation and Compensation 2006. Working Paper.

Zhou, Huiwen (2000): Aufbau eines Systems zur Unfall- und Berufskrankheitenverhütung im Rahmen der betrieblichen Unfallversicherung Chinas. In: *Die Berufsgenossenschaften*, 3: S. 160–166.

Zhu, Feng (2000): *Human rights and international relations.* Beijing: Peking University Press.

Anhang: Interviewpartner

1. Leiter für Internationale Beziehungen der Deutschen Gesetzlichen Unfallversicherung (DGUV), 3.9.2007.
2. Lokaler Beamter für Unfallversicherung der Provinz Hunan, 23.9.2007.
3. Lokaler Unfallversicherungsbeamter der Provinz Gansu, 24.9.2007.
4. Experte im Rehabilitationszentrum Guangzhou, 25.9.2007.
5. Beamter im Ministerium für Arbeit und soziale Sicherung (MOLSS) (*laodong he shehui baozhangbu*), 25.9.2007.
6. Lokaler Unfallversicherungspolitiker aus der Provinz Jiangsu, 26.9.2007.
7. Forscherin im Institute for Social Insurance Studies (ISIS) (*shehui baoxian yanjiusuo*), 12.10.2007.
8. Forscher in der Redaktion der Zeitschrift „China Social Security“ (*zhongguo shehui baozhang*), 14.10.2007.
9. Professorin für soziale Marktwirtschaft der Capital University of Economics and Business (*shoudu jingmao daxue*), am 17.10.2007.
10. Beamter im Ministerium für Arbeit und soziale Sicherung (MOLSS) (*laodong he shehui baozhangbu*), am 20.10.2007.
11. Professorin für Arbeitsschutz an der Volksuniversität Peking (*renmin daxue*), 23.10.2007.
12. Forscher für Unfallversicherung der Volksuniversität Peking (*renmin daxue*), 26.10.2007.
13. Professor für Sozialversicherung in der Volksuniversität Peking (*renmin daxue*), 30.10.2007.
14. Beamter für lokale Umsetzung der Unfallversicherung im Ministerium für Arbeit und soziale Sicherung (MOLSS) (*laodong he shehui baozhangbu*), 31.10.2007.
15. Beamtin für Unfallversicherung der öffentlichen Bediensteten im Ministerium für Personalangelegenheiten (*renshibu)*, 1.11.2007.
16. Beamter im Ministerium für Personalangelegenheiten *(renshibu*), am 1.11.2007.
17. Beamter für die Internationale Kooperation im Ministerium für Arbeit und soziale Sicherung (MOLSS) (*laodong he shehui baozhangbu*), 5.11.2007.

18. Program Officer für soziale Sicherheit im Büro der Internationalen Arbeitsorganisation (International Labour Organisation, ILO) in Beijing, 8.12.2008.
19. Beamter im Ministerium für Personalverwaltung und soziale Sicherung (MOHRSS, Ministry of Human Resources and Social Security; *renli ziyuan he shehui baozhangbu*), 9.12.2008.
20. Stellvertretender Vorsitzender im Fachausschuss für die Versicherung gegen Arbeitsunfälle und Berufskrankheiten der Internationalen Vereinigung für Soziale Sicherheit (International Social Security Association, ISSA), zugleich Leiter für die Unfallversicherung im Ministerium für Personalverwaltung und soziale Sicherung (MOHRSS, Ministry of Human Resources and Social Security; *renli ziyuan he shehui baozhangbu*), 9.12.2008.
21. Forscherin im Institute for Social Insurance Studies (ISIS) (*shehui baoxian yanjiusuo*),10.12.2008.
22. Beamter im Ministerium für Personalverwaltung und soziale Sicherung (MOHRSS, Ministry of Human Resources and Social Security; *renli ziyuan he shehui baozhangbu*), 12.12.2008.
23. Leiter für Internationale Beziehungen der Deutschen Gesetzlichen Unfallversicherung (DGUV), 15.2.2010.
24. Vorsitzender im Fachausschuss für die Versicherung gegen Arbeitsunfälle und Berufskrankheiten der Internationalen Vereinigung für Soziale Sicherheit (International Social Security Association, ISSA), zugleich Geschäftsführer für DGUV, 15.2.2010.

Im März 2008 wurden das Ministerium für Arbeit und soziale Sicherung und das Ministerium für Personalangelegenheiten zum Ministerium für Personalverwaltung und soziale Sicherung (MOHRSS, Ministry of Human Resources and Social Security; *renli ziyuan he shehui baozhangbu*) zusammengelegt.